TOURISM MARKETING

5th edition

旅游市场营销 第5版

郭英之　张苗　刘赛　杨若涵　甘雪娜　等　编著

东北财经大学出版社　大连

Dongbei University of Finance & Economics Press

图书在版编目（CIP）数据

旅游市场营销/郭英之，张苗，刘赛等编著．—5版．—大连：东北财经大学出版社，2023.9（2024.8重印）

（21世纪高等院校旅游管理精品教材）

ISBN 978-7-5654-4677-1

Ⅰ.旅…　Ⅱ.①郭…②张…③刘…　Ⅲ.旅游市场–市场营销学–高等学校–教材　Ⅳ.F590.82

中国国家版本馆CIP数据核字（2023）第084574号

东北财经大学出版社出版

（大连市黑石礁尖山街217号　邮政编码　116025）

网　　址：http://www.dufep.cn

读者信箱：dufep@dufe.edu.cn

大连市东晟印刷有限公司印刷　东北财经大学出版社发行

幅面尺寸：185mm×260mm　　字数：501千字　　印张：22.75

2023年9月第5版　　2024年8月第2次印刷

责任编辑：刘贤恩　孟　鑫　　　　　责任校对：惠恩乐

封面设计：原　皓　　　　　　　　　版式设计：原　皓

定价：58.00元

教学支持　售后服务　　联系电话：（0411）84710309

版权所有　侵权必究　　举报电话：（0411）84710523

如有印装质量问题，请联系营销部：（0411）84710711

第五版前言

本教材第五版在秉承前四版的理论框架与写作风格基础上，还基于以下三大立足点：首先，本教材立足于党的二十大精神，提供具有中国式现代化特色的旅游市场营销理论与案例，以期更好地满足旅游业服务于社会主义市场经济体制的根本任务要求；其次，本教材立足于社会主义核心价值观的课程思政引领作用，以期更好地满足人民群众对美好生活向往的旅游市场价值需求；最后，本教材立足于教育部经济管理类核心课程教材的立德树人要求，以期更好地满足旅游市场营销理论和管理实践服务于旅游客源需求的核心逻辑理念。

本教材第五版具有五大突出特色：第一，本教材以丰富的案例，特别融入了党的二十大精神，注意突出具有红色旅游基因的多元化旅游品牌价值主线，以使读者将旅游市场营销原理与中国建设世界旅游强国的红色家国情怀有机融合；第二，本教材以动态的视角，特别探索了智慧化数字旅游理论，注意强调大数据时代智慧旅游信息化系统理论、管理和应用实践，以使读者有效研判移动互联网、大数据、云计算、人工智能等当今时代的重要主题及其对旅游市场营销的影响与作用；第三，本教材以变化的理念，特别充实了旅游危机管理理论，注意体现具有本土特色的旅游危机管理理论与应用实践，以使读者深切感受旅游营销管理的时代性、动态性、风险性和针对性；第四，本教材以广阔的视野，特别突出了文旅融合营销管理，注意提供具有中国特色文化旅游价值基因的营销应用案例，以使读者更好地理解充满机遇与挑战的全方位多元文旅营销新时代；第五，本教材以系统的观点，特别更新了旅游营销全部案例，注意吸收国内外学术界和企业界关于旅游市场营销领域的新理论与新案例，以使读者更易认知旅游营销管理的理论前沿性、实践应用性和环境挑战性。

本教材的旅游市场营销实践案例主要包括以下五种类型：

第一，红色思政元素的中国式全方位品牌旅游营销实践案例。其包括红色旅游的引领指导、红色产品的提质增效、红色景区的品牌传播、红色客源的实力圈粉、红色文旅的数字平台、红色故事的云上纪念等多元化红色管理营销应用实践。

第二，文旅彰塑视角的中国式本土化特色旅游营销管理案例。其包括乡村旅游的瓶颈突破、农业旅游的田园情怀、工业旅游的亮丽名片、精准扶贫的暖心助力、以文塑旅和以旅彰文、文旅融合的文化阐释等特色化文旅管理营销应用案例。

第三，数字旅游赋能的中国式多渠道智慧旅游营销案例。其包括互联网+旅游的模式转变、区块链技术的旅游应用、直播开启的变革营销新渠道赋能的短视频、元宇宙的数字化赋能、虚拟现实的智慧营销等多渠道智慧管理营销应用案例。

第四，整合旅游渠道的中国式创新性旅游价值管理案例。其包括五感营销的价值创新、服务满意的餐饮标准、文明旅游的评价体系、粉丝群体的潜力管理、微度假游的休闲营销、事件旅游的体育营销等创新性旅游价值管理营销应用案例。

第五，风险决策管理的中国式常态化旅游营销应用案例。其包括觅求新机的非线性复苏、文旅行业的自救自强、改进服务的危机公关、企业危机的文旅动能、疫情防控的防护理念、美丽乡村的景观避险等常态化旅游危机管理营销案例。

本教材期望达到高层次管理人才的三大培养目标：

首先，适应新时代对复合型旅游人才的要求和挑战。本教材着眼于旅游市场营销与管理运作规律，从企业管理、政府管理和营销需求等不同层面，培养旅游营销理论与应用实践相结合的科研能力、管理能力、自控能力、认知能力、交际能力、创新能力、应对能力等旅游人才的优秀品质，使之成为厚基础、宽学科、高素质的新时代旅游复合型人才。

其次，满足新时期对精英式职场人才的需求和诉求。本教材着眼于旅游营销管理的原理，明确重要的旅游市场营销概念、原理、应用实践，帮助读者了解旅游营销管理对旅游市场和社会经济与环境发展的影响与效应，培养旅游营销专业人才的战略领导力、市场洞察力、专业执行力，使其成长为具有国家意识、人文情怀、科学精神、专业素养的全方位人才。

最后，达到现代化对中国式职业人才要求的高度与定位。本教材将理论原理与应用案例有机配套与融合，特别注重将旅游市场营销相关原理知识与营销实践素质能力进行合理配置和组织契合，重视营销理论与应用案例相结合的学以致用与触类旁通，以培养具有家国情怀、全球视野、战略眼光、战术技能、人性维度、危机管理能力的综合型旅游职业人才。

为方便教学，本教材还特别提供了极具可行性和可操作性的"'旅游市场营销'一流课程教学设计表"（一节课）及"以学为中心的课程设计三栏表"，可以使学生真正学会理论应用于实践，使学生在核心知识、学以致用、触类旁通、人性维度、志趣情怀等方面的综合素质，通过课程目标与成果、学习测评、学习活动等线上线下相结合的混合式课程设计，得到全方位和立体化的训练和提升。

本版教材的修订工作，由张苗、郭英之主持，由郭英之、张苗、刘赛、杨若涵、甘雪娜等共同编著。首先，特别感谢刘赛、杨若涵、王丽丽、甘雪娜、刘永胜、邹润琪、胡洪基、赵昆、王佳清等对本教材关于现代旅游市场营销理论应用于最新的中国式特色案例和实践等方面做出的卓有成效的工作。其次，特别感谢东北财经大学出版社的刘贤恩先生及其团队，多年来对本教材从第一版到第五版的重新修订和再版工作提出的诸多建设性意见。正是由于刘贤恩先生及其团队的积极推进与有效管理，才使本教材第五版得以顺利出版发行。再次，特别感谢菲利普·科特勒等诸多中外作者关于旅游市场营销的理论和案例给予本教材相关章节内容架构的借鉴和启发。最后，特别感谢本教材借鉴和参考的已公开发表的国内外旅游市场营销理论与案例的相关作者。

　　本教材的编写和出版得到了复旦大学教材委员会的支持，在此特别致谢！由于编著者在理论和实践、教学和科研等方面水平有限，本教材理论与案例的编写、修订与更新过程中，难免存在诸多不足和疏漏之处，敬请各位专家学者和读者不吝赐教。

编著者

2023 年 6 月

第一版前言

旅游业作为21世纪的重要产业和经济增长点，以其强劲的发展势头，受到世界各国和地区的广泛关注和积极支持，各国和地区都加大了对旅游市场的营销力度，特别是发达国家的旅游市场营销理论与实践已相当成熟。

随着旅游业日益激烈的市场竞争，任何旅游目的地或旅游企业的发展，都不能忽视旅游市场营销的巨大作用，必须树立营销创新意识，以旅游市场营销为导向，才能将潜在市场转化为现实市场，增强市场竞争能力，提高旅游营销效益。

本书由复旦大学郭英之编著，全书共分11章，分别阐述了旅游市场营销导论、旅游市场营销调研、旅游市场营销环境、旅游者行为影响因素、旅游者行为模式与决策评估、旅游市场细分、旅游产品策略、旅游价格策略、旅游销售渠道、旅游营销策略和旅游市场营销管理等内容。

本教材的适用对象为高等院校旅游管理专业的本科生和大专生，以及旅游业相关从业人员。

本书试图体现国内外的最新理论研究成果，从我国具体国情出发，将旅游市场营销基本原理与最新实践相结合，将国内外相关旅游营销案例融入相关理论。书中主要收集了近几年来国内外在旅游业发展过程中的有关旅游市场营销的典型案例。这里要特别感谢本人所带的研究生姜静娴、彭兰亚和陈勇同学在案例收集方面所做的卓有成效的工作。

本书在编写过程中，借鉴和引用了国内外专家学者的大量相关成果，正是由于国内外专家学者在相关领域的最新理论研究和应用实践，才构成了本书的理论框架和写作体系的基本素材，这里特表衷心感谢。

东北财经大学出版社的刘贤恩先生，在本书的写作计划、组稿统稿、修改建议等方面，付出了大量的心血和汗水，提出了许多具有建设性的建议和意见，使本书得以尽快出版和发行，本人常常为他的工作细心与工作热诚所感动。同时也感谢东北财经大学出版社在印刷与出版方面的高效工作，使本书得以顺利出版。

由于编著者在教学、研究与实践等方面的水平有限，加之种种其他原因，本书难免有不妥和疏漏之处，敬请各位专家和读者不吝赐教。

编著者

2006年7月

目 录

第 1 章

旅游市场营销导论

通过本章的学习，了解市场营销学的含义、性质、研究对象、演进过程和发展历程，理解旅游市场营销学的含义、性质、演进过程、发展历程，以及研究对象、研究内容、研究意义和研究方法。

1.1　市场营销学概述

1.1.1　市场营销学的含义

"市场营销学"一词译自英文 marketing，它有两层含义：一是指市场营销这种经济活动；二是指一门学科，即以市场营销活动为研究对象的学科。市场营销学 20 世纪初诞生于美国，20 世纪中叶基本形成，到 20 世纪 80 年代才趋于成熟，进入 21 世纪后，又得到进一步发展。相对于传统的经济学而言，市场营销学是一门非常年轻的学科。

20 世纪 50 年代初期，商品供应开始大于需求，许多市场逐渐变为买方市场。因此，营销方（卖方）就开始了找寻买方的过程。市场营销主要是研究买方市场中卖方营销，其概念环环相扣，关系非常密切。其核心思想是在一个熟悉的目标市场中，企业要尽力服务和满足顾客需求（见图 1-1）。

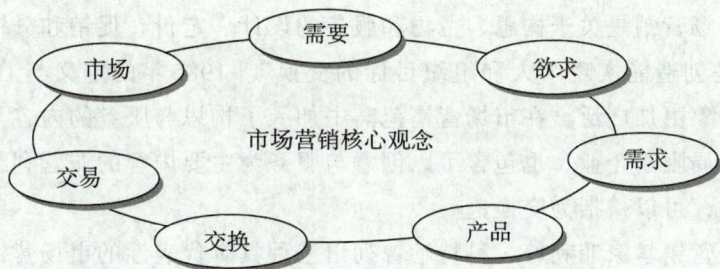

图1-1　市场营销核心概念

在市场营销中，第一个基本概念是人的需要。人类可能有很多复杂的需要，其中包括：基本的生理需要，如对食物、衣服、温暖和安全的需要；社会需要，如对归属、友爱、娱乐和放松的需要；尊重需要，如对地位、赞誉和名望的需要；个人需要，如对知识和自我表现的需要。

市场营销的第二个基本概念是人的欲求。欲求是指人们沟通需要的方式。例如，饥饿的人想吃面包。随着社会的发展，社会成员的欲求亦慢慢膨胀。由于足以唤起消费者兴趣和欲求愿望的物品越来越多，因此越是符合消费者欲求的产品，其生产者越可能是成功者。

人们的欲求几乎无穷无尽，而购买力却有限。人们会选择花一定数量的钱却可从中获得最大满足的产品。当欲求要靠购买力来支撑时，就变成了需求。当人们的欲求和购买力相当时，会花钱选择购买可以提供最大利益、满足最大需要的产品。

产品是能够提供到市场并被注意、获得、使用或消费以及能满足人们的需要或欲求的任何东西。产品可以满足人的需要、欲求和需求。产品除了包括物质产品和服务产品之外，还可以包括人、地点、组织、活动和想法等。这些产品并非具有同等的价值。

交换是以某物为代价从另外的人那里取得所需之物的行为。当人们要通过交换来满足需要和欲求时，就出现了交换。通过劳动分工和专业化制度，人们可以专门生产其擅长制造的东西，并以此来与他人交换所需之物。交换是市场营销概念的核心。

交易是市场营销的度量单位。一笔交易是由交易双方之间贸易的价值量构成的。并非所有的交易都使用货币。一笔交易所要涉及的，有至少两种有价值之物，有得到认可的条件，有适当的时间和地点。交易旨在从目标公众中取得某产品、服务、想法或积极反应。

交易的概念直接引出了市场的概念。市场是可能与卖者交易的现实和潜在的买者构成的集合。市场的规模取决于具有共同需要、有购买力或其他被人认可的资源，并且愿意用这些资源换取他们所需要的东西的人数的多少。

由市场的概念最终便获得了完整的市场营销概念。市场营销（marketing）意味着通过作用于市场进而促成交换来满足人们的需要和欲求。

由于市场营销学是一门相对年轻的学科，因此对市场营销的定义各不相同。1960年，美国市场营销协会曾对市场营销做过定义，"市场营销是把产品或劳务从生产者引导到消费者或用户的一切商务活动"。1985年，美国市场营销协会在1960年定义的基础上，重新修改定义为"市场营销是关于构思、货物和服务的设计、定价、促销和分销的规划与实施过程，其目的是创造能实现个人和组织目标的交换"。1985年的定义与1960年的定义相比，市场营销对象更加广泛，在市场营销范畴中加入了构思与服务的内容。从市场营销的主体来看，不再局限于企业，也包含了以创意与服务为主要内容的非营利组织。这一概念的核心强调交换，可以概括为交换论。

著名的市场营销学家菲利普·科特勒曾列出三种具有代表性的市场营销的定义：第一种，市场营销是一种过程，在这个过程中一个组织对市场进行生产性和营利性的活动；第二种，市场营销是创造和满足顾客的艺术；第三种，市场营销就是在适当的时间、适当的地点，以适当的价格、适当的信息沟通和促销手段，向适当的消费者提供适当的产品和服务。菲利普·科特勒认为，市场营销是个人或组织通过创造，提供出售，并同别人交换产品和价值，以获得所需之物的一种社会和管理过程。由此可见，菲利普·科特勒关于市场营销的定义可谓是需求满足论。

尽管对于市场营销定义的表述有所不同，但可以看出市场营销的核心内容。

（1）市场营销的主体既包括以一定组织形式出现的法人，也包括自然人；既包括营利性组织，也包括非营利性组织，如政府、学校、医院、博物馆、宗教团体等。市场营销主体都需要通过市场进行交换，或向市场提供产品和服务，或从市场购买产品和服务。

（2）市场营销主体都有自己的营销目的，如企业以营利为主要目的，政府要为社会经济发展创造良好的社会环境，学校、医院、博物馆也分别需要增强对学生、病人和参观者的吸引力等等。市场营销主体想要达到营销目的，就必须通过市场同他人交换产品和价值，满足他人的需求和欲望。市场营销是以满足人类各种需要和欲望为目的，通过市场将潜在交换转变为现实交换的活动。同时，市场营销应符合人类社会的长远利益。

（3）市场营销商品不但包括单一的物质产品，还包括思想、劳务、服务等非物质产品。

（4）市场营销是综合性的经营销售活动，贯穿于生产领域、流通领域和消费领域。市场营销必须从市场调研开始，了解现实和潜在购买者的需要，然后设计生产出适当的产品，制定适当的价格，采用适当的促销手段，通过适当的销售渠道进行销售，还需要收集反馈信息，了解购买者对产品的需求和欲望等。

1.1.2　市场营销学的性质和研究内容

1）市场营销学的性质

（1）市场营销学是一门研究市场营销活动规律的应用学科。一方面，市场营销的基本理论、基本策略和基本方法，来自市场营销实践活动的理论总结；另一方面，市场营销的基本理论、基本策略和基本方法，对市场营销主体具有很强的理论指导意义和实践应用价值。

（2）市场营销学又是一门研究市场营销活动规律的综合性学科，是建立在经济学、行为学、管理学基础上，并借鉴了哲学、数学、社会学、心理学、系统学、统计学、信息学等学科的理论和方法，而形成的一门独立的边缘学科。菲利普·科特勒曾比喻道，营销学的父亲是经济学，母亲是行为科学，数学是营销学的祖父，哲学是营销学的祖母。例如，分析购买者行为离不开行为科学，确立企业的经营观念、建立企业文化需要有哲学作指导，营销调研需要统计学、信息学等学科的理论和方法的辅助。

（3）市场营销学的研究对象是市场营销主体（主要是企业）的营销活动。也就是说，主要研究市场营销主体如何适应不断发展变化的市场需求，如何将物质产品、创意、劳务和服务等转移给购买者，满足他们的需要和欲望，以达到自己的目标。

2）市场营销学的研究内容

市场营销学的研究内容是由市场营销学的研究对象决定的。市场营销学的研究对象是市场营销活动，因此，市场营销活动所包含的内容，也应当是市场营销学的研究内容。

市场营销学的研究内容可以从市场营销管理过程的角度进行分类，即依照市场营销管理行为发生的时间顺序大致分为五个步骤或层次。

（1）市场营销环境分析，主要是识别营销环境中经常出现的市场机会和威胁，为企业确立正确的发展方向奠定基础。市场营销环境有外部营销环境和内部营销环境之分。

（2）市场营销战略设计，主要包括产品的差异化与定位、产品生命周期的管理和战略等。

（3）市场营销策略设计，主要包括产品策略、定价策略、销售渠道策略和促销策略等内容。

（4）市场营销实施过程，主要包括营销组织的建设与管理、营销执行管理、营销成本费用管理及营销人员激励等内容。

（5）市场营销控制，主要是对营销实施过程中的行为、绩效同战略目标的差异进行监控和调整，并根据实际情况决定是否调整战略计划和营销方案。

3）现代市场营销学的研究内容

现代市场营销学是研究在满足消费者利益的前提下，适应市场需求，有计划地组织企业整体经营活动，向市场提供满足消费者需要的产品和劳务，最终获得企业长期的最大的经济效益（见图1-2）。现代市场营销学的研究内容应该包含三个方面：第一，建立以消费者利益为导向的营销观念，根据消费者需求组织企业的全部经营活动；第二，建立有效的市场营销管理组织和科学管理系统，使企业产品有序、有目的地进入最有获利潜力的市场，在满足消费者利益的同时，达到企业经营目标并获取最大利润；第三，树立创新观念和强烈的竞争意识，充分、合理地利用企业资金和资源，依据外部环境的变化趋势，研究如何选择适当的时间、适当的地点，以适当的价格和方式，将适当的产品和服务提供给消费者，以最大限度地满足消费者需要。

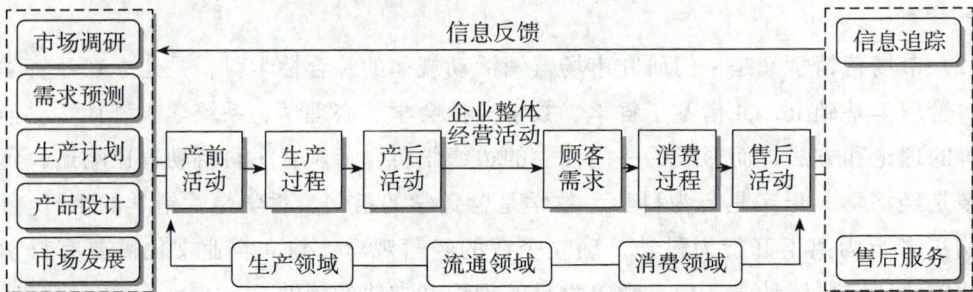

图1-2　现代市场营销学的研究内容

1.1.3　市场营销学的发展历程

市场营销学是生产社会化和商品经济高度发展的产物，是企业开始注重消费者需求的时代产物。市场营销学作为一门应用学科，同其他应用学科一样，来源于市场营销实践活动，并随着市场营销实践活动的发展而发展。市场营销学自20世纪初创建于美国以来，大体经历了四个发展阶段。

1）第一阶段：初创阶段

第一阶段（初创阶段），是指20世纪初至20世纪20年代。市场营销学于20世纪初创建于美国，后来流传到欧洲、日本和其他国家，并在实践中不断发展和完善。19世纪末20世纪初，美国工业革命已经完成，资本主义制度也由自由竞争阶段过渡到垄断阶段，社会生产效率大为提高，产品数量迅速增加，但商品销售市场相对于先前商品严重缺乏的状况，更显得相对狭小，有些商品甚至呈现"生产过剩"的迹象，企业之间的竞争也出现了新的因素。企业为了在新的市场环境中求生存、求发展，就必须研究市场、重视产品销售。企业的这种需求很快在大学教学和理论研究中反映出来了，这就是市场营销学的初创历程。

英文单词 marketing 于 20 世纪初出现在美国的大学讲坛上，不同名称的"市场营销"课程也陆续开出。密歇根大学、加州大学、伊利诺伊大学均于 1902 年开出了"市场营销"课程；克罗西于 1905 年在宾夕法尼亚大学开始讲授"产品市场营销"；拉尔夫·巴特勒于 1910 年在威斯康星大学讲授"市场营销方法"课程。这些都表明，市场营销学已经开始得到大学教育界的重视。哈佛大学于 1912 年出版了赫杰特齐教授编著的《市场营销学》，这是世界上第一本以"Marketing"为名的市场营销学著作，标志着市场营销学作为一门独立的课程进入大学课堂。1918 年，弗莱德·克拉克编写了《市场营销原理》讲义，被许多大学采用作为教材，并于 1922 年正式出版。

在此阶段，市场营销学尽管有较大的实用性，但还处于初创阶段，其研究对象还很窄，仅限于浅层的商品销售实务范围，如广告、商标、包装等。由于理论和实践还有"时间差"，这些初期的浅层的销售理论，还不能深入运用到实践中，在理论上也尚未形成完整的体系。

2）第二阶段：应用阶段

第二阶段（应用阶段），是指 20 世纪 20 年代至第二次世界大战结束。到了 20 世纪 20 年代，伴随市场营销活动的发展，一些市场营销学教科书陆续问世，市场营销学初步建立了理论体系，并日益受到企业的重视。1929—1933 年的世界性经济危机，造成了空前尖锐的商品供求矛盾，商品销售极端困难，大多数市场已转向买方市场，如何售出产品成了企业当务之急。企业的这种需求促使市场营销学快速发展，从大学课堂深入到社会实践，理论研究为实践服务。美国于 1931 年成立了"市场学协会"。1937 年又成立了由市场营销学家、经济学家和企业家组成的"美国市场营销协会"（American Marketing Association，AMA），该协会在美国设立了几十个分会，遍布美国，这就为市场营销学的理论研究和实践活动的紧密结合提供了有利的环境和动力。弗莱德·克拉克和韦尔法于 1932 年在《农产品市场营销》中指出，农产品市场营销系统包括集中（农产品收购）、平衡（调节供求）和分散（化整为零销售）三个相互关联的过程。拉尔夫·亚历山大等学者在 1940 年出版的《市场营销》一书中，则强调了市场营销的商品化职能包含适应顾客需求的过程，销售是"帮助或说服潜在顾客购买商品或服务的过程"。这段时期，美国政府也高度重视市场问题，开始系统地进行商品调查和市场调查，调查所提供的大量的统计资料，增强了市场营销学研究和应用的科学性。在市场营销学家、经济学家、企业家和政府的共同努力下，市场营销学逐渐步入应用阶段。不过，此时的市场营销学仍然局限于商品流通领域的研究和应用。

3）第三阶段：革新阶段

第三阶段（革新阶段），是指第二次世界大战后至20世纪70年代。第二次世界大战结束后，百废待兴，世界进入相对稳定的发展时期。20世纪50年代和60年代，原子能、计算机和空间技术等现代科学技术应用到生产领域，生产技术日新月异；美国等西方发达国家的军事工业大量转向民用事业。这一切，使社会生产效率大幅提高，经济发展速度加快，社会产品数量日益猛增，新产品层出不穷。

麦卡锡于1960年出版了《基础市场营销》一书，对市场营销提出了新的见解。他把消费者视为一个特定的群体即目标市场，而企业制定市场营销组合策略来适应外部环境，满足目标顾客的需求，以实现企业的经营目标。1967年菲利普·科特勒出版了《市场营销管理》，标志着市场营销已经形成完整的理论体系和研究方法。与此同时，企业当时多奉行分散性、多样化策略，经营重点放在发现创业机会和扩张上，经营周期也以年度计划为主。这种策略加快了产品多样化和市场复杂化的速度。人民生活水平虽然迅速提高，但仍赶不上社会产品增长和扩展的速度，因而消费者掌握了更多、更宽的商品选购权，买方市场完全形成，市场竞争趋于白热化。这种新的市场形势，告诫企业应当树立全新的市场营销观念，即企业必须以消费者的需求为导向，把市场在企业生产经营过程中的位置由终点改为起点，提供合适的产品和服务，才有可能实现企业的目标。企业这一新的需求促使市场营销学将研究核心由"推销产品"改为"满足消费者需求"，确立了市场营销活动的首要原则，即重视、研究、掌握消费者的需求和欲望。同时，市场营销学的研究内容和应用范围也发生了相应变化，即从单一的流通领域，扩展到生产领域和消费领域。这种变化，使市场营销学的发展产生了质的飞跃，现代市场营销学由此而形成。因此，这一阶段又被称为市场营销学的革新阶段。

现代市场营销学形成之后，其理论仍在不断地丰富和发展。一方面，这是市场营销实践需求不断推动的结果；另一方面，在研究和应用中，市场营销学不断吸收社会学、统计学、数学、心理学、管理学、哲学等学科的理论和方法，最终成为一门综合性的经济应用学科。

4）第四阶段：第二次革新阶段

第四阶段（第二次革新阶段），是指20世纪70年代至今。20世纪70年代，经济衰退突然阻止了西方经济的持续辉煌。石油危机、资源短缺、环境污染、竞争加剧、成本上升、失业增加、消费者保护运动盛行等市场环境的急剧变化，使许多企业茫然失措，无所适从。在此背景下，不少企业家和市场营销学家开始意识到，社会环境与企业发展之间存在着密切关系，并逐步认识到市场营销活动仅仅以消费者需求为导向是远远不够的，还应当考虑和研究怎样在满足消费者需求的前提下，同时也符合消费者的长远利益和社会的根本利益。与此同时，现代科学技术的迅猛发展，也对市场营销学新的理论研究和现代化营销理论的形成给予强大的支持。一方面，现代科学技术应用到生产领域，引起企业管理体系、经营理念发生巨大的变化，作为指导企业营销活动的现代市场营销学，必须使其理论现代化才能适应和指导企业的营销需要；另一方面，一些现代科学技术理论和方法的成果，被现代市场营销学引进，从而建立了市场营销学理论现代化的基础。例如，借助计算机数学模型进行研究，而形成市场营销学理论模型化；菲利普·科特勒运用系统工程理论和方法，提出市场营销模型及整个市场营销体系的新论点，如大市场营销观念，将市场营销组合由4P（即产品Product、价格Price、促销Promotion、分销渠道Place）扩展到12P（4P+政治权力Political Power、公共关系Public Relation、研究Probing、划分Partitioning、优先Prioritizing、定位Positioning、人People、包装Packing），从战术营销转向战略营销；阿贝尔和哈门德于1979年提出了市场战略营销规划的理论等等。正是在上述因素的综合作用下，市场营销学开始进入一个新的发展阶段，即从社会的角度、战略的角度研究市场营销活动，以便更有效地指导企业在进行市场营销活动中，将企业、消费者和社会三方面的根本利益圆满地结合起来。科特勒于1984年在《哈佛商业评论》上发表了《论大市场营销》，大市场营销概念的提出，是20世纪80年代市场营销战略思想的新发展。

市场营销学的这一新的理论研究方向和研究层次，被有些市场营销学家称为市场营销学的第二次革新。从本质上讲，市场营销学是在市场营销活动的不断需求和推动下逐步发展起来的。但作为一门应用学科，毫无疑问，市场营销学对企业市场营销的实践活动，又具有重大的指导作用，并随着市场营销学理论的不断丰富和完善，对市场营销活动的指导价值越来越突出。市场营销学自20世纪初在美国产生以来，至今不过百年，但发展迅速，影响深广，受到社会各界的普遍重视，究其原因，在于其适应了社会化大生产和市场经济高度发展的客观需要。

1.1.4 市场营销观念的演进过程

市场营销观念，是指企业从事生产和营销活动时所依据的指导思想和行为准则。它体现了人们对市场环境、企业在市场运作中所处的地位，以及企业与市场的相互关系等基本问题的认识、看法和根本态度，是企业所奉行的一种经营哲学或理念。奉行正确的营销观念，是企业组织市场营销实践的核心和关键所在。从西方发达国家的市场营销发展历史来看，市场营销观念的演进经历了五个阶段。

1）生产导向观念

生产导向观念是市场营销学初创阶段的传统营销观念，产生于19世纪末20世纪初。当时资本主义社会生产力相对落后，属于求大于供的卖方市场。生产导向观念认为：消费者喜欢那些可买得到和买得起的产品，企业要组织所有资源提高生产和分配效率、增加产量、降低成本，而且企业生产什么就卖什么。进而认为，只要是企业生产出来的产品，就一定能够销售出去。企业经营管理的主要任务是改善生产技术、改进劳动组织、提高劳动生产率、降低成本、增加销售量。生产导向观念的思维脉络是，消费者喜欢那些随处可得、价格低廉的产品，因此，企业应当致力于大幅提高生产效率、降低价格、不断扩大销售覆盖面，以此增加利润。

奉行生产导向观念的社会营销环境是：社会生产力虽然发展很快，但总体水平还不高；社会产品数量增加迅速，但并不充足；国民收入有较大增长，但人们生活水准还较低；市场已经出现由卖方市场向买方市场转变的迹象，但因总体上需求大于供给，市场性质仍然属于卖方市场（即卖方居支配地位）。在这种市场营销环境下，消费者更关心的主要是能否随处买到价廉的产品，而不是产品的差异。那么如何才能生产出更为价廉的产品呢？扩大生产规模，降低成本是当时一种行之有效的办法。因此，扩大生产、降低价格的生产导向观念自然成为当时市场营销的指导思想和主要内容。亨利·福特于20世纪初首创这一观念，福特汽车公司也成为成功实施这一营销观念的典范之一。

生产导向观念，顾名思义是以生产为导向的营销观念。但是，生产导向观念也是根据消费者的需求，即消费者喜欢随处可得、价格低廉的产品这一需求特征而产生的，因此，从本质上讲，生产导向观念应属消费者导向，而不是生产导向。由于消费者喜欢随处可得、价格低廉的产品这一需求太普遍、太单一，加之当时商品总体上需求大于供给，以至于企业几乎不需要营销调研就能准确地把握消费者的这种需求特征，直至企业在生产过程中可以忽视消费者的这一需求特征。这种特殊消费需求特征使得原本根据消费者喜欢随处可得、价格低廉的产品这一需求而产生的扩大生产、降低价格的观念反而具体表现为企业能生产什么，就卖什么的思想。因此，扩大生产、降低价格的观念也就变成了具有生产导向性质的生产导向观念。

生产导向观念不仅促进了生产的发展，而且在迎合消费者需求的道路上迈出了革命性的一步。当然，生产导向观念是以生产为导向的，这就导致企业只重视改进生产、扩大生产、降低成本，而不进行市场研究，忽视消费者需求的变化，同时，也不太重视销售，这也成了生产导向观念的主要缺陷。生产导向观念阶段的市场营销学还处于初创时期，受现实营销活动的束缚，市场营销学在当时还不可能意识到消费者对产品的需求和欲望应该成为自己的主要研究对象和研究内容。

2）产品导向观念

产品导向观念是产生于市场营销学初创阶段后期和应用阶段前期的营销观念，盛行于第二次世界大战前后。产品导向观念的思维脉络是，消费者最喜欢高质量、多功能和具有某些特色的产品，因此，企业应当致力于这种优质产品的生产和创新，并不断改进，追求完美。产品导向观念认为，消费者青睐那些质量好、价格合理的产品，企业应努力提高产品质量，只要物美价廉，顾客必然会找上门，无须大力推销。

奉行产品导向观念的社会营销环境是：社会生产力进一步发展，人们生活水平进一步提高；卖方市场开始转向买方市场，消费者已具备选择多功能、有特色的优质产品的欲望和能力。因此，满足消费者高品质需求催生了产品导向观念。美国通用汽车公司在20世纪30年代及时正确地采用产品导向观念，推出了凯迪拉克、雪佛兰、别克等高、中、低三种不同档次产品组合的生产经营体系，最终取代曾居于统治地位，但仍坚持生产导向观念的福特汽车公司，坐上了世界汽车生产的头把交椅。

产品导向观念，如同生产导向观念，也是消费者需求的反映，所以在本质上，产品导向观念也应属于消费者导向。产品导向观念注重提高产品质量、增加产品功能、创造产品特色，以争取消费者而获得利润，因而比只重视扩大生产、降低价格的生产导向观念大大前进了一步。但是，奉行产品导向观念的企业把高质量、多功能和具有某些特色的产品设计和生产的出发点定在企业自身，而不是消费者。也就是说，产品的质量、功能和特色只是企业自身的想法，而非消费者的真正需求。这些企业认为，任何高质量、多功能和具有某些特色的产品都能满足消费者的需求，因此，在注重产品的优质、功能和特色的同时，也就基本上忽视了消费者喜欢何种优质、功能和特色的产品。企业把自身定为产品生产者的出发点，是难以生产出真正符合消费者需求的优质产品的。因此，产品导向观念乃是生产导向观念的直接延伸，依然属于一种比较陈旧的经营观念。另外，执行产品导向观念的企业，还会因为优质产品都能满足消费者的需求这一认识，而忽视产品的推销和促销。产品导向观念所存在的这些缺陷，被菲利普·科特勒称为"营销近视症"。

以上两种观念的共同点在于，都以生产者为中心和导向，采取以产定销的经营方式，企业生产什么就销售什么，忽略对消费需求的调查研究，轻视销售在企业经营中的作用。显然，以生产为导向的营销观念是十分陈旧的，它仅适用于商品经济不够发达、市场上商品供不应求的情况。

3）销售导向观念

销售导向观念是市场营销学应用阶段的营销观念，其思维脉络是，消费者已经具有相当的购买能力，但又表现出一种购买惰性或抗衡心理，通常不会足量购买某种产品；市场上可以供消费者购买的产品有很多，而企业各种类的产品不可能都成为消费者青睐的产品，所以消费者也不会足量购买某个企业的各种产品，因此，企业必须全力进行推销和促销活动。

奉行销售导向观念的社会营销环境是：社会生产力已提高到一定的水平，即社会产品总体上供大于求，大多数市场已由卖方市场转为买方市场（买方居支配地位）。充分施展推销和促销手段，刺激消费者需求，尽快售出产品乃是企业的当务之急。因此，随着社会化程度的提高和规模的扩大，社会产品数量迅速增多，许多产品开始供过于求，市场形势由卖方市场开始转向买方市场。许多企业已认识到仅靠扩大生产规模和降低成本是远远不够的，要想在激烈的市场竞争中求得生存和发展，必须重视和加强产品推销工作，因而纷纷转向奉行销售导向观念。

销售导向观念强调，广大消费者一般都不购买非必需品，但若企业采取适当的措施，顾客有可能购买更多产品，故企业必须重视并加强推销和销售促进，千方百计地使消费者对企业的产品产生兴趣，以扩大销售，提高市场占有率，获取更多利润。在销售导向观念的指导下，这一时期的企业坚持以销售为中心，纷纷采用强化推销机构、增加销售工作内容、增加和培训推销人员、研究推销技术和加大广告宣传力度等办法，来努力推销自己的产品。

从生产导向观念、产品导向观念，向销售导向观念的演进，提高了销售职能在企业经营管理中的地位。但从本质上讲，销售导向观念仍然是以生产为中心，生产什么就推销什么，以产定销。最突出的表现是，企业千方百计运用各种可能的推销手段，吸引潜在顾客，常有商品售出后概不负责的思想，所以该观念仍然属于传统的营销观念。

4）营销导向观念

营销导向观念盛行于20世纪60年代至70年代末80年代初。营销导向观念的形成是企业经营观念上的一次重大转变。该观念认为，企业应该首先确定自己的目标市场，了解顾客的需求和欲望，应在满足需要的产品供应方面，比竞争对手有更高的效能和效率。这种营销观念的具体表现是，顾客需要什么，就卖什么，而不是能制造什么，就卖什么。这种观念以消费者为中心，取代了以企业为中心的指导思想。

营销导向观念的思维脉络是，消费者比以往富有，但更明智，他们已习惯在日益丰富的市场上精确地选购能满足其真正需要的产品。因此，企业必须准确地了解目标市场的需要和欲望，并且比竞争者更有效、更有力地满足目标市场的需要和欲望。

奉行营销导向观念的营销环境是：第三次科学技术革命的深入开展促使生产力进一步发展；第二次世界大战结束后大量军事工业转向民用工业，使得社会产品数量的增长大大超过社会需求的增长，新产品不断涌现，产品生命周期越来越短，竞争愈演愈烈；此时的消费者既有条件，又有实力和智慧，去购买真正需要的产品，买方市场已完全形成。企业只有根据消费者的需求和欲望，生产有竞争力的产品，并努力搞好推销和促销才能实现目标。市场营销的这一核心原则，到20世纪50年代中期已基本定形。

营销导向观念是一次质的飞跃，是一种全新的企业经营哲学，是一次营销革命。市场营销观念在以下几个方面发生了不同于以往观念的根本性变化：在思维的出发点上，由企业自身转向了市场；在工作重点上，由企业、产品转向跟踪了解消费者需求；在方法上，由扩大生产、提高产品质量和推销、促销转向整体营销；在获利途径上，由通过扩大生产和销售获得利润转向通过满足消费者需求取得利润。与此相对应，在企业内部，营销导向观念重视建设消费者导向和满意的企业文化，重视建立以市场营销为主，以组织、生产、研究和开发为辅的企业经营管理机制。

表1-1列出了销售导向/产品导向的营销方式与营销方向的营销方式的不同之处。

5）社会营销导向观念

社会营销导向观念的出现是企业经营观念的一次重大变革。它标志着现代企业对传统经营思想和模式的大胆摒弃与彻底决裂，也体现了企业为顺应买方市场环境的变化，对自身行为的自觉调整与选择。社会营销导向观念的思维脉络是，企业在满足目标市场消费者需求和欲望之时，有可能已经损害了其长远利益和其他消费者的利益，甚至整个社会的利益。因此，企业在满足目标市场需求和欲望的同时，更应当注意维护消费者的长远利益和社会的根本利益，并且比竞争者更有效、更有力地满足目标市场的需求和欲望。

社会营销导向观念产生的社会营销环境是：采用市场营销观念的企业在产品设计和开发时，只是考虑怎样迎合目标市场消费者的眼前需要，而忽视他们的长远利益，比如，味道鲜美但脂肪含量过高的食品，虽然给消费者带来了可口的味觉享受，但并不利于消费者的身体健康；只注重企业目标的实现，而不顾社会利益和环境的保护。这些现象使消费者的长远利益受到损害，社会多方面出现危机，因而引起社会的高度关注。近年来，西方消费者保护运动盛行起来，保护消费者利益的组织越来越多，不少国家政府还制定了相应的

表1-1	不同导向营销方式的比较	
项　目	销售导向/产品导向	营销导向
对消费者的态度	努力降低成本，以生产出更多产品，令消费者满意	消费者的需要决定企业的战略
产品供应	企业销售自己能生产的产品	企业可以卖掉自己能生产的产品
市场调研的作用	明确消费者使用这种产品的反应	明确消费者的需要及企业如何能满足这种需要
创新的动力	侧重于技术和控制成本	侧重于寻找新的市场机会
利润的重要性	扣除成本后的余数	重要目标之一
信誉的作用	一种很不重要的事情	一种消费者服务
包装的作用	只是用于保护产品	为了方便消费者的一种促销手段
库存量	方便生产	考虑消费者的要求和成本
运输安排	生产和存储的延伸，强调尽可能降低成本	为消费者服务
广告重点	产品特征及产品制造工艺	产品和服务在满足需要方面带给消费者的利益
销售人员的作用	向消费者推销，不注意协调企业其他部门对促销的作用	在产品满足消费者需要情况下帮助消费者购买，并协调与企业其他部门之间的关系
与消费者关系	短期关系，即交易结束，关系也同时结束	关注消费者的售前和售后满意度，保持与消费者的长期关系

法律制度，以求制止不符合人类社会根本利益的商业行为。

20世纪70年代末80年代初，西方一些学者针对环境恶化、资源浪费、生态破坏、能源短缺等一系列问题，提出了一些新的观念，对社会营销导向观念进行了修正和补充，如人类观念、理智消费观念、生态准则观念等。其共同点是，认为企业生产经营不仅要考虑消费者的需求，而且要考虑消费者和整个社会的长远利益，这类观念可统称为社会营销导向观念。

社会营销导向观念要求企业在制订营销计划时，应以消费者长远利益和社会根本利益为导向，既要满足消费者的眼前需要和欲望，又要符合消费者和社会的长远利益，从而将企业、消费者和社会三方面的根本利益圆满地结合起来。在这一观念指导下，企业营销不再以消费者需要作为唯一出发点，而是充分考虑社会利益、消费者利益与企业利益的平衡点。

随着人类社会文明的不断进步，将消费者长远利益和社会根本利益置于主导地位的社会营销导向观念必将日益深入人心，受到消费者和社会的青睐。正因为如此，同以往的营销观念相比，社会营销导向观念具有更强的竞争力，这也是越来越多的企业采用社会营销导向观念作为指导思想的根本原因。以上五种市场营销观念的比较见表1-2。

表1-2　　　　　　　　　　　市场营销观念的比较

观　念	出发点	关注重点	营销方法	营销目标
生产导向观念	企业	生产	扩大生产、降低成本	通过扩大生产获得利润
产品导向观念	企业	产品	生产优质产品	通过优质生产获得利润
销售导向观念	企业	销售产品	推销和促销	通过销售获得利润
营销导向观念	市场	消费者需求	整体营销	通过消费者满意获得利润
社会营销导向观念	社会	社会长远利益	战略营销	通过社会满意获得利润

【实例1-1】　　　　　　　　红色旅游火热 献礼建党百年

2021年是中国共产党成立100周年，全国各级文化和旅游部门充分发挥红色资源优势，积极回应大众探寻红色历史诉求，进一步挖掘红色文化内涵、赓续红色基因，以融合创新为突破口，推动红色旅游产品和服务不断"上新"，为庆祝建党百年营造浓厚氛围，也吸引着越来越多游客纷纷踏上红色故土，在旅途中聆听党史，在行走中感受红色文化，在游玩中接受红色精神洗礼。

（1）推出百条线路，营造浓厚氛围。过去一年中，红色旅游发展氛围浓厚。文化和旅游部紧紧围绕庆祝建党百年，结合党史学习教育，适时推出"建党百年红色旅游百条精品线路"，涵盖红色历史、大国重器、乡村振兴三大主题758个景区，为游客提供了一本谱写在中华大地上、书写在红色遗址遗迹中的鲜活的党史。围绕"建党百年红色旅游百条精品线路"，文化和旅游部还组织开展了一系列媒体采风活动。沿着"井冈之路·星火燎原"精品线路，走进茅坪八角楼毛泽东旧居、井冈山革命博物馆、黄洋界哨口等红色景区景点，重温红色记忆；沿着"红色陕西·圣地延安"精品线路，走进延安市南泥湾革命旧址、延安革命纪念地、西安事变纪念馆等。

（2）赓续红色基因，发挥教育功能。在过去的一年中，浓厚的红色氛围、良好的发展势头，使得红色旅游的教育功能进一步彰显，红色基因得以更好赓续传承。文化和旅游部联动各地文化和旅游部门在全国开展"百名红色讲解员讲百年党史"宣讲活动，走进党政机关、军队、群团组织、院校及企事业单位，累计开展600余场次宣讲，40余万名干部群众现场聆听，900余万人次通过网络直播、点播收看，进一步彰显了红色旅游的教育功能。在整个红色之旅人群中，00后、90后的"Z世代"人群总数已经占比51%以上，年轻群体参与红色旅游比重显著提升，红色旅游正呈现越来越年轻化趋势。文化和旅游部还举办了第十一届全国大学生红色旅游创意策划大赛，共吸引622所高校的近1.5万名师生参加，参赛规模和质量创历届大赛之最。此外，文化和旅游部还组织拍摄"跟着书本去旅行"红色旅游系列片，开展"红色旅游进校园"优秀实践案例征集展示，推出《开讲啦》红色故事专题节目等。

（3）创新融合发展，增强内生动力。红色旅游融合创新亮点纷呈，红色旅游与演艺、文创、科技、体育等不断融合，发展活力持续迸发，内生动力不断增强。红色旅游演艺获得较大发展，《中国出了个毛泽东》《延安保育院》《延安保卫战》等多部大型实景演出和舞台艺术作品广受游客欢迎；红色旅游与教育培训进一步融合，井冈山、延安、瑞金、韶山、西柏坡、嘉兴等地探索出许多可复制、可推广的红色旅游发展模式，相关教育、培训、研讨、出版、创作等逐渐形成新的高潮；红色文创进一步发展，内涵挖掘、产品设计、营销推广等取得明显突破。

（资料来源　李志刚，范朝慧，靳畅，等. 红色旅游火热 献礼建党百年［N］. 中国旅游报，2021-12-28）

【相关链接1-1】　　　　　　　网红旅游景点的新媒体营销

新媒体的发展为旅游景点的营销带来了新的渠道。新时期各网红景点，如西安永兴坊、重庆洪崖洞、云南普者黑等，实施了新媒体营销策略，提升了景点自身的影响力，吸引了更多的消费者。

（1）网红旅游景点新媒体营销优势。①新媒体营销可以引导消费者理性消费。在我国经济水平迅速提高的情况下，旅游已经成为人们休闲的重要方式，通过新媒体进行广泛营销并且传播具有较强吸引力的信息，可以刺激人们的旅游消费，带动人们的理性消费。②新媒体营销可以实现受众全方位覆盖。旅游目的地及景区可以通过新媒体营销来向全球进行传播，任何一位网络用户都会成为潜在的消费者。与传统的媒体营销相比，新媒体营销方式更加多样，受众也更加广泛，整体的成本更加低廉。③新媒体营销有利于实现受众精准营销。新媒体可以实现与客户的双向交流，并且了解客户的个性化需求，及时地改进工作，提升自身的服务质量，通过旅游产品的独特性、新颖性来满足不同游客的需求。

（2）网红旅游景点新媒体营销案例。①西安永兴坊。西安永兴坊属于传统的历史人文景区，其借助摔碗酒在抖音、微博等平台进行大力营销。当摔碗酒将永兴坊带火之后，永兴坊闻名全国，并且借助短视频平台以及社交媒体平台独特的表达方式、可传播性，使其成为独特的产品。②重庆洪崖洞。重庆洪崖洞属于二次造景景区，拥有独特的步行街，将城市商业中心与传统吊脚楼结合在一起，打造出梦幻的世界，吸引了众多游客的注意力。同时，重庆洪崖洞在互联网时代借助短视频平台、微博、微信客户端，进行大力营销，结合自身的趣味性及传播性使其线上流量向线下游客转移。③成都秀丽东方景区。秀丽东方是全国五大梅园之一，园内的绿化率超过95%，同时结合天府赶场文化——幸福场，打造了独特的IP，结合时令的美景展现了桃花节、摄影展、梅花节，给园区的人流带来了较大的保障。另外，秀丽东方将电商零售与贫困县扶贫结合在一起，为村民找到了农产品进入大城市大市场的好渠道，实现了线下与线上营销的结合。④云南普者黑景区。云南普者黑景区是我国的传统著名景点。早期的云南普者黑，通过自身美丽的景观和良好的生态环境闻名全国，近年来一些经典影视剧以及真人秀节目在普者黑景区取景拍摄，使得普者黑景区借助于影视节目惊人的播放量，在网络上再次蹿红，成为众多粉丝的打卡地。

（3）网红旅游景点新媒体营销策略。①打造特色景点，强化文化植入。对网红景点而言，自身必须要在老产品的基础上进行重新包装和优化，使传统的产品得到尽快的更新，并且在传统路线中增加新的内容，深入挖掘旅游资源的文化内涵，在弘扬中国传统文化的基础上体现出时代的特征。②完善运营渠道，线上线下同时运营。网红景点在实际营销时，可以借助城市特色来打造独特的品牌形象，各地区可以结合自身的特点实现全区域的旅游品牌推广，在多个新媒体平台中大力进行形象宣传，另外各地区可以举办旅游节庆活动，通过网站、微博、微信、抖音、快手等平台进行宣传，同时也可以利用网络直播平台，实现实时传播，不断吸引游客的注意力，尤其是吸引外地游客。③借力互联网络，掌握技术流量。在新媒体时代，移动互联网的技术流量使得各个景区都能够在线上提升自身的影响力，拥有较强的线上导流渠道，尤其是近年来众多景区的营销都与短视频平台有着直接的联系。

（资料来源　杨春丽．网红旅游景点的营销策略［J］．企业家信息，2020，20（8）：68-69）

1.2　旅游市场营销学概述

1.2.1　旅游市场营销学的含义

旅游市场营销学是市场营销学在旅游业中的具体运用，属于市场营销学的一个分支。旅游市场营销，是指旅游企业或其他组织通过对旅游产品的构思、定价、促销和分销的计划与执行，以满足旅游者需求和实现旅游企业目标的过程。它可以从以下三个方面来理解：

（1）以旅游消费者为导向，以交换为核心。旅游企业通过提供令游客满意的旅游产品，以实现旅游企业的经济和社会目标。

（2）旅游市场营销是一种动态管理过程。它包括分析、计划、执行、反馈和控制。

（3）旅游市场营销适用范围较广。一方面，旅游市场营销的主体广泛，包括所有旅游经济个体；另一方面，旅游市场营销的客体多样，不仅包括对有形实物的营销，还包括对无形劳务的营销以及旅游经济个体由此所发生的一系列经济活动。

1.2.2　旅游市场营销学的特征

旅游业是一个特殊的服务性行业，旅游产品是一种特殊的产品，因此，旅游市场营销也就必然区别于一般产品的营销。旅游市场营销与一般市场营销的差异，可以归纳为以下几点：

（1）旅游产品的特点不同。旅游产品具有生产与消费同时性的特点，旅游服务过程是旅游企业员工与顾客间的互动过程，旅游者参与了旅游产品生产的全过程。旅游产品在产品性质、生产过程中顾客的参与、人作为产品的一部分等方面体现了自己的特点，与一般产品不同。

（2）更加多样和更多类型的旅游分销渠道。旅游企业不像生产企业那样通过物流把产品从工厂运送到顾客手里，而是依靠一系列独立的中间商，包括旅游代理商和旅游批发商。这些中间商经常接受顾客的咨询，提供旅游目的地、酒店、景点和交通等的旅游信息，因此，他们可以在很大程度上影响顾客的购买决策。

（3）重视对旅游者的管理。旅游企业除要对同旅游者或潜在旅游者发生接触的人员进行管理外，还必须对服务场所的旅游者行为进行管理。因为旅游者直接参与了生产过程，所以如何管理旅游者，也成为旅游市场营销的一个重要内容。

（4）更加依赖多部门的协作。旅游需求包括行、游、住、食、购、娱等多方面，不同的旅游者，其需求层次也不一样。这就决定了旅游产品是由单项服务产品组合而成的综合性产品，缺少其中一个部门的产品，就难以构成整体旅游产品。这些行业和部门在旅游业中构成相互关联、相互依存并相互协调的统一体。在旅游业的营销中必然存在一个潜在的协调关系，如果各个行业、部门间出现不协调现象，必将导致旅游产品整体效能无法实现，使旅游者的需求不能得到满足。

（5）旅游产品更容易被仿效。普通产品通常可以申请专利保护，而旅游业是人提供的服务，大多数旅游产品不能申请专利保护，因此更容易被仿效。

（6）旅游质量控制的不同。由于旅游者直接参与了旅游服务产品生产的全过程，旅游产品的质量很难像有形产品那样，用统一的质量标准来衡量，而更多地体现在旅游者的满意度上。因此，在旅游企业的营销工作中，除了外部营销，还应更加重视内部营销工作。其他大多数产品能够提供保质保修等担保，担保期限有时是好几年，但是旅游业的这种担保却很少。

1.2.3　旅游市场营销观念的演进历程

旅游市场营销观念的演进历程与市场营销观念的演进历程基本是一致的，都经历了生产导向观念、产品导向观念、销售导向观念、营销导向观念、社会营销导向观念这五个阶段，但是各个阶段所处的时间比市场营销观念有所滞后。

1）生产导向观念与产品导向观念

第二次世界大战后，旅游业开始兴起，旅游产品与服务供不应求，整个旅游市场处于生产导向观念与产品导向观念阶段，各个国家和地区的旅游企业把主要精力放在生产出大量的旅游产品与提高接待能力上，而较少去考虑旅游者需求的变化。

2）销售导向观念

20世纪70年代，随着旅游业的发展，大量旅游资源被开发，旅游产品开始出现供大于求的状况，旅游企业不得不去重视产品推销。例如，一些饭店成立了销售部，旅行社也设立了营业部，专门来从事产品推销活动。

3）营销导向观念

从20世纪80年代开始，旅游业的竞争日趋激烈，旅游企业开始重视在经营活动中去了解旅游者的需要，根据旅游者的需要设计和开发自己的产品，调整自己的产品结构，并在价格、促销、渠道等各方面制订整体营销计划，使自己的产品更能适合旅游者的需要。旅游企业也更加注重旅游者对旅游产品质量的反应和处理，抓好售后服务工作。

4）社会营销导向观念

20世纪90年代中后期至21世纪初，许多旅游企业开始认识到，仅仅局限于满足旅游者需求和使企业获利是远远不够的，还必须兼顾整个社会的当前和长远利益。旅游业必须以社会营销观念为导向，从旅游者的需求出发，结合自身的实际情况去组织营销工作，既能提供有针对性的旅游产品，满足旅游者需求，又能为旅游业和社会带来效益。

1.2.4　旅游市场营销学的发展历程

随着旅游业步入发展的高峰期，旅游企业之间的竞争也日趋激烈，旅游业也像其他服务业一样，引入了市场营销学的经营理论，开始研究旅游市场营销中的问题。旅游市场营销学的发展历程可分为以下几个阶段。

1）第一阶段：理论导入

旅游市场营销学的理论导入阶段主要指20世纪70年代。在这一阶段，旅游市场营销学开始从市场营销学中分离出来，成为一门独立的学科。这一阶段主要研究旅游产品与有形实物产品的异同、旅游特征、旅游市场营销学与原有市场营销学研究角度的差异。

2）第二阶段：理论探索

旅游市场营销学的理论探索阶段主要指20世纪70年代末到80年代中期。这一阶段主要探讨了旅游的特征，如何影响旅游者购买行为，尤其集中于旅游者对旅游服务的性质、优缺点及潜在的购买风险的评估。

3）第三阶段：理论实践

旅游市场营销学的理论实践阶段主要指20世纪80年代末期至今。在这一阶段，旅游市场营销学者们在第二阶段对旅游服务的基本特征取得共识的基础上，集中研究了传统的4P（即产品Product、价格Price、促销Promotion、分销渠道Place）组合在不能满足推广服务的情况下，究竟要增加哪些新的组合变量的问题，如10P（即4P+政治权力Political Power、公共关系Public Relation、研究Probing、划分Partitioning、优先Prioritizing、定位Positioning）、12P（即10P+人People、包装Packing）等组合及特殊的服务营销等问题。

1.2.5　旅游市场营销学的研究对象

旅游市场营销学是市场营销学的分支学科，是旅游从业人员在营销活动中，运用市场营销学的原理和方法，并结合旅游行业的实践特点和发展需求，而产生的一门综合性经营管理应用学科。旅游市场营销学的研究对象是旅游市场中的需求问题，即研究旅游市场营销主体如何适应不断发展变化的旅游市场的需求，如何将旅游产品转移给旅游者，满足其需求和欲望，以实现旅游企业自身的目标。旅游市场营销学的研究对象不仅包括旅游产品在市场中的活动，还包括旅游产品生产者的生产经营管理活动；旅游市场营销学既研究旅游产品的流动规律，也研究产品生产的策略、制定价格的策略；既研究宏观市场，又研究旅游者的微观市场。

鉴于旅游产品及旅游市场的特点，旅游市场营销研究的范围必然要突破流通领域的界限。不仅要研究生产和流通领域，如怎样疏通旅游中间商、旅行社、旅游分销渠道，提高旅游产品的销售量，更重要的是：首先，要研究目标市场，了解旅游者需求，研究旅游者行为特点。在调查研究的基础上，根据目标市场的需求，设计旅游线路、组合旅游产品。其次，不仅要研究旅游者的现实需求，还要分析其潜在需求；不仅要研究现实旅游者，还要研究潜在旅游者。根据旅游者的需求，结合当地资源特点、吸引物的类别、符合顾客需求的服务设施和服务项目，设计出具有极大吸引力的旅游产品，并制定合理的、有竞争性的价格，加强促销技巧，疏通分销渠道，达到扩大销售量，获得企业最大经济效益和社会效益的目标。

1.2.6　旅游市场营销学的研究内容

旅游市场营销学的研究内容是由旅游市场营销学的研究对象决定的。旅游市场营销学主要研究旅游企业的市场营销活动，因此，旅游市场营销活动所包含的所有内容都是旅游市场营销学的研究内容。旅游市场营销学的研究内容同样可以从旅游市场营销管理过程的角度进行分类，即依照旅游市场营销管理行为发生的时间顺序，可分为旅游市场营销环境分析、营销战略决策、营销策略决策和方法、营销实施和营销控制等内容。具体而言，旅游市场营销学的研究内容主要包括以下几部分：

（1）旅游市场营销环境。旅游市场营销环境包括企业所处的社会、政治、经济等宏观环境以及现实和潜在的旅游者、竞争者、公众等微观环境，这些是制定旅游企业营销战略的客观依据。

（2）旅游者购买行为分析以及市场调研与预测。通过对旅游者购买行为进行的分析研究和对市场进行的调查研究，获取准确的市场信息，并进行科学预测，为制定切实可行的市场营销战略、计划奠定基础。

（3）旅游目标市场选择与市场定位。在准确了解旅游市场信息的基础上进行市场细分，选择旅游目标市场，并进行准确的市场定位。

（4）旅游市场营销策略。旅游市场营销策略包括产品策略、定价策略、分销渠道策略和促销策略等。

（5）旅游市场营销组织与控制研究。它主要研究旅游企业为保证市场营销活动的成功，在组织、调研、计划、控制等方面采取的措施和方法。

1.2.7　旅游市场营销学的研究意义

（1）有利于旅游企业转变观念，有效指导经营活动。由于以生产为中心的经营观念不能适应市场的变化，因此，旅游企业应转变经营观念，以旅游者的需求为中心，满足旅游者需求，从而获取经济效益和社会效益。

（2）有利于减少浪费，达到供求平衡。以旅游者的需求为出发点，科学进行旅游资源开发、旅游线路设计、旅游产品生产和组合，减少无谓投入，避免生产与需求脱节，使旅游产品创造最大的效益。

（3）有利于认识市场，发现市场。运用旅游市场营销学的理论，可以科学分析旅游市场，找到潜在市场及扩大市场份额，使旅游企业在激烈的市场竞争中立于不败之地。

（4）有利于更好地处理旅游业与社会上多个行业和部门之间的关系。旅游业不仅存在着内部结构的互补性和关联性，而且旅游业与社会上多个行业或部门间也存在着依存关系。这种依存关系决定了旅游经营需要通过营销协调旅游者利益，协调地方政府利益和整个社会利益。

（5）有利于市场营销学的深入发展。旅游市场营销学不但研究有形产品的营销，并且研究无形产品服务的营销，从而扩大了市场营销学的研究领域，对其他无形产品的营销起了示范和借鉴作用。

1.2.8　旅游市场营销学的研究方法

1）管理研究与产品研究相结合

管理研究法又称决策研究法、综合研究法。旅游活动是综合性活动，旅游市场营销学是综合性的经营管理应用学科，它所研究和考虑的问题贯穿于旅游企业或组织市场营销活动的整个过程，还涉及社会的方方面面。因此，旅游市场营销学的研究方法，首先必须以系统工程的原理和方法为指导，充分运用经济学、社会学、心理学、管理学、数学、计算机等学科的知识，对旅游市场营销进行综合性研究。管理本质上是一项系统工程，管理研究法强调整体性，它应当包括旅游市场营销内外部环境分析，目标市场的选择和战略决策的制定，策略和方法的企划，产品开发和价格、销售渠道和促销手段、营销组织、营销计划的实施和控制等等。管理研究法是旅游市场营销学的研究大纲。因此，管理研究法在所有的研究法中应当是第一位的。当然，管理研究法并不能取代其他研究方法的功能。

管理研究与产品研究相结合，是因为旅游产品具有综合性特点，可采用多种标准进行区分。例如，按类型分，主要有饭店产品、交通产品、旅游资源产品等；按旅游活动性质分，有观光产品、娱乐产品、度假产品及其他特色产品等。产品研究法就是以各类旅游产品及产品组合为研究对象，着重分析其市场需求变化及发展趋势，以及旅游产品开发、产品质量、定价、分销和促销等。旅游产品是旅游企业拿到市场进行交换、实现自身目标的根本内容，市场需求又瞬息多变，所以，产品研究法是旅游市场营销学中花费时间最长、耗费精力最多的研究方法之一。

2）组织功能与社会营销相结合

产品研究法是以物为中心进行的研究，组织研究法是以人为中心进行的研究。组织研究法将旅游产品生产者、旅游批发商、旅游零售商作为主体，也包含非营利性的政府机构及其他有关部门，分别研究其功能、作用及营销过程和发展趋势。

旅游市场营销的基本功能一般包括交换功能、供给功能和便利功能。功能研究法就是研究这些功能的特性及动态，研究旅游企业或组织，以及不同产品市场如何执行这些功能。比如，在有序竞争和无序竞争这两种不同的旅游市场环境中的定价问题、供给问题等，在超饱和需求状态下的便利功能问题等。

组织功能与社会营销相结合，是以社会营销观念为导向的研究方法，主要研究旅游企业或组织的各种市场营销活动对社会所产生的积极或消极影响，以及影响的程度。其目的是阻止旅游企业或组织在实现自身目标的过程中损害旅游者长远利益和社会根本利益，帮助它们把自身利益同旅游者长远利益和社会根本利益有机结合起来。

3）定性分析与定量分析相结合

所谓定性分析，就是根据一些直观材料，依靠经验，进行主观分析和综合判断，从性质和发展趋势上进行推断、得出结论的一种分析方法。旅游市场营销中有很多问题（诸如旅游者的态度、行为、动机、趋势等）难以量化，就只能对其进行定性分析。定性分析是建立在逻辑思维和经验判断的基础之上的。所谓定量分析，就是在数学、统计学、系统论、控制论、信息论、运筹学和计算机技术的基础上，根据调查资料，运用数学公式、数学模型、线性方程和图表等，对旅游市场营销活动进行精确的量化分析，用数据得出科学结论的一种分析方法。旅游市场营销中有很多问题需要进行定量分析，如旅游市场规模、增长率、容量和市场占有率等，通过定量分析，得到较准确的结果，便于营销人员决策。

以上两种方法互有长短，结合使用，可弥补彼此的不足。运用定性分析和定量分析相结合的方法，去研究错综复杂的旅游经济问题，是旅游市场营销学发展的必然趋势。旅游活动是一项非常复杂的、带有浓厚文化色彩的经济活动。要在复杂环境中，进行准确有效的调研，并做出正确的目标市场选择和战略决策，制定适宜的策略和方法，离不开准确的定量分析和恰当的定性分析的综合研究方法。

4）宏观分析和微观分析相结合

在旅游市场研究中，既要分析旅游市场和旅游市场环境，又要研究旅游市场中的旅游者。在旅游产品设计中，既要注重服务规范，满足旅游者的共同需求，又要使规范、制度有很强的适应性，从而满足不同旅游者的个性化需求。同时要想运用数理、统计分析法（如线性方程、概率、矩阵、排列组合），必须掌握数学、统计学、宏观经济学、微观经济学等基础理论。

5）静态分析与动态分析相结合

静态分析一般来说是对旅游市场活动的不同部分、不同阶段进行分析，比如分析旅游产品的分类、分销商和特定旅游者，分析旅游市场营销中的不同机构，分析旅游市场营销机构的特性等。动态分析是从管理决策的角度来分析，分析影响旅游营销活动的外在因素，分析竞争对手的战略、市场占有份额等。静态分析与动态分析相结合，可以将对旅游市场中各部门、各阶段及各外在因素的研究有机地结合在一起。

⇐【实例 1-2】　突出新"五感"　提升红色旅游品质

⇐【相关链接 1-2】　休闲农业旅游的田园情怀新营销

本章小结

本章研究了市场营销学的含义、性质以及研究对象等，市场营销学的发展历程可分为第一阶段（初创阶段）、第二阶段（应用阶段）、第三阶段（革新阶段）、第四阶段（第二次革新阶段）。市场营销观念的演进过程，经历了生产导向观念、产品导向观念、销售导向观念、营销导向观念和社会营销导向观念等阶段。

从旅游市场营销学的含义和特征出发，提出了旅游市场营销学理念的演进过程，包括生产导向观念与产品导向观念、销售导向观念、营销导向观念、社会营销导向观念等过程。旅游市场营销学的发展历程，经历了理论导入、理论探索、理论实践等阶段。旅游市场营销学的主要研究方法，包括管理研究与产品研究相结合、组织功能与社会营销相结合、定性分析与定量分析相结合、宏观分析与微观分析相结合等。

关键概念

市场营销学　旅游市场营销学

基本训练

□ 案例分析题

推动疫情防控常态化下旅游目的地品牌融合传播

近期，国内旅游市场正在逐步向好，但同时，疫情防控常态化也对目的地旅游提出了更高、更新的要求。一方面，以往仅仅包括价格、线路的目的地信息传播，已不能满足当下受众基于防疫安全的综合考量要求；另一方面，当下国内旅游市场需要文化和旅游企业开拓更多国内旅游目的地，进一步做好景区的品牌传播。文化和旅游部《关于进一步加强政策宣传落实 支持文化和旅游企业发展的通知》中指出，引导文化和旅游企业主动适应疫情防控常态化条件下的市场需求变化，及时调整生产经营策略，积极探索新发展模式，创新有效匹配市场需求的产品和服务。因此，做好旅游目的地品牌推广服务，以融合传播满足受众需求，成为一个更加现实的课题。

1）从受众关注点变化深度挖掘旅游目的地传播新内容

在旅游目的地内容推广上，要结合疫情防控常态化下受众关注点的变化做好调整。目前受众目的地旅游选择，已经从疫情发生前的价格结合景区内容，变为以确保安全为核心的因素主导。因此，旅游目的地在融合传播的内容选择上也要与此相适应进行规划。

第一，在传播内容生产上，打造适合融合传播的景区安全内容产品，从而与受众需求产生黏性。这包括及时、定期公布所在地防疫防控要求，景区的防疫防控措施及保障落实情况，交通、餐饮、购物的安全场景等，从而消除受众获取信息的不对称，营造安全旅游的整体形象。特别是针对受众普遍关心的疫情下突发情况应对，可以通过案例或者演练实景的演示，培养起消费者的信任感。

第二，加强信息发布并与线上预订相结合。通过公众号、小程序等，嵌入线上门票预订、景区交通预订、景区餐饮预约等涉及目的地游玩的相关功能，进一步强化安全出行的形象。

第三，拓宽目的地安全旅游概念的相关边界，如绿色概念、健康概念、休闲概念、小众概念等，在宣传推广时，通过故事、图片、视频等形式输出，深度挖掘景区内容，寻找结合点。

2）从受众接受习惯变化深度搭建旅游目的地传播平台

首先，受众接受习惯的变化，反映在接受形式的多样化。除了推文、软文、图片宣传这些传统形式以外，视频也正在迅速普及。疫情防控常态化下，对视频的使用进一步得到扩展。景区在做好目的地品牌推广时尤其需要围绕视频重构生态。一方面，做好景区内容的视频化。除了常态的景区整体宣传片以外，还可以结合景区内容的局部进行视频展现，比如景区旅游线路展示、景区网红打卡点的开发、景区旅游人群的热议等。例如中旅风景（中旅投资旗下输出管理业务全资子公司）针对国庆黄金周，发挥多家运管景区遍布全国各地的项目优势，通过长、中、短视频的结合，尤其是短视频的大量推广，对所属旅游资源进行了全方位的展示，为国庆期间旅游计划提供参考，提高出行率和旅游目的地选择关注度。另一方面，通过视频展示推动景区的数字化体验。将视频与全景拍摄、VR展示等手段结合，打造线上3D景区、虚拟景区，丰富智慧景区的内涵，给游客提供更多实时景区信息。

其次，受众接受习惯的变化，反映在接受渠道的多样化。一方面，这种融合是多个垂直领域内的平台整合，建立融合传播矩阵。以景区官方网站为主体，自主申请其他新媒体平台账号，如微信公众号、抖音账号、小红书账号等，通过官方网站点播及其他平台账号推送相结合的方式，切入不同年龄段、职业、性别的网民群体中。比如小红书，聚集了大量年轻用户，尤其是24岁以下Z世代人群，平台成为他们获取旅游信息的一个重要渠道，消费者经常根据上面发布的旅游信息、攻略制订出行计划。另一方面，这种融合还是自有平台与自媒体平台的融合。可以通过与大V号、B站UP主等合作，借助渠道推广，实现从社交媒体流量到旅游流量的转化，建立包括社交、视频、电商、游戏、直播等平台在内的更广泛的矩阵分发模式。

3）从受众需求变化深度拓展旅游目的地场景传播体验

旅游场景体验，正在成为当前受众需求的热点。由此而来的沉浸式旅游体验，让游客不仅"游"，而且更注重"玩"。安仁古镇公馆老街街区推出了新打造的《小镇时光·年代秀》，西安高新区嘉会坊、秦岭国家植物园推出了系列主题活动，内容涵盖科技艺术、美食体验等"文旅+"各类消费场景，促进文旅消费水平不断提升。因此，景区在进行融合传播时，要紧跟受众需求的新变化、新趋势，将传播推广切入各细分的场景中去。

首先，目的地景区不同应用功能的场景传播。比如前面提及的防疫防控安全场景传播、消费场景推介、餐饮场景介绍、旅游场景营销等，使受众获得足够量的关于目的地景区的相关信息，从而便于进行出行选择。

其次，目的地景区不同主题内容的场景打造。可以根据景区的内容，打造诸如怀旧场景、休闲场景、活动场景、汇演场景等不同细分类别的传播主题并进行推广。在形式上，可以采取抖音直播、网红推介、无人机航拍等方式，将录播、直播、图片、文字有机结合，营造沉浸式体验效果。

最后，结合受众用户使用场景需求有效推广。白天，用户一般处于工作场景当中，因此对于目的地旅游信息的需求往往是零散化和碎片化的，可以以短视频推送为主。晚上，用户一般处于家庭生活场景中，心态和环境较为安稳，因此适宜推送较长篇幅的长视频或推文等。

目前，国内旅游市场正在逐步恢复当中，目的地景区旅游面临着新机遇，同时也需要根据新的市场形势变化进行调整。在品牌传播中，景区通过将传播内容挖掘、传播矩阵建立及旅游场景打造有效结合，进一步提升目的地旅游景区的品牌传播能力，推送更好的服务，实现品效合一。

（资料来源　李耿晖，盛杨．推动疫情防控常态化下旅游目的地品牌融合传播［N］．中国旅游报，2021-11-09）

问题：

根据本章阐述的市场营销学含义和市场营销观念演进过程，您认为疫情防控常态化下旅游目的地如何更好地进行品牌融合传播？

□ 思考题

1.市场营销观念的演进经过了哪些阶段？

2.市场营销学的含义是什么？

3.营销导向和社会营销导向的主要区别是什么？

4.进行旅游市场营销的意义何在？

5.旅游市场营销有哪些独特性？

□ 课堂讨论题

1.如果一家连锁超市储存的熟透的水果太多，超市的产品销售经理很可能就会降价，以便尽快把水果卖出去。请您以企业市场营销总监的视角，举例说明宾馆、餐馆或电影院等，应如何应对旅游产品销售过程中所具有的无形性、不可分割性、变动性和易衰败性等特性。

2.请您举例说明，航空公司如何降低座位的空余率。同时，也请再举几个其他企业有关产品易衰败性的案例，来说明这些企业采取何种营销策略来解决易衰败性的问题。从收益管理的角度，如何采取有效的营销策略？

3.某家餐馆所提供的汉堡包想追求"刚刚出炉"的效果，以确保其产品质量，但同时如果员工对其市场需求估计过高，也会带来如何处理剩余汉堡包的问题。如果您是这家餐馆的总经理，请举例说明采取何种营销措施，以解决该餐饮产品的易衰败性和变动性问题。

4.请您以某大型饭店的首席执行官（CEO）身份，考察一下您的居住地或社区中一家餐馆的硬件设施，并就如何帮助其产品实现有形化发表意见。

5.如果您是一家具有旅游市场营销应用理念公司的市场总监，您可能会将所有影响顾客满意度的因素都整合在一起进行市场营销。请您解释和说明为何这一点在旅游服务业中尤为重要。

6.如果您是一家餐馆的总经理，提供始终如一的餐饮产品（一致性）常常使用的营销管理办法是什么？

7.航空业应对产品的易衰败性高度重视。例如，没有售出的座位永远失去了其价值；如果没有售出的座位太多，其损失就会更大。因此，利用计算机化的售票系统，航空公司可以比较容易地通过产品定价来应对其市场需求的易衰败性和变动性。如果航空公司的座位马上要"腐烂"了，您作为销售总监，认为航空公司在价格营销上应该如何做？为什么？为了增加市场销售总收入，您对市场营销定价策略有何建议？

第 2 章

旅游市场营销调研

通过本章的学习，掌握旅游市场营销调研的含义和内容，了解旅游市场营销调研的程序、步骤、方法和类型等，理解旅游市场营销调研的基本概念及作用，学会旅游营销调研的市场预测。

2.1　旅游市场营销调研概述

在旅游市场营销活动中，旅游市场调研和市场预测是重要的环节。重视旅游市场调研，掌握和运用市场信息，是旅游管理现代化的主要标志。旅游市场营销决策来源于良好的市场营销情报，市场营销情报来源于市场营销调研。因此，旅游市场营销调研是企业营销决策的前提和基础，而市场预测是利用现实的信息估计出将来的趋势，从而为旅游企业的市场营销决策提供依据。

2.1.1　旅游市场营销调研的含义

1) 旅游市场营销调研的概念

旅游市场营销调研是指运用科学的方法，有目的、有计划、有步骤、系统地收集、记录、整理和分析有关市场营销方面的各种情报资料，掌握旅游产品从旅游企业到达旅游者的各种情况和趋势，为旅游企业管理人员进行经营决策提供重要依据。对旅游市场营销调研的概念可从以下几个方面来把握：

（1）旅游市场营销调研比市场调查范围要广，它不仅包括对旅游者需求及竞争者情况的市场调查，还包括对市场营销活动四大环节，即产品、定价、分销和促销的调查，这样才能获得进行决策所需的完整资料。

（2）对旅游市场进行营销调研要有目的、有计划、有步骤、系统地收集、记录、整理和分析有关营销方面的资料。只有这样，才能保证市场营销调研者以客观资料为依据，进而保证营销决策的客观性与精确性。

（3）旅游市场营销调研必须采用科学的方法，如观察法、实验法、调查法及抽样法等，才能寻找到与市场营销活动有关的资料，为旅游企业管理者制定营销决策提供客观依据，提高市场营销活动效率。

2) 旅游市场营销调研的作用

旅游市场营销调研的作用如下：

第一，进行旅游市场营销调研是实现旅游业各部门有计划、按比例发展，保证在全社会范围内旅游产品供求平衡的前提和基础。

第二，旅游市场营销调研为旅游企业确定发展方向提供了依据。企业可以通过调研了解到市场对旅游产品的需求状况、旅游资源的供给状况，从而决定自身的经营策略。

3）旅游市场营销调研的分类

根据旅游市场营销过程中出现问题的性质不同、调查所要达到的目的不同、收集资料的方法不同以及市场营销调查在决策中所起的作用不同，旅游市场营销调研可分为以下几种类型：

（1）探测性调研。探测性调研是指旅游市场营销人员对所调查的问题不太清楚时所采用的调研形式。调研的目的是发现问题所在，初步确定问题范围。例如，某饭店在正常月份的开房率下降，但又不知原因何在，就可以采用探测性调查。旅游市场营销人员可以通过咨询专家或经验丰富的工作人员取得对目前面临问题的深入了解。

（2）描述性调研。描述性调研是对要探讨的问题已较清楚时采用的一种方法。它是对客观事物或现象进行的如实描述，主要通过掌握其过去和现在的资料来进行研究。在现实中，绝大多数的旅游市场营销调研均属此种类型。这种调研形式要求有完备的正式设计，比起探测性调研要严密得多。

（3）因果关系调研。因果关系调研是为了发现旅游营销活动或旅游营销环境中出现问题的原因，找寻现象间的因果关系。因果关系调研一般是基于描述性调研的结果，针对某一现象的产生，进一步收集资料并运用逻辑推理和统计分析的方法找出并证明其因果关系。旅游企业一般把企业经营的目标销售额、市场占有率、利润等设为因变量，而把企业可控制的因素如产品、价格、分销、促销以及企业外部不可控制的因素定为自变量。这种调研可帮助旅游企业决策者评价和选择活动方针。

（4）成就监测调研。成就监测调研是对旅游市场营销计划成就结果资料反馈的调研，主要是调查企业营销计划的执行情况，特别是对销售结果的调研。

2.1.2　旅游市场营销调研的内容

旅游市场营销调研涉及直接或间接影响营销环境及营销活动的各个方面，范围广泛。它包括市场调查，但又不只局限于市场调查，还包括旅游者行为与心理研究、旅游市场分析、旅游环境分析、旅游市场竞争分析及4P分析等。具体地说，旅游市场营销调研包括以下内容：

1）旅游市场营销宏观环境的调研

旅游市场营销环境主要是指旅游企业不可控制的宏观环境。它包括政治环境，即政府有关方针政策、有关法令及政局的情况；经济环境，即人口、国内生产总值、旅游者收入及消费水平、物价水平、通货膨胀情况、能源和资源特别是旅游资源情况；科学技术环境，即先进的科学技术对旅游业的促进；社会文化环境，即教育文化水平、职业习惯、宗教信仰、民族分布、家庭状况等。

2）旅游市场需求的调研

需求调研是旅游市场营销调研的核心部分。因为从市场营销观念来看，既然消费者需求与欲望是企业营销活动的中心和出发点，旅游市场需求的调研也就成为旅游市场调研的核心问题。旅游市场需求调研主要对旅游需求进行量的分析，重点包括旅游行业在市场上现有的和潜在的最大销售量和最大需求量、本企业产品在旅游市场上的最大销售量和最大需求量两个环节。此外，旅游市场需求还包括旅游者对旅游产品类型、价格的要求及旅游者爱好、习惯和需求结构变化等。

3）旅游者消费行为的调研

对旅游者消费行为的调研主要是运用心理学、社会学等知识分析旅游者的需求，即了解购买本企业旅游产品的旅游者的类型、特点、购买习惯和动机等，以及对市场竞争产品的态度。

4）旅游企业营销组合因素的调研

营销组合中的四大因素（4P）是旅游企业可以控制的因素，对这四种因素的调研是营销调研的重要内容之一。

（1）旅游产品调研。旅游产品调研主要涉及旅游者对旅游路线、交通、住宿和导游等的评价；旅游路线设计、旅游新产品的开发及老产品的淘汰；旅游产品的牌号、形象设计是否易于记忆、引人联想；另外包括对协作单位的调研，因为旅游产品的质量受多方面因素的影响，协作单位能对此产生直接的作用。

（2）旅游价格调研。在旅游价格调研方面，不仅要了解旅游者对各种旅游产品价格变动的反应及他们可接受的价格点，而且要熟悉旅游批发与零售价格、团体优待价格的确定，还要掌握企业竞争者的定价策略与定价方法。

（3）旅游产品销售渠道调研。旅游产品销售渠道调研的主要内容包括各国、各地区旅行社的情况，特别是与本企业有联系的旅行社销售额、潜在销售量、利润、资金的使用情况、经营能力、在所在地区的市场占有率以及各国、各地区旅游者对这些旅行社及其营业部和驻外办事处的印象。

（4）旅游产品促销调研。旅游产品促销调研要着重了解在各种市场情况下，哪种促销方式对企业最有利。企业如何选择广告媒体、进行广告设计才能使广告更能引起旅游者的兴趣。此外，竞争者的促销策略也不容忽视。

2.1.3 旅游市场营销调研的难度

（1）推理的困难性。在不同时间观察同一变量，就很可能得出不同结论。同样，如果从不同角度去观察同一变量，结论也可能会截然不同。因此，在对旅游市场进行分析、研究时，要考虑到某些因素的不确定性可能影响旅游者的行为，使研究结论出现偏差。应尽可能寻找减少偏差的方法，但同时也应允许偏差的存在。

（2）行为的主观性。旅游者行为是以其对世界的主观感知为依据的，而每一旅游者的主观感知与其他人都有很大的差别，行为的这种主观性会经常被忽略。因此，许多失败的旅游市场或旅游产品开发战略都是以规划设计者所想象的旅游者动机、态度、偏爱为依据的，而不是基于调研和实验结果。分析旅游者行为必须随时注意克服行为主观性的倾向。如根据抽样调研的结果和其他有关资料，对城镇居民旅游总体情况、全国居民旅游总体情况分别进行匡算，这些方法都包含着行为的主观性。

（3）因素的大量性。对旅游者行为可能产生潜在影响的因素极为繁杂。这些因素有的来自个体内部，有的来自外部因素。外部因素包括物理、经济、社会等多方面的因素。所谓物理因素，是指距离、天气、交通条件等，经济因素包括旅游者的经济收入、消费预算，以及当时社会的经济状况等，社会因素包括旅游者所属的社会阶层、群体的影响等等。经验因素对个体的行为也有影响，如旅游者在以往的经历中学到了许多知识，其中有些已形成了牢固的习惯，影响到旅游行为的各个方面，即使旅游者本人也可能没有意识到它的作用。最后，旅游者对未来的期望也影响到其当前的行为。

（4）相互的干扰性。影响旅游市场调研的因素不仅多，而且诸因素之间还不断地相互发生作用，增加、抵消、改变其他因素对旅游行为的影响，如有些广告不能使旅游者对旅游产品产生信心的原因就是做广告的人看起来并不权威。在这种情况下，对广告人形成的消极印象就抵消了旅游产品信息的积极作用。

2.1.4　旅游市场营销调研的有效性

有效的市场营销调研有以下七个方面的特征：第一，方法的科学性。有效的营销调研的原则是使用科学的方法——仔细观察、形成假设、预测并试验。第二，调查的创造性。市场调研最好能提出旅游者行为的建设性调查方法。第三，形式的多样性。市场调研人员并不过分依赖一种方法，强调方法要适应问题，而不是问题适应方法，通过多种来源收集信息有更大的可信度。第四，模型和数据的相互依赖性。市场调研人员应知道事实的含义是源自问题的模型。这些模型指导要收集信息的类型，因此，应尽可能明确其相互依存关系。第五，信息的价值性。市场调研人员应注意衡量信息的价值与成本之比。价值依赖于调研结果的可靠性和有效性，以及管理层是否愿意承认调研结果并加以使用。第六，态度的怀疑性。市场调研人员对经理轻率做出的关于市场运转方式的假设应持正常的怀疑态度。第七，职业的道德性。大多数市场调研都会给政府旅游机构、旅游企业和旅游者带来好处。通过市场调研，企业能更了解旅游者的需要，为旅游者提供更满意的产品和服务，然而滥用市场调研也会危害或惹恼旅游者。

旅游市场营销调研的影响因素如下：一是关于市场调研的狭隘观念。许多业务经理把旅游市场调研仅仅看成是了解事实的业务。而市场调研人员只是设计问卷、选择样本、面访，并报告结果，往往没有仔细弄懂所调研的问题或经理所面临的决策选择，因此调研的结果也就没有起到作用，这反过来更加深了市场调研用处有限的观念。二是市场调研人员的能力参差不齐。一些经理把市场调研工作看成是办事员的工作，并以此付酬，因而只能雇到能力不强的市场调研人员，这些人缺少训练和创造力，很难出色地完成工作，这种令人失望的结果更加深了认为市场调研用处有限的偏见，因而继续低付酬，导致恶性循环。

三是调研结果太迟，并且偶尔也有错误。尽管期望能很快得到准确的并且有结论的调研报告，但好的市场调研需要的是时间和成本，因此市场调研的价值被看低。在从事大型市场调研时，这个问题就更为突出。四是思维方式的差异。业务经理和市场调研人员在思维上的差异常常使两者的关系出现问题。市场调研报告往往很抽象、复杂又不明确，而业务经理们需要的是具体、简明和确定的报告。随着市场调研人员也渐渐进入业务管理队伍，对市场营销战略的影响也在增加。

由旅游市场调研引起的公共利益和职业道德等方面的主要问题是对旅游者隐私权的侵犯和调查结果的滥用，对这些问题有几种解决办法：一是遵照试点—调整—执行的顺序，对不同样本采用不同的市场调研方式；二是对各种资料来源作外在的验证，例如，知道日本出国旅行的统计很准确，可以用来核查韩国有关入境的日本旅游者数字；三是标准化的问题结构、问卷的翻译、答题的逻辑检查都是很有用的调查策略；四是考虑到旅游业的高速发展，样本应该基于未来的旅游者统计结构，随着时间的推移，当更多的企业进入旅游市场时，市场调研基础有望得到夯实和提升。

【实例2-1】　　　　红色旅游产品线路提质增效调研指导工作

甘肃省文化和旅游厅调研组于2020年7月7日至8日调研指导红色旅游产品线路提质增效工作。调研组一行先后到甘南藏族自治州迭部县腊子口战役纪念馆、茨日那毛泽东旧居、俄界会议旧址、俄界民宿接待中心和陇南市宕昌县哈达铺红军长征纪念馆、哈达铺红军街等地，详细了解纪念馆布展、旧址文物修缮与保护，仔细查看游客接待软硬件设施条件，对景区旧址展示、红色旅游融合产品线路开发与营销、红色文创产品开发等工作给予现场指导和意见建议。

一是不断加大对革命文物的保护力度。要加大资金投入，深度挖掘俄界会议旧址、茨日那毛泽东旧居、哈达铺红军街等的红色文化内涵，创新展陈利用方式，让革命文物成为讲好红色故事、传承红色基因、弘扬红色文化的鲜活载体。

二是持续推进红色旅游创新融合发展。甘南、陇南两地要充分依托生态环境优美、红色资源丰富、人文积淀厚重的独特优势，推进红色文化与农林旅产业融合发展，与党性教育、廉政教育、研学旅行相结合，推出一批党性教育与研学旅行集成的红色旅游产品线路。

三是以大项目带动红色旅游大发展。要立足大项目，发挥生态优势，以全域旅游为抓手，积极创造红色旅游发展条件，高标准开展招商引资，着力引进一些红色旅游大项目，丰富旅游业态和活动形式，以大项目带动红色旅游大发展。

四是要充分发挥红色旅游的富民功能。提升、优化现有红色观光旅游产品，整合乡村旅游、传统文化等旅游资源，推出游憩结合、游程合理的红色旅游观光系列精品，让当地群众通过发展红色旅游获益，使红色旅游成为推进精准扶贫的重要抓手。

总之，要深入挖掘红色历史文化，丰富产品内容，突出项目带动，加强交流协作，整体实现红色旅游提质增效和高质量发展。

（资料来源　梁贵平. 甘肃省文化和旅游厅调研指导甘南陇南红色旅游产品线路提质增效工作［EB/OL］.（2020-07-10）［2022-03-18］. https://www.mct.gov.cn/whzx/qgwhxxlb/gs/202007/t20200710_873441.htm）

【相关链接2-1】　　　　　　　　　**红色旅游景区营销传播的市场调研**

近年来，全国红色旅游热潮逐渐兴起，红色旅游需求高涨，红色旅游景区旅游人数逐年增加，旅游主力群体从中老年向青少年转变。国家对红色旅游的政策支持、中央政府对红色旅游的资金支持，以及互联网技术的高速发展都使得红色旅游发展越来越好。但是，许多红色旅游景区受地域和资金限制未能实现线上线下传播有效结合以开发贴合当前消费者喜好的红色旅游产品，因此，我们通过对红色旅游景区营销传播情况的市场调研，分析当前传播渠道的使用情况和选择原因，旨在为中国红色旅游景区的高质量发展提供建议。

根据市场调研情况，将研究对象分为去过红色旅游景区旅游和未去过红色旅游景区旅游两大细分人群，并对细分市场进行调研分析。调查问卷包括三大模块：

模块一：是否去过红色旅游景区旅游、对红色旅游景区的前期看法以及在景区的消费内容。

模块二：消费者对于信息传播途径了解情况的调查，分为传统媒体（即线下渠道）和新媒体（即线上渠道）两大类的调查，包括获取信息的渠道、购买门票的渠道、旅游后的分享渠道以及选择某渠道的原因。

模块三：受访者的基本信息，包括性别、年龄、受教育程度、政治面貌、收入情况和职业。

依据市场调查与实证研究，提出如下关于红色旅游景区整合营销传播策略：

第一，发挥新媒体视频优势，提升时效与影响力。红色旅游景区通过邀请知名旅游博主边旅游边直播的形式，将红色旅游景区展示给更多的观众；借助抖音、小红书等APP将拍摄的短视频分享到网络平台来吸引广大的消费者以实现宣传推介。

第二，借助微博微信平台，发挥微传播力量。红色旅游景区通过微信公众号推送景区美文，让消费者感受到红色旅游景区的文化魅力；通过微博上传视频进行红色旅游景区的宣传，扩大向微博粉丝群体宣传的渠道。

第三，发挥新媒体技术优势，动态传播红色文化。红色旅游景区依托线上如美团、微博等平台以动图、视频或者三维技术等进行宣传，吸引大众的注意力；线下以景区内的展览活动和视频及VR、全息投影等虚拟技术使大众切身体会革命事迹和精神。

第四，整合新旧媒体力量，形成传播优势互补。红色旅游景区在欠发达地区可多选择报纸、旅游杂志等进行宣传，在较发达地区可更多地选择在线上渠道进行宣传，另外可举办历史歌舞剧、艺术文化节等新颖的线下活动来吸引消费者。

第五，打破媒介传播界限，推新媒体借船出海。红色旅游景区利用新媒体技术在网络上与国外友人进行文化交流，利用国外群体对红色文化的兴趣度以及网络的开放性与丰富性，不仅可以将中国红色文化底蕴进行宣扬，也起到了对景区进行宣传的作用。

（资料来源　李晓英，赵嘉璇. 红色旅游景区整合营销传播策略［J］. 商场现代化，2020，14（14）：50-52）

2.2　旅游市场营销调研方法

2.2.1　旅游市场营销调研的程序

典型的旅游市场营销调研可分成三步进行，即初步调研阶段、正式调研阶段和结果处理阶段。

1）初步调研阶段

初步调研是事先未作周密的计划，只是通过对手头资料的估计来确定问题及调研的范围。它包括以下三个程序：

（1）情况分析。这是指旅游企业市场营销人员根据企业内外的有关资料，进行初步分析。在进行情况分析的基础上，探索问题的所在，并拟定假设，对某一问题进行假定推断及提出可能的解决办法。

（2）非正式调研。这是指探究根据问题提出的假设是否成立，从非正式调研中发现新的假设、淘汰旧的假设，以继续探求问题的所在。

（3）问题的确定。这是指通过情况初步分析及非正式调研报告，将调研问题的范围缩小到一个或几个，使问题集中，以便确定调研的范围和计划。

2）正式调研阶段

正式调研阶段包括四个步骤。

（1）基础背景资料的收集。营销调研资料来源可分为原始资料（或称第一手资料）和第二手资料。原始资料是调查人员通过现场调研或实验得来的第一手资料。第二手资料是指由他人收集并整理过的资料。这些资料均属于基础背景材料。一般说来，第二手资料省时、省力、省钱，但不如第一手资料准确、及时、可靠、完整。旅游企业在第二手资料的基础上，必须根据调研目的和资料的缺乏情况进行原始资料的收集。

（2）调研表的设计。进行原始资料的调研工作首先就是设计调研表。调研表的设计要求既有科学性，又有艺术性，要简单明了，不能让被调研者觉得是一种负担。

（3）抽样设计。市场调研一般都采用抽样方法，因此企业在实际调查前要确定抽样的范围和对象。

（4）实地调研。无论是一般访问，还是抽样调研，都必须深入实地对旅游者或潜在旅游者进行调查，才能取得成果。规模较大的调研还应对调研人员进行专门培训。

3）结果处理阶段

市场调研结束后，要对所获得的信息进行处理，主要包括资料整理分析和提出调研报告。

（1）资料整理分析。调研得来的信息是杂乱的，旅游企业要想充分地利用这些信息，必须进行整理筛选，使之合理有序，能对旅游企业有所帮助。之后，还要对这些信息进行分析，透过信息的表面了解市场的深层情况。

（2）提出调研报告。市场营销调研的最终结果就是要写成报告，供旅游企业和政府旅游机构决策参考。调研报告的编写应注意以使用者为导向，在报告中必须明确回答调研之初确定的问题。营销调研报告一般应包括以下内容：导言，即标题、前言、目录；报告主体，即调查的详细目的、方法说明、结果的描述、结论的摘要；建议事项，即有价值的建议，这是建立在对整个调查有深刻认识的基础之上的；附件，即样本的分配、图表及附录。

2.2.2 旅游市场营销调研的步骤

旅游市场营销调研的主要步骤包括：确定研究目标、收集和评估第二手资料（如果第二手资料不充分，就要设计原始资料调查方案）、收集第一手资料、数据分析、做出研究结论（见图2-1）。

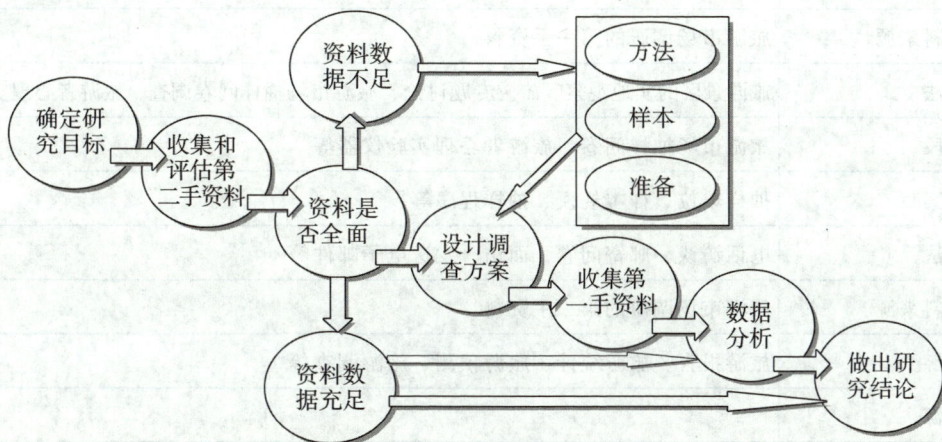

图2-1 旅游市场营销调研的过程

1）旅游市场营销调研的目标确定

调研的第一步就是认真定出明确的调研目标，是要进行市场细分，还是要研究旅游者对某种旅游产品或旅游项目的态度。管理者和研究者从一开始就要对调研目标有一致的认识，这样才能保证调研进行得更有效果。准确地陈述目标也很重要，因为它决定了研究旅游者行为所需信息的类型和数量。

2）旅游市场营销调研的资料收集

调研计划要确定收集的是第二手资料还是第一手资料，或者都要收集（见表2-1）。第二手资料就是为其他目的已收集到的信息。第一手资料则是为当前特定的目的而收集的原始信息。

（1）第二手资料。市场调研人员开始调查时总是先收集第二手资料，以判断问题是否部分或全部解决了。第二手资料是调查的起点，其优点是成本低、立即可供使用。第二手资料包括统计机构提供的各种统计数据、前人的研究成果，以及任何可以利用的数据和资料。在收集第一手资料之前，应先收集第二手资料。第二手资料非常充分，就不必再设计原始资料收集方案。政府机构、专业学会和信息中心都是第二手资料的重要来源。如果需要有关旅游者的消费特征、旅游者行为或社会文化方面的详细资料，就要搞原始调查。搞原始调查比收集第二手资料需要更多的时间和资金，但往往也能得到更加准确的信息。然而，市场调研人员所需要的资料可能不存在，或现有的资料可能已经过时、不准确、不完整或者不可靠，这时市场调查人员就得耗费时间和金钱去收集更切题、更准确的第一手资料。

（2）第一手资料。大多数市场调查项目都要求收集第一手资料。常规的做法是先与某些人单独或成组交谈，以了解人们对旅游企业及其服务的大致想法。接着确定正式的调查方法，排除其中的错误，然后进行实地调查。

表2-1　　　　　　　　　　　　　旅游市场调研与资料来源

项　　目	旅游市场调研
资料来源	旅游市场调研的第一手资料
调查方法	旅游景区的实地观察、旅游专题讨论、旅游市场抽样问卷调查、旅游者心理实验等
调查手段	旅游市场抽样问卷、旅游者心理实验仪器等
抽样方案	抽样单位、样本规模、抽样程序等
联系方法	电话访谈、邮寄问卷、面访、发送电子邮件等
资料来源	旅游市场调研的第二手资料
内部来源	旅游报告、旅游统计、旅游预测、旅游调查等
外部来源	
政府部门或机构出版物	中国旅游统计资料、旅游专业协会资料、世界旅游组织统计报告、年度数据
期刊书籍	《旅游学刊》、《旅游科学》、Annals of Tourism Research 等国内外旅游期刊及相关书籍
商业性资料	旅游企业提供的有关旅行手册、专题讨论等形式的定性调查资料

3）旅游市场营销调研的方案设计

选择原始调研方案，应以研究目的为基础。如果只需要描述性的信息，就要进行定量研究，如果是为了得到一个新的设想（如重新定位某旅游产品），就要进行定性研究。不同的研究类型对收集和处理数据的方法、样本的设计等都有不同的要求。设计样本问卷时，市场调研人员必须精心确定所提问题的内容、形式、措辞和次序；问题的形式也会影响到答卷。

开放式问题允许答卷人用自己的语言回答问题，问题的形式是多种多样的，一般分为闭合式和开放式两种（见表2-2）。闭合式问题事先确定了所有可能的答案，答卷人可从中选择一个答案（表2-2中的A项）。开放式问题的回答不受限制，开放式问题常常能揭示出更多的信息（表2-2中的B项）。开放式问题在需要了解人们是如何想的而不是要衡量持某种想法的人有多少的试探性调查阶段特别有用。而闭合式问题事先规定所有答案，很容易进行解释和列表工作。

表2-2　　　　　　　　　　　　旅游市场营销调研问题类型

A.闭合式问题

名　称	描　述	举　例
单项选择	有一种答案的问题	"安排本次旅游，是您亲自与国旅总社联系的吗?" 是□　　否□
多项选择	有多种答案的问题	"本次旅行中您和谁结伴?" 独自　　　　　□　　孩子　　　　　　□ 配偶　　　　　□　　同事/朋友/亲戚　□ 配偶与孩子　 □　　旅行团　　　　　□
同意或异议尺度	答卷人用以表明同意或不同意的程度	"小旅游景点提供的服务一般比大旅游景点好。" 极不同意　不同意　一般　同意　非常同意 1□　　　2□　　3□　　4□　　5□
语义差异	两个极端的词构成的标度，答卷人可在其中选择代表自己意见的观点	"世界文化遗产——平遥给您留下什么样的印象?" 古老　　　　□　　时尚　　　　□ 有服务经验　□　　没服务经验　□ 现代　　　　□　　落后　　　　□
重要性尺度	列出某些属性的重要性次序	"旅游过程中的导游服务是否重要?" 非常重要　很重要　比较重要　不很重要　很不重要 1□　　　2□　　3□　　　4□　　　5□
排序尺度	列出某些属性由"差"到"好"的次序	"您觉得平遥牛肉怎么样?" 极好　　　很好　　　好　　　凑合　　　差 1□　　　2□　　3□　　4□　　5□
购买意图尺度	描述答卷人出游尺度	"如果旅途中提供电话服务，你会不会使用?" 肯定会用　可能会用　不知道　可能不用　肯定不用 1□　　　2□　　3□　　4□　　5□

B.开放式问题

名　称	描　述	举　例
自由格式	答卷人可以不受限制地回答问题	"您对旅游过程中的餐饮有什么意见?"
词组联想	逐个罗列词组，由答卷人选出最先想到的词组	"听到下文时您最先想到的词组是什么?" 丝绸之路_____; 中国_____;旅行_____
完成句子	给出不完整的句子，由答卷人完成	"选择旅游景点时，您考虑的最重要的因素是 _____"
完成情节	给出不完整的情节，由答卷人完成	"几天前我去明清步行街时，注意到商店内外都粉刷一新了。这使我有了一些想法和感觉。"请完成这个旅游情景
完成线路图	给出有旅游情景的图画，其中一人说了一句话，由答卷人以另外一人身份完成旅游线路	
主题联想测试	给出出游时的图画，请答卷人据此构思出一个情节	

（资料来源　科特勒，等.旅游市场营销［M］.谢彦君，译.北京:旅游教育出版社，2002）

4）旅游市场营销调研的抽样调查

这是原始资料调查方案的具体执行阶段。通过面谈、实地观察、发放调查表等操作措施收集所需要的资料。市场调研人员必须设计出抽样方案，确定以下内容：

（1）抽样范围。市场调研人员必须定义出抽样的目标总体范围。例如，国家旅游局对国内城镇居民旅游抽样调查范围是各省、自治区、直辖市中的城镇居民家庭；而对国内农村居民旅游抽样调查的范围，是全国各省、自治区、直辖市（不含西藏）的农民家庭（见表2-3）。

表2-3　　　　　　　　　　国内旅游市场抽样调查的规模及方式

项　目	年　份	抽样调查户数（户）	调查方法	调查时间
城镇	1995	20 000	一、四季度主要指标调查 二、三季度全面调查	季度末
	1996	10 000		
	1997	10 000		
	1998	10 000		
	1999	10 000		
	2000—2012	每年各10 000		
农村	1997	24 000	一、四季度主要指标调查 二、三季度全面调查	季度末
	1998	24 000		
	1999	24 000		
	2000—2012	每年各10 000		

（资料来源　国内旅游者抽样调查（1995—2012））

（2）样本规模。大规模样本比小规模样本的结果更可靠，但是没有必要为了得到完全可靠的结果而调查整个或部分目标总体。如果抽样程序正确的话，不到总体1%的样本就能提供很好的可靠性。

（3）抽样程序。若想得到有代表性的样本，应采用概率抽样的方法。概率抽样可以计算抽样误差的置信度，因此在抽样后可得出结论（见表2-4中的A项）。在概率抽样的成本过高或时间过长时，市场调研人员可以采用非概率抽样（见表2-4中的B项），非概率抽样在许多场合是非常有用的，尽管无法衡量抽样误差。

5）旅游市场营销调研的数据分析

为了方便统计和分析，应尽可能将所得信息进行量化，然后进行分类、制表、作图，得到逻辑清晰的基本结论。

6）旅游市场营销调研的结论分析

无论是定性研究还是定量研究，最后的结论报告都应包括这样几个部分：问卷量表的样本等；研究方法的描述；通过分析所得到的结论以及对结论的评估；与结论有关的图表及其他材料；为将要做出的决策提出一些建议。

表2-4国内旅游市场抽样调查的概率抽样与非概率抽样类型

	简单随机抽样	总体中的每个成员都有已知的或均等的被抽中的机会
A.概率抽样	分层随机抽样	将总体分成不重叠的组（如年龄组），在每组内随机抽样
	整群抽样	将总体分成不重叠的组（如街区组），随机抽取若干组进行普查
	随意抽样	调查员选择总体中最易接触的成员来获取信息
B.非概率抽样	估计抽样	调查员按自己的估计选择总体中可能提供准确信息的成员
	定额抽样	调查员按若干分类标准确定每类规模，然后按比例在每类中选择特定数量的成员进行调查

（资料来源　国内旅游者抽样调查（1996—2012）

2.2.3　旅游市场营销调研的方法

与其他大部分经济管理学科相比，旅游市场营销具有高度的应用性，因此要求更加重视调查研究，详尽地占有资料，以提出旅游市场影响因素和规律。旅游市场营销调研研究有两种类型，即定性研究和定量研究。不同市场营销调研类型对原始资料有不同要求，导致资料的收集方法也有差别。根据旅游市场营销调研的特殊性，应注意使用如下一些方法。

1）定性研究所需资料的收集方法

（1）面谈法。调研人员通过与旅游者详细交谈，了解所需要的信息。调研人员必须训练有素，鼓励旅游者无顾忌地谈论其旅游态度、兴趣、情感等任何与调研有关的话题，同时也要尽可能避免与调研无关的话题。这种调研能收集到有关旅游者对旅游产品创新、设计、开发、定位以及改善旅游服务质量等方面的很有价值的信息。

（2）讨论法。组织旅游者就某调研专题进行讨论，如讨论对某旅游区或某旅游企业的印象、态度，对去某地旅游的倾向、动机、感受等等。小组讨论的优点是旅游成员之间可以相互激发，比面谈法节省时间。无论是搞小组讨论还是与被调查者面谈，调研人员都必须事先拟好调查提纲，认真组织，才能保证调查效果。

（3）测验法。测验的目的是了解旅游者个体的潜在动机。测验的方法一般是要求被调查对象描述无标题绘画，判断墨迹图形，或根据某些绘画或图形谈谈个人的联想等。这类测验的理论基础是个体的内在思想和品质通过对模糊刺激的反应表现出来。无论旅游者是否有所意识，其需求、期望、动机、态度、个性特点都会在某种程度上反映到他所讲述的故事或所完成的句子上。

（4）反思法。它是指研究者通过对旅游行为的审视与解剖，来了解旅游者特殊或一般行为现象的一种调查方法。虽然旅游者的客观情况和心态千姿百态，但总是有许多相似之处，特别是人们的需求和动机的基本特征大体是一致的，决定旅游者行为差异的因素主要是客观因素，当客观因素一致时，旅游者一般就有大致相同的行为倾向。因此通过反思法，研究者可以了解在某种客观因素制约下，旅游者的行为以及动机何在。

（5）体验法。体验法即参与观察的方法，是指调研人员参加到旅游被观察对象所在的群体和组织中，作为其中一员，参与日常活动的一种观察法。参与观察的优点是了解情况深入、细致，能观察到非参与观察所不能观察到的细微、深层的东西，并能体验到被观察对象所体验到的东西。应该重视体验法的原因是人人都可能成为旅游者，实际上，调研人员总是作为某类旅游者或潜在旅游者群体中的一员。为了更好地调查研究，调研人员还应有意识地参与另一些类型旅游者群体的活动。

（6）深层法。深层法主要用于探究旅游者内心深处的真实想法和真实动机。其优点在于不直接询问旅游者对自己行为的分析评价，而是通过访谈或测验与被试者无直接关系的问题，转移旅游者的注意力，了解旅游者的心理防卫情况，达到了解旅游者被压抑的潜意识，以及不愿直接暴露的真实想法和动机的目的。旅游动机往往很复杂，许多动机反映了旅游者的心理弱点、错误观念，甚至不道德的思想观念。这些动机旅游者一般是不愿意暴露的，因而往往需要运用深层法。

（7）日记调查。日记调查是以在一定时期内让被调查者逐日记录然后进行分析的一种调查方法。这种方法通常是有偿的，调研人员同被调查者事先联系，并给被调查者一定的报酬。因此，这种方法效果好、回收率高，并可取得连续性的资料，对推算总体结论较为有效，能代表母体的特征。但是，这种方法花的成本太高，也不易进行管理。日记调查通常可分为三种形式：一是购买日记，即向调研人员提供旅游者的购买方式的日记；二是旅游日记，即向调研人员提供旅游者每个时期平均旅游行程和旅游消费的日记；三是广告日记，即向调研人员提供旅游者接触广告媒体的资料。

2）定量研究所需资料的收集方法

（1）观察法

这是旅游市场营销调研中最经常使用的调查方法。深入了解旅游者和旅游产品的最好方法就是观察旅游者的旅游消费过程。通过观察，可以了解某种旅游产品是否能满足旅游者的需要，进而了解旅游者的兴趣、动机和态度。

（2）试验法

这是指用试验的方法了解哪些因素与旅游者满意与否相关，各因素发挥多大的作用等信息。例如，选择旅游者的期望值、价格、服务质量、活动安排等实验因素，通过认真的设计，只使其中一个因素发生变化，其他因素保持不变，根据旅游者的不同反应了解各因素在旅游者满意度中所发挥的作用。

（3）实验法

这是指把市场调查置于特定的环境下，通过控制外来变量和检查结果差异来发现变量间的因果关系的调研方法。这种方法主要适用于因果性调研，也可以用来测定任何一个或几个影响营销活动的变量的关系。但是，这种方法耗时较长，费用较高，而且有时市场调研人员往往难以控制各种变量，很难在纯粹的实验条件下进行。实验法通常分两种：一是分割实验法。分割实验法是在市场条件大致相同的情况下，试验两种或多种不同的广告，测定旅游者的不同反应，从中选择一种效果好的广告。二是销售区实验法。销售区实验法是用来测量不同旅游市场营销手段如旅游产品、旅游广告等销售活动的效果。

（4）调查法

调查法是指设计好题目以后，通过不同的方法向旅游者询问，以获取各方面的信息。使用的方法通常有三种，即面谈访问法、电话询问法和邮寄调查表法，这三种方法各有优缺点（见表2-5）。

表2-5   三种调查法对比

项　目	面谈访问法	电话询问法	邮寄调查表法
调查范围	较窄	较窄	广
调查对象	可以控制和选择	可以控制和选择	难以控制和估计
影响回答的因素	能了解、控制和判断	无法了解、控制和判断	难以了解、控制和判断
回收率	高	中	低
反馈质量	很好	有限	有限
投入人力	较多	较少	少
成本	高	中	低
时间	长	较短	较长
调研人员的主观影响	大	一般	无
地理伸缩性	差	一般	很好
速度	慢	快	慢

①面谈访问法。面谈访问法就是旅游市场营销人员直接访问被调查者，以递送问卷或面对面交谈的方式收集第一手资料的方法。面谈调查既可以采用个人访问的方式，也可以采用召开用户座谈会的方式。调查对象包括旅游者、旅游中间商或其他有关人员。这种方式的优点是：面对面的调查可以直接了解旅游者的态度；调研人员可以观察被调查者的反应，以判断所获资料的可靠性；调研人员可以对调查提纲进行及时的修改和补充，具有较大的灵活性；调研人员还可向被调查者阐明问题的含义，使其回答更准确。但是，这种方式的调查成本较高，调查过程难以控制，调查结果的准确性在很大程度上受调研人员访问技术水平的影响，在调查地区范围较大的时候难度更大，很有可能信息反馈不及时，影响访问效率。

②电话询问法。电话询问法是指旅游调研人员通过电话向被调查者征询意见、收集信息的方式。这种方式的优点是可以在短期内调查多数样本，迅速获得资料，而且调查的成本较低，又不受地区大小的限制。但是，采用这种方法，旅游调研人员不易获得对方的合作，并且由于受时间限制，很难询问较复杂的问题。另外，调研人员也难以判断被调查者回答问题的真实程度。

③邮寄调查表法。邮寄调查表法是指由旅游调研人员将设计好的调查表邮寄给被调查

者，由其按照调查表的要求进行填写并按时寄回。这种调研方式的成本低，调查范围广，被调查者可以充分、自由地回答问题。但是，这种调查方式的回收率低，也不及时，直接影响调查效果；如果被调查者对调查表不理解，可能出现答非所问的情况。

（5）问卷法

问卷法是收集原始数据的最主要的方法。问卷通常是有选择地发送，旅游者自己回答，也可能在调研人员的指导下回答。为鼓励旅游者如实、全面地反馈信息，问卷必须设计得有趣、朴实、简单，不给人造成负担。问卷必须只包括与调查内容相关的问题，同时也要利于统计分类。应注意的是，问卷的格式、措辞和问题顺序能影响反馈率和反馈信息的效果。问卷可以要求旅游者署名或匿名。一般来讲，匿名答卷更为真实，而回答署名答卷的人则常要考虑别人希望自己怎样回答。有些问卷除选择题外，在最后还出一两个问答题，让答卷人阐述自己的观点。这种方法可以获取更深层次的信息，但很难进行统计分析。有时，问卷中提出的不是问题，而是观点，要求被调查者表达对这一观点同意或反对的程度。

问卷量表的种类很多，最常用的有以下几种（见表2-6）。

表2-6　　　　　　　　旅游市场营销调研常用的问卷量表

量表种类	示　　例				
瑟斯顿量表	度假的最主要目的是休息和放松自己	1.同意○		2.不同意○	
利克特量表	最好能过一个很放松的休闲假期	1.非常同意	2.同意	3.中等同意	4.不同意　5.非常不同意
斯曼蒂克差异量表	这个度假地	1.轻松愉快		2.使人紧张、厌烦	
		3.安静整洁		4.又噪又乱	
斯代帕尔量表	这个度假地	1.轻松愉快+3 +2 +1 −1 −2 −3		2.安静+3 +2 +1 −1 −2 −3	
对比量表	与A度假地相比，B度假地	1.很安静○	2.不安静也不嘈杂○		3.很嘈杂○
累加量表	以下是关于一个旅游目的地的特点，请您按其重要性（总分为100分）打分	1.轻松○	2.安静○	3.体育活动○	4.夜生活○

（资料来源　科特勒P，等.旅游市场营销［M］.谢彦君，译.北京：旅游教育出版社，2002）

①瑟斯顿量表（Thurston scales）。此量表的设计目的是鉴别旅游者的某一特定态度。量表的编制分为两步：第一步要提出或收集与某一态度相关的一系列观点；第二步是将这些观点按一定的顺序排列，要求旅游者对其表示同意或不同意。

②利克特量表（Likert scales）。这是目前应用最广泛的态度量表。对调查者与被调查者来说都很容易操作。该量表的主要优点是不仅可以了解旅游者的某一特定态度，而且可以了解其整体的态度倾向，所以，利克特量表也被称为"总和量表"。

③斯曼蒂克差异量表（Semantic differential scales）。该量表的特点是使用一系列具有两极特点的形容词（比如，好/坏，热/冷，喜欢/讨厌等），在两极之间设5个或7个（甚至9个、11个）表示程度的点。旅游者根据自己的认识或信念评价某概念，如旅游产品、旅游服务或旅游企业。这种量表的好处是可以将旅游者的印象绘制成图，有利于对相互竞争的产品和企业进行比较分析。

④其他量表。另外还有一些其他量表，一般都是根据实际情况的需要对上述三种量表进行一些修正而成，如斯代帕尔量表（Stapel scales）就是对斯曼蒂克差异量表的简化。此外，还有对比量表、累加量表等。

应当注意到各国人在回答问卷时，夸张或谨慎的习惯是不一样的（见图2-2）。

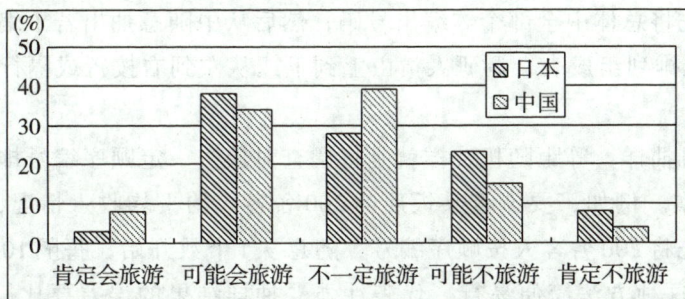

（资料来源 国家旅游局（2003））

图2-2 中日旅游市场营销调查咨询比较

2.2.4 旅游市场营销调研的类型

1）旅游市场营销调研的对象选择

旅游市场营销调研的对象选择总共有三种方式，即全面调查、典型调查和抽样调查。

（1）全面调查。全面调查是指对与旅游市场营销调研有关的所有对象无一例外地进行普遍调查，以获得全面、可靠和准确的资料。由于市场广大，全面调查费时、费力，也不可能，因此这种方法在旅游市场营销调研中几乎不用。

（2）典型调查。典型调查是以现象总体中的某些单位为对象进行调查，通过了解典型单位的情况而推断现象总体的方法。运用这种方法的关键在于正确选择典型单位，这些典型单位应具有充分的代表性。从性质上说，典型调查是抽样调查的一种特殊形式。

（3）抽样调查。抽样调查是从调查对象总体中抽取一部分具有代表性的个体进行调查，并由这部分样本推断全体的方法。抽样调查虽然有时有点误差，但比起全面调查具有省时、省力、省钱、速度快、应用范围广等优点。抽样调查结果与普查接近，有时甚至比普查还准确，因为抽样调查可以使用素质较高的工作人员，调查与资料的处理工作可能更准确些。因此，目前抽样调查已普遍应用于各个领域，在旅游业中的运用尤为广泛。如旅游企业要了解旅游者对新产品的反应或对旅游广告的效果测定等，均可采用抽样调查。

2）市场营销调研的随机抽样

旅游市场营销调研人员在进行抽样设计时，需考虑抽样样本如何确定、样本的大小及抽样方法如何选择等问题。抽样样本的确定就是选择样本的过程，即要向什么样的对象进行调查。旅游市场营销调研人员要在对总体进行仔细的研究之后才能确定适当的抽样样本。样本的大小，应根据调查对象的特征、营销问题的性质及误差的大小来确定。一般说来，样本越多，调查结果的准确程度越高，但同时也花费了较多的人力、物力、财力和更多的时间，因此调研人员应把样本数量控制在合理的范围内。抽样方法分随机抽样和非随机抽样两种，这里先介绍一下随机抽样。

随机抽样是按随机原则抽取样本的方法。这种方法完全排斥了调研人员的主观意志，使总体中每一个个体被抽出的机会完全均等。随机抽样具体又分为以下几种方法：

（1）简单随机抽样（或任意随机抽样）。简单随机抽样（或任意随机抽样）就是对调查对象不作任何形式的分类选择，而是完全随机抽取样本的方法，常用的有抽签法和乱数表法。抽签法是先将总体中全部个体编出号码，然后从中随意抽出若干编号。乱数表法是把0~9的数字随机排列组成表，调研人员由上到下或从左到右按行或隔行随意抽取，得出样本号码。

（2）等距随机抽样。等距随机抽样就是将调查对象按一定顺序编号排列，然后每隔若干个选取一个样本。例如，要调查某饭店的200名客人的平均收入情况，预定取20个样本，具体做法是先将200名客人按顺序编号，随意从1个数开始，每隔10名抽一个，直到抽出20个为止。这种方法简便易行，代表性强，抽样结果的误差要比简单随机抽样小，但必须先知道总体数。

（3）分层随机抽样。分层随机抽样就是根据调查目标，把调查总体按不同的标志进行分层（或分类），然后在每一层中随机抽取部分个体作为样本。每一层都是同质的个体，而层与层之间却是异质的。要进行分层抽样，必须先算出各层占总体的比重，据此确定每层抽取的样本数，再随机抽取样本。

（4）分群随机抽样。分群随机抽样就是对那些总体差别较大且难以明确分类者按外观或地域来分群。其群体之间差异很小，群体内各样本差异较大，这与分层随机抽样正好相反（见图2-3）。

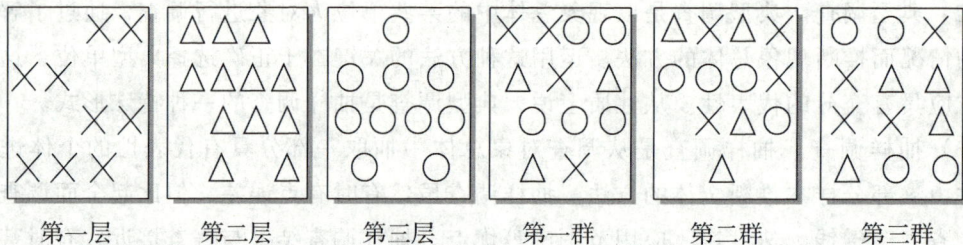

图2-3　分层与分群随机抽样示意图

3）市场营销调研的非随机抽样

非随机抽样是根据旅游调研人员的需要和经验，凭借个人判断进行抽样的方法。在这种调查中，调研人员有意识地选择具有代表性的个体作为样本，使得每个个体被选中的机会并不均等。常用的方法如下：

（1）配额抽样。配额抽样就是按照一定的标准，如地区、年龄、收入、性别等，将调查对象总体划分为不同的群体，根据它们在总体中的比重分配样本数（额度），然后在额度内由调研人员主观地抽取样本的方法。实质上，这是一种分层判断抽样方法。这种方法简单易行，抽出的样本不至于偏向某一群体，着重于量的分配。

（2）任意抽样。任意抽样就是调研人员根据其工作便利来选取样本的方法。饭店的营销调研人员在对客人的满意程度进行调查时，在饭店内看到任何一位客人就对其进行询问的调查方法，就是任意抽样法。任意抽样适用于总体同质性较高的情况，其偏差较大，结果不可靠，一般用于试验性调查。

（3）判断抽样。判断抽样就是根据专家的判断决定所选择样本的非随机抽样方法。这种方法一般应用于调查对象总体中个体极不相同的情况，要求旅游调研人员对调查总体的有关特征有相当了解，能避免误选极端个体。这种方法的原则就是选择"多数型"或"平均型"的样本。

4）市场营销调研的抽样方案

旅游营销调研人员通常是通过抽取样本来得出有关总体的结论。样本是从总体当中抽取出来并能代表总体的部分的集合。样本设计需要考虑三个方面：第一，调查对象；第二，调查人数；第三，如何抽取样本。

样本单位可以从总体中随机抽样，也可以由调研人员选择那些最容易从中获得信息的旅游者作为样本，亦可以在若干具有不同人口统计特征的群体当中选择一定数量的旅游者构成样本。这些抽样方式都具有不同的成本和时间局限，精确程度不同，统计特性也不一样。最佳方式的选择取决于调研项目的需要。表2-7列举了不同类型的抽样方式与样本特点。

表2-7　　　　　　　　　　不同类型的抽样方式与样本特点

抽样方式		样本特点
随机抽样	简单随机抽样	总体中每一个单位都有已知的和相等的被抽取的机会
	等距随机抽样	将总体中各单位按一定顺序排列，根据样本容量要求确定抽选间隔，每隔一定的间隔抽取一个单位
	分层随机抽样	总体被划分为几个相互排斥的亚群，从每一个亚群中随机抽取样本单位
	分群随机抽样	总体被划分为几个相互排斥的亚群，调研人员从所有亚群中随机抽取一个亚群进行调查
非随机抽样	任意抽样	调研人员挑选最容易获得信息的总体单位进行调查
	判断抽样	调研人员根据专家的判断来选择能提供准确信息的总体单位进行调查
	配额抽样	调研人员在每个亚群的旅游者当中选择既定数量的样本进行调查

⇐【实例2-2】　红色旅游景区凭实力"圈粉"

⟵ 【相关链接2-2】 红色教学旅游基地的田野调查

2.3 旅游市场预测

2.3.1 旅游市场预测的含义

1）旅游市场预测的概念

旅游市场预测是指在旅游营销市场调查的基础上，运用科学的方法，根据过去和现在的情况，对旅游市场需求量和影响旅游市场供求变化的诸要素进行质和量的分析和研究，估计变化的可能性，并对其未来发展趋势做出一般的假设和判断，为旅游企业市场营销决策提供可靠依据。

2）旅游市场预测的作用

旅游市场预测的作用如下：

（1）旅游市场预测是旅游企业搞好经营的前提，是企业科学地制定旅游发展战略和市场营销决策的依据。

（2）旅游市场预测可促使旅游企业及时地进行产品更新换代，使旅游企业不断以新产品来满足旅游者的需求。任何一种旅游产品都有其市场的生命周期，通过预测就可以了解产品目前处于哪个阶段，便于企业采取相应的措施。

（3）旅游市场预测有利于提高旅游企业及其产品的竞争力。随着旅游市场的进一步发展，竞争会越来越激烈，旅游企业只有通过预测，掌握旅游市场需求的变化、竞争者的状况及发展趋势，才能不断增加销量，提高市场占有率。

（4）旅游市场预测可以减少旅游企业经营的盲目性，降低经营的风险。通过预测，旅游企业可以了解产品供给和需求发展的趋势，推出适销对路的产品，避免盲目生产，降低风险。

3）旅游市场预测的分类

（1）按时间划分。按时间划分，即按照涉及的预测期的长短，可分为：长期预测，即5年以上的预测，是对战略性决策的预测，多适用于旅游市场需求较稳定的旅游产品；中期预测，即1~5年的预测；短期预测，即1季或1年的预测，适用于市场需求变化快的旅游产品，使旅游企业及时调整营销战略，迅速适应市场需求的变化；近期预测，通常为1周~1季，适用于旅游产品生命周期很短、市场需求又变化很快的旅游产品。

（2）按范围划分。按范围划分，可分为：宏观市场预测，即包括整个国民经济在内的旅游企业不可控因素的预测；微观市场预测，即对旅游企业产品的市场潜在需求进行的预测，它为企业营销决策提供依据。这两种预测应结合在一起进行。

（3）按预测性质划分。按预测性质划分，可分为：定性预测，即对市场属性的预测和定性描述；定量预测，即根据市场发展的历史数据，通过一定的数学模型推导出预测值；定性与定量相结合的预测，即在分析过程和结果上都综合运用了上述两种预测方式。

2.3.2 旅游市场预测的内容

旅游市场预测可分为旅游市场需求预测和旅游市场供给预测。

1）旅游市场需求预测

旅游市场需求预测就是在预期的营销环境和营销努力下产生的对旅游市场需求的估计。旅游市场需求预测包括以下几个方面：

（1）市场潜力预测。市场潜力预测是对某旅游产品在市场上的最大销售潜力的预测。

（2）市场销售预测。市场销售预测就是对今后一定时期内最可能的销售水平的市场预测。

（3）市场需求饱和预测。市场需求饱和预测就是指从现在起多少年后某旅游产品在某一特定市场达到饱和需求量的预测。饱和点是产品生命周期的转折点，它包括原产品社会需求量的饱和与有支付能力的需求的短期饱和。但是，这种饱和不是固定不变的，随着产品的改进及社会购买力的提高，产品就会从饱和点进入新的发展阶段。

（4）市场需求发展变化趋势的预测。市场需求的发展变化包括多个方面，如旅游者的爱好及消费方式的变化、技术进步对旅游需求的影响等。

2）旅游市场供给预测

旅游市场供给预测主要是对旅游资源及旅游设施发展趋势的预测，包括供给能力预测和发展能力预测。

（1）供给能力预测。供给能力预测即了解有多少旅游企业生产同类旅游产品，它们的规模、成本、管理水平和技术等情况如何。

（2）旅游业发展能力预测。旅游业发展能力预测包括对旅游业技术条件、旅游资源供给、交通运输等现状及发展趋势的预测。

2.3.3 旅游市场预测的步骤

旅游市场预测要遵循科学的程序和步骤，归纳起来有以下几步：

（1）确定旅游市场预测目标。确定预测目标是进行预测工作的前提，之后还要进一步确定预测对象、预测期限和预测内容。

（2）确定旅游市场预测因素。确定市场预测因素是指根据确定的预测目标，选择可能与预测目标相关或对其有一定影响的预测因素。

（3）进行旅游市场调查。通过市场调查收集各因素历史和现状的信息、数据及资料，并加以整理和分析。

（4）选择合适的旅游市场预测方法。选择预测方法时，要综合考虑预测目标、时间界限、准确程度及成本效益等因素，并考虑资料的多寡和收集到资料的可能性。有时预测某一项目需要用多种方法，利用多种方法相互印证，以提高预测的准确性和可靠性。

（5）建立旅游市场预测模型。在选定了预测方法和获得了所需的资料后，接下来就是根据相关理论，在对资料进行分析的基础上寻找规律，建立模型。需要注意的是，在某些情况下还要对预测因素和建模条件做出某种假设。

（6）预测结果的分析和评价。本阶段主要是对预测结果进行市场分析，对其精确程度进行评价并估计误差的幅度。

（7）根据旅游市场最新发展动态和最新信息，对原预测结果进行修正和调整。

（8）撰写旅游市场预测报告。在以上步骤的基础上，撰写预测报告。

2.3.4　旅游市场预测的方法

1）判断预测法

（1）专家意见法。专家意见法就是旅游市场预测人员根据专家的分析判断进行市场预测的方法。它主要包括两种方式：①头脑风暴法。头脑风暴法就是预测人员邀请有关专家对预测问题进行研讨，通过专家的创造性思维来获得预测结果，这是一种直观的预测方法。其优点是：通过信息交流，产生思维共振，进而激发创造性思维，能在短期内得到创造性的成果；通过头脑风暴会议获取的信息量大，考虑的预测因素多，提供的方案也较全面和广泛。但是，这种方法也有明显的缺点：专家会议易受权威的影响，不利于充分发表意见；易受表达能力的影响，有些专家的意见和主张十分高明且有创造性，但表达能力欠佳，影响效果；易受心理因素的影响，不愿听别人的意见或公开修改自己的意见，容易随大流。②德尔菲法。德尔菲法就是预测人员以信函的方式征询多位专家的意见，再以匿名的方式将收集的意见全部反馈给各专家，请其再进行预测，如此反复，最终使结果趋向一致。使用这个方法应特别注意：一是匿名性，即对被选择的专家要保密，不让其彼此通气，使他们不受权威、资历等方面的影响；二是反馈性，指一般征询调查要3~4轮；三是收敛性，即经过数轮征询后，专家们的意见相对收敛，趋向一致，一旦有个别专家观点与众不同，则要求其详细说明理由。

（2）旅游者意图调查法。旅游者意图调查法就是旅游企业市场预测人员向旅游者或潜在旅游者抽样调查预测期内的旅游意图，以分析、预测未来的旅游需求的方法。例如，您准备下次入住本店吗？回答可能有几种，如不会（0）、有可能（0.35）、可能（0.5）、很可能（0.8）、一定会（1.0）等。括号内表示分值，是调研人员用以预测的数值。这种方式的开支很大，要耗费企业很多精力和时间。如果被调查者不愿意回答，则会直接影响到预测效果。

（3）营销人员意见综合法。营销人员意见综合法是指由最接近市场的营销人员进行预测，再由预测人员综合他们的意见的方法。这种方法比较适合于对旅游市场需求和竞争对手的预测。其优点是由于营销人员对市场情况熟悉，估计的销售额较接近实际。其缺点是营销人员对市场的总形势和发展趋势缺乏了解，另外有的营销人员出于自身因素的考虑或由于自身个性的影响，可能不会提出完全客观的估计结果。

（4）管理人员意见法。管理人员意见法是由营销部、业务部门、财务部等部门管理人员进行集体讨论，广泛交换意见，做出集体判断的预测方法。这种方法主要预测销售前景，是将经验与判断相结合进行的预测。这种方法简单快速、费用少，在没有足够的数字资料的情况下也可进行，因此日常性预测大都采用此方法。但是，这种方法有一定的主观性，受管理人员的经验及工作能力的影响很大，故战略性预测不宜采用此方法。

（5）PERT预测法。PERT预测法就是对营销人员或管理人员所预计的销售量作进一步判断的预测方法。具体预测可通过计算最高销售量估计值、最可能销售量估计值和最低销售量估计值的平均值，以简单平均或加权平均的方法进行。

2）时间序列法

时间序列法是指将过去的旅游市场历史资料和数据按时间顺序加以排列，构成一个数字序列，根据其动向预测未来趋势，主要有以下几种方法：

（1）算术平均法。算术平均法简单易行，适用于短期数值变化不大的预测，但不能反映趋势变化和季节变化。

（2）加权平均法。越是近期的资料越能反映预测期的趋势和状况。为使预测更加准确，一般对近期数据给予较大的权数，所得的加权平均数作为下一期的预测值。

（3）移动平均法。移动平均法是指在掌握 i 期资料的基础上，按照事先确定的期数逐期分段计算 n 期的算术平均数，并以最后一个 n 期平均数作为未来 $n+1$ 期预测值的一种方法。所谓"移动"，是指预测值随着时间的不断推移，计算的平均值也在不断向后顺延。

（4）指数平滑法。指数平滑法是指在综合考虑有关前期预测值的基础上，利用事先确定的平滑指数预测未来值的一种方法。

（5）季节分析法。旅游市场受季节因素影响很大。季节波动是指在1年的时间序列之内市场和销售的变化。它主要是由气候的变化、法定假日、风俗习惯等造成的。这些因素直接或间接对旅游企业经营产生影响，并产生1年内的需求波动，而这种波动又年复一年地重复出现。季节分析的目的就是要将季节波动从趋势波动中分离出来，以增加企业经营计划的科学性。进行季节分析，一般需要4年以上的统计资料。季节分析主要是季节指数的比较分析。

3）因果关系预测法

在旅游经济活动中，许多现象是有因果关系的，如旅游产品销售量与旅游者收入、旅游产品价格都有关。这可以通过回归分析法来预测，它与历史引证法的区别在于历史引证法是以时间为自变量，而回归分析法除时间外，还可以用其他变量作自变量，因此它的应用范围更广泛，主要方法有一元线性回归、相关分析等方法。

总之，旅游市场预测的内容很广泛，但主要依赖于数学计算和数学模型的恰当应用。旅游市场信息是旅游企业经营的重要资源，也是经营决策的基础。运用科学的方法，有目的、有计划、有步骤、系统地收集、记录、整理和分析有关市场经营方面的各种情报资料，掌握旅游产品到达旅游者过程中的各种情况和发展趋势，为旅游企业管理者提供决策依据，是旅游市场调研和预测的主要任务。

⇦ 【实例2-3】　红色旅游，下一个万亿级市场？

【相关链接2-3】　国际旅游有望在2022年继续复苏

本章小结

本章从旅游市场营销调研的概念、作用、分类等三方面，介绍了旅游市场营销调研的含义，分析了旅游市场营销调研的主要内容，指出了旅游市场营销调研的难度及其产生的原因，阐述了旅游市场营销调研的有效性的分析与控制。

旅游市场营销调研的程序，包括三个阶段：初步调查阶段、正式调查阶段以及结果处理阶段。旅游市场营销调研的主要步骤，包括旅游市场营销调研的目标确定、旅游市场营销调研的资料收集、旅游市场营销调研的方案设计、旅游市场营销调研的数据分析、旅游市场营销调研的结论分析。旅游市场营销调研的主要方法，包括定性研究所需资料的收集方法和定量研究所需资料的收集方法。旅游市场营销抽样调研的类型，主要有随机抽样和非随机抽样两种。

旅游营销市场预测包括对旅游市场的供给预测和需求预测，旅游营销调研的市场预测的主要方法，包括判断预测法、时间序列法和因果关系预测法等。

关键概念

旅游市场营销调研　　旅游市场预测

基本训练

□ 案例分析题

中国旅游市场于非线性复苏中觅新机

新冠肺炎疫情暴发至今，对很多行业造成了冲击，且随着疫情的发展呈现不同的趋势。就旅游业来说，疫情防控形势严峻复杂，增加了行业复苏的不确定性。许多旅游者把目光转向了本地游和周边游。但整体而言，在疫情控制向好的大背景下，复苏仍是行业的主题。2020年4月至2021年1月针对中国市场共进行了四轮旅游意愿调研，经过梳理和比较分析，提炼出行业变与不变的趋势。事关中国旅游市场建议旅游企业认真做好三件大事：坚定的数字化转型、敏捷的疫情应变、果断的新机把握，以便从容应对非线性复苏，为长期制胜奠定基础。此外，全球疫苗接种的持续推进将为遭受重创的国际旅游带来复苏希望。从旅游意愿调研可以看到，境外游尽管暂时不能实现，但消费者的愿望却更为强烈，关键是如何在疫情可控的前提下，探索可行的做法。

1）短中长期的变化趋势日益清晰

通过调研发现，受访者的旅行意愿呈现非线性复苏态势，在出行活动和旅行意愿这两项上表现尤为明显。一方面，受访者的安全信心略有波动，但长期信心是坚固的。受疫情影响，受访者对国内旅行的安全信心回落至"有点不安全"。相较于前两次调研，国内长途旅行和商务旅行的安全信心明显低于短途旅行和城市休闲游，近两次调研显示这一差距已明显收窄，这反映出在非线性复苏进程中，受访者对于国内旅游的整体信心正在逐步提升。另一方面。疫情下中国游客的旅游偏好呈现出短中长期的不同变化。短期变化来看，反映在疫情反复对游客出行信心与意愿的不确定性影响，最新调研显示，未来 4 个月有休闲度假计划的受访者为 51%，国内长短途休闲旅游、国内商务出行受访者普遍认为，防护措施应做足，如戴口罩等，普遍信心等级为审慎乐观。从中期变化来看，由于出境游受限，导致消费回流而带动了新机遇，包括高端消费人群流向国内小众消费，以及小众旅游产品与消费类别在国内的普及和爆发式增长，如滑雪、潜水、免税品消费等。同时人们对出行灵活性的要求提高了，因此更看重退改签等政策。长期变化来看，游客对边陲、自然景点、小型定制团的偏好，以及数字化带来的崭新旅游体验将进一步强化。

2）把握三件大事努力应对非线性复苏

旅游企业应做好坚定的数字化转型、敏捷的疫情应对以及果断的新机把握这三件大事，在挑战中把握机遇，成功应对行业非线性复苏，为长期制胜奠定坚实基础。首先，坚定的数字化转型。酒店、航空公司、线上旅行社等从业者纷纷采用数字化手段提升营销能力，优化运营模式。旅游营销面临着市场需求不确定、用户决策路径长、消费转换难等痛点，在疫情下尤为突出，旅游企业需要系统性地开展数字化转型。在优化营销渠道、加强私域流量运营、筛选和打造合适的 IP 这三个方面来优化数字化营销，将流量有效转化。其次，敏捷的疫情应对。尽管国内疫情防控成果斐然、整体势头向好，但全球疫情仍较为复杂多变，企业应做好两手准备制定相应对策。针对疫情反复出现，旅游企业一要确保安全性和高质量服务，二要制定灵活的预订和退改政策，三要灵活调整并推出"本地游客主导"的经营模式，四要适时调整会员政策和奖励计划。鉴于疫情防控平稳向好，旅游企业一要围绕游客新需求，打磨研发产品，二要精准收入管理，实现价值转化，三要深耕服务品质，提高旅游体验价值。最后，果断的新机把握：高端消费回流带来的中期机遇和挑战。一是快速触及、深挖高端客群，出境游受抑制引发高端客群的旅行消费大规模回流国内，触及并释放高端客群旅行消费需求，这将成为旅游行业短期内的增长点。二是加快海外小众项目本地化普及，旅游企业应把握机遇，在国内高端休闲度假与户外活动以及年轻人奢侈品消费等领域快速布局，捕捉疫情复苏新机。

3）审慎评估重启境外游

疫情暴发至今，许多国家的边境仍未开放，全球商务差旅、观光甚至餐饮等行业遭受重创。不过随着全球疫苗供应逐步推进，国际旅行，特别是商务人员往来，有望重启相关安排，但须审慎评估。一方面，境内和境外旅游意愿首次反转。尽管现今出游意愿仍较保守，但受访者对下一次休闲度假之旅"最想去哪里"的意愿，境内和境外首次出现反转，根据调研，境外长短途意愿占 43%，境内长短途意愿占 41%，其他占 16%，这说明受访者更加期待境外游。另一方面，探讨旅游气泡的可行性。旅游气泡指两个/多个国家或地区，在保障健康安全的前提下，允许一定程度的人员流动，适合地理位置接近、往来频繁的国家或地区。中国可适时考虑与疫情风险低的国家或地区探讨建立旅游气泡的可行性，可从推动跨国商务人士往来开始，讨论建立互信检疫标准，并可考虑互相认证健康防疫数字化工具，如疫苗护照、健康认证护照等，以此作为相互信息的交流媒介。

总之，旅游行业的持续复苏是日益明确的趋势。这样的复苏并非线性，因此旅游企业应保持战略的敏捷性，灵活制定应对预案。危机中往往孕育新机，企业成败在于能否下定决心并以敏锐的眼光把握有限时间窗口下的转型机会。与此同时，出境旅游意愿更趋强烈，国际旅游需求始终存在，旅游气泡或许是重启出境游的可行做法之一。未来，旅游行业复苏的步伐将走得更稳健更有力。

（资料来源　余子健，陈洸，沈思文，等．2021中国旅游市场展望：于非线性复苏中觅新机［EB/OL］．（2021—02—08）［2022—03—13］．https：//www.mckinsey.com.cn/）

问题：

新冠肺炎疫情背景下旅游市场复苏受哪些因素影响？这些因素分别起到了什么作用？请根据本章的相关理论与实践，分析如何更好地预测旅游市场的趋势。

□ 思考题

1.简述旅游市场营销调研的概念和分类。

2.简述旅游营销调研中定量研究所需资料的收集方法。

3.结合实践，分析市场营销调研的步骤和预测方法。

□ 课堂讨论题

1.请您以旅游企业市场总监的视角，说明旅游营销调研对旅游企业营销观念的发展进步有什么价值。营销信息系统与营销情报系统有什么不同？

2.如果您作为某旅游企业的市场总监，请您举例说明下列营销决策涉及哪些调研任务：分销决策、产品决策、广告决策、人员推销决策、价格决策。请您举例说明为什么界定调研问题、确定调研目标，常常是调研过程中最困难的环节？

3.假设您在美国佛罗里达州北迈阿密海滨或者在中国的海南三亚海滨，拥有一家豪华、高价位的餐馆，您想要提高该餐馆的员工服务质量。请问您如果采用直接观察的调研方法，对实现既定目标会有多大帮助？

4.旅游企业的市场营销调研人员，通常都从收集二手资料开始其市场调研工作。如果一家全方位服务的饭店总经理，想了解该饭店的旅游消费者需求变化趋势，您认为可以利用的二手资料来源有哪些？

5.下列案例或应用实践中，您认为哪一种类型的调研最合适，为什么？（1）麦当劳想了解儿童对该餐馆产品的销售有什么影响；（2）希尔顿饭店想收集有关商务旅行者对其餐厅的菜单品种、食品质量和服务水平评价的一手信息资料；（3）一家中式餐馆正在考虑在迅速发展起来的郊区开办一家分店；（4）一家西式快餐馆想要检验它在两个城市中所做的烤牛肉三明治广告的效果；（5）一家旅行社的高层管理者想知道怎样有效地运用促销经费。

6.聚焦式集体头脑风暴面谈调研法在营销调研中是一种应用很广同时也遭受很多质疑的方法。您认为这种方法的优点有哪些？这种聚焦式集体头脑风暴面谈调研法带来哪些问题？您觉得哪些营销调研更适合用这种调研法？

第3章

旅游市场营销环境

学习目标

通过本章的学习，掌握旅游市场营销环境的含义与特征，学会分析旅游市场营销的宏观环境、微观环境，掌握对旅游市场营销环境的 SWOT 分析，了解旅游市场营销环境的可持续发展。

3.1 旅游市场营销环境概述

旅游企业的市场营销活动，是在一定外部环境条件下进行的。由于地域不同，经济与社会文化条件不同，旅游企业市场营销环境存在着很大的差别，而且这些环境条件又处在动态的变化之中。通过对市场营销环境的研究分析，可以使旅游企业营销活动与生存环境相适应，充分利用存在的机会，避开可能出现的威胁，发挥企业优势，克服企业劣势，制定正确的旅游市场营销战略，使营销活动取得最优化的效果，从而实现企业的营销目标。

3.1.1 旅游市场营销环境的含义

旅游企业并不是生存在一个真空内，作为社会经济组织，它总是在一定的外界环境条件下开展市场营销活动。而这些外界环境条件是不断变化的，它既给组织带来了新的机会，又带来某种威胁。因此，研究市场营销环境对旅游企业的生存和发展具有重要意义。

何谓市场营销环境？美国著名市场学家菲利普·科特勒的解释是，影响企业的市场和营销活动的不可控制的参与者和影响力，具体地说，就是影响企业的市场营销管理能力，关乎其能否卓有成效地发展和维持与其目标顾客交易及关系的外在参与者和影响力。因此，旅游市场营销环境是指与企业营销活动有现实与潜在关系的所有外部力量和相关因素的集合，它是影响企业生存和发展的各种外部条件。其含义包括以下两个方面：

（1）旅游营销是旅游企业对营销环境的一种创造性适应行为，即旅游营销活动必须适应复杂的、不断变化的环境。旅游营销环境是指那些作用于旅游企业，而旅游企业难以控制的因素和力量，这些因素和力量构成了旅游企业生存和发展的外部条件。企业营销活动不可能脱离其周围环境而孤立进行，只有把握住营销环境的特点及变化特征，主动与环境的变化相适应、相协调，才能顺利开展营销活动，并能实现其预期的各项营销目标。同时，旅游企业通过营销活动可以影响外部环境，使环境有利于自身的生存和发展，有利于提高营销活动的效果。

（2）旅游市场营销环境的内容既广泛又复杂。不同的因素对营销活动各个方面的影响和制约也不尽相同，同样的环境因素对不同的组织所产生的影响和形成的制约也会大小不一。

旅游企业在市场经济中有着强烈的社会性，其市场营销行为受到内外部可控与不可控因素的综合影响，即旅游市场营销是在一定的时空条件下开展的，这一时空条件就是旅游市场营销环境，旅游市场营销环境是旅游企业的生存空间。

在旅游市场营销中，可根据旅游市场营销环境影响的方式，将其分为微观营销环境和宏观营销环境。前者是直接影响和作用于旅游企业市场营销活动的环境因子，如旅游消费者、批发商、生产者、竞争者等；后者是间接影响与作用于旅游企业市场营销活动的因素，如文化、自然、政治、人口等。旅游市场营销的宏观环境和微观环境并非并列关系，而是相互影响和相互制约的主从关系。

3.1.2 旅游市场营销环境的特征

旅游市场营销环境是一个多因素、多层次且不断变化的综合体，其特点主要表现在以下几方面。

1）相同性与差异性

从整体上看，同一国家、同一地区的市场营销环境是相同的，旅游企业比较容易与之相适应。而不同国家由于社会经济制度、民族文化、经济发展水平等有所区别，会使旅游市场营销环境显示出差异性，这一特性要求旅游企业因地制宜地制订出可行的市场营销因素组合方案。市场营销环境的差异性不仅表现在不同的企业受不同环境的影响，而且表现在同样一种环境因素的变化对不同企业的影响也不相同。例如，不同的国家、民族、地区之间在人口、经济、社会文化、政治、法律、地理等各方面存在着广泛的差异性。这些差异性对企业营销活动的影响显然是很不相同的。由于外界环境因素的差异性，企业必须采取不同的营销策略才能应对所面临的各种情况。

2）整体性与地域性

旅游市场营销环境研究的对象是由自然、经济、社会等子系统组成的复杂的巨系统，这就需要将其作为一个整体，研究它们之间的结构、功能和相互作用的机理。但由于区域的文化背景、地理位置、历史发展、自然条件等方面的差异，使得各区域间发展具有不平衡性，研究其地域差异性有助于在旅游市场营销中突出旅游的区域特色，发展特色旅游和特种旅游，强化特定旅游区域的个性。

3）相对性与绝对性

旅游市场营销环境的各种因素的稳定是相对的，而不断变化却是绝对的。国家的政治经济制度，一般来说是比较稳定的，但随着国际影响的加深，人们认识宏观世界角度的改变，也可能产生一定程度的变化，甚至发生突变。这就要求对各国的旅游市场营销环境进行认真的研究，并站在变化的立场上去适应市场环境。市场营销环境是一个系统，在这个系统中，各个影响因素是相互依存、相互作用和相互制约的。这是由于社会经济现象的出现，往往不是由某个单一的因素所决定的，而是受到一系列相关因素影响的结果。例如，企业开发新产品时，不仅要受到经济因素的影响和制约，还要受到社会和文化因素的影响和制约。再如，价格不但受市场供求关系的影响，而且受到科技进步及财政政策的影响。因此，要充分注意各种因素之间的相互作用。

4）组合性和群体性

旅游者在旅游市场中对旅游产品的需求，一般包括游、行、娱、购、住、食等方面；同时，对这些产品尽管各人有不同的特殊要求，但消费往往是以团体、群体的方式产生的，因而旅游需求是以群体的方式出现的，在旅游市场营销上就表现出群体性的特点。从旅游产品生产和供给来看，要很好地满足旅游者的需要，就必须科学、合理地组合旅游产品，使旅游产品供应与旅游需求相吻合，也使旅游资源得以合理开发和利用。

5）波动性和稳定性

旅游者成为旅游市场上现实的旅游者，必须具备必要的旅费、强烈的旅游动机和闲暇时间。在其他条件不变的情况下，有无闲暇时间成为决定旅游者能否进行旅游活动的主要因素。由于大多数旅游者的旅游主要是利用节假日进行，因而在一年中，旅游市场中的游客量忽高忽低，呈季节性的波动。旅游活动是由诸多方面、诸多因素共同促成的，并且只要其中某一重要因素发生变化，如政治形势剧变、重大自然灾害发生、传染性疾病流行等，就会带来旅游市场的波动。而旅游市场的主体在短时间内并不因客源的波动而相应变动，它们在一定阶段仍呈现出相对的稳定性。

6）客观性与动态性

旅游企业总是在特定的社会经济和其他外界环境条件下生存、发展的。旅游企业只要从事市场营销活动，就不可能不面对这样或那样的环境条件，也不可能不受到各种各样微观的、宏观的环境因素的影响和制约。因此，旅游企业决策者必须清醒地认识到这一点，要及早作充分的思想准备，随时应对企业面临的各种环境的挑战。旅游市场营销环境的动态特征，给旅游企业的营销活动增加了难度。每一个旅游企业都与周围环境中的各种力量保持一种微妙的平衡关系，即旅游企业这个小系统与社会环境大系统处在动态的平衡之中。而旅游市场营销环境的变化往往会使旅游企业对它的了解与判断产生偏差，打破平衡，导致旅游企业的营销战略与策略出现失误，从而使企业丧失市场机会。因此，旅游企业必须积极地适应环境的变化，根据环境因素的变化，不断调整其营销策略。

7）不可控性

影响市场营销环境的因素是多方面的，也是复杂的，并表现出不可控性。例如，一个国家的政治法律制度、人口增长速度以及一些社会文化习俗等，企业不可能随意改变。此外，这种不可控性对不同企业表现不一，有的因素对某些企业来说是可控的，而对另一些企业则可能是不可控的；有些因素在今天是可控的，而到了明天则可能变为不可控因素。另外，各个环境因素之间也经常存在着矛盾关系。例如，旅游者对某种旅游产品的兴趣与热情就可能与客观存在的该产品供应的紧张状态相矛盾，那么这种情况就使企业不得不作进一步的权衡，在利用可以利用的资源前提下，去开发新产品，而且企业的行为还必须与政府及各管理部门的要求相符合。

【实例3-1】 "Z世代"成为红色游主力

　　随着年轻人的爱国热忱不断高涨，"95后""00后"参加红色旅游的人数也显著增长。其中"95后"群体在红色旅游群体中的占比已经实现连续3年增长。大量数据表明，"Z世代"正扛起红色旅游消费主力军的大旗，他们的旅游方式更富有创新色彩，使得红色旅游的市场外延不断扩大。随着爱国主义教育大众化、常态化，红色旅游更多地走入人们视野，引发年轻人热情的不断高涨，"当代年轻群体参与红色旅游的比例逐渐提升。拉近红色旅游与年轻人之间的距离，已经成为当今文化旅游企业的课题之一。"

　　红色旅游景点如何抓住年轻人的心，成为景区研究的新命题。在红色旅游景点方面，根据同程的报告，"Z世代"最青睐的红色文化旅游产品按偏好度排列依次为：红色遗址/遗迹、革命纪念馆/博物馆、红色专题游、革命老区深度游、红色演艺等。据悉，"Z世代"红色旅游的三大重点客源地分别是北京、广州、上海。马蜂窝旅游发布的《旅游新国潮》大数据报告对"95后"人群的红色旅游玩法做出描绘：到长沙游览，他们不仅要打卡众多网红地，一定也会到橘子洲头走一走；去贵州不仅会去荔波小七孔避暑游玩，也会到"中国天眼"一睹"大国重器"之威；到青岛看海、寻迹中国"五渔村"时，也要去中国人民解放军海军博物馆一览人民海军建设发展的历史性成就。"除传统的红色旅游外，到爱国主义景区景点感受国家崛起、走访航空航天基地、体验大国重器实景等，均是年轻旅行者真实的爱国写照。"马蜂窝旅游研究院负责人冯饶表示。

　　（资料来源　杜翔翔. 爱国"Z世代"红色游主力，旅游人次从1.4亿到14.1亿［N］. 深圳商报，2021-07-15）

【相关链接3-1】 "互联网+旅游"助推旅游业发展模式转变

　　经国务院同意，文化和旅游部、国家发展改革委等十部门联合印发《关于深化"互联网+旅游"推动旅游业高质量发展的意见》（以下简称《意见》）。《意见》强调，坚持技术赋能，深入推进旅游领域数字化、网络化、智能化转型升级。坚持开放共享，加快形成以开放、共享为特征的旅游业发展新模式。党的十九届五中全会指出，坚持创新在我国现代化建设全局中的核心地位，把科技自立自强作为国家发展的战略支撑。面对经济社会发展的新时代，面对大众旅游消费新需求，旅游业如何从资源与劳动依托转向技术与创新驱动，是旅游业高质量发展的关键问题。从这个角度来说，"互联网+旅游"是旅游业发展模式转变的一个重要推动器。要通过深化"互联网+旅游"，构建起以互联网技术为支撑的数字旅游经济体系，进而推动我国旅游业走向高质量发展阶段。

　　"互联网+旅游"催生了新旅游的出现，推动了旅游要素供给独立化、平台化，推动旅游市场细分化，推动了旅游组织的再造，推动了旅游的场景革命，推动了旅游业务再造和营销革命，推动了数字旅游经济的形成。但就我国旅游业发展的现状而言，"互联网+旅游"在旅游领域的发展与应用尚存在一系列亟须解决的问题，如市场主体弱化、旅游数据深度挖掘不足、产品单一、商业模式创新乏力、产业化进程缓慢、人才队伍建设存在短板等。所有这些问题的解决，都要通过深化"互联网+旅游"来完成，但是无论如何，以

"互联网+旅游"为代表的数字经济将使旅游业发生更为深刻的变革。

（资料来源　张辉，陈怡宁．"互联网+旅游"助推旅游业发展模式转变［N］．中国旅游报，2020-12-01）

3.2　旅游市场营销的宏观环境

旅游市场营销宏观环境是指旅游企业或旅游业运行的外部大环境，虽然它对于旅游企业来说既不可控制又不可影响，但它对企业营销的成功与否却起着重要作用。旅游市场营销人员必须根据外部环境中的各种因素及其变化趋势制定自己的营销策略，以达到市场经营的目标。在旅游市场营销中，宏观环境因素主要包括政治法律因素、文化因素、经济因素、科技因素、人口因素、自然因素等各个方面（如图3-1所示）。

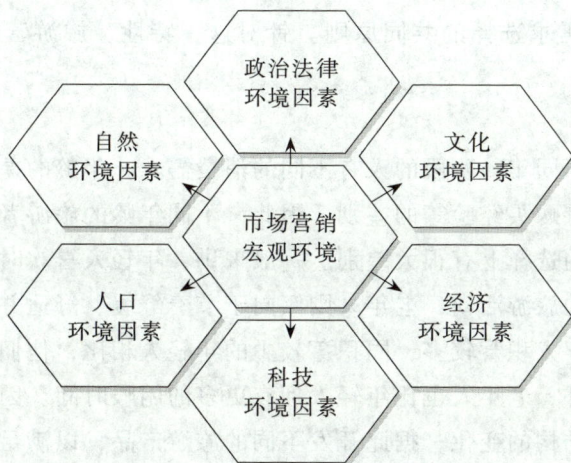

图3-1　旅游市场营销宏观环境

3.2.1　人口环境

市场营销学认为，企业的最高管理层必须密切关注企业的人口环境方面的动向，因为市场是由那些想买东西且有购买力的人构成的，这种人越多，市场的规模就越大。旅游企业也不例外，旅游市场是由具有购买动机且有购买力的旅游者构成的。旅游者是旅游活动的主体，因此，旅游企业要研究市场营销活动，就必须对人口环境因素进行统计分析，关注它的动向。人口环境是指人口的规模、密度、地理分布、年龄、性别、家庭结构、民族、职业以及其他有关情况。

1）总人口

总人口是指某市场范围内人口的总和。某一旅游市场范围内的总人口基本上反映了该市场旅游产品的需求量。在其他经济和心理条件不变的情况下，总人口越多，市场容量就越大，旅游企业营销的市场就越广阔。

随着科学技术的进步、生产力的发展和人民生活条件的改善，人口平均寿命大大延长，加上发展中国家的人口出生率上升，使世界人口迅速增长。在购买力有保证的前提下，这意味着旅游需求和旅游市场的持续增长。旅游企业应重视总人口的研究，发现未被满足的需要而形成旅游市场营销机会。

2）人口分布

农村与城市、东部与西部、南方与北方、热带与寒带、山区与平原等不同地理环境的人口由于自然条件、经济、生活习惯等差异，其旅游需求方面有着显著的区别。一般来说，不同地理环境的人的生活经历是建立在该区域的自然、社会与文化等因素基础上的，这方面的生活经历会促使旅游者寻找地理要素上有差异的目的地。地理位置的差异意味着目的地和客源地的距离，而这种距离对目的地的选择既是推动因素也是阻碍因素，远距离既给旅游者带来遥远感和吸引力，同时也带来时间与价格上的更多支出。从地理学角度而言，随着地理距离的增大，客源便逐渐衰减。因此，国内旅游客流大于国际旅游客流，中短程国际旅游客流大于远程国际旅游客流等现象的产生便不足为奇。在相同目标的前提下，舍远求近是旅游需求选择的共同原则。针对这一特性，旅游营销活动应注重近距离需求。

3）人口结构

（1）年龄结构。不同年龄阶段的人有不同的消费需求。年龄的差别往往意味着生理和心理状况、收入及旅游购买经验等的差别。因此，不同年龄的旅游者在旅游产品、购买方式和购买时间等方面的选择上有很大差别。一般来讲，年轻人喜欢时髦和刺激性、冒险性较强、体力消耗较大的旅游活动；老年人则倾向于节奏舒缓、舒适并且体力消耗较小的旅游活动。但大多数老年人积蓄较多，同积蓄较少的年轻人相比，他们更倾向于选择相对豪华型的旅游产品。此外，老年人也比年轻人拥有更多的闲暇时间。因此，旅游营销人员必须及时了解人口年龄结构的变化，据此开发不同的旅游产品，以满足不同年龄阶段旅游者的需求。

（2）性别结构。男女性别上的差异，往往导致旅游需求、购买习惯与行为有很大的差别。这些差别主要表现在两个方面：一方面，由于传统文化的影响，不同的性别角色在思想方式、行为方式等方面有不同的表现，从而导致在经济收入、处事能力等方面的差异，使得男、女旅游者选择旅游产品时各有偏爱；另一方面，不同的性别还意味着生理、心理方面的不同。例如，女性在旅游目的地选择上往往更关注旅游购物条件和出游安全条件，男性一般比女性在体力上更充沛、活动速度更快，两者在旅游产品选择上也有差别。

（3）家庭结构。家庭包括家庭类型、家庭人口、家庭生命周期、家庭居住环境等，这些都与旅游产品的数量、结构密切相关。例如，我国家庭规模的小型化是一种趋势，家庭的这种变化，引起旅游市场需求的相应变化，家庭旅游市场的需求呈上升趋势；晚婚或离婚，使单身家庭和单亲家庭的数量增加，单身旅游需求就是一个潜在的值得开发的旅游市场……这些都给旅游企业的市场营销提供了机会。

（4）职业结构。职业在很大程度上决定了一个人的收入水平，也决定了一个人闲暇时间的多少。收入水平决定了一个人的购买能力，限制了旅游者购买旅游产品的种类、品牌、购买方式及购买数量。闲暇决定了一个人的旅游机会及旅游天数。一般而言，企业管理者、个体商人业务繁忙，出差机会多；科技人员、医生、教育工作者等外出学术交流机会多；职员、自由职业者假日外出旅游较多。旅游营销活动应针对不同的职业群体采取不同的营销措施。

4）人口流动

人口的流动状况包括人口流动的数量、区域、时间长短、距离长短、比率及结构变化等。人口流动的总趋势是人口从农村流向城市、从城市流向市郊、从欠发达地区流向发达地区、从一般地区流向开放地区。在市场经济条件下，会出现地区间人口的大量流动，旅游者就属于流动人口的一部分。

5）人口的其他因素

其他因素，包括人口的出生率、增长率、籍贯、民族、健康状况等，都对旅游行为产生很大影响。如健康状况，几乎任何一项旅游活动都需要耗费体力和精力，因此，旅游者的身体健康状况就成为旅游购买行为的直接影响因素。身体健康状况不佳者，只能在体力允许的范围内选择旅程较短、耗时较少的旅游项目。当然，有时健康状况不佳还是疗养旅游产生的直接原因之一。同时，健康状况的不同也对旅游交通、住宿设施及饮食提出了不同的要求。

应该指出，目前人口环境正在发生重大的变化，变化的趋势是：一是世界人口迅速增长；二是发达国家的人口出生率下降；三是许多国家人口趋于老龄化；四是家庭结构发生变化；五是非家庭住户迅速增加；六是人口流动性大。这些变化需要引起旅游营销人员的注意和重视。

3.2.2　经济环境

购买力是构成市场和影响市场规模大小的一个重要因素，而整个购买力又直接或间接受消费收入、价格水平、储蓄、信贷等经济因素的影响，购买力是这些经济因素的函数。正因为这样，旅游企业的市场营销不仅受人口环境影响，还受到经济环境影响。经济环境影响因素主要包括经济发展阶段、地区发展状况、产业结构、货币流通状况、收入情况及消费结构等，其中收入情况和消费结构对旅游营销活动的影响较为直接。

1）经济发展阶段

就旅游市场而言，处于不同经济发展阶段的国家或地区认知和接受旅游的程度不同，旅游需求也不相同。处于经济发展水平较高阶段的国家或地区，其交通便捷、通信发达、设施完善、资金雄厚，外出旅游的人数就多，旅游者更加注重旅游产品的性能与特色，品质竞争多于价格竞争。另外，发达的经济本身可为该国或地区增加吸引力，吸引其他国家或地区的旅游者前来学习、考察。而处于经济发展水平较低阶段的国家或地区，基础设施落后，即使有再美的风景，也会让部分旅游者望而却步。同时其旅游产品更加侧重于内容与价格，价格因素重于产品品质。旅游营销人员对处于不同经济发展阶段的国家或地区，应采取不同的市场营销策略。

2）地区发展状况

地区经济的不平衡发展，对旅游企业的目标市场及营销战略制定等都会产生巨大影响。我国各地区经济发展不平衡，东部、中部、西部三大地带之间，其经济发展水平客观上存在着东高西低的总体区域趋势。同时，在同一地带的不同省市，也呈现出多极化发展趋势。

3）产业结构

产业结构指各产业部门在国民经济中所处的地位和所占的比重及相互之间的关系。从我国的实际情况看，第一产业占国内生产总值比重和就业人口将逐渐下降，第二产业占国内生产总值比重略有上升，但就业人口可能大体不变，而第三产业无论是就业人口还是占国内生产总值比重都将逐渐上升。这种变化趋势给第三产业，尤其是旅游行业的发展提供了机会。因此，旅游企业只有针对其变化趋势，制定相应的策略，才能处于主动地位。

4）货币流通状况

如果一个国家纸币发行过多，就会导致通货膨胀，影响物价稳定，从而既增加旅游企业生产成本，又扰乱旅游市场的正常秩序，增加营销的风险性和威胁性。同时，利率的高低对旅游企业营销也有一定影响，当银行利率低时，市场价格波动大，旅游者就会减少储蓄，可能把收入的大部分用于消费，当然就包括旅游消费。

国际贸易收支和货币汇率对国际旅游需求的变化起着重要的作用。在国际旅游中，当客源国或地区的货币升值，而旅游目的地旅游价格又未相应提高时，则前者的居民去后者旅游时支出的货币就会减少，从而促使前者居民对后者旅游需求的增加；反之，前者的货币对后者的货币贬值了，会阻止该国或地区的居民对后者的旅游需求。对旅游目的地国来说，货币升值就会减少旅游，货币贬值则会促进旅游；对旅游需求产生国来说，货币升值会促进本国居民出境旅游，货币贬值则会抑制国民出境旅游。

5）收入情况

收入因素同人口因素一样，是构成旅游市场的重要因素，甚至是更为重要的因素。因为旅游市场容量的大小，归根结底取决于旅游者的购买力大小，一个旅游者的需求能否得到满足，以及怎样得到满足，主要取决于其收入的多少。从市场营销的角度计算旅游者收入，通常从两个方面进行分析，即国内生产总值和居民收入水平。

6）消费结构

消费结构指消费者在各种消费支出中的比例及相互关系，居民个人收入与消费之间存在着一个函数关系，而且在不同的国家或地区，个人收入与消费之间的函数关系是不同的。德国统计学家恩格尔提出过著名的恩格尔定律，认为一个家庭收入越少，家庭收入中或家庭总支出中用来购买食物的支出所占的比例就越大；当家庭收入增加时，只有一小部分用于购买食物，用于衣服、房租和燃料等方面的支出变动不大，但用于教育、医药卫生与闲暇娱乐活动方面的支出则增加较多。

3.2.3　自然环境

自然环境是旅游活动的吸引物，其发展变化也对旅游企业的营销活动产生环境威胁和市场机会。因此，旅游企业的营销人员既要分析自然环境方面的变化趋势所带来的影响，也要分析自然资源，特别是旅游资源的合理、科学利用。

1）自然环境发展

（1）自然资源的可供状况。地球上的自然资源有三大类：一是无限资源，主要指空气、水等资源。当然，由于全球水资源日渐减少，水资源的无限性受到质疑，不少学者已把它列为可再生有限资源。二是可再生有限资源，即有限但可以更新的资源，如森林、粮食等。三是不可再生资源，即有限又不能更新的资源，如石油、煤、铀、锡、锌等矿产资源。这三类资源的供应都会给旅游企业带来较大的影响，旅游交通的能源供应、饭店业的设施设备的运作、旅游景点的开发等都离不开自然资源，若任何一类旅游资源出现短缺，都将对旅游企业产生不利的影响。自然资源面临短缺或即将短缺的状态，使旅游企业的产品开发成本增加。

（2）环境污染日益严重。随着工业化和城市化的发展，环境污染程度日益增加。在一些国家或地区，旅游业的过度开发也带来日益严重的环境污染问题。公众要求控制污染的呼声越来越高，这种动向对旅游业或旅游企业是一种环境威胁与压力；同时，这种动向也给旅游企业带来了新的市场机会，只要保护好生态环境，就会促进旅游业的发展。旅游者出游的动机很多，其中有一个很重要的动机就是良好的生态自然环境的吸引，如果环境都被破坏了，就谈不上旅游业的发展。在这种背景下，一种新型的旅游产品——生态旅游的出现，正好满足了旅游企业和旅游者双方的需求，它既发展了旅游业，又保护了生态环境。虽然目前它的市场份额在全球旅游市场中所占比重较小，但其发展前景十分看好。

（3）政府对自然资源管理的干预日益加强。随着经济的发展和科技的进步，许多国家的政府为了社会利益和长远利益而对自然资源加强干预，颁布了许多相关法律法规，以有效利用自然资源、保护生态平衡、限制环境的污染并规范企业的经营行为。例如，为了控制污染，政府往往要求旅游企业购置控制污染设备，这样就可能增大旅游企业的经营成本，影响其经营效益；有些自然资源被列为保护区，就不允许大范围的旅游开发活动；国内有些景区内旅游服务配套设施外迁，控制旅游者规模数量等等。因此，旅游企业的最高管理层要统筹兼顾解决这种矛盾，力争做到既能减少环境污染，又能保证旅游企业发展，提高经营效益。

2）旅游吸引物

旅游资源是旅游活动的吸引物，是一个国家或地区的自然、社会、历史、文化及民俗特色的体现，其中自然资源是旅游活动的主要吸引物。自然资源主要指优越的地理位置和丰富的景观资源。某一国家、地区处于交通便利的地理位置，自然有助于旅游营销的开展。优越的自然条件给旅游营销提供了得天独厚的机遇。在自然地理环境中，风景是众多旅游资源中最活跃、最富有变化、最能激发客想象力的因素。我国各地旅游胜地就拥有许多绚丽壮观的风景资源，如泰山日出、黄山云海、三峡云雾、峨眉佛光等。气候、空气、阳光等是构成自然条件的主要因素，也是能否吸引游客的重要因素。

3.2.4 政治法律环境

政治法律环境是指那些对企业的经营行为产生强制或制约作用的各种法律、政府机构和压力集团。旅游服务业的发展不仅与本国政治法律相关，而且与客源国的政治法律密切相关，所以旅游企业所面临的政治法律环境还包括国与国之间的关系。政治与法律密切相关，政治往往通过法律来体现自身，与法律相比，政治更具有多变性，而法律则相对稳定。不同国家或同一国家在不同的历史发展阶段，其政治与法律环境亦可能大相径庭。政治法律环境包括如下：

（1）政治环境。政治环境是指旅游企业的外部政治形势和状况给其营销活动带来的或可能带来的影响。政治环境是旅游营销所遇到的机遇和风险都比较大的环境因素。例如，国家的方针政策，规定了国民经济发展的方向和发展速度，这直接关系到社会购买力能否提高和市场消费需求是否增长，也直接对旅游企业的营销活动产生影响。国家对旅游业的政策和措施，都将对旅游业的发展和旅游企业经营产生重大影响。国家的政治状况也将影响旅游者对旅游目的地的选择，进而影响旅游企业的营销效果。国家的外交、外贸政策将直接影响出、入境旅游的发展。还有些政策对旅游娱乐的消费需求产生重大影响。比如，政府下令禁止公费出游后，旅游团体的数量立即受到影响。交通运输中关于铁路客运票价、航空票价条款的规定，旅游娱乐消费税和扣除额的规定等都会影响旅游者的消费行为，从而影响旅游企业的营销。在这些影响因素中，一国政府对旅游业影响最大的是其态度，积极的扶持态度会使旅游业得到快速发展。

（2）法律环境。法律环境是指国家或地方政府所颁布的各种法规、法令和条例等，它是旅游企业营销活动的准则。企业只有依法进行各种营销活动，才能受到国家法律的有效保护。对于从事国际营销活动的旅游企业来说，不仅要遵守本国的法律制度，还要了解和遵守国外的法律制度及有关的国际法规、惯例和准则。一国政府总是要运用自己的法律手段来干预社会经济生活。政府的法规、法令和条例，特别是有关旅游业的经济立法，对旅游消费需求的形成和实现具有不可忽视的调节作用。而这些法律或规定也是在旅游企业的控制范围之外的。各国为了加强对旅游服务业的管理，规范旅游营销管理者和旅游者的行为，保护国家、旅游企业和旅游者的正当权益，会制定出各种具体的法规。

3.2.5 文化环境

文化环境指人类在某种社会生活中形成的某种特定的文化，包括一定的态度和看法、价值观念、道德规范以及世代相传的风俗习惯等。文化是影响人们欲望和行为（包括企业的、顾客的欲望和行为）的一个很重要的因素，文化的影响造就和支配了人们的生活方式，决定了人们的价值观念、习惯、观点，从而导致不同的需求。例如，我国人民（包括侨居异国的华人）特别重视农历新年，经常以华人特有的方式，如聚会、放爆竹、贴春联、相互拜年等来欢度春节；而西方人重视的却是圣诞节，受到他们的传统文化的影响，庆祝的方式完全不同。文化环境对旅游市场营销的影响表现如下：

（1）民族文化差异。旅游企业所面对的旅游者来自四面八方，他们都有着在长期的生活实践中自然形成并沿袭传承的文化传统和习俗。环境的差异和社会经济发展的不平衡，导致中国与其他许多主要客源国的民族文化差异很大，如日本人、法国人、阿拉伯人等在饮食、问候礼节上与中国有着明显的差异。同时，中国本身就是多民族聚居的国家，56个民族文化差异也非常大，不同的民族有着不同的文化传统和习俗，旅游营销人员必须充分了解不同民族的文化与习俗，向具有民族差异的各类旅游者提供相应的产品和服务，以更好地满足旅游者的需求。

（2）亚文化群差异。每一种社会或文化内部都包含若干亚文化群，如青少年、知识分子等。这些不同的人群也是不同的消费者群，这些不同的人群虽然有一些世代相传的相同信念、价值观念和风俗习惯，但是，由于他们各有不同的生活经历和环境，又有一些不同的信念、价值观念、风俗习惯、兴趣等，因而他们各有不同的旅游欲望和行为。

（3）宗教信仰差异。世界上有许多不同的宗教信仰，各有自己的文化倾向和清规戒律。宗教影响人们认识事物的方式、行为准则和价值观念，也影响人们的旅游行为。在进行旅游营销活动时，要注意不同国家和地区、不同民族之间的文化传统及宗教习惯的差异，针对不同习惯，进行区别性营销。不同的宗教信仰差异明显，各有不同的宗教习俗和禁忌。在进行营销活动时要注意这些宗教禁忌，对宗教信仰要充分尊重。

3.2.6　科技环境

科技环境直接影响到旅游企业产品的开发、设计、销售和管理，作为旅游企业的营销人员，需要考虑针对旅游企业和旅游者两方面的科技因素。

（1）科技环境对旅游企业的影响。运用新技术可以增强竞争优势。许多旅游企业认识到，科学技术在旅游业中的广泛运用，能使旅游企业提供更多的、满足旅游消费者需求的旅游设施、设备以及旅游产品和服务，不断增强竞争能力，如现代酒店中的高智能网络与结算体系、现代化的消防系统、安全性能高的防盗系统、现代化的会议同声传译系统等。同时，科学技术的发展也有利于提高旅游企业营销人员市场调研的及时性和评估决策的正确性。通过便利的互联网，查询更新的市场信息，可以改变传统旅游企业在了解客源市场上的局限性。

（2）科技环境对旅游者的影响。科技对旅游者的影响是巨大的。先进的室内娱乐系统、通信设备等逐渐成了外出娱乐和旅游的替代品。科技一方面对旅游活动造成危机，另一方面又带来便利。家用电器设备的发展缩短了家务劳动的必要时间，从而提供了更多的闲暇外出时间，而且，高技术的娱乐项目已经成为旅游者的旅游活动吸引物。迪士尼乐园就是集光、声、电等多种技术于一体的产物，这种富有梦幻、惊险刺激的娱乐产品已经受到许多人的青睐。科技的发展使旅游设施日益现代化，为人们的旅游活动带来了便利。例如，交通、通信技术的发展将时空距离缩短；电子问讯机可使旅游者方便地查询各种旅游信息；酒店网络预订为旅游者提供了方便。

3.2.7　社会环境

社会环境较为复杂，它不像其他环境那样显而易见并易于理解，却又时刻影响着旅游活动。影响消费行为的社会因素主要包括相关群体和社会阶层等方面。相关群体是能影响一个人的态度、行为和价值观念的群体，如家庭、邻居、亲友、周围同事，或因某种社会风尚的影响而形成了一种社会消费倾向的群体等，其对人们的消费行为起着参谋指导作用。社会阶层是按照个人或家庭相似的价值观、生活方式、兴趣以及行为等进行分类的一种稳定的层级制度。同一社会阶层的消费者，选择的旅游产品、服务档次有类似性。因此，旅游企业的市场营销人员必须考虑不同社会阶层的不同需求水平，为其提供与其身份地位相适应的旅游产品。

⇦【实例3-2】　区块链技术在旅游业中的应用探索

⇦【相关链接3-2】　北京2022年冬奥会和冬残奥会创造丰厚的冬奥遗产

3.3　旅游市场营销的微观环境

旅游市场营销的微观环境与宏观环境都属于旅游企业外部因素的集合。旅游市场营销微观环境是指存在于旅游营销管理组织周围并影响其营销活动的各种因素和条件，包括旅游企业自身、旅游供应商、旅游者、旅游中间商（营销中介）、竞争者和公众等（见图3-2）。

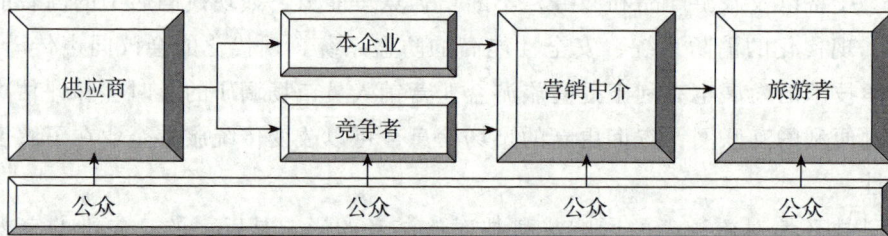

图3-2　旅游市场营销微观环境中的主要构成要素

3.3.1　旅游企业内部环境

旅游市场营销微观环境中的第一种力量是旅游企业内部的环境力量。旅游企业自身包括市场营销部门、其他职能部门和最高管理层。旅游企业为实现其目标，必须进行旅游产品的研究与开发、财务管理、市场营销等业务活动。而市场营销部门一般由市场营销部门经理、推销人员、广告人员、市场研究人员、市场计划人员、定价专家等组成。为了使企业的业务得以开展，不仅营销部门各类专职人员需要尽职尽责、通力合作，更重要的是必须取得与企业内部其他部门、高层管理层的协调一致——这些都会影响旅游企业的营销管理决策和营销方案的实施。只有协调一致，旅游企业的营销工作才能顺利进行，并取得较好的效果。

3.3.2　旅游市场营销渠道组织

各类市场营销渠道组织，包括旅游供应商、旅游中间商和旅游辅助商等。

（1）旅游供应商。旅游供应商是指向旅游企业及其竞争者提供营销活动所需要的各种生产要素的组织或个人。生产要素包括旅游产品和服务、能源、物质材料、劳动力、资金等。旅游营销活动是以服务为主的综合性活动，旅游营销活动离不开各种生产要素的供给，与旅游供应商相互依存。旅游供应商所提供的旅游资源及旅游产品的价格、供应量和质量，直接影响旅游企业产品和服务的价格、质量、销售量和利润，进而影响营销活动目标的实现。旅游企业应选择质量、价格以及在信贷风险等方面条件较好的供应商。供应商的数量也是旅游企业必须考虑的因素。一般而言，旅游企业不能过分依赖单一的供应商，否则很容易受对方的控制；若供应商数量太多，又会增加管理和质量控制的难度，供应商的忠诚度也往往比较低。因此，旅游企业应确定合适的供应商数量，平衡两方面的关系。

（2）旅游中间商。旅游中间商是指处于旅游生产者和旅游者之间，参与旅游产品或商品的流通业务，促使买卖行为发生和实现的组织和个人。它包括旅游经销商、代理商、批发商、零售商等。旅游中间商是沟通旅游企业与旅游者之间的桥梁，一方面要把有关产品信息告知现实和潜在的旅游者，另一方面要使旅游者克服空间障碍，能够方便地获得旅游服务产品。它们对旅游消费市场较为熟悉，通过转卖旅游产品和服务获利。旅游中间商在营销活动中的地位很重要，它在多个环节中出现。旅游企业必须慎重选择好中间商，应全面、深入调查和分析旅游中间商的发展趋势，做好旅游中间商的评估和选择工作。

（3）旅游辅助商。旅游辅助商，即辅助执行旅游中间商的某些职能，为旅游产品和服务的交换提供便利，但不直接经营旅游产品和服务的组织，如运输企业、银行、保险公司、广告公司、市场营销服务机构等。这些都是旅游市场营销中不可缺少的中间环节，需要它们的协作，旅游企业市场营销活动才能顺利进行。

3.3.3　旅游者

旅游者是影响旅游营销活动的基本、直接的环境因素。从购买者的角度来看，旅游者又可分为两类。

（1）旅游消费者。旅游消费者是指旅游产品和服务的最终购买者，如观光旅游者、度假旅游者、会议旅游者、商务旅游者等。旅游消费者购买旅游产品和服务是为了满足个人或家庭物质和精神需要，并没有营利动机。旅游消费者行为受到旅游者个人特点、社会及环境等因素的影响，并与它们相互作用。旅游企业营销人员应根据企业本身的特点来分析企业所提供的产品和服务最适合哪种旅游消费者类型、消费者的购买行为及消费方式。

（2）组织购买者。组织购买者是指为开展业务而购买旅游产品和服务的各种企业或相关团体组织。如到饭店举行会议或展销会的企业和协会就属此类购买者。组织购买者是旅游营销活动的重要目标，其显著特征是旅游营销活动的效益率比较可观。在组织营销活动时，一般的广告对它们影响不大，质量的好坏决定了营销活动的成败。营销活动要注重对旅游产品和服务质量、档次的强调。

3.3.4 竞争者

旅游企业产品和服务进入一定的市场范围，其销售量大小和市场占有率的高低，不仅取决于自身产品和服务的适销程度，而且取决于其他旅游企业向该市场投入的同类产品和服务与替代产品和服务的适销程度，即哪个旅游企业产品和服务更适合市场需要，更具有顾客让渡价值，或对旅游者更具有吸引力，这就是竞争。

竞争者是营销活动的微观环境因素之一。从消费需求的角度划分，每一个旅游营销组织都面临四种类型的竞争者，即愿望竞争者、一般竞争者、产品形式竞争者和品牌竞争者。

愿望竞争者是指提供不同服务产品以满足不同需求愿望的竞争者，如旅游者有假期可以享受游山玩水，也可以在家休息，他目前的愿望对旅游营销人员来说，就叫作愿望竞争者。如何使旅游者选择出游而不是在家休息，这就是一种竞争关系。

一般竞争者是指提供满足同一种需求但不同服务产品的竞争者，如飞机、火车、汽车都可作为出游工具，这三种交通工具的经营者之间必定存在一种竞争关系，他们也就相互成为一般竞争者。

产品形式竞争者，即能满足旅游者某种愿望的各种旅游产品组合。

品牌竞争者是指能满足旅游者某种愿望的同种旅游产品的各种品牌，如旅游者在入住酒店时可选择王府井饭店或北京饭店，二者即为品牌竞争者。

上述不同的竞争对手，与旅游企业形成了不同的竞争关系，这些不同的且不断变化的竞争关系，是开展营销活动时必须考虑的十分重要的制约力量。

此外，旅游市场占有率可用来反映旅游需求与旅游供给的一些情况，它分为旅游市场绝对占有率和旅游市场相对占有率。旅游市场绝对占有率表示一定时间内旅游企业在旅游市场需求中所占的份额。通过旅游市场绝对占有率指标的比较，可以分析旅游企业在旅游市场中所处的地位和潜力。旅游市场相对占有率，是指在一定时期内旅游企业的市场绝对占有率与同期同一旅游产品供应竞争者的市场绝对占有率的比率。通过旅游市场相对占有率指标的比较，可以了解本旅游企业同其他竞争者的相对关系。如果旅游市场相对占有率大于1，表明本旅游企业在市场上处于优势地位；如果等于1，表明本旅游企业在市场上与竞争者地位相当；如果小于1，则表明本旅游企业在市场上处于劣势。

3.3.5 公众

公众是旅游企业营销微观环境的重要因素，它对旅游企业实现目标产生实际的或潜在的影响。公众是指对营销活动目标有明显或潜在利害关系和影响力的任何团体、组织和个人。旅游营销活动所面临的社会公众主要包括金融公众、媒介公众、政府公众、群众公众、社区公众及内部公众。

旅游企业必须采取适当措施与周围各种公众搞好关系，因为这些不同公众都能促进或阻碍企业实现其目标。旅游企业可以通过公关活动打造成功的人际关系、和谐的人事气氛以及完美的社会舆论，以赢得社会公众的了解、好感、信赖、支持与合作。在旅游营销活动中，营销人员要自觉加强与有关单位和社会公众的联系，让社会公众更多地了解旅游营销活动，特别是与报刊、电台等宣传媒介和政府机构、学术团体、科研单位保持良好的关系，树立产品和服务的良好信誉和形象，这对旅游营销活动的成败会产生实际的和潜在的影响。

⇦【实例 3-3】从"丁真热"看小众旅游地的机遇与发展

⇦【相关链接 3-3】景区应提升"防风险、化危机"能力

3.4　旅游市场营销环境的 SWOT 分析

3.4.1　旅游市场营销环境的机会与威胁

环境发展趋势基本上分为两大类：一类是市场营销机会；另一类是市场环境威胁。所谓市场营销机会，是指对旅游企业市场营销管理者富有吸引力的领域。在该领域内，旅游企业将拥有竞争优势。这些机会可以按其吸引力以及每一个机会可能获得成功的概率来加以分类。企业在每一特定机会中成功的概率，取决于某业务实力是否与该行业所需要的成功条件相符合。

所谓市场环境威胁，是指营销环境中对旅游企业营销不利的各项因素的总和。旅游企业面对环境威胁，如果不果断地采取营销措施，规避威胁，其不利的环境趋势势必伤害旅游企业的市场地位，甚至使旅游企业陷入困境。因此，旅游营销人员要善于分析环境发展趋势，识别环境威胁或潜在的环境威胁，并正确认识和评估威胁的可能性和严重性，以采取相应的对策措施。

1）旅游市场营销环境机会与威胁分析

（1）对旅游市场营销环境机会的分析

分析评价市场机会主要有两个方面：一是考虑机会给旅游企业带来的潜在利益的大小；二是考虑机会出现的概率大小（如图 3-3 所示）。

在图 3-3 的 4 个象限中，第 1 象限是旅游企业必须重视的，因为潜在利益和出现概率都很大；第 2 象限和第 3 象限也是旅游企业不容忽视的，因为第 2 象限虽然出现概率小，但一旦出现会给旅游企业带来很大的潜在利益，第3象限虽然潜在利益不大，但出现的概率很大，因此，需要旅游企业注意，制定相应对策；对第4象限，主要是观察其发展变化，并依据变化情况及时采取措施。

（2）对旅游市场营销环境威胁的分析

旅游营销人员对环境威胁的分析主要从两个方面考虑，一是分析环境威胁对旅游企业的影响程度，二是分析环境威胁出现的概率大小，并将这两个方面结合在一起，如图3-4所示。

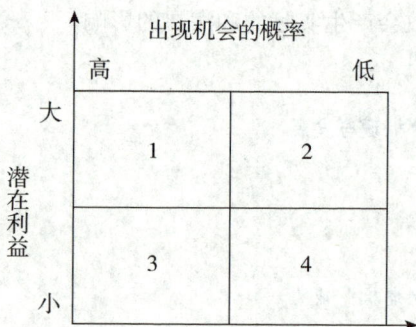

图3-3　机会分析矩阵　　　　　　　图3-4　威胁分析矩阵

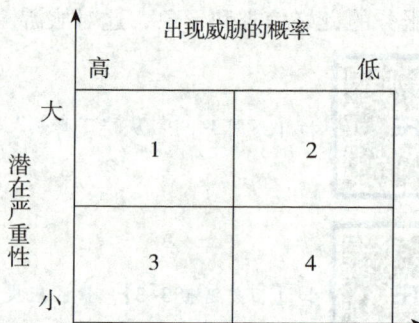

在图3-4的4个象限中，第1象限是旅游企业必须高度重视的，因为它的危害程度大，出现的概率高，旅游企业必须严密监视和预测其发展变化趋势，及早制定应变策略；第2象限和第3象限也是旅游企业所不能忽视的，因为第2象限虽然出现概率低，但一旦出现给旅游企业营销带来的危害会特别大，第3象限虽然对旅游企业的影响不大，但出现的概率却很高，对此旅游企业也应予以注意，准备应有的对策措施；对第4象限，主要是注意观察其发展变化，看其是否有向其他象限发展变化的可能性。

2）旅游企业对机会与威胁的反应

（1）对旅游市场营销环境机会的反应

旅游企业管理层对旅游企业所面临的市场营销环境机会，必须慎重地识别、评估。

①营销机会的识别。目前比较常用的识别市场营销机会的方法是"产品/市场拓展矩阵"（见图3-5）。但是，发现和识别市场营销机会与确定哪些机会是旅游企业适用的机会并不是一回事。因此，还必须对市场营销机会进行评估，以确定旅游企业的营销机会。

	现有旅游产品	新旅游产品
现有市场	1.市场渗透	2.产品开发
新市场	3.市场开拓	4.多角化

图3-5　产品/市场拓展矩阵

②市场营销机会的评估。一个市场能否成为旅游企业的营销机会，要看它是否适合该

旅游企业的目标和资源。每个旅游企业都在自己的业务范围内追求一系列的目标，如利润水平、销售水平、市场占有率及商誉等。有些市场机会不符合旅游企业目标，因而不可能成为企业的营销机会。还有些市场机会虽然符合旅游企业的目标，但企业缺少成功所必需的资源，如在资金、技术、设备、分销渠道等方面力所不及。

（2）对旅游市场营销环境威胁的反应

旅游企业营销人员对环境威胁的分析，目的在于采取对策，避免不利环境因素带来的危害。旅游企业面临环境威胁时有三种可以选择的对策：①反抗策略，即旅游企业利用各种不同手段，限制不利环境对企业的威胁作用，或者促使不利环境向有利方面转化；②减轻策略，即调整市场策略来适应或改善环境，以减轻环境威胁的影响程度；③转移策略，即对于长远的、无法对抗和减轻的威胁，采取转移到其他可以占领并且效益较高的经营领域或干脆停止经营的方式。

例如，某旅行社营销人员在推销旅游产品过程中与某旅游者发生了矛盾，引起了其他旅游者的反感。营销部门经理在知道并了解情况后，对营销人员提出了批评，并向旅游者表示道歉。营销部门经理采取的就是减轻策略。旅游者是旅行社的"上帝"，他们对旅游营销人员不满，显然是旅游企业环境威胁因素。营销部门经理向旅游者道歉，目的在于得到消费者谅解，从而减轻或化解所产生的威胁。

3）旅游市场营销环境的综合分析

在旅游企业实际面临的客观环境中，单纯的威胁环境或市场营销机会是少有的。一般情况下，旅游市场营销环境都是机会与威胁并存、利益与风险结合在一起的综合环境。根据综合环境中威胁水平和机会水平的不同，形成如图3-6所示的矩阵。

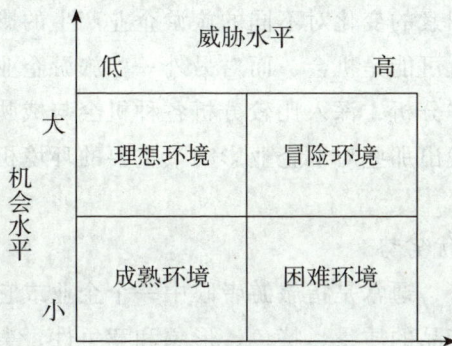

图3-6　综合环境分析矩阵

（1）面临理想环境应采取的策略。由图3-6可见，理想环境是机会水平高、威胁水平低、利益大于风险，是旅游企业难得遇到的好环境，企业必须抓住机遇，开拓经营，创造更佳营销业绩。

（2）面临冒险环境应采取的策略。冒险环境是机会与威胁同在，利益与风险并存，在有很高利益的同时存在很大的风险。面临这样的环境，旅游企业必须加强调查研究，进行全面分析，发挥专家优势，审慎决策，以降低风险，争取利益。

（3）面临成熟环境应采取的策略。成熟环境是机会与威胁水平都比较低，是一种比较平稳的环境。面临这样的环境，旅游企业一方面按常规经营，规范管理，以维持正常运转，取得平均利润；另一方面积蓄力量，为进入理想环境或冒险环境作准备。

（4）面临困难环境应采取的策略。困难环境是风险大于机会，旅游企业处境已十分困难，旅游企业面对困难环境，必须想方设法扭转局面。如果大势已去，无法扭转，则必须采取果断决策，撤出在该经营环境的经营，另谋发展。

3.4.2 SWOT分析

旅游企业进行环境分析时，还有一种简便易行的方法，即SWOT分析法。SWOT所代表的含义是strength（优势）、weakness（劣势）、opportunity（机会）、threats（威胁）。所谓SWOT分析法，就是将旅游企业面临的外部机会、威胁以及自身的优劣势等各方面因素相结合而进行的综合分析和概括，其中，优劣势的分析主要是着眼于旅游企业自身的实力及与竞争对手的比较，而机会和威胁的分析将注意力放在外部环境的变化对旅游企业的可能影响上。SWOT分析法是旅游市场营销环境分析的常用方法，其基本的分析思路和内容如下：

1) 研究旅游市场营销外部环境的机会与威胁

机会是一个旅游企业通过营销活动能够盈利的有利条件。营销环境中的机会既可能来自企业外部不可控环境的变化，也可能来自企业直接控制的环境因素，如市场的较快增长、出现较多的新增旅游消费者、竞争对手出现重大决策失误、与旅游供应商关系改善等。

威胁是由于旅游企业受到内外部环境因素以及各种外部事件的影响而带来的不同条件，构成对企业经营发展的约束与障碍，如政治局势的不稳定、汇率变动等。

各种宏观、微观环境因素的变化对不同的旅游企业产生的影响是不同的。同一个环境因素的变化对某些旅游企业可能是机会，而对另外一些旅游企业则可能是威胁。在进行环境分析时，应具体问题具体分析，深入比较分析各种机会与威胁、其现实可能性大小以及对企业的影响程度，从而找出那些对本企业影响最重要的环境机会与威胁，并按轻重缓急或影响程度等排序。

2) 研究旅游企业内部优劣势

旅游企业的优势与劣势，通常是指旅游者眼中一个企业或它的产品胜于或劣于竞争对手的内容，它可以是旅游产品的质量、特色、形象和竞争性、渠道的便利性以及服务的及时、态度的热情等。

决定旅游企业竞争优劣势的因素主要涉及企业的资源与能力，具体可从其旅游资源、开发能力、产品成本、产品的竞争地位、员工素质、财务状况、营销能力、组织管理能力等方面进行分析。需要注意的是，衡量一个旅游企业是否具有竞争优势，应该站在潜在的旅游者角度上，而不是站在旅游企业的角度上。

3) 旅游市场营销环境SWOT的应对策略

在对旅游企业内外部环境因素进行全面分析和评价的基础上，就可以运用系统分析和综合分析的方法，制定企业的经营策略，以更好地促进企业的发展（见表3-1）。

表3-1　　　　　　　　　　　　　　旅游市场营销环境SWOT分析表

外部环境分析 内部优劣势分析	机会（O） （1），（2），（3）…	威胁（T） （1），（2），（3）…
优势（S） （1），（2），（3）…	优势机会对策	优势威胁对策
劣势（W） （1），（2），（3）…	劣势机会对策	劣势威胁对策

　　旅游企业制定应对策略的基本思路是，发挥优势因素，克服劣势因素；利用机会因素，化解威胁因素；考虑过去，立足当前，着眼未来。具体对策如下：

　　（1）优势机会对策。此即着重考虑优势和机会因素，目的在于努力使这两种因素趋于最大。这是一种发挥旅游企业内部优势而利用企业外部机会的策略。所有的旅游企业都希望处于这样一种状况。

　　（2）劣势机会对策。此即着重考虑劣势和机会因素，目的是努力使劣势趋于最小，使机会趋于最大，通过外部机会来弥补内部弱点。

　　（3）优势威胁对策。此即着重考虑优势和威胁因素，目的是努力使优势因素趋于最大，使威胁因素趋于最小，利用旅游企业的优势回避或减轻外部威胁的影响。

　　（4）劣势威胁对策。此即考虑劣势和威胁因素，目的是努力使这些因素都趋于最小，是一种旨在减少内部弱点，同时回避外部威胁的防御性策略。

⇦【实例3-4】冰雪大世界文化旅游IP的打造

⇦【相关链接3-4】面对疫情危机，文旅行业如何自救自强

3.5　旅游市场营销环境的可持续发展

3.5.1　可持续发展与旅游市场营销环境

　　旅游可持续发展的思想自20世纪80年代以来逐渐成为主流的、新的全球性旅游发展哲学，它以强调对旅游开发的组合效应评价为出发点，以谋求旅游开发的长期价值为目标，并且对旅游的生态效益甚为关注。1990年在加拿大召开的全球可持续发展大会上，旅游组行动策划委员会提出了《旅游持续发展行动战略》草案，从国家和地区的角度提出旅游业可持续发展的总目标、政府政策、实施步骤，以及政府和旅游企业的任务，构筑了旅游可持续发展的基本理论框架并阐述了其主要目标。大会推动了全球范围内倡导旅游可

持续发展的新潮流，指出旅游可持续发展就是要在满足旅游者和旅游地居民当前的各种需要的同时，保持和增加未来发展机会。其实质是要求旅游与自然、文化和人类的生存环境成为一个整体，以协调和平衡彼此间关系，实现经济发展目标与社会发展目标的统一。而其前提是要有一个重视旅游也重视其他经济因素的综合规划过程。1992年联合国环境与发展大会通过的《21世纪议程》体现了人类社会可持续发展的思想。《中国21世纪议程》则是中国推行可持续发展战略的行动纲领。1995年在西班牙召开的旅游可持续发展会议上通过的《旅游可持续发展宪章》及其行动计划，则为各国建立一个符合人类愿望的、可持续发展的旅游业提供了一整套行为规范和具体操作程序。《旅游可持续发展宪章》强调旅游业的发展要将经济发展目标与社会发展目标相结合，保证资源的可持续利用。旅游业可持续发展理念已受到很多国家的重视，各国将其基本原则运用于本国旅游开发中，并突出强调对生态环境和特色文化的保护。1997年世界旅游组织与世界旅游理事会、地球理事会联合制定了《关于旅游业的21世纪议程：实现与环境相适应的可持续发展》。这一文件，明确了世界各国政府与旅游企业在实现可持续旅游发展中应承担的责任和应采取的行动。

旅游业是向人们提供满足旅游需求的服务性产品的产业，旅游需求来自世界各个国家和地区，而旅游供给又遍布世界各地，在科学技术高速发展的今天，旅游者目的地选择的自由度增大，限制因素减少。在国际政治条件许可下，旅游者的活动不受地区和国界的束缚，而旅游供给者的接待对象也无民族、国别之分。旅游业的经营和其他产业一样，都要受市场营销环境的影响，须用适应市场营销环境的经营观念去指导营销实践。由于旅游者的选择性强、旅游活动范围大，旅游供给者越来越面临竞争十分激烈的市场营销环境的挑战。因此，无论是旅游目的地还是旅游企业，要想生存和发展，扩大旅游市场份额，都必须在可持续发展理念指导下积极开展旅游市场营销活动。在市场经济条件下，旅游企业能否适应不断变化的旅游市场营销环境，是其生存和发展的关键。旅游企业的竞争力首先表现为在变幻莫测的市场营销环境中，采取相应对策而谋求生存和发展的可持续性。

3.5.2　旅游市场营销微观环境与宏观环境的可持续发展

1）旅游市场营销微观环境的可持续发展

旅游市场的需求受到旅游者的兴趣、爱好、收入等微观因素的直接影响，这些影响因素构成了旅游市场营销的微观环境。一般来说，旅游市场营销微观环境包括旅游企业、供应商、营销中介、旅游者、竞争者、公众等。旅游市场营销微观环境因素是旅游企业的可控因素。

旅游企业市场营销活动的进行不是孤立的过程，它要与旅游企业的诸多职能部门，如董事会、财会、采购、客房、餐饮、娱乐等部门的工作紧密联系。

供应商是指向旅游企业及其竞争者提供旅游产品生产所需的资源的企业和个人，包括提供原材料、能源、设备、劳务、资金等。若没有供应商的良好供应，旅游企业就不可能提供市场所需的旅游产品。因此，旅游企业的供应商对企业市场营销活动产生直接的影响并制约着营销计划的制订和实施。

营销中介是为旅游企业市场营销活动提供各种服务的企业总称，包括中间商、营销服务机构、金融中间人等。营销中介是市场营销不可缺少的中间环节，大多数旅游企业的营销活动都需要有营销中介的协助才能顺利进行。如旅游饭店需要通过广告公司等协助销售，旅游企业扩大再生产、进行基本建设等往往需要银行等金融机构的支持。市场经济越发达，社会分工越细，企业规模越大，营销中介的作用就愈大。

旅游者是旅游企业微观营销环境中最重要的因素，它是旅游企业产品的最终购买者或消费者。满足消费者的需要，也就意味着企业市场营销工作得到旅游者的认可；反之，则表明企业市场营销工作的失败。对旅游者的把握，要从旅游市场的规模和旅游者需求的质与量两方面分析和了解。

旅游市场往往是国际性的市场，有众多经营同类产品的竞争者，并且，旅游产品的需求替代性较强，旅游市场的潜在竞争对手较多。竞争者的营销战略及营销活动的变化对旅游企业的营销工作的影响较为明显，旅游企业必须密切关注竞争者的任何细微变化，并做出相应的对策。

旅游企业不仅有与之争夺目标市场的竞争对手，还有对企业的营销活动发生兴趣的各类公众，即对旅游企业完成目标的能力有着实际或潜在兴趣或影响的群体。尽管旅游企业致力于旅游市场营销活动，但企业经营成功与否，却受到社会中各种公众对其营销活动如何看待的影响，因此，企业关注公众的态度，预测公众的动向，发展同公众的建设性关系是很明智的。

旅游企业在针对目标市场进行各种营销活动时，必须将以上微观营销环境因素进行综合运用和调整，才能做到旅游市场营销微观环境的可持续发展。

2）旅游市场营销宏观环境的可持续发展

旅游市场营销的宏观环境是由社会文化、人口、经济、科学技术、生态、政策法律等环境因素所组成的。这些环境因素对旅游市场营销活动的影响，主要是以间接的形式并借助于微观营销环境为媒介而施加的。这些间接环境因素对旅游市场营销而言，构成的作用对象较复杂，旅游企业不易控制，是旅游企业的不可控因素。

（1）社会文化环境的可持续发展。社会文化是精神财富与物质财富的总和，包括人类知识、信仰、艺术、道德、法律、风俗习惯等，会使人们形成不同的生活方式和价值观念，并表现为具体的市场需求，而旅游营销的根本目的，正是满足人们的需求和欲望。因此，旅游营销必须适应文化因素，必须随着文化的变化而变化，并且可以促进文化的变化。旅游企业在开展国际旅游市场营销活动时，不能以本国文化为参照系，而要自觉地考虑异国文化的特点，使旅游营销与社会文化因素两者之间相互适应。社会文化环境建设具有特殊意义，它不仅表现为旅游广告、旅游产品目录、语言文字、模特形象等标志，而且表现为文化知识的投入，包括文学、艺术创作、文化景观建设，这可能是旅游市场营销环境可持续发展的核心，所有的景观，包括名胜古迹、建筑艺术等实际上都是人类文化环境的外部化。从社会文化的角度思考旅游市场营销环境的可持续发展，是旅游业可持续发展从浅层次向深层次的跃进，是可持续发展战略思想的新发展。

（2）人口环境的可持续发展。人是市场的主体，人口容量决定了市场规模，人口因素与旅游市场营销的关系十分密切。旅游市场营销的人口环境因素包括人口的数量、密度、居住地点、年龄、性别、种族、民族和职业等情况。例如，中国人口的地理分布的特点，客观上决定了东南沿海一带为中国最重要的旅游客源市场。人口的地理分布不是永恒不变的，随着市场经济的发展、工业化进程的逐步推进，人口就会出现跨区域流动状况；人口年龄结构的变化为开展旅游市场营销创造了有利条件。随着平均寿命的延长、收入和闲暇时间的增加，旅游和娱乐活动也会相应增加，这为旅游企业开展市场营销活动提供了更多的机会。人口因素具有生产者和消费者两种属性。从各种因素的地位看，人不但是旅游市场营销宏观环境中的组成要素，而且是主体。这些人口因素影响旅游企业的市场营销活动和企业的经营管理。研究人口因素与可持续发展，对于探讨旅游市场营销的可持续发展体系，制订与人口环境相适应的市场营销战略计划具有重大的理论和现实意义。

（3）经济环境的可持续发展。国民收入水平、消费结构构成了经济因素的主体。这两个因素直接与旅游市场消费有关。此外，产业结构、经济增长率、货币供应量、消费者支出模式等也与旅游市场及其市场营销紧密相关。经济发达程度制约了旅游业发展的规模和速度，经济状况的改善会推动旅游事业的发展。经济的变化对与旅游营销密切相关的旅游需求、消费能力、消费方式和旅游规模等，都会产生重大影响。经济因素在可持续发展中起重要作用。没有经济的促进和推动，持续发展就难以实现。可持续发展的目标主要表现为生态和社会效益，而经济效益的实现是解决可持续发展的可操作性的关键。可持续发展首先是经济发展，只有经济发展才能为环境保护和资源开发提供资金和技术，经济发展是社会可持续发展的根本前提。

（4）科学技术环境的可持续发展。科学技术的发展，不仅引起旅游产业结构的变化，而且必然引起消费结构和需求结构的变化，从而影响旅游的营销活动。科技发展一方面促进了企业市场营销管理的现代化，另一方面也对旅游企业的领导结构和人员素质提出了更高的要求。科学技术环境的发展变化趋势在当今世界表现为科学技术发展变化的步伐大为加快。同时，科学技术增加了旅游市场营销的创新机会，而生态环境、人口环境的可持续发展等更是离不开科技环境。科学技术在旅游市场营销中的运用，要充分考虑到营销技巧，并在旅游者购买力允许的范围内，将新技术产品导入目标市场，否则科学技术的应用就难以取得应有的价值，因而难以做到科学技术在旅游市场营销中的可持续发展。

（5）生态环境的可持续发展。生态环境的优劣可以给旅游市场营销带来不同的效应。优越的生态环境给旅游营销者提供了得天独厚的机遇，特殊的生态环境也为旅游营销者提供天赐良机。此外，某一国家、地区的便利地理位置，也有利于旅游市场营销。游客对生态条件的选择与需求，不仅在于休憩，而且在于生态条件是否有观赏价值。生态条件可给旅游市场营销带来良机，但生态环境变化有时又会给旅游市场营销带来危机。可见，生态环境的变化从不同方向影响旅游市场营销，旅游企业需要进行具体的调查研究而做出相应的反应，不但要用新思维去利用生态资源，而且要随时根据游客的"口味"变化去开发生态资源。生态环境的可持续发展已成为全球性的社会思想潮流，旅游市场营销要顺应这一进步的、合理的要求，积极开发适应越来越具有环保意识的旅游者需要的生态旅游、环保旅游，努力在市场营销中争取具有较高经济效益的客源，使旅游市场营销既能实现良好的经济效益目标，又不致因为太多的游客造成对生态环境的威胁和破坏，做到生态环境在旅游市场营销中的可持续发展。

（6）政策与法律环境的可持续发展。国家旅游政策对旅游营销的影响，主要表现为国家是鼓励旅游还是限制旅游，旅游政策的变化对旅游营销有利还是不利。旅游政策是由某一国家的政府决定的，在分析政治环境时，绝不能忽视这个基本点。无论哪个国家，都会以维护本国的政治、经济、民族利益为出发点，来制定出具体的鼓励或限制旅游的政策，从而对旅游营销产生直接的影响。对旅游市场营销行为而言，还要了解和研究本国和各客源国旅游法规方面的规定，不能因为对特性缺乏了解而引起失误。一些宗教信仰和历史悠久的国家，因其政策法律与其民族文化和宗教信仰交织在一起而具有独特之处。

3）旅游市场营销环境的可持续发展

（1）旅游市场营销环境的可持续发展是复杂的巨系统。系统是指由两个或两个以上相互影响、相互作用的要素所构成的统一整体。旅游企业是一个营销系统整体，是一个由若干相对独立而又以一定方式相互联系的部门所组成的有机整体，它同时又存在于一个由人口、资源、社会文化、政策法律等组成的大系统之中，它既受大系统的影响和控制，又反作用于大系统。旅游企业在做旅游市场营销管理决策时，要把与企业有关的环境和营销活动作为一个系统，统筹兼顾系统中相互影响、相互作用的各个构成部分，即做到旅游市场营销环境的可持续发展，产生增效作用，提高企业经济效益和社会效益。

（2）环境因素的可持续发展决定着旅游市场营销的效果。宏观环境因素对旅游市场营销有两方面的强烈影响：一方面为旅游企业提供了市场营销机会，另一方面又给旅游企业的发展造成限制。微观环境因素影响着旅游企业的服务能力和经济效益。旅游市场营销必须深入研究旅游市场营销环境，适应环境因素的可持续发展，才能保证在市场竞争中立于不败之地。

（3）旅游市场营销的宏观与微观环境的动态平衡和协调发展是可持续发展的基础。旅游市场营销的微观和宏观环境虽然分别存在于不同的空间范围中，但两者在旅游企业整体市场营销活动中缺一不可（见图3-7）。存在于旅游企业微观环境中的市场可控因素，离不开存在于旅游企业宏观环境中的客观不可控因素。企业为实现自己的营销目标，为最大限度地满足旅游者的需求，必须千方百计地将微观可控因素与宏观不可控因素协调起来。这种协调必须通过充分发挥旅游企业的营销能动性，恰当地运用那些旅游市场营销的可控因素，自觉地适应客观环境的要求来实现。这种以旅游市场营销的可控因素主动自觉地适应不可控因素的过程，便是旅游市场营销环境动态平衡的过程。这种协调与适应的目的在于更好地满足目标市场旅游者的需求，实现旅游企业整体市场营销的可持续发展。

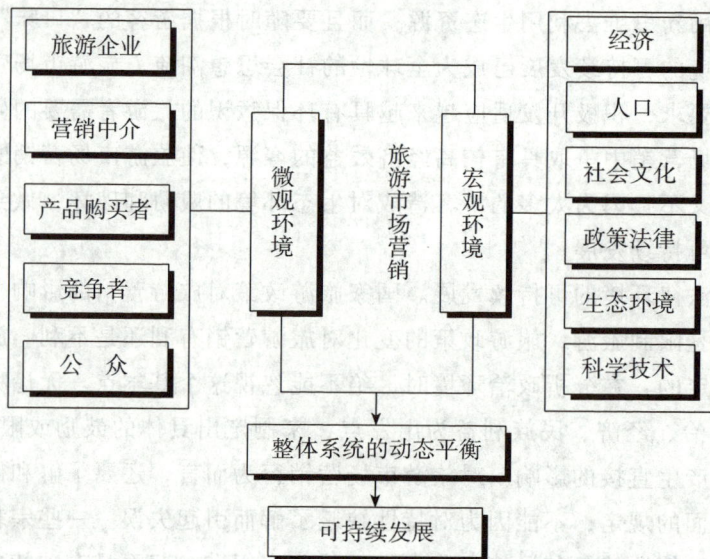

图3-7   旅游市场营销环境的可持续发展框架图

⇐【实例3-5】 "沿黄"黄金旅游带构建与可持续发展

⇐【相关链接3-5】 共同推动夜间旅游健康可持续发展

本章小结

旅游市场营销环境的特征，包括相同性与差异性、整体性与地域性、相对性与绝对性、组合性和群体性、波动性和稳定性、客观性与动态性，以及不可控性等特点。

旅游市场营销的宏观环境包括人口、经济、自然、政治法律、文化、技术、社会等方面。旅游市场营销的微观环境，包括旅游企业的内部环境、旅游市场营销渠道组织、旅游者、旅游企业的竞争者以及公众等方面。

对旅游市场营销环境的SWOT分析，主要研究旅游市场营销外部环境的机会与威胁、旅游企业内部的优势和劣势，以及旅游市场营销环境的应对策略等。

旅游市场营销环境的可持续发展是复杂的巨系统，环境因素的可持续发展决定着旅游市场营销的效果，旅游市场营销的宏观与微观环境的动态平衡和协调发展是可持续发展的基础。

关键概念

旅游市场营销环境   SWOT分析

基本训练

□ 案例分析题

中国小篮球赛事发展战略的SWOT-PEST分析

中国小篮球项目发展如火如荼，但小篮球赛事发展并没有跟上小篮球项目发展的步伐，在小篮球赛事发展当中仍然存在着诸多问题，如在大型赛事中存在着周期长、赛事数量少、裁判员教练员数量少、规则不完善等问题。基于SWOT-PEST分析范式，以下从战略视角分析中国小篮球赛事发展中所面临的优劣形势、机会威胁，以期为促进中国小篮球赛事科学、稳定、可持续发展提供战略性参考与借鉴（见表3-2）。

表3-2　　　　　中国小篮球赛事发展战略SWOT-PEST矩阵分析一览表

SWOT-PEST		政治（P）	经济（E）	社会（S）	技术（T）
内部	优势（S）	（1）小篮球赛事的发展符合国家政策（2）顺应全民健身的国家战略	篮协给予小篮球联赛经费支持	（1）社会体育竞赛、人民体育参与以及群众体育消费增加（2）小篮球竞赛发展使社会对体育人才的需求增多	（1）小篮球运动规则更加适应少年儿童身心成长规律（2）篮球项目人才和小篮球项目人才能够相互借鉴学习
内部	劣势（W）	（1）政府政策扶持力度不大（2）小篮球项目发展与竞赛发展存在脱节	（1）学校对小篮球赛事投入经费较少（2）学校赛事及地方赛事的举办缺乏场地和器材	（1）社会对小篮球竞赛认同度较篮球竞赛低（2）发展过程中没有形成独立自主的赛事管理组织	（1）小篮球与篮球项目技术动作、竞赛规则易混淆（2）小篮球赛事专业裁判、教练缺乏
外部	机遇（O）	（1）小篮球发展计划等一系列政策、规划的出台（2）"全民健身""体育产业"发展机遇	（1）国内生产总值的增加（2）人均体育消费支出的增加	（1）中国民间篮球竞赛事业发展蒸蒸日上（2）体育产业蓬勃发展的时代机遇	（1）中国篮球项目的人才紧缺（2）篮球项目与小篮球项目在技术上逐渐分离
外部	威胁（T）	（1）小篮球赛事体系及相关政策仍需要进一步改善（2）球员年龄过渡期缺乏相关政策的引领	（1）体育资源分配向竞技体育方向倾斜，分配不平衡（2）小篮球赛事发展缺少专项资金，存在设施设备不足、人员保障不到位等问题	（1）小篮球运动员运动生涯最多仅6年，时间紧张（2）与其他青少年体育赛事的竞争	（1）其他青少年运动项目的发展（2）目前篮球项目与小篮球项目规则、技术重复度较高

将中国小篮球赛事发展过程中面临的内部优势、内部劣势、外部机会、外部威胁四个方面与政治、经济、社会、技术这四种因素相结合，进行矩阵排列，通过这八种因素之间的排列组合，构建中国小篮球赛事发展的战略。

第一，OS增长型发展战略。顺应国家政策，根据时代与社会的现实需求与时俱进，明确小篮球赛事的发展需求，使其能够向着多元化、可持续方向发展。在小篮球赛事的发展过程中，以参与篮球运动人口基数为小篮球项目发展的内部优势，形成小篮球赛事别具一格的竞赛特色，增加小篮球竞赛的参与人数，构建多学科、多项目、多知识结构体系三者并存的人才培养模式，即注重培养一专多能的复合型体育人才，以满足当前社会人才紧缺的问题，达到快速增长、快速发展的目的。

第二，OW扭转型发展战略。开展小篮球竞赛的根本目的是增强国民身体素质，为中国篮球事业乃至体育事业发展的未来铺路，大量培养后备体育人才。加强小篮球赛事制度的建设，培养优秀人才，构建互联互通的赛事体系，充分利用同级别赛事间的合作关系，扭转小篮球运动在发展过程中面临的一系列劣势。以国家优质竞赛资源共享平台建设为契机，努力打造高质量的精品小篮球赛事，充分利用现代化、信息化的交流手段分享赛事组织、运营经验，共同提高小篮球赛事质量。

第三，TW防御型发展战略。利用现有资源，以稳健方式建立防御危机的发展模式。当前小篮球赛事发展面临着资源配给不平衡、物资力量薄弱等问题，在项目自身发展劣势与外部环境威胁下，可缩小战线，集中目前已有的优势资源，先打造局部优势，争取在局部迅速发展基础上，提升小篮球项目的竞争力，打造有特色的小篮球赛事，以目前中国小篮球联赛为依托，培养小篮球项目的优质人才，提高小篮球赛事的影响力，以此来防范可能出现的其他问题。

第四，TS多种经营发展战略。对于运动项目来说，多种经营发展战略意味着增加不同种类、不同性质的赛事数量以寻求赛事的多元化发展。多元化的赛事发展能够促进多种运动项目的交叉融合，有利于培养具备多元化知识素养、技术技能的小篮球项目专业人才，从而进一步稳定小篮球运动项目和小篮球赛事的发展。在赛事设置当中也可按照地理位置分为省、市、区级赛，各地也可依照实际情况设置若干分赛区，同时也可以将通过审核的社会基层体育组织、少年体育培训机构、各类中小学等设置为独立赛区。

（资料来源　呼晓青，季城. 中国小篮球赛事发展战略的SWOT-PEST分析［J］. 四川体育科学，2020，39（6）：75-79，87）

问题：

请您从旅游市场营销的宏观环境与微观环境角度出发，试分析影响小篮球赛事发展的重要因素有哪些。假设您是小篮球赛事企业的CEO，在上述发展战略中，您打算优先使用哪种发展战略来促进小篮球赛事发展？您认为移动互联网技术会对小篮球赛事市场营销活动带来哪些好处？使用移动互联网技术进行小篮球赛事市场营销活动，是否存在风险？请举例说明。

□ 思考题

1.旅游市场营销环境主要包括哪些因素？

2.简述经济环境是如何影响旅游市场营销的。

3.可持续发展理论在旅游市场营销中的重要性如何？

4.如何进行旅游市场营销环境的SWOT分析？

□ 课堂讨论题

1.从20世纪60年代起，您认为麦当劳的营销观念发生了哪些变化？在这些变化中，哪些环境因素发挥了作用？在未来的10年中，受一些新的环境因素的影响，这种观念会发生什么变化？

2.在未来10年中，环境发展的趋势会对酒店的经营管理产生哪些影响？如果您是某酒店集团的市场总监，面对这些发展趋势，您将会做出何种应对计划？

3.一些发达城市的人口正在步入老龄化，如果您是某旅行社的经理，请您列举旅游服务业所面临的与这种人口统计特征变化趋势相关的营销机会与威胁。

4.假如您是一家饭店的首席技术官，您认为环境趋势的变化如何影响饭店的设计风格？

5.请您以市场总监的视角，解释说明环境趋势的变化对高星级商务饭店，例如对万豪、喜来登、希尔顿的旅游经营管理产生了哪些影响。

6.既然我们作为旅游企业的营销管理者，对旅游市场营销的宏观环境并无控制能力，为什么还要关注它？

7.在整个20世纪90年代，直到现在的21世纪，您认为影响迪士尼公司经营成败的因素有哪些？如果您现在负责迪士尼在海外的营销工作，例如负责法国巴黎、日本东京、中国上海或中国香港的营销工作，您将会分别制订什么样的应对计划？如果您是上海迪士尼的营销负责人，会分别制订怎样的营销计划以吸引海外和国内的旅游者？

第4章

旅游者行为影响因素

学习目标

学会分析文化、社会、个人以及心理等因素对旅游者行为的影响，分析入境和国内旅游市场抽样调查结果，掌握入境和国内旅游者行为特征影响因素。

旅游者行为的选择会受到很多因素的影响（见图4-1），包括文化（文化、亚文化、社会阶层等）、社会（政治、经济、自然、科技、法律、参照群体、家庭、角色与地位、闲暇时间等）、个人（年龄与人生阶段、性别、职业、经济状况、生活方式、个性、兴趣等）和心理（动机、感知、决策）等因素，这些因素以不同方式影响着旅游者的行为特征。旅游企业及政府旅游机构在规划市场营销活动之前，需要识别目标旅游者和其旅游行为特征以及影响因素，以使旅游市场营销计划能够吸引并赢得旅游者。

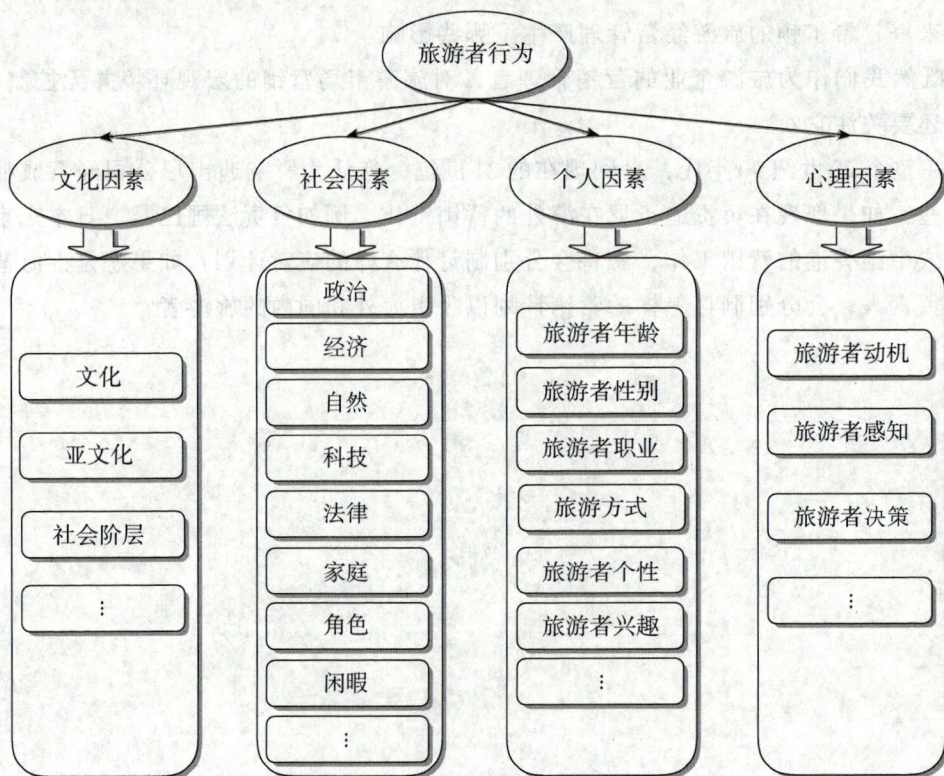

图4-1　旅游者行为的影响因素

4.1 文化因素对旅游者行为的影响

文化因素对旅游者的行为有着最广泛而深远的影响。旅游者的文化因素包括旅游者的文化、亚文化和社会阶层等。

4.1.1 文化对旅游者行为的影响

1）文化

文化是人类欲望和行为最基本的决定因素。每一旅游者都生活在一个特定的文化环境之中，从小就会受到周围文化的熏陶，并建立起与该文化相一致的价值观念和行为准则。不同国家、地域，不同民族、种族，不同生态环境，不同经济发展水平，其文化传统与价值观念会有很大差异，因此在旅游行为上不尽相同。文化对旅游者行为的影响包括以下方面：

（1）文化的传播与渗透对旅游者行为的影响。生活在不同社会文化环境中的旅游者受各自文化熏陶与影响，在行为上的表现也不同。文化的传播与渗透对旅游者行为的影响是如此深刻，以至于常常察觉不到旅游者的许多行为都是从文化中习得的。不同文化环境下的社会在习俗、道德态度、价值标准等方面都不相同。旅游者就是由来自不同文化环境的人组成的，不同文化背景使得他们在做出和实施旅游决策时具有不同的表现。研究文化的传播与渗透对旅游者行为的影响具有重要意义，可以针对来自不同文化环境的旅游者提供不同的服务，使旅游者与旅游地的文化冲突控制在安全系数内。这里不讲消除文化冲突，是因为文化冲突很难消除，而且旅游者求新求异的心理使其想接触一下不同的文化环境，保持文化差异可使旅游者的需要得到满足。

（2）文化对旅游者观念和行为标准的影响。旅游者行为的流动可能首先在有共同文化联系的国家之间产生。共同文化联系主要指共同的政治历史、共同的语言文字和共同的宗教信仰等。影响国家间旅游者流向的文化联系，主要有以下三类：第一类，有共同文化背景的国家，它们之间常产生旅游客流。斯堪的纳维亚国家有共同的维京历史，其旅游者中有33%~35%来自别的北欧日耳曼民族的国家。第二类，从一个国家到另一个国家有大量移民，常在移民母国与移民国之间形成文化联系。移民总是希望能回母国去寻根或探亲访友；而移民母国的亲友也会去移民国探望，他们移民的后裔往往向往其祖先生活过的国家，希望进行寻根访祖旅游。第三类，过去的殖民联系。许多发展中国家在它们独立以前都曾是欧洲国家的殖民地。殖民列强常常将其语言文字，以及教育、文化、货币和政治结构等强加于殖民地。尽管在这些国家独立后，殖民列强早已离开，但有些方面的联系仍在独立后的国家保留下来。这些原来是殖民地的国家，对原殖民列强的旅游者来说，可能成为有吸引力的旅游目的地。

（3）文化对旅游者习性和行为的影响。人的习性和行为与人的人格有密切关系，而人格是社会环境和文化造就的。无论是法国人的爽朗，美国人的直率，英国人的沉稳，德国人的勤勉，日本人的好胜，还是中国北方人的粗犷豪放与南方人的温柔细腻，无不是受到民族和地区文化影响的结果。文化造就和影响一个人的生活习性和行为这一事实，对旅游业管理具有重要意义，不仅可以了解到不同文化背景下的旅游者会有不同的习性和行为特点，更重要的是可以从文化的角度为旅游者提供有针对性的服务以满足其旅游的需要。

2）文化对中国入境旅游者行为的影响

旅游活动具有很突出的文化特性，文化是旅游者环境中影响行为选择的强大力量。旅游者需要进行空间位移，且活动范围较大，在其旅游活动中往往要接触多种不同的文化。文化背景的不同会导致旅游行为的差异。通常将文化分为东方文化、西方文化，或者按国家来论文化，如中国文化、法国文化等。在同一文化下的人，有着共同的信念、价值观、态度、习惯、风格、传统，以及共同的行为方式。根据中国入境旅游者的文化特点，可将其分为三大部分，即欧美文化、东亚文化和中国传统文化背景的港澳台文化。

（1）文化对欧美旅游者行为的影响。欧美文化即传统所说的西方文化，这类文化同中国传统文化有着天壤之别，主要表现在语言、信仰、习俗及生活准则等方面。正是东西方文化的这种差异成为中国吸引外国旅游者的一个重要因素。一般来说，欧美文化背景下的旅游者到中国来主要是为了满足"求新求异"心理的需求，所以欧美旅游者在选择旅游动机地时，除了满足基本的观光需求外，更多地选择那些同他们环境差异较大，具有浓郁的中国特色和悠久历史的旅游目的地和旅游项目。例如，欧美游客大多比较偏爱云南的大理和丽江，而其他国家的旅游者到这里去的数量相对较少，因为这里更能满足欧美人的心理。来中国旅游的过程中，由于语言、习俗、生活准则等方面的差异，欧美文化背景下的旅游者往往会经历由初到时的紧张不安到逐渐适应，进而接受等阶段，最终对中国旅游地评价都比较好。但由于大多数人语言交流有障碍，对当地社会的了解程度不够。这类旅游者往往把旅游的物质消费作为身份的象征。

（2）文化对东亚及东南亚旅游者行为的影响。东亚文化背景下的旅游者主要来自东亚的日本、韩国和东南亚各国。这些国家的文化和中国文化同属传统上所说的东方文化，因而总的说来，这个文化背景下的旅游者对中国文化不像欧美旅游者那样感觉差异很大，对旅游地的适应性较强。但由于这类旅游者中很多人有较虔诚的宗教信仰，所以他们来中国旅游更愿意选择那些具有宗教意义的旅游目的地，在旅游项目选择上更喜爱一些能修身养性的项目。由于许多旅游者是宗教教徒，有多方面的禁忌，因而对旅游服务和旅游设施很挑剔。

（3）文化对中国港澳台旅游者行为的影响。港澳台文化与内地（大陆）文化同根同源，港澳台地区旅游者他们到内地（大陆）旅游就好像回到自己的故乡，对旅游目的地环境几乎没有不适应的。他们中几乎所有的人到内地（大陆）的旅游动机都是观光度假和寻根问祖。他们很喜爱与当地人交往，品尝当地的风味小吃；由于大多数旅游者已有一定的事业和积蓄，因而旅游消费水平一般较高；对旅游目的地的服务和产品，往往能提出一些中肯的意见和建议。

3）旅游者行为的文化特征

从上述内容可以看出，旅游者行为的文化特征如下：

（1）无形性。尽管文化的影响极其自然和不易被觉察，但文化对旅游者行为的影响却是根深蒂固的。文化影响着旅游者旅游过程的各个方面。

（2）满足性。客观存在的文化能满足旅游者的心理和社会需要。文化通过提供实践经验，满足旅游者心理和社会需要，为解决问题确定了顺序和方向。

（3）习得性。旅游者并非天生就带有文化的意识，而是在幼年时期就开始从社会环境中习得一系列信念、价值观和习惯。个人的旅游行为受特定文化规范与传统支配，一般很难改变。

（4）共有性。文化通常被认为是群体的习惯，它和旅游者群体成员有着密切的关系。共同的语言是文化的组成部分，它使得旅游者有可能拥有共同的价值观、感受和习惯。

（5）动态性。文化在满足旅游者需要时，为了最大限度地符合社会的利益，同时为了继续发挥作用，就必须有所变化，而不能永远停留在原来的水平上。事实上，与年龄有关的行为差异主要是由社会与文化传统所造成的。

4.1.2　亚文化对旅游者行为的影响

每种文化都由更小的亚文化组成，亚文化为旅游者带来更明确的认同感和集体感。在一个特定的社会中，由于国籍、宗教、民族、地域、种族、语言、年龄、社会阶层等因素又形成各种特定的亚文化群体。某一亚文化群体的成员都典型地遵从自己生活中的总文化群体的大部分价值观，但也恪守所属的亚文化群体的独特的价值观。各个亚文化群体构成了重要的细分市场。某一亚文化群体所持有的价值观与传统观从各种不同方面影响着成员的行为。这些不同的亚文化价值观影响着亚文化群体成员对闲暇和旅游的态度。

1）民俗对旅游者行为的影响

民俗是一个国家或民族集体创造、共同享用并世代传承的一种生活文化。中国疆域辽阔、民族众多、历史悠久，民族风情多姿多彩。旅游者徜徉山水、流连古迹之余，总是十分注意对民俗景观的欣赏，从而使民俗与旅游行为有机结合，主要表现在以下几个领域：

（1）民间节庆。重大节日活动、结婚喜庆等民间节庆活动，是集中表现各地、各民族风土人情的大舞台。中国民间节庆活动繁多，旅游内容深刻，民间节庆与旅游，常常自然地融为一体。

（2）风俗习惯。风俗习惯主要是指与日常生活和生产紧密相连的各种习惯，如吃、穿、住方面的偏好，以及礼节、风尚等。风俗习惯与旅游者行为有着很密切的关系，有些风俗习惯本身就是旅游的专利产物，如折柳赠别、远道相送、饯饮、祖道等，其他如观鱼、养鸟、饮茶等时尚，也都与旅游者行为有关。

（3）信仰崇拜。信仰是民间文化的重要层面，旅游者行为中的旅俗信仰屡见不鲜。例如，海上有妈祖祭祀；山行有西王母之拜；旅客在船上吃鱼不得翻身，只吃一面，以忌翻船。这些旅俗信仰反映了观念的幻想世界与现实的自然世界借助旅游的中介而实现的神秘整合。

另外，不但要注重同质文化的吸引与制约，同时也不能忽视异质文化的吸引和排斥，否则，就不能客观全面解释旅游者的旅游行为。

2）社会阶层对旅游者行为的影响

（1）社会阶层与旅游者行为特征

社会阶层有以下特点：第一，每个社会阶层内部的行为特征，要比其他社会阶层的旅游者行为特征更为相近。第二，人们以所处的社会阶层来判断自己在社会中的地位。第三，个人所处的社会阶层是由职业、收入、财产、教育和价值取向等多种变量，而不是由其中的单一变量决定的。第四，个人能够在一生中改变自己所处的社会阶层。这种改变的幅度随各社会层次森严程度的不同而各异。事实上所有社会都存在着社会等级，社会阶层是社会中按等级排列的具有相对同质性和持久性的群体，每一阶层成员都具有类似的价值观、兴趣和行为。以美国为例，不同社会阶层旅游者行为特征见表4-1。

表4-1　　　　　　　　　　　美国不同社会阶层的旅游者行为特征

社会阶层	一般社会背景	旅游者行为特征
上等上层人（不到1%）	继承大笔财富、有著名家庭背景的社会名流。他们大量捐助慈善事业，掌握社交大权，拥有多处住宅，子女在最好的学校就读	是珠宝、古董、住宅和度假的重要消费者，是其他人的参照群体，以至于他们的旅游决策常常被其他社会阶层所效仿
下等上层人（约2%）	有超凡能力而获得很高收入或财富的人。往往出身于中等阶层，在社会和公众事务上常采取积极的态度	自备游艇，拥有游泳池和高档汽车。这个阶层还包括暴发户，他们往往进行挥霍性旅游消费，向他人炫耀财富
上等中层人（12%）	既没有高贵的家庭出身也没有罕见的财富，关注事业，经营的是思想或高尚文化，包括职业人士、独立的实业家和公司经理	经常到海外旅游，喜好参加各种社团，热心公益事业，是高档住宅、服装、家具和电器的最佳销售对象
中等阶层（32%）	收入中等的白领人士或高薪蓝领工人，住在城市的高档地区并期望从事体面的工作，购买符合大众潮流的产品	多数人有进口汽车，着重旅游时尚，追求较好的旅游产品及品牌
劳动阶层（38%）	中等收入的蓝领工人或者过着劳动阶层生活的人，依赖亲朋的支持、建议和帮助	其度假是指"待在城里"，而外出则是指去路程不到两个小时的湖边或景区，有明显的性别角度的差异和陈规陋习
上等下层人（9%）	在贫困线之上，但没有失业，不靠福利金生活，缺乏教育，收入非常低	旅游机会较少，设法表现出自律的形象并维持着清白
下等下层人（7%）	靠福利金谋生，明显地贫困不堪，常常失业，大多数人的收入是靠公共救济或慈善施舍	没有旅游机会，房屋、衣着和财物都是肮脏、粗糙和破损的

（资料来源　马耀峰，等. 中国入境旅游研究［M］. 北京：科学出版社，1999）

（2）社会阶层对中国入境旅游者行为的影响

中国入境旅游者主要来自中等阶层、上等中层、下等上层和上等上层，劳动阶层所占比例不大，几乎没有其他两个最低层次的旅游者。

① 上等上层入境旅游者。这一社会阶层包括那些古老的、在地方上很显赫的家族。这个阶层的人数量很少，其成员的职业一般都是巨商、大金融家、高级专业人员等。他们生活优渥，旅游消费需求很大，从不考虑经济因素，但也不是为了给别人留下富有的印象而购买，同其他阶层相比，更重视旅游服务；在旅游中他们从不与当地人交往，也不参加较大的团队。

② 下等上层入境旅游者。这一社会阶层包括一些暴发户和"新贵族"。他们有些是刚刚富裕起来的人，有些是事业很成功的企业管理者、医生、律师等。他们虽然经济收入很高，有些甚至是巨富，但还不被上等上层所接受。中国入境旅游者中，这一社会阶层的旅游者最大的特点是摆阔式的挥霍，他们往往通过物质和服务的消费显示自己的富有和地位，衣、食、住、行全部追求最高档次；在旅游动机的选择上，不论目的地类型怎样，只要是著名的就要一睹为快，并且在游览中花费很大，购买奢侈品，对旅游的服务也很看重。

③ 上等中层入境旅游者。这一阶层包括那些不太显赫，但也比较成功的专业人员，如医生、律师、教授、中型企业主以及某些企业的管理人员，此外，还包括有希望在几年内达到这一职业地位的年轻人。该阶层的大部分人都具有大学程度的教育背景。来中国的这一阶层的入境旅游者数量较大，对旅游消费非常热衷，旅游消费水平上可以达到中高档次，但绝不追求奢侈；对旅游产品和服务，不仅追求其质量，而且追求其情趣和格调，所以在选择旅游目的地时，更愿意选择能留下美好记忆的、有突出特色的地方。

④ 中等阶层入境旅游者。这一社会阶层的人位于"普通人"或"平民百姓"的最高层，包括营业额较少的业主、高薪蓝领工人、低薪白领工人等。在旅游过程中，这个群体是最务实的群体，对旅游产品和服务要求物有所值、经历有所值；旅游消费水平属于中等档次，容易与旅游目的地人交往，愿意感受当地生活。

3）宗教文化对旅游者行为的影响

宗教是一种社会意识形态和文化历史现象，潜移默化地影响着宗教信徒的道德观念、价值尺度和修养水准，以至成为其旅游行为的某种内涵。

世界三大宗教的几十亿信徒，都有朝圣习俗。他们对宗教的信仰虔诚，使世界主要朝觐圣地，如麦加、麦地那、耶路撒冷等出现了宗教朝圣旅游热。中国的佛教四大名山、道教四大名山也形成了千年不衰的朝圣旅游流。

【实例4-1】　　　　　　**线上线下同步提升　红色文化浸润人心**

近年来，尤其是新冠肺炎疫情防控常态化下，江苏省越来越多的红色旅游景点走上"云端"，让民众足不出户即可聆听红色故事、感受红色文化。

（1）打破时空局限。在常州多所学校的课堂上，一场场科技元素十足的党史学习专题课相继开讲。学生们戴上VR眼镜，利用增强现实、虚拟现实等新一代计算机视觉技术，在云端参观了常州瞿秋白纪念馆，并通过 AR 技术，身临其境地感受了瞿秋白所生活的清末常州城。学生们纷纷表示，好像真的穿越到了革命先烈所生活的城市，感受到了革命年代的艰难与革命先驱的伟大。据了解，这是常州三杰纪念馆与中国移动江苏公司常州分公司打造的"5G＋VR／AR 红色纪念馆"。学生们通过先进的交互技术，足不出户便可在云端获得沉浸式党史教育，打破了时空的局限，为红色教育插上了智慧的翅膀。此外，江苏省文化和旅游厅持续推进深挖红色文化资源、打造红色旅游经典工作，其中，推进红色文旅资源数字化信息建设便是其中一项重要内容。一方面，在江苏省文化和旅游厅官网增设了红色文旅板块，发布以"永远跟党走"为主题的 20 条红色旅游线路和 20 个红色文化研学旅游项目等相关内容。另一方面，持续推进各地旅游景区的提升工程建设，并把数字化建设列入重要内容。

（2）云游也重体验。"如今，旅游景区都在提'云游'，但对红色旅游景点来说，'云游'不是简单地把展览拍成照片、录好视频放到网上，如何在线上保证受众的体验是线上展览必须重视的问题。"中共代表团梅园新村纪念馆馆长沈浩表示，疫情防控常态化下，线下活动受限，"云游"是红色文化场馆丰富宣传手段、拓展受教育面的重要手段。一方面，要把原创性的展览线上展示，打造永不落幕的展览；另一方面，更要注重方式方法，通过红色故事云讲堂、讲解员短视频以及更多的科技手段，把社教活动搬到线上，让"云游"更有体验感。当南京出现新冠肺炎本土确诊病例时，刚刚经过改造提升重新开放的中共代表团梅园新村纪念馆再度暂停开放。沈浩介绍，暂停开放期间，纪念馆把社教活动全部搬到线上。此外，盐城新四军纪念馆也在线上相继开通了"百集红色微课堂"和"铁军小知识"云课堂，该馆相关负责人介绍，盐城新四军纪念馆不仅制作了云课堂的内容，还积极与全国各地新四军纪念场馆联动，极大地提高了内容质量。

（3）线上线下结合。第一，侵华日军南京大屠杀遇难同胞纪念馆在多年前就已经开始借助新媒体平台，打破纪念馆的物理边界，将爱国主义教育、和平教育、史学教育传向互联网可达的一个个终端。高质量的线上产品也吸引了不少外地游客慕名而来。第二，南京渡江胜利纪念馆同样开展了一系列线上活动，并通过直播的方式呈现给观众。该馆馆长认为，在短平快的传播环境中，人们很难长时间停留在一场线上展览中，因此，线上展览更多的是围绕一个小的切入点——一件革命文物，或是一段感人故事展开，并以短视频、图文并茂的方式呈现给观众。"而这样的呈现方式无论如何精彩，与在现场的体验感以及对红色文化的深入了解毕竟有差距，因此，在我看来，线上线下的产品需要同步提升，有条件的还是要到现场感受红色文化，线上的产品更多的是让观众知道这件事，并吸引他到场馆亲身感受。"

（资料来源　邰子君．江苏：线上线下同步提升 红色文化浸润人心［EB/OL］．［2022-01-13］. http：//www.ctnews.com.cn/hsly/content/2022-01/13/content_117798.html）

【相关链接 4-1】　　　　　涂鸦艺术为印度民众带来新体验

涂鸦兴起于 20 世纪 60 年代中后期的美国，随后凭借其形式的不断创新和特有的社会吸引力，逐渐演变成一种艺术行为，迅速扩展至世界各地。从最初涂鸦者的表达自我，到现今成为一项塑造城市形象的艺术行为，涂鸦构建了一个以特殊方式展示城市特色的视觉艺术体系。涂鸦在德里扮演的角色不是单纯的街头艺术，而是广泛参与到城市改建计划，显示出自身的实用价值。艺术家用充满创意的涂鸦重塑斑驳的墙体，将位于德里中心的曾经人群熙攘、环境破败的卡纳市场和麦赫察得市场变成了艺术街区，让老旧街区焕然一新。

（1）文旅结合的改造使发展形成良性循环。印度旅行协会主席拉贾·赛哈格尔表示，以往外国游客在参观德里时首选景点往往是胡马雍陵、古特伯高塔、红堡等地标性建筑，而现在洛迪艺术区、卡纳市场等景点因为密集的街头涂鸦受到追捧。多位旅游经营者也表示，作为潮流，涂鸦文化在人们眼里仍是新奇的，很多人专门前来观赏妙趣横生的街头涂鸦。德里山卡尔市场是一个老旧纺织品交易集散地，在附近新兴购物区崛起后曾奄奄一息。涂鸦艺术家将这个濒临消失的传统市场重新带回大众视野。策划者、街头艺术家尤格士·塞尼表示，年轻人是涂鸦艺术的主要目标群体，因此这里的涂鸦多使用鲜明多变的色彩，并且融入音乐、美食、舞蹈等主题元素。改造完成后，越来越多的年轻人被吸引到这里，文化短途游的组织者在该地区推出步行导览，宝莱坞片商也将此作为电影取景地。游客表示，街头涂鸦不仅丰富了印度的城市文化，也彰显出城市文化的多样性。

（2）涂鸦艺术是开启不同文化对话的钥匙。作为非营利组织，位于德里的"街头艺术组织"将涂鸦、装置等街头艺术带到印度各地。同时，还邀请西班牙、法国、日本、美国等国的艺术家与印度艺术家一起创作。"街头艺术组织"为印度带来多个项目，如德里洛迪艺术区涂鸦、海德拉巴马卡塔艺术项目等，将艺术从美术馆、画廊搬到街头，通过不同文化之间的互动，为印度民众带来全新体验。如今，德里市民已将涂鸦视为艺术表达和文创元素，对涂鸦的态度也愈发认可。涂鸦所代表的底层艺术及其在发展过程中的相对适应性和灵活性也反映出印度当前社会中大众艺术与精英艺术相互糅合的过程。目前，涂鸦已高度融入德里的城市形象、旅游产业和公众艺术中。

（资料来源　杨雪. 涂鸦艺术为印度民众带来新体验［N］. 中国文化报，2021-12-22）

4.2　社会因素对旅游者行为的影响

旅游者的旅游行为同样也受到诸如政治、经济、自然、技术、法律、参照群体、家庭、社会角色与地位以及闲暇时间等一系列社会因素的影响。

4.2.1　政治因素对旅游者行为的影响

政府及领导人对国际旅游业产生较大的影响。中国改革开放的总设计师邓小平同志极为重视旅游业的发展，早在1979年1月就指出，"旅游事业大有文章可做，要突出地搞、加快地搞"。此后，中国各代领导人也一直十分重视旅游业的发展。

两国之间的外交关系对两国旅游客源的流动影响显著。美国自尼克松访问中国起，骤然兴起到中国旅游的浪潮。20世纪80年代末中美关系曾一度紧张，1994年美国克林顿政府在各种压力下，不得不着手改善美中关系。政策上的变化为美国商人拓展中国市场创造了良好的条件，结果使1994年和1995年美国到中国入境市场出现了商务客人猛增的情况。近年来，欧洲与中国的政治经济往来密切，双边贸易频繁，促使欧洲到中国的商务游客急剧增加。如德国是中国在欧洲的最大贸易伙伴，中德之间的贸易额一直快速增长，贸易额相当于英、法、意的总和。因此，德国到中国旅游人数增加很快，其中以商务为目的的占45%以上。

一国政府对旅游业影响最大的是其政策和措施。为了扶持旅游业，政府会采取不同的政策和措施。世界各国的政治家越来越重视旅游业，如美国时任总统布什曾在电视上大做广告，邀请其他国家的人访问美国，以此促进旅游业的发展；在法国，希拉克竞选总统时，也制定了大谈旅游问题的竞选宣言；在英国，旅游业已成为各主要政党竞选时经常谈到的题目。

国家内部及国家间的政治冲突、战争、恐怖主义活动及任何形式的不稳定，都可能暂时导致或较长时间地直接妨碍旅游者及其出游行为。

4.2.2　经济因素对旅游者行为的影响

经济因素是影响旅游者行为的决定性因素。它包括经济实力的影响、汇率变化的影响、相对费用的影响、国际贸易的影响和旅游者对经济前景的心理预期等。

高收入使得国民有足够的钱用于包括旅游在内的文化娱乐等方面的开支。恩格尔系数可以较清楚地反映国民的消费结构。恩格尔系数是指国民食品开支占收入的比例，恩格尔系数越小，则国民用于食品开支越小，用于其他方面开支（包括旅游开支）就越大。随着发达国家经济的发展，本已较小的恩格尔系数，仍不断下降，为包括旅游消费在内的非食品消费提供了可能。理论界一般认为，人均国民收入1 000美元，恩格尔系数在50%左右，可以进行较低层次的休闲活动和购买彩电、电冰箱等家电；人均国民收入5 000美元，恩格尔系数低于30%，有充足的财力从事休闲、远程旅游，购买电脑、健身器等；人均国民收入10 000美元，恩格尔系数低于20%，可从事较远程出国旅游，供子女上名牌大学。

汇率变化是影响旅游者行为的重要因素之一。据世界旅游组织测算，海外旅游费用增长5%，会使旅游需求下降6%~10%。日本一直是国际旅游主要客源国，但日本的入境旅游在世界上的地位与其出境旅游在世界上的地位相距甚远，这与美国、法国、德国、英国等旅游发达国家形成较明显的差异。美、法、德、英等国出境旅游和入境旅游同样在世界上占有重要地位。

汇率和生活费用共同作用，形成相对费用差，不同国家或地区费用的差异，使得旅游客流从生活费用高的国家向生活费用低的国家流动；价格差也能使发展中国家或地区的旅游目的地变得有强大吸引力，吸引那些经济发达国家的旅游者。

随着东亚、东南亚各国经济的发展，各国越来越重视与别国的政治经济关系。东南亚各国组成了东盟，亚洲及太平洋沿岸各国和地区也组成了亚太经济合作组织，以促进区域间的经贸往来，推动了各区域旅游者的出境旅游。

1997年的东南亚金融危机，给国际旅游蒙上了一层阴影。受亚洲金融危机的影响，

1997 年全世界旅游入境过夜总人数仅比 1996 年增长 3.8%（1996 年比 1995 年增长 5.5%）；旅游外汇收入仅增长 3%（1996 年比 1995 年增长 7.8%）。

客源国经济发展的速度和规模，金融币制的健全程度，以及政府宏观调控经济能力等经济因素都直接影响出国旅游者购买决策和购买力。欧洲和北美成为世界主要客源市场，与其经济发展水平高密切相关。经济增长稳定，旅游出游人数便会逐年上升，而高通货膨胀率、高失业率和经济衰退往往使旅游业受到冲击，出境游客的旅游费用、目的地的开支会大大削减。

旅游者对经济前景的心理预期对出游行为有很大的影响。当旅游者对某旅游目的地经济前景有较大的信心，该旅游目的地有完善或较完善的社会福利保障体系时，该旅游目的地旅游人数就会增多；而当旅游者对旅游目的地经济前景失去信心，该目的地社会福利保障体系不完善时，旅游者则会避免去该地旅游，该地旅游人数自然会下降。

4.2.3　自然因素对旅游者行为的影响

自然因素如重大自然灾害（水灾、火灾、地震、火山爆发等）、流行性疾病等对旅游者行为有很大影响。1997 年 9 月印度尼西亚发生山林大火，泰国、马来西亚、新加坡被印度尼西亚山火所产生的浓烟笼罩，空气混浊，使许多游客取消旅游行程，原已报名前往东南亚的游客也纷纷要求退团。同时，来势凶猛的金融危机、几次飞机失事，使其旅游业严重受挫，出国旅游的费用成倍猛增，一般中产阶级已难以承受如此高额的消费。中国的长江、嫩江和松花江流域 1998 年入汛后，遭受了历史罕见的洪涝灾害，受灾地区的旅游业发展受到一定的影响。洪灾发生后，个别海外媒体对灾区卫生、疫情等方面的不实报道，使许多旅游者出于安全等方面的考虑而取消了去受灾地区旅游的计划，受灾地区旅游目的地的形象也受到一定程度的损害。

2020 年，一场突如其来的新冠肺炎疫情席卷全球，疫情导致全球旅游人数大幅减少。数据显示，2020 年全球入境游客总人次较上一年减少 10 亿人次，降幅达 74%。

4.2.4　技术因素对旅游者行为的影响

1）交通因素对旅游者行为的影响

旅游交通、通信技术等因素对旅游者行为有很大影响。近年来中国与入境旅游主要客源国之间的航空运力有大幅度增长，这是来中国旅游者增加的客观有利条件。

2）知识经济对旅游者行为的影响

知识经济对旅游者行为的影响主要体现在三个方面：首先，知识经济社会促使人们产生了新的旅旅与闲暇动机并产生对相应新的旅游闲暇方式和类型的需求；其次，知识经济时代，工作组织的柔性加大，使闲暇时间增多并且闲暇的机动性加大，闲暇生活成为人们日常生活的重要组成部分，因而在总量上对旅游、闲暇的需求有所增加；最后，由于人们经济收入的提高、交通通信的便捷，出行更加方便和容易，用于旅游与闲暇的消费也将增加。事实上，闲暇、娱乐及旅游业等服务业大发展正是知识经济的特征之一。科技的渗透大大提高了旅游服务品质，也改变了旅游者在旅游活动中所扮演的角色。旅游信息系统、全球定位系统、全球预订系统、旅游目的地信息系统、互联网等技术因素的影响，将会使旅行更为便利快捷并极大地扩大旅游者的活动空间，增加旅游者的出游行为。

4.2.5　法律因素对旅游者行为的影响

国际旅游交易法治化将促进旅游产品向"全球化"方向发展，进而影响旅游市场格局的变化。客源国的旅行社在对游客承担了相应的责任之后，会对旅游目的地旅行社及各种服务供应者提出相应的要求，以保证目的地提供的服务符合他们在合同中对旅游者做出的承诺。而目的地为争取更多的客源，使自己在国际旅游市场竞争中不至于被击败，将不得不谋求对策，努力提高其产品的质量。国际旅游交易法治化潮流对各个旅游目的地的旅游业提出了更高的要求，对旅游业自然也会产生较大的影响。

4.2.6　家庭因素对旅游者行为的影响

家庭群体是一个最基本、最重要的群体，它对旅游者行为产生直接的和长远的影响。这些影响主要表现在家庭形态和家庭生命周期对旅游决策的影响上。

1）家庭形态对旅游者决策行为的影响

在现代社会中，典型的家庭形态有三类：夫妻式（丈夫和妻子）、核心式（丈夫、妻子和子女）和延续式（丈夫、妻子、子女和祖父母或外祖父母），其中核心式家庭最具代表性。现以核心式家庭为例分析家庭形态是怎样影响旅游决策的。家庭形态对旅游决策的影响主要取决于家庭每个成员在家庭中的地位和作用。家庭成员对某个旅游产品类别里的各项子决策的影响也不一样。在家庭选择度假地点时，丈夫可能是主导者，但丈夫的影响力最终取决于其意见的分量和妻子对丈夫意见的评价程度。家庭成员在家庭中的地位和作用不同，对旅游决策会产生不同的影响（见表4-2）。

表4-2　　　　　　　　　　　　　　　**家庭旅游决策方式**

家庭旅游决策内容	起主导作用的决策方式
度假旅游目的地	丈夫起主导作用
食宿条件的选择	丈夫起主导作用
是否带孩子一起旅游	共同影响，一方决策
度假旅游时间长短	共同影响，一方决策
度假旅游日期	共同影响，一方决策
度假旅游交通工具的选择	共同影响，一方决策
度假活动内容	共同影响，一方决策
是否去度假旅游	共同影响，共同决策
花多少钱去度假旅游	共同影响，共同决策

儿童对家庭旅游的影响虽然是间接的，但作用很大。尽管儿童对度假时间的长短、交通方式、旅游开支等决策没有直接影响，儿童的要求也不可能成为具体的选择，但可以决定选择哪一类旅游目的地，并影响着度假期间全家所共同参加的各种活动。儿童的学期也

影响家庭度假旅游时间的安排。

2）家庭生命周期对旅游者决策行为的影响

家庭生命周期与家庭成员对旅游消费的态度和行为随着时间的推移而发生变化有较大关系，旅游市场的现代家庭生命周期如图4-2所示。一般而言，单身阶段和青年已婚无子女阶段经济负担相对较轻，好奇心重，追求情调，是一生中旅游的高峰期之一。青年已婚有子女和中年已婚有子女阶段负担较重、缺少闲暇，旅游消费较少，但随后会逐渐回升，并常常以家庭为单位组织旅游。而中年已婚子女已自立阶段闲暇时间和经济状况均适合于旅游；后期旅游消费会随家庭成员健康状况的逐渐衰退而减少。旅游营销人员必须考虑的是：如何按照家庭生命周期某一阶段特定的目标顾客来设计更加细分化的旅游产品及提供更有针对性的服务。

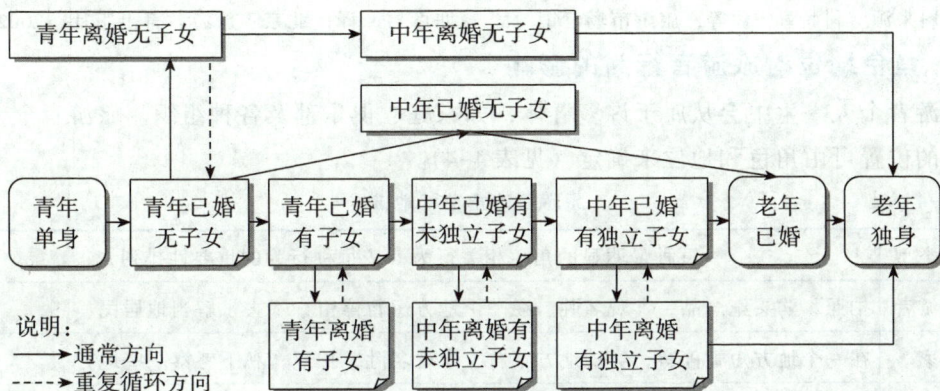

图4-2　旅游市场的现代家庭生命周期

家庭生命周期是指家庭的发展过程。它是由婚姻状况、家庭成员年龄、家庭规模和家庭成员的工作状况等变量系统结合而成的复合变量。心理学研究认为，家庭生命周期的变化是旅游决策倾向变化的一个重要因素。家庭生命周期的变化实际上是人们年龄的变化。家庭生命周期的阶段不同对人们的旅游行为的影响也不同（见表4-3）。

表4-3　　　　　　　　　家庭生命周期的不同阶段对旅游者行为的影响

家庭阶段	家庭特征	旅游者行为特征
1.单身阶段：年轻且不与家人同住的单身人士	没有经济负担，潮流观念的倡导者	喜爱娱乐、度假
2.新婚夫妇：年轻且无子女	经济状况比下个阶段要好，消费购买量大	旅游率最高，爱度假
3.满巢一期：最小的孩子不到6岁	缺少流动资金，经济状况一般，银行储蓄不足	对旅游新产品感兴趣，喜爱经广告宣传的旅游产品
4.满巢二期：最小的孩子6岁以上	经济状况较好，喜欢购买大包装、多组合的产品	受旅游广告信息的影响较小
5.满巢三期：中年夫妻，身边还有未自立的子女	经济状况较好，耐用品的平均购买量很大，喜新式雅致的家具	很难受旅游广告信息影响，喜驾车旅游

续表

家庭阶段	家庭特征	旅游者行为特征
6.空巢一期：老夫妻，身边没有子女，户主仍在工作	拥有住宅，对经济状况与银行储蓄感到满意	对旅游、娱乐、自我教育感兴趣，对旅游新产品不感兴趣
7.空巢二期：老夫妻，身边没有子女，户主退休	收入急剧下降，仍拥有住宅	喜医疗器械以及有助于健康、睡眠与消化的旅游保健产品，喜适合老人特点的娱乐和旅游项目
8.鳏寡就业	收入不错，但可能买房	需要医疗与健身疗养产品，休闲旅游娱乐同上
9.鳏寡退休	收入急剧下降，需要照顾、关怀	需要医疗与健身疗养产品，休闲旅游娱乐同上

（资料来源　科特勒 P，等.旅游市场营销［M］.谢彦君，译.北京：旅游教育出版社，2002）

4.2.7　角色地位对旅游者行为的影响

　　旅游者个人一生中会从属于许多群体，如家庭、俱乐部及各种组织。旅游者个人在各群体中的位置可由角色和地位来确定（见表4-4）。

表4-4　　　　　　　　　　　　旅游者的角色和地位

旅游者类型	五种最明显的角色相关行为（按每种行为的重要性排列）
观光旅游者	拍照，购买纪念品，参观名胜，在一个地方短暂停留，不去了解当地居民
旅行家	在一个地方短暂停留，尝试地方菜肴，参观名胜，拍照，私下考察一些地方
度假旅游者	拍照，参观名胜，避免社交，购买纪念品，为当地经济作贡献
豪华旅游者	生活奢侈，关心社会地位，寻欢作乐，喜欢与地位相同的人交往，参观名胜
商务旅游者	关心社会地位，为当地经济作贡献，不拍照，乐于与同行交往，过奢侈生活
暂时移居者	克服语言障碍，愿意和与自己地位相同的人交往，不想了解当地居民，不过奢侈的生活，不想从当地人那里获得利益
环境考察和保护旅游者	对环境感兴趣，不买纪念品，不想从当地人那里获得利益，自己去一些地方考察，拍照
探险旅游者	自己去一些地方考察，对环境感兴趣，喜欢冒险活动，不买纪念品，深入考察当地社会
外国学生	尝试地方菜肴，不想从当地人那里获利，拍照，深入考察当地社会，体验冒险
人类学者	深入考察当地社会，自己去一些地方考察，对环境感兴趣，不买纪念品，拍照
雅皮士游客	不买纪念品，不过奢侈生活，不关心社会地位，不拍照，不为经济作贡献
国际运动员	不拒绝社交，不想在当地获利，自己去考察一些地方，探究生活的意义
外国记者	拍照，深入考察当地社会，参观名胜，冒险，自己去一些地方考察
宗教崇拜者	探究生活的意义，不过奢侈的生活，不关心社会地位，不在当地谋利，不买纪念品

　　（资料来源　莫里森 A.旅游服务营销［M］.朱虹，党宁，吴冬青，等译.3版.北京：电子工业出版社，2002）

旅游者的角色类型很多，根据不同的划分标准可以分成不同的角色类型（见表4-5）。

表4-5　　　　　　　　　　　　　　旅游者的不同角色类型

划分标准	旅游者的不同角色类型
地理范围	区域旅游者、国内旅游者、洲际旅游者、环球旅游者等
费用来源	自费旅游者、公费旅游者、社会旅游者、奖励旅游者等
组织形式	团体旅游者、散客旅游者、包价旅游者等
享受程度	豪华旅游者、经济等级旅游者等
旅游方式	航空旅游者、铁路旅游者、汽车旅游者、海上旅游者等
活动内容	文化旅游者、度假旅游者、观光旅游者、访古旅游者、会议和疗养以及各种专项旅游者等
目的归属	消遣旅游者、事务旅游者等

（资料来源　卢云亭. 现代旅游地理学［M］. 南京：江苏人民出版社，1988）

4.2.8　闲暇时间对旅游者行为的影响

旅游者行为也可以说是一种闲暇行为，因为它是发生在闲暇时间内的。闲暇时间是社会给予人的一种补偿，是保持身心平衡的因素。人们利用闲暇时间不是同技术和劳动抗衡而是消除劳动和社会中的极端现象。旅游者闲暇时间的多少是因人、家庭、社会生产力的发展水平而异的。

1）带薪假期是影响旅游者行为的重要因素

发达国家居民除周末假日以外，一般还有较长的带薪假期，这为发达国家居民出国旅游提供了时间保证（见图4-3）。欧洲和北美等经济发达地区的国家实行5天工作周及带薪休假的制度，如德国、英国、法国和美国年休日均达100多天，远高于亚洲国家，其中德国年带薪假期时间最长（带薪假29天，年闲暇时间总计157天），其出国人数也居欧洲各国之首，出游密度高居世界前列。假期集中的季节，也是出境旅游的高峰季节，如德国人外出旅行多集中在6月到9月及新年前后。充足的闲暇时间增加了出境旅游的机会，延长了境外滞留的时间。

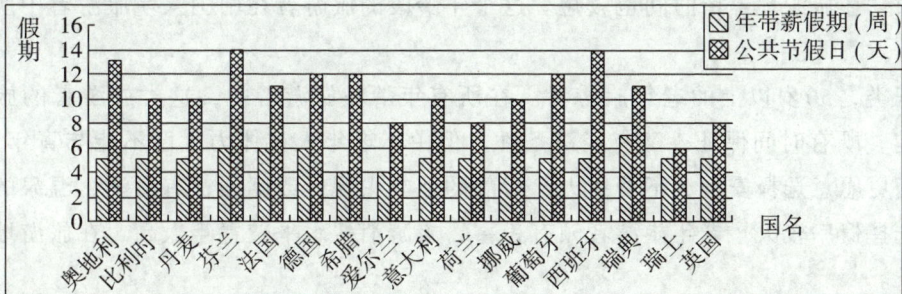

图4-3　欧洲各国公民享有的带薪假期

（资料来源　国家旅游局（2003））

2）闲暇时间与旅游者行为

随着生产力的发展和科技的进步，社会生产率提高，劳动时间缩短，闲暇时间相应增多，这就为旅游活动的发展提供了时间保障。

⇦【实例4-2】　红色旅游迸发青春活力

⇦【相关链接4-2】　发挥黄河国家文化公园的教育功能

4.3　个人因素对旅游者行为的影响

旅游者行为也受到个人特征的影响，特别是年龄和性别、职业、经济状况、旅行方式、个性及兴趣等。

4.3.1　年龄和性别对旅游者行为的影响

1）年龄与旅游者行为

从中外旅游者年龄结构来看，可分为三大类旅游者。

第一类，21~30岁之间的青年旅游者。他们具有求新求异的心理，对新鲜事物很敏感，因而喜爱诸如探险之类参与性强的项目和能满足求知欲望的项目。这类旅游者多以散客或几个人结伴的形式出游，更多地选择较为奇险的旅游地。由于可支配的收入有限，他们只求最基本的花费，因而旅游消费水平较低，但在旅游地停留时间较长。

第二类，31~50岁的中年旅游者。这类旅游者事业已有一定的成就，有稳定的收入和一定的积蓄。许多人是因公务或商务活动而出游的，他们往往出手大方，追求高档、豪华的享受，对旅游产品和服务要求很高。但由于中年人闲暇时间并不多，所以对目的地个数选择有限，在旅游地停留时间也较短。这个年龄段的旅游者在中国入境旅游者中所占比重最大。

第三类，50岁以上的老年旅游者。在所有年龄段旅游者中，这类旅游者的旅游条件最为优越，既有时间保证，又有经济条件。但由于老年人在体力上已不能与青年人相比，因而他们更愿意选择安全、不费体力、清静的地方去观光或度假，有海滨、温泉的旅游度假地被选择概率较大。老年旅游者颇有积蓄，旅游消费水平较青年人高，在旅游地停留时间也较长。

2）性别与旅游者行为

由于生理因素和社会条件的影响，男性和女性在个性特点和旅游爱好上也有所不同。从中国入境旅游者抽样调查的平均统计结果看，入境男性旅游者占60%左右，女性旅游者占40%左右，平均出游性别比为1.66∶1。而据国内旅游者抽样调查资料，中国国内旅游者性别比为1.27∶1。这些调查结果都表明男性的出游率要高于女性。这是因为男性较女性更富于异向型心理特质，体魄也较女性强健，受传统的约束较小。在旅游行为上，男性旅游者和女性旅游者有较大差异。男性旅游者多愿选择能发挥体力优势项目（见图4-4），更注意旅游参与的过程，而对其他方面不太敏感，旅游花费较女性旅游者多。而女性旅游者由于体力上的原因，更愿意选择观赏型的旅游地和项目，即使选择参与性项目，项目参与强度也不太大；她们更注意旅游的情境和感受，对旅游地整体环境很敏感，旅游花费也比男性旅游者少。

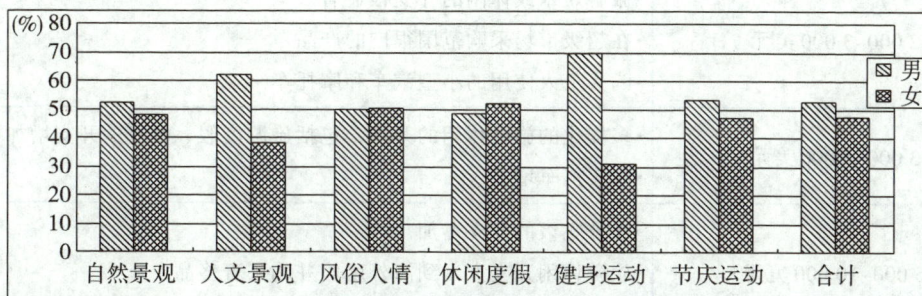

图4-4　中国不同性别的国内旅游者主要旅游兴趣

（资料来源　国内旅游者抽样调查资料（1996—2003））

4.3.2　职业对旅游者行为的影响

个人的职业也影响着旅游模式。蓝领工人会在旅游火车和汽车票上花钱，公司经理则会在旅游飞机票、乡村俱乐部会员证和大轿车上花钱。旅游营销人员应能找出对自己的旅游产品与服务有超出常规需要的职业群体。旅游企业甚至可以专为特定的旅游职业群体生产其所需的旅游产品。

不同职业的旅游者在旅游行为方面也有一定的差异。商人、医生、律师等职业在旅游行为方面有一定的相似性，这主要与他们的收入和社会地位相关。这类旅游者经济基础好，受教育程度较高，喜爱中国人文景观型的旅游地，而且很注重自己的身份和地位；在旅游消费中追求高档次，花费很大；对旅游产品和服务要求也较高。学生由于经济条件有限，而且大多为修学型旅游，因而重视参与社会实践，旅游消费水平较低，花费较少。教师和科技人员有稳定的经济收入，但不是很高，因而在旅游中比较注重实惠，要求中高档次的消费水准，旅游花费不如商人、医生、律师等职业的人多。退休人员如前所述，大多属于51岁以上的年龄段，故具有典型的老年旅游者的旅游行为特征。

4.3.3　经济状况对旅游者行为的影响

旅游者行为的个人社会限定因素是指发生旅游行为的社会必备因素，主要指经济状况。经济状况是决定能否进行旅游的重要限定因素。旅游者的收入水平或者其家庭的收入水平和富裕程度决定着他能否实现旅游及旅游消费水平的高低。

亚洲各国和地区的收入水平和旅游支出特点都是不同的。亚洲各国和地区收入对旅游者支出的影响，亦即亚洲的旅游市场商机所在（见表4-6）。

表4-6 经济状况与旅游者行为

年 收 入	旅游者行为特点
1 000美元以下	•很少有可自由支配的旅游开支
1 000~2 000美元	•开始在外就餐 •有某些超级市场购物开支 •旅游范围有限
2 000~3 000美元	•旅游娱乐或休闲的开支很显著 •在超级市场采购范围很广的产品 •购买个人使用的小型汽车和摩托车
3 000~5 000美元	•多样化的旅游休闲的开支，包括旅游度假、健身的开支增加 •购买汽车增多
5 000~10 000美元	•在外吃饭的开支增加 •旅游休闲开支大，到海外度假并购买奢侈品 •出现投资
10 000美元以上	•投资 •旅游奢侈品 •家庭旅游娱乐

（资料来源 科特勒P，等. 旅游市场营销［M］. 谢彦君，译. 北京：旅游教育出版社，2002）

根据中国入境旅游者历年抽样调查资料，可以将中国入境旅游者按收入高低分三种类型：高收入旅游者、中等收入旅游者和较低收入旅游者（见表4-7）。高收入旅游者一般追求豪华、奢侈，他们有足够的经济能力，对旅游服务、旅游设施的要求较高，在旅游中选择豪华、高档次的旅游服务，购物花费大。总之，他们把追求旅游需求实现摆在首要位置，而把经济因素放在次要位置。这部分人在中国入境旅游者中为数不多。中等收入旅游者受教育程度一般较高，有比较固定的职业，收入稳定。同高收入旅游者相比，这部分旅游者更加追求旅游中的乐趣和情趣，对旅游服务、旅游设施并不过分看重，所以在消费水平上一般是中高档次，但决不追求奢华。此类旅游者在中国入境旅游者中所占比重较大，接近2/3。较低收入旅游者在旅游决策及旅游实施过程中，把经济因素放在首位，力求在最短的时间内用最少的花费达到最大的旅游效益，因而他们的旅游花费不高，讲求实惠。这种类型的旅游者属中等档次需求者，主要选择个人或家庭出游的形式。

4.3.4 旅行方式对旅游者行为的影响

即使亚文化、社会阶层和职业都相同的人，他们出游时的旅行方式也可能不同。旅行方式就是在人的旅游方式、兴趣和意见上表现出的生活模式。

在国际旅游者中，去国外度假这一旅行方式的具体情况也由于国度不同而相异。欧盟成员国外出度假者中，有47%的人是去外国度假，这47%的人中，只有7%的人是赴欧洲

表4-7　　　　　　　　　　　不同收入的中国入境旅游者行为特征

旅游者收入类型	旅游花费	食宿要求	旅游形式	与当地人交往	对目的地的评价
高收入旅游者	高	追求豪华、高档次的设施及服务	豪华团队包价或商务旅游	不与当地人交往	易对服务不满意
中等收入旅游者	中等	选择中等档次	团队包价或家庭出游	希望了解当地人	较好
较低收入旅游者	少	选择中等档次，对服务要求不太高	大多为散客或家庭出游	与当地人交往	较好

（资料来源　马耀峰，等．中国入境旅游研究［M］．北京：科学出版社，1999）

以外的国家度假旅行。91%的希腊出行者是在本国度假，但与其相反的是，只有不到1%的卢森堡人是在其国界内旅行。在出国旅行这一点上还可以看出，欧盟成员国中地中海沿岸国家的出游者，大部分为"守土"度假，在这一点上法国人为最，78%的法国出游者留在本国度假。与此相反，半数的欧洲北部国家出游者则是跨国界行动，50%的瑞典出游者、60%的英国旅游者、70%的德国度假者、80%的比利时出游者均是"越界"大出游。

4.3.5　个性对旅游者行为的影响

旅游者的个性，如人格特质、人格类型、性格特质与旅游者行为有密切的联系。

（1）人格特质对旅游者行为的影响。在整个人格体系中，每一类人格特质各占一个地位，表现一种功能，相互间密切联系。人格特质能否解释人的旅游行为，目前尚无这方面的研究结果，但对照人们的旅游实际确能发现某些人格特质与某些旅游者行为类型相关（见表4-8）。

表4-8　　　　　　　　　　　人格特质与旅游者行为类型

旅游者行为类型	人格特质
度假旅游	乐群　忧虑　稳定　世故
国内旅游	激进　独立　稳定　兴奋　敏感　聪慧　怀疑
国外旅游	乐群　敢为　聪慧　幻想　恃强
乘飞机旅游	乐群　忧虑　敢为　幻想
乘火车旅游	乐群　独立　紧张　怀疑
观光旅游	乐群　兴奋　敏感　幻想　自律　聪慧　世故
探险考察旅游	乐群　独立　敢为　有恒　兴奋　聪慧　好强
冬季旅游	乐群　敢为　恃强
春季旅游	乐群
秋季旅游	稳定　自律

（2）人格类型对旅游者行为的影响。按类型给人格分类的方法有很多，但研究人格类型与旅游者行为关系的并不多，普洛格阐述了安乐小康型旅游者和追新猎奇型旅游者在旅游者行为上的差异（见表4-9）。

表4-9　　　　　　　　　　不同人格类型的旅游者行为特征

安乐小康型	追新猎奇型
喜欢熟悉的旅游地	喜欢人迹罕至的旅游地
喜欢老一套的旅游活动	喜欢获得新鲜经历和享受新的喜悦
喜欢阳光明媚的旅游场所	喜欢新奇的不寻常的旅游场所
旅游活动量小	旅游活动量大
喜欢乘车前往旅游地	喜欢乘飞机前往旅游地
喜欢设备齐全的家庭式饭店、旅游商店	只求一般的饭店，不一定要现代化大饭店和专门吸引游客的商店
旅游全部日程都要事先安排好	旅游要求有基本的安排，要留有较大的自主性、灵活性
喜欢熟悉的氛围、熟悉的娱乐活动项目，异国情调要少	喜欢与不同文化背景的人会晤、交谈

很显然，安乐小康型人格的人强烈要求生活有可测性，其习惯做法是乘车到他所熟悉的旅游地。他最强烈的旅游动机是休息与放松。他理想中的旅游就是有条不紊，事先安排好的。而追新猎奇型人格的人则不同，其习惯做法是到不为他人所知的旅游地。他喜欢乘飞机，喜欢异国情调，喜欢全新的经历，避免千篇一律。追新猎奇型人格的人，往往又是新旅游目的地的发现者，是旅游大军的侦察兵。安乐小康型人格的人在经历一段较长的时间以后，也会步追新猎奇型人格的人的后尘，陆续拥到追新猎奇型人格的人曾旅游过的地方。

另外，普洛格发现心理中心型和他人中心型的人在旅游行为中的许多重要方面表现出很大的差异。属于心理中心型的旅游者很明显对生活的可预见性有强烈的需要，因而典型心理中心型旅游者一般只去那些熟悉的旅游目的地，休息、放松是最强的旅游动机；他人中心型的旅游者则相反，强烈希望生活充满变化，不可预测，不因循别人的旅游方式，去鲜为人知的旅游目的地，尝试最新式的交通工具，主动接触与自己文化背景相异的人。具有典型心理中心型或他人中心型的人其实很少，大多数人属于中间型，因而呈现出正态分布的图形。图4-5说明了美国不同个性特点的旅游者在旅游目的地选择方面的倾向性。

（3）性格特质对旅游者行为的影响。人们外出旅游主要追求的是一种精神享受，所以旅游者行为也主要取决于他们的性格特质。旅游者性格特质可分为内向和外向两种类型。内向表明一个人以自己的理想为中心或只注意自己的生活范围内的狭小问题。外向指对多种事物都有很大兴趣，并且行为上是自信的，具有很大的冒险性，希望一生中能有所造诣（见表4-10）。

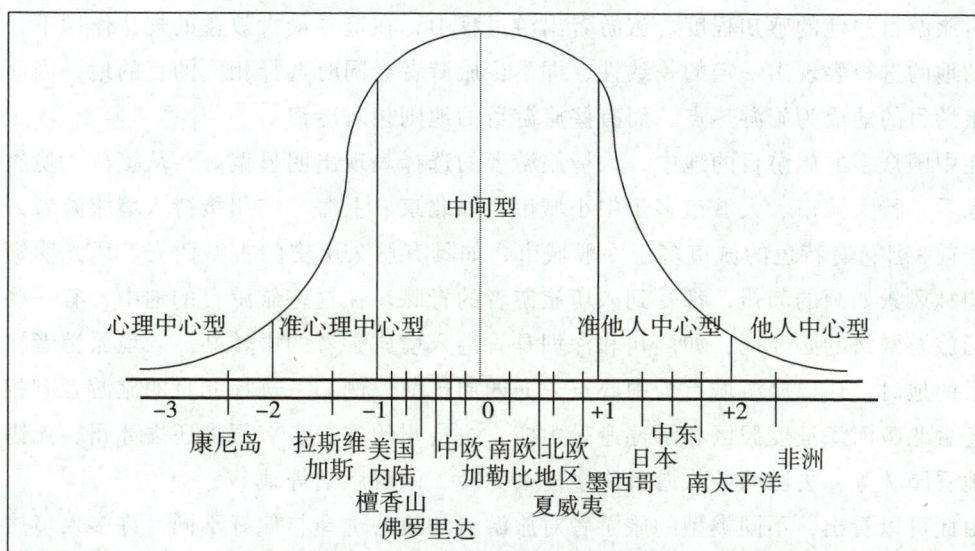

图4-5　旅游者对旅游目的地的心理定位

表4-10　　　　　　　　　　　内向型旅游者与外向型旅游者的不同旅游行为

内向型旅游者	外向型旅游者
希望旅游地是熟悉的地区	希望去不熟悉的旅游地，自己有新发现、新经历
希望在日光下开展活动，包括很大程度的放松	希望去有传奇色彩和故事情节的不寻常的旅游地
旅游活动量小	旅游活动量大
希望驾驶汽车可以到游览地	希望乘飞机出游
希望旅游设施齐备	适当的酒店及食品，不需要豪华或连锁酒店，不需要太多的旅游吸引物
希望有熟悉的气氛	热衷于会见并希望与那些异族或不同文化的人打交道
希望整个旅途中都安排得很满	希望安排最基本的旅游活动，给他们充分的自由时间

4.3.6　兴趣对旅游者行为的影响

兴趣是指人们积极探究某种事物的认识倾向。兴趣可分为情趣和志趣、直接兴趣和间接兴趣、物质兴趣和精神兴趣、长久兴趣和短暂兴趣等等。兴趣是比价值观低一层次的意识倾向，对旅游行为的影响更直接、更具体。

稳定的兴趣对旅游者行为的影响表现在：（1）促使旅游者积极获得有关旅游知识，认识旅游产品，这既能提高旅游者的旅游能力，又能引发其旅游动机；（2）促使旅游者为满足兴趣爱好而实施有关的旅游活动，选择相应的旅游商品；（3）将影响人们的旅游支出额与支出结构。总之，培养出一种兴趣，往往就是培养出一种弹性很低的特殊需要。为了满足旅游兴趣需要，往往或者要增加总开支，或者要压缩其他开支，由此就影响了一个人或家庭的旅游支出消费和旅游支出结构。

4.3.7　旅游者偏好与旅游目的地选择

对旅游者而言，影响其旅游目的地选择的主要因素有两个：（1）对旅游资源的偏好；

（2）对旅游目的地的感知程度。旅游者出游过程中，在追寻最大效益的规律作用下，对旅游目的地的选择表现出一定的一致性，即不少旅游者会同时选择相同的目的地，因而使得一些旅游目的地成为旅游热点，而有些旅游目的地则相对冷清。

在中国众多的旅游目的地中，入境旅游者的选择表现出明显偏好。从接待入境旅游者人数来看，特大城市、大城市多于中小城市，如北京、上海、广州接待入境旅游者人数一般位居前3名；有特色的城市多于一般城市，如具有悠久历史的古城西安、风光明媚的桂林、园林风景如画的苏州，都受到入境旅游者的青睐。在这些旅游目的地中，有一些城市是中国旅游网络的必经地，如广州和深圳是香港入境旅游者的中转站。入境旅游者在选择旅游目的地时，还以旅游城市为中心点，向四周扩散。例如，选择北京的旅游者有相当一部分还去北戴河海滨度假区和承德避暑山庄，去杭州的旅游者有很多还去苏州、无锡、宜兴等地看园林等，去昆明的旅游者许多还去大理、西双版纳等地。

由此可以看出，不同类型的旅游者对旅游目的地的选择与偏好不同。许多入境旅游者在选择旅游目的地时，通常会将所选的城市作为旅游中心点分别向周围次级旅游区扩散。

4.3.8 促销信息对旅游者的影响

心理学有关研究表明，促销信息对消费者的影响，表现在推动从接触信息到购买的各阶段的心理状态的演变上。图4-6所示的四种行为反应层次模式基本上全面地揭示了旅游者接受旅游促销信息的心理演变过程。各种促销信息由于内容、形式、渠道的不同，对旅游者的影响效果也不同。有的信息一被注意，即很快引致行动，但大部分的促销信息只能引起诸如由"注意"到发生"兴趣"这样类似阶段的演化。

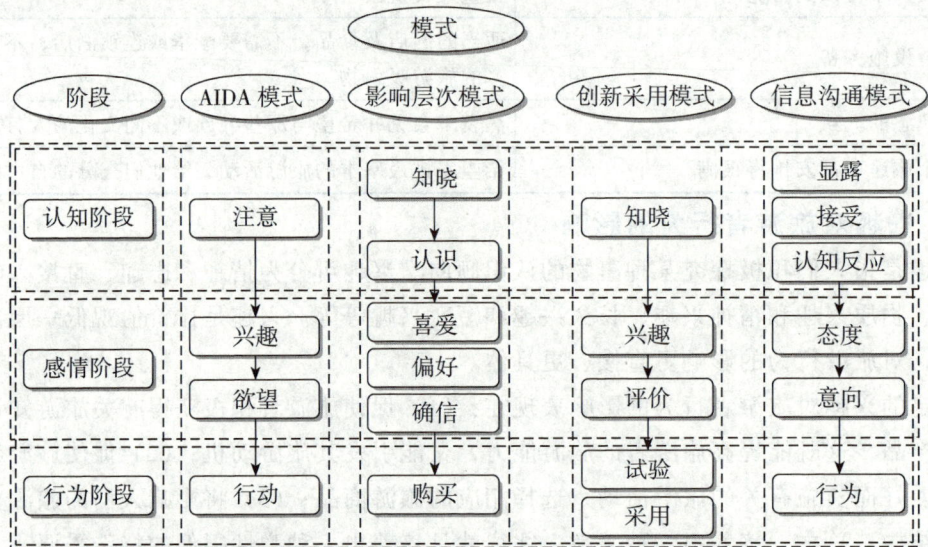

阶段	AIDA 模式	影响层次模式	创新采用模式	信息沟通模式
认知阶段	注意	知晓 ↓ 认识	知晓	显露 接受 认知反应
感情阶段	兴趣 欲望	喜爱 偏好 确信	兴趣 评价	态度 意向
行为阶段	行动	购买	试验 采用	行为

图4-6　旅游者行为反应层次模式

要做到成功地与旅游者沟通，必须首先了解沟通的过程。一个有效的沟通模式要回答：（1）由谁来说？（2）说什么？（3）通过什么渠道传送信息？（4）把信息传送给谁？（5）产生什么效果？

图4-7表明了与旅游者有效沟通中的一些关键因素。编码过程就是旅游策划人员、促销人员以及管理人员，把旅游产品概念或旅游产品利益"翻译"成旅游者能够理解并导致发生兴趣和采取行动的符号。解码过程则是旅游者关注、记忆以及进行理解的过程。

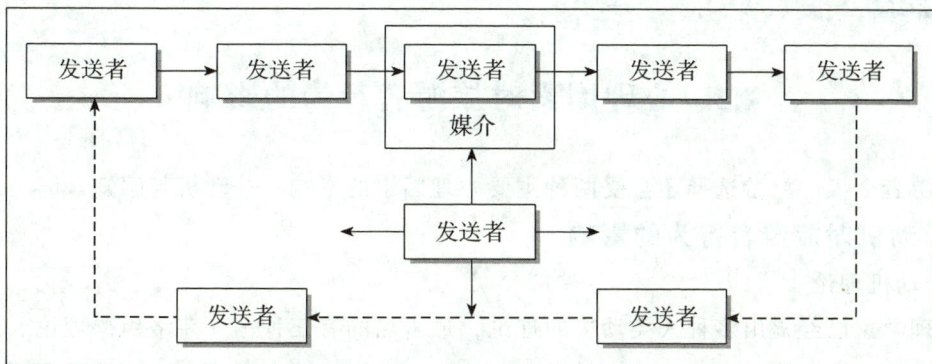

图4-7　信息沟通中的诸要素

很显然，要进行有效的信息沟通就必须使发送者所发出的信息得到注意和接受，进而使接收者产生兴趣和购买欲望。有关研究结果显示，要做到这一点，首先，发送者对信息的加工过程（编码过程）要与接收者的理解过程（解码过程）的逆向过程相一致，这样接收者才能理解信息的意义，不会产生误解；否则，这种认识上的偏差就会影响到信息的有效性，而无法达到预期的效果。其次，要满足上述编码、解码过程一致性的要求，信息的发送者和接收者必须在共同的"经验"领域内进行沟通，如图4-8中的阴影部分。经验领域是指文化背景、思维方式、生活习惯、价值观与经历等。只有在共同的经验领域内，信息接收者才能理解信息所传达的真实意图。因此，促销信息的发送者必须站在接收者（旅游者）的立场上，基于接收者的经验领域解析所要传达的信息，然后再考虑编码。简言之，促销信息的设计和传送，必须满足接收者文化背景、思维方式等方面的要求。

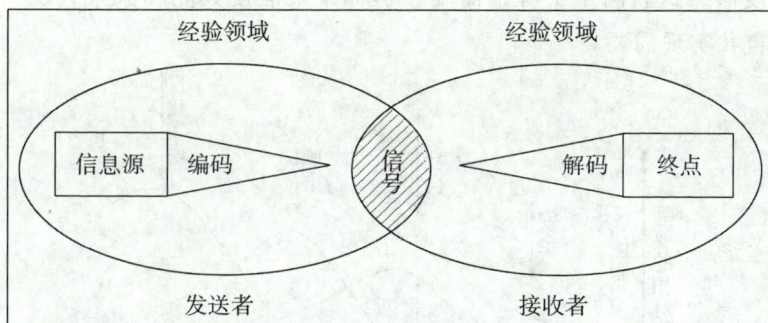

图4-8　促销信息共同意义的影响因素

⇦【实例4-3】利用短暂空闲时间发展"微度假"旅游

⇐【相关链接4-3】 疫情之下进一步彰显的旅游价值

4.4 心理因素对旅游者行为的影响

旅游者个人的旅游选择还会受两种主要心理因素的影响——动机与感知。

4.4.1 动机对旅游者行为的影响

1）动机理论

心理学家已经提出多种人类动机的理论，最著名的有三种——弗洛伊德理论、马斯洛理论和赫茨伯格理论。

（1）弗洛伊德的动机理论。弗洛伊德认为在人类行为形成过程中的真正心理因素大多是无意识的。人在成长和接受社会规范的过程中有很多欲望受到抑制。这些欲望既无法消除也无法完全地控制，因此个人不可能真正了解自己的动机。如果旅游者要去度假，旅游者也许会称自己的动机是摆脱工作。但在深层次上，可能是需要旅游休假以便回来后能更有效地工作。在更深的层次上，需要旅游休假也许是因为希望与家人共度美好的时光。

（2）马斯洛的动机理论。马斯洛试图解释在特定阶段人们受到特定需要驱使的原因，按其重要程度分别是生理需要、安全需要、社会需要、尊重需要和自我实现需要（见图4-9）。马斯洛理论可以帮助理解各种旅游产品如何才能适应潜在旅游者的计划、目标和生活。马斯洛理论对旅游者度假兴趣的启迪是：假设旅游者已经满足了其生理需要与安全需要，如果其主要目的是同朋友们一起度假，这就会满足社会需要；如果是为了向朋友显示其将去异国度假，这就满足了尊重需要；但如果度假使其能和家人共度美好时光的话，度假就满足了自我实现需要。

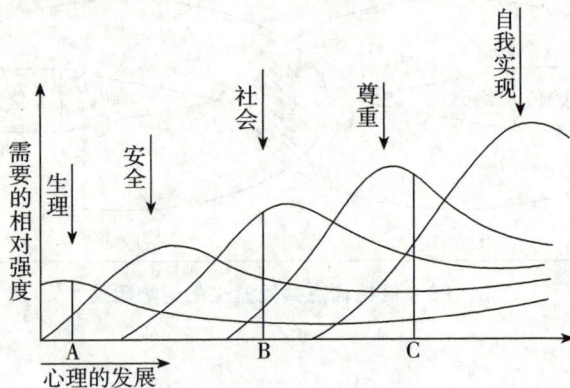

图4-9 马斯洛的动机理论

（3）赫茨伯格的动机理论。赫茨伯格提出了动机的双因素理论。这种理论要区分不满意因素和满意因素。如果去某地的旅游线路没有旅游保险，就是一个不满意因素。但是有保险并不是旅游者做选择的满意因素或动机，因为这不是决定去度假的真正的满意因素。度假区美丽的景色也许才是旅游者去那里度假的满意因素。这种动机理论有两层含义：首先，旅行社应该尽量杜绝诸如劣等服务等各种不满意因素。杜绝这些因素虽然不会促进旅游，但其存在却会影响旅游。其次，旅行社应该仔细识别来此度假的主要的满意因素或动机。这些因素是造成旅游者选择不同度假地或旅游线路的原因所在。

2）旅游者动机因素的细分

旅游者动机因素的细分形式最近比较流行，它是建立在对旅游者的生活方式的判断基础上的。生活方式是一种具有特定生活态度的生存形式。它包括旅游者花费时间所做的事（行动）、认为重要的事（兴趣），以及怎样感觉自身和其周围世界（观念）。表4-11为旅游者动机影响因素的细分。旅游者的行为、兴趣和观念是各不相同的。旅游者在大学里所做的事与在家中、在度假或者晚间外出时所做的事肯定是不一样的。旅游者可能有许多兴趣，一些是在校园生活中进行的，一些是旅游者所喜爱的嗜好、运动或其他的休闲活动。旅游者也拥有各种各样的观念，比如说对教育体系、政治事件、特定的产品/服务、社会问题以及环境等，都有特别的看法。

表4-11　　　　　　　　　　　　　旅游者动机影响因素的细分

行动	兴趣	观念
工作	家庭成员	自身
嗜好	家庭事务	社会问题
社会活动	工作	政治
度假	社区	商务
娱乐	娱乐	经济
俱乐部活动	时尚	教育
社区活动	食品	产品
购物	媒体	未来
运动	成就	文化

3）旅游动机的分类

德国学者格里克斯曼于1935年最初尝试将旅游动机进行分类，他将旅游行为的动机分为心理的、精神的、身体的和经济的四大类。日本旅游研究的先驱者之一田中喜一于1950年在格里克斯曼的基础上把心理的动机又细分为思乡心、交游心和信仰心；把精神的动机区分为知识的需要、见闻的需要和欢乐的需要；把身体的动机区分为治疗的需要、休养的需要和运动的需要；把经济的动机区分为购物目的和商务目的。田中喜一的分类与其说是对旅游动机的分类，不如说是对旅游目的进行的分类。

日本心理学家今井省吾指出，现代人的旅游动机含有消除紧张感的动机、社会存在的动机和自我完善的动机。今井省吾的观点与马斯洛的需要结构的三个高层次的需要不谋而合，揭示了旅游与人们丰富多样的需要息息相关。

美国的旅游研究者托马斯在 1964 年指出了激发人们外出旅游的十八种主要动机。教育和文化方面：了解其他国家人民是怎样生活、工作和娱乐的；参观独特的风景名胜；更好地理解新闻报道的东西；体验特殊的经历；摆脱刻板的日常生活；过得愉快；得到一些浪漫的体验。种族传统方面：访问自己的祖居地；访问自己的家属或朋友到过的地方。其他方面：天气；健康；运动；经济；冒险活动；胜人一筹；遵从；研究历史；研究社会学（了解世界的愿望）。

4）旅游行为的分类

旅游动机是进行旅游活动的主体（即旅游者）的个体因素，而旅游行为的具体化还取决于其他一些基本条件，如费用、时间、信息等。旅游行为，根据其目的和同行者的不同，可以分为多种类型。在各种分类法中，旅游目的分类法较普遍。

澳大利亚旅游学家波乃克对旅游行为做了如下分类。休养旅游：包括异地疗养；文化旅游：修学旅行、参观、参加宗教仪式等；社会旅游：蜜月旅行、亲友旅行等；体育旅游：包括观摩比赛、参加运动会；政治旅游：包括政治性庆典活动的观瞻；经济旅游：包括参加订货会、展销会等。他的分类与前面所说的需要分类法不同，这种分类法的依据是行为的目的，显得通俗易懂，便于研究和应用。

美国的麦金托什把人的基本旅游行为分为四类。身体健康：包括休息、运动、消遣、娱乐及其他与身体健康直接有关的动机；另外，还可能包括医嘱和建议，如洗矿泉浴、药浴及健康恢复活动。持有这类动机的旅游的共同特点是通过身体的活动消除紧张和疲劳。文化：了解其他国家或地区的文化，如音乐、艺术、民俗、舞蹈、绘画和宗教等。交际：接触其他民族、探亲访友、结交新朋友，以及摆脱日常事务，摆脱家庭琐事和邻居等。地位和声誉：这类动机与自我需要和个人发展有关。出于这类动机的旅游包括事务旅游、会议旅游、考察旅游，以及实现个人兴趣爱好的旅游和求学旅游。通过这些旅游，可以使被承认、被注意、被赏识、被尊重以及获得良好声誉的欲望得到满足。

美国的奥德曼把旅游行为分为八个方面。健康：使身心得到调剂和保养。好奇：对文化、政治、历史古迹和自然景色等的观赏或考察。体育：一种是可亲自参与的（狩猎、球类、集体比赛、滑雪等）；另一种是可观看的（田径赛、各种球赛和赛马等）。寻找乐趣：游玩、文艺、娱乐、度蜜月等。精神寄托和宗教信仰：朝圣、宗教集会、探访宗教圣地、参观历史遗迹以及欣赏戏剧和音乐等。专业或商业：科学探险和集会、公务或商务旅行、教育活动等。探亲访友：寻根、探亲访友等。自我尊重：受邀请或寻访名胜。

再有一种分类法是按同行者的不同，一般可分为个人、家庭、小组（同友人在一起）、团体等类型。喜欢团体旅游的有经济的和非经济的两方面原因。前者指费用的便宜；后者包括的内容较多：有的因为人多热闹，有的因为中间手续简便，也有的因为缺乏旅行问题知识，不敢独自贸然前往等等。

此外，也有人曾考虑从与目的、同行者全然无关的角度对旅游行为进行分类。日本的前田勇认为，旅游行为是对目的、类型、目的地、住宿等对象做出选择决策的一个连续过程。他试图以"哪个选择对象被重视"（最初决定的是哪个选择物）为依据，对旅游行为做了如下分类：住宿优先型、住宿地优先型、旅游手段（即交通工具的利用）优先型、旅游动机优先型、行为目的优先型。

5）旅游者动机的多源性

对旅游行为的划分仅有相对的意义，旅游是复杂而具有高度象征性的社会行为，旅游者要通过旅游来满足自己的各种需要。同时，又受到客观环境的影响，动机往往随客观环境的变化而变化。因此，旅游行为不可能只涉及某一动机。

（1）完善性。按马斯洛的需要层次理论，旅游活动可以是满足人们社会、尊重和自我实现的需要的一种手段。但在实际旅游领域里，个体的需要并不完全符合马斯洛的需要层次。因为旅游使人摆脱日常琐事，迫使旅游者改变了其基本的需要结构。当一个人进行旅游时，可以暂且对未实现的较低层次的需要失去迫切感。

（2）智力性。人的智力需要分为两个基本层次：一是求知的需要，二是求理解的需要。旅游既可以用心理的动机来解释，也可以用智力的动机来解释。旅游有助于满足尚未满足的智力需求。根据智力需要的层次来分析，可以看出观光者和度假者之间的明显区别。观光者在一次旅行期间要求参观不同的地方，而度假者往往参观某一特定的地方并从那里直接返回。这两类旅游者之间的区别表明，观光者的动机中是求知的智力需要层次占优势，而度假者的动机更多是来自求理解的智力需要层次。观光者好比是溜达着扫视商店橱窗的旅游者，如果他有幸能够重新返回，将会慢慢花时间探索最引起他兴趣的部分。观光者的第一次旅行往往是收集一些事实来满足其未知的需要，尔后的旅行他便希望满足其理解的需要。这就是一个人已花了几天时间浏览了许多地方，还有可能回到其中某些风景区待较长时间度假的原因。

（3）探索性。人的好奇心和对学习的欲望在人出生后不久就显露出来。对许多人来说，好奇心的发展一直持续到成年，并不断发现新的满足方式。人对自身以及所生活的世界的探索是较高层次的需要。对一些人来说，这种需要可以用登山、潜水、坐气球或航海等得到满足；而对大多数人来说，则是通过旅游发现新的目标，结交不同的人及了解异地文化等来实现。

（4）冒险性。不论冒险对人们可能意味着什么，对自身与世界的好奇心总是推动人们去寻求冒险。西方一些心理学家认为几乎所有人身上都具有探索和冒险需要的因素。也正因为如此，很多人都会离开温暖安全的家外出去旅行。

（5）一致性。按照一致性理论，在旅游的情境中个体表现出尽量寻找标准化的旅游设施和服务。众所周知的名胜古迹、高速公路、餐馆、饭店、商店为旅游者提供了一致性，会给旅游带来和谐和舒适感，使旅游者几乎不会因为离家外出而遇到意想不到的麻烦。显然，一致性概念可以解释许多在旅游环境中出现的情况。

（6）复杂性。复杂性理论解释人们旅游行为和动机是出于对新奇的、意外的、变化的行为和未知的事物的向往和追求。一致性理论和复杂性理论似乎是矛盾的，但这两种理论都能对旅游环境中所发生的许多事情做出解释。这两种理论结合起来，就能对旅游如何满足人们的各种需要这个问题，做出较全面的解释。

（7）多样性。旅游是人们逃避厌烦和由厌烦造成的紧张、寻求刺激的最普遍的方式。旅游动机是支配旅游行为最基本的驱动力，而动机产生于人的需要。由于人们的需要各不相同，由此产生的旅游动机也是有所不同的，它所支配的旅游行为也是纷繁复杂的。

（8）生理性。气候因素往往构成极为有利的旅游吸引物，与旅游者求新求异的生理需要有极大的关系。北欧各国旅游者近几年已形成了赴地中海地区旅游的热潮。北欧各国地处寒带，冬季时间长，日照时间短，他们把寻求阳光、温暖和湿润的空气作为旅游的主要目的，纷纷去西班牙、法国、意大利等旅游胜地，享受那里的地中海气候和美丽的海滩，进行日光浴。美国和加拿大旅游者把中美洲加勒比地区和夏威夷当作度假胜地，主要也是因为那里气候宜人，并为旅游者提供海滩、日光等良好的条件。

4.4.2　感知对旅游者行为的影响

旅游者在选择旅游地和进行旅行决策时，除了考虑距离、时间、交通方式和旅行成本等因素外，还非常重视所谓旅游地的感知这个吸引因素，这种生动如图画、鲜明而强烈的感知就是旅游目的地形象。

1）感知过程

旅游者会对相同事物产生不同的感觉，这是因为有三种感知过程：选择性注意、选择性曲解及选择性记忆。

（1）选择性注意。人在日常生活中会接触众多的旅游刺激，但他不可能注意到所有这些刺激，其中大部分会被过滤掉。因此，真正的困难是要解释旅游者会注意哪些刺激。

（2）选择性曲解。即使是旅游者注意到的刺激，也并不一定会产生预期的作用。每个人总是按自己固有的思维模式来接受信息。选择性曲解是指旅游者趋向于将所获得的信息与自己的旅游意愿结合起来。

（3）选择性记忆。旅游者往往会忘记大多数接触过的信息，他们只会记住那些符合自己的态度与信念的信息。

这三种感知因素——选择性注意、选择性曲解与选择性记忆，意味着旅游市场营销人员必须尽力把旅游信息传递给旅游者。这就说明了旅游市场营销人员在将传递信息给目标市场时为什么需要生动与重复。

2）感知与旅游条件

旅游由食、住、行、游、购、娱等六大要素构成，与这六大要素有关的事物就是基本的旅游条件，如居住地到旅游区的距离、交通、吃住、旅游目的地、娱乐服务等。旅游者对旅游条件的感知，对具体的旅游决策、旅游行为、旅游收获的评价等都有显著的影响。

（1）旅游者对距离的感知

旅游行为发生在时间和空间之中，时间的长短和空间的远近，都可以用来感知距离。不论旅游者用什么标准计算距离，具体的距离感知都会影响旅游者的动机、态度、决策以及随之而来的旅游行为。距离感知对旅游行为等的影响，主要表现在以下四个方面：

① 阻止性。旅游者都知道，旅游是需要付出代价的消费行为，距离越远，要付出的金钱、时间、体力、生活舒适与方便，甚至是情感等代价就越大。使用距离阻止作用的原理，可以在一定范围内解释离客源地越近的旅游区，旅游者越多；反之，旅游者就越少。

② 激励性。当人们知觉到距离遥远时，既可能阻止旅游行为的产生，也可能激励旅游行为的产生。距离遥远激励人们旅游行为的产生，尤其在以观光为目的的旅游中作用最大。使用这一原理可以解释人们的某些旅游行为，如在经济条件许可的情况下，美国旅游者选择距离更远的塔希提岛比选择夏威夷度假的可能性更大。

③ 空间差异性。旅游者行为常常是由环境的空间差异引起的，因此人们力图通过旅游获得最大的环境信息量，以便从感知上消除或减小这种环境差异。对最大信息收集量的追求使人们在选择旅游地时有以下倾向：首先，选择最有名的旅游地旅游。知名度高的旅游地往往比知名度低的旅游地有更大的稀缺性，人们通过旅游消除的稀缺性越大，获得的信息量也越大。其次，选择自然环境和文化环境与居住地差异较大的旅游地旅游。例如，在体验不同的中国文化和生活方式方面，来自欧洲和美洲的游客比来自亚洲的游客有更浓厚的兴趣。

④ 感知距离的相对性。由于现代交通工具使距离在心理上变短，而旅游者对于国际交通费用的承受能力又与其收入和消费水平相关，故交通方便程度的影响使旅游业与交通运输业，尤其是国际航空业的联系愈加紧密，使距离因素变成一个复杂函数。

一般地说，距离越远，环境差异越大，越能引起旅游者的兴趣（见表4-12）。距离感知对人的旅游行为既有阻止作用，又有激励作用，还有空间差异作用和相对作用。但是，哪种作用更大，以及影响的程度怎样，则因人而异，因环境而异。旅游市场营销人员为吸引旅游者、不断扩大市场，首先应积极开展旅游宣传，给那些潜在的旅游者留下深刻印象，引导旅游决策，必然能够使旅游者远近皆宜。

表4-12　　　　　　　　　　　入境旅游者对中国旅游目的地的感知

旅游期望	泰国	马来西亚	印度尼西亚	澳大利亚	日本	墨西哥	加拿大	美国	德国	法国
体验文化生活方式	一	十	士	一	士	一	十	十	十	干
参观历史文物古迹	十	十	十	十	十	十	十	十	十	十
欣赏自然风光景色	十	十	十	十	十	十	十	十	十	十
追求宜人的气候	士	一	十	士	一		十	干	一	一
购买精美旅游纪念品	十	十	一	十	十	十	十	十	干	士

续表

旅游期望	泰国	马来西亚	印度尼西亚	澳大利亚	日本	墨西哥	加拿大	美国	德国	法国
品尝精美可口的食物	十	十	十	十	士	十	十	十	干	十
享受舒适的接待设施	十	一	一	一	一	十	干	干	一	一
增加社会生活知识	干	十	一	干	干	一	干	干	干	干
廉价的旅游消费	一	一	一	一	一	一	一	一	一	一
能够参加冬季运动	一	一	一	一	一	一	一	一	一	一
能够参加娱乐活动	一	一	一	一	一	一	一	一	一	一
会见有意义的人	士	十	一	干	一	一	干	干	干	干
参观现代建设成就	十	十	一	一	一	一	一	干	一	一

注："十"表示旅游者有此期望；"一"表示旅游者无此期望；"士"表示部分旅游者有这种期望；"干"表示个别旅游者有这种期望。

（资料来源　屠如骏（1986））

（2）旅游者对交通条件的感知

在国内旅游者中，不少人选择旅游汽车和火车作为交通工具。旅游者对旅游汽车的感知印象受下列因素的影响：车内的宽敞程度，有无空调，坐椅是否舒适，车辆减速减震功能好不好，导游工作和视听设备等。此外，车上空间是否拥挤和能否按时发车与到达，也会影响旅游者的感知印象。旅游者对火车的感知印象取决于三个因素：首先是运行速度，其次是发车时间，最后是舒适程度。而乘飞机旅游者对飞机的感知印象，受到下列因素的影响：第一，希望飞机起飞和到达的时间符合自己的需要。第二，中途着陆次数的多少。第三，机上服务的好坏。第四，飞机的机型，驾驶员的技术水平，飞机的新旧，以及飞机上休息和娱乐设施等。综上所述，旅游者对飞机的感知印象主要建立在时间、安全与舒适的基础上。

（3）旅游者对旅游目的地的感知

旅游目的地的范围非常广泛，大到一个国家，小到一个公园，只要能够为旅游者提供食、住、行、游、购、娱的活动场所的地方，都可以称为旅游目的地。人们在感知旅游目的地时，通常乐于广泛接受有关事物的各种信息，力争把握旅游目的地主要特征，并从自己的旅游需要和旅游动机出发，对旅游目的地做出综合的识别、理解和评价，最终形成自己的旅游目的地感知印象。良好的感知印象能够促使潜在的旅游者选择旅游目的地，同时也能够延长旅游者做出对旅游目的地和自己旅游满意感的评价。

（4）旅游者对娱乐服务的感知

娱乐是旅游行为的六要素之一，并且贯穿旅游行为的始终，是旅游的主要目的之一。旅游者对娱乐服务的感知，主要注意的是服务质量，感知印象取决于服务质量的高低。可以用物质的、状态的、行为的三个方面因素评价服务质量，即娱乐服务提供什么、提供的环境如何和怎样提供，涉及了娱乐服务的设施、环境、主客交往、服务方式等主要方面的问题。旅游者对娱乐服务的感知过程及结果，提醒旅游从业者建设娱乐设施并使用它们服务于旅游者，只是娱乐服务工作的第一步，而且是最基础的工作。

←【实例4-4】　线上线下合力助"燃"　红色旅游更"青春"

←【相关链接4-4】　民宿何以承载跨越时空的乡愁

本章小结

文化对旅游者行为的影响，包括文化的传播与渗透对旅游者行为的影响、文化对旅游者观念和行为标准的影响、文化对旅游者习性和行为的影响。亚文化对旅游者行为的影响，包括宗教文化对旅游者行为的影响、民俗对旅游者行为的影响、社会阶层对旅游者行为的影响。

社会因素对旅游者行为的影响，包括政治、经济、自然、科技、法律、家庭、角色地位、闲暇时间等方面。

个人因素对旅游者行为的影响，包括年龄、性别、职业、经济状况、旅行方式、个性、兴趣、旅游者偏好、促销信息等方面。

在研究心理因素对旅游者行为的影响时，引入了国内外著名的动机理论，包括弗洛伊德的动机理论、马斯洛的动机理论、赫茨伯格的动机理论，描述了旅游者动机的影响因素、分类、动机多源性。感知对旅游者行为的影响，包括旅游者对距离、交通条件、旅游目的地、娱乐服务等方面。

关键概念

旅游者行为的影响因素

基本训练

□ 案例分析题

水乡古镇旅游者低碳旅游行为影响因素分析

旅游者低碳旅游行为是低碳旅游开发的关键。随着全球气候变暖，温室效应增强，旅游业碳排放开始受到关注，旅游，特别是休闲旅游能源消耗巨大，旅游业能源需求不断升级加剧了自然资源消耗和全球气候变化，威胁到旅游业自身的可持续发展。研究表明，旅游业的碳排放量占全球总碳排放量的4.4%，并且预计直到2035年，还将以每年3.2%的速度增长。因此，发展低碳旅游势在必行。此外，低碳旅游行为实质上是一个有关旅游消费决策和实施的过程，而旅游者在决策过程中受到诸多因素的影响。

一是低碳旅游动机影响旅游行为模式。旅游者主要是对水乡古镇人与自然和谐相处的画面感兴趣，主要抱有亲近自然的旅游动机。这主要是由于经过长期宣传，水乡古镇"小桥、流水、人家"的形象已经深入人心，得到旅游者认可。此外，有部分旅游者抱有低碳体验旅游动机，认为到古镇旅游，住宿、餐饮和旅游线路都比较原生态，空气清新，不用长距离旅行，符合现代人低碳环保理念。旅游者的价值观和心理因素影响其旅游动机，进而影响其低碳旅游行为。所以，古镇需要增强对持低碳体验旅游动机的旅游者的吸引力。

二是低碳旅游环境影响旅游行为模式。低碳旅游环境增强旅游者低碳旅游认知，进而促进旅游者低碳旅游行为。古镇低碳旅游环境主要体现在低碳交通方面，这是由于古镇均设立了公共自行车租赁系统，用砖块、鹅卵石铺设了大量游步道，开通了多条低碳旅游线路等。此外，古镇低碳建筑环境也较好，这是因为古镇建筑材料多为砖石，屋顶都安装太阳能装置，生态厕所产生沼气生物能，室内照明采用 LED 等节能灯，空调、冰箱均以节能环保型为主。

三是低碳环境教育影响旅游行为模式。环境教育能够增进旅游者对低碳旅游的认知，增强旅游者低碳旅游参与意愿，提高旅游者低碳旅游行为。古镇对旅游者开展的主要是常规低碳环境教育，包括提供低碳旅游咨询，发放宣传手册，以及工作人员的引领表率作用等。此外，有效的环境教育需要通过适当的教育手段吸引旅游者积极参与，通过实践参与增加环境感知。所以古镇需要拓展低碳环境教育形式，可增加一些专门针对旅游者的低碳环境教育项目，丰富旅游者的体验，以达到更好的低碳环境教育效果。

四是低碳旅游认知影响旅游行为模式。低碳旅游认知与低碳旅游参与意愿、低碳旅游行为之间具有紧密的关联性。古镇旅游者主要表现为表层低碳旅游认知，认为政府、旅游企业、景区要承担起发展低碳旅游的责任。实证研究表明，增强游客低碳旅游认知，能够有效提高旅游者对环境保护的理解和支持。因此，古镇需要改变旅游者以表层低碳旅游认知为主的现状，深化旅游者的低碳旅游认知。

五是低碳旅游意愿影响旅游行为模式。多数古镇旅游者具有普通低碳旅游参与意愿，愿意搜集低碳旅游相关信息，学习低碳旅游知识。然而，具有坚定的低碳旅游参与意愿，愿意宣传古镇低碳旅游，参加古镇低碳旅游旅游者还不是很多，旅游者为了降低碳排放而放弃一些自身的方便舒适以及在古镇旅程结束后估算一下自己的"碳排放"等意愿不强烈。

综上所述，古镇可以通过加大低碳旅游宣传力度、营造低碳生活环境、开展专门低碳环境教育、增加旅游者深度低碳旅游认知、引导旅游者坚定低碳旅游参与意愿、鼓励旅游者低碳"行娱购"等措施来促进低碳旅游。

（资料来源　张宏，黄震方，琚胜利. 水乡古镇旅游者低碳旅游行为影响因素分析：以昆山市周庄、锦溪、千灯古镇为例［J］. 旅游科学，2017，31（5）：46-64）

问题：

请您结合本章相关理论，试分析还有哪些因素会影响低碳旅游者旅游决策与行为。如果您是水乡古镇的市场营销推广者，您如何进行相关旅游产品市场营销，以吸引低碳旅游者前来游玩？

□ 思考题

1.举例说明文化因素对旅游者行为的影响。

2.举例说明社会因素对旅游者行为的影响。

3.举例说明个人因素对旅游者行为的影响。

4.举例说明心理因素对旅游者行为的影响。

□ 课堂讨论题

1.市场营销人员把整个美国人口都看作一个具有相同价值观和文化背景的市场同质总体，这无疑是错误的。同样，如果认为所有的中国旅游消费者都属于某种相同的亚文化或具有相同的购买行为模式，也无疑是错误的。请您以某知名国际旅游企业市场营销总监的身份，对这个命题加以评述。

2.如果您是国内某知名饭店的总经理，准备将饭店业务拓展到国外，您将选择何种经营观念？请举例说明。您认为旅游者行为的各种影响因素，对成功拓展饭店的国外市场，会起到积极还是消极的作用？

3.如果您是一家餐馆的产品销售经理，请您举例说明在何种情况下家庭成员对选择餐馆就餐会形成明显的影响。

4.请您以家庭成员的身份，举例说明如何将旅游决策过程的每个步骤，运用于您下一次度假目的地的旅游选择中。

5.作为旅游广告代理机构的经理，常常认为"感知即是事实"。请问这是什么意思？对旅游市场营销高层管理者来说，感知对于旅游市场营销有什么重要意义？

第 5 章

旅游者行为模式与决策评估

通过本章的学习，理解旅游者行为模式、旅游者行为决策、旅游者行为决策过程，掌握如何进行旅游后行为评价。

5.1　旅游者行为模式

旅游者行为模式是了解旅游者的起点（见图5-1）。市场营销因素与其他刺激因素进入旅游者的意识后，旅游者的特征和决策过程导致了旅游决策。

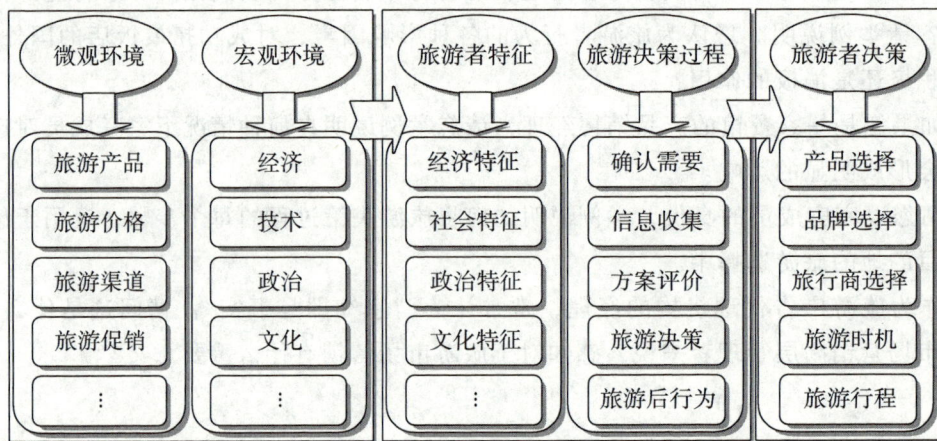

微观环境	宏观环境	旅游者特征	旅游决策过程	旅游者决策
旅游产品	经济	经济特征	确认需要	产品选择
旅游价格	技术	社会特征	信息收集	品牌选择
旅游渠道	政治	政治特征	方案评价	旅行商选择
旅游促销	文化	文化特征	旅游决策	旅游时机
⋮	⋮	⋮	旅游后行为	旅游行程

图5-1　旅游者行为模式

5.1.1　建立旅游者行为模式的意义

由于旅游者行为的主要研究领域之一是探索旅游者的旅游行为、旅游目的、旅游动机以及旅游者消费行为等，而这些又是过于复杂和充满个别差异的问题。然而理论的作用是要在异常复杂的现象里抽象出最一般的东西，然后用于指导对具体问题的研究。这就必须构建旅游者行为模式，其研究意义如下：

（1）有助于了解旅游者行为的基本类型、影响因素，以及各种变量（需要、行为、其他影响因素）之间的机制。

（2）有助于按模式所揭示的一般规律去进一步描述和分析具体的旅游者行为现象的产生、发展。

（3）有助于旅游企业、政府或其他部门和旅游者去把握、影响行为模式中由自己控制的一部分，去实现各自的目标。

5.1.2　旅游者行为模式的构建

构建旅游者行为模式需要考虑以下几方面：

（1）刺激因素。西方学者对旅游消费心理较早的分析是，旅游者总是先有了某种欲望，然后才会做出行为决定，通常可用心理活动过程来表示。激发旅游者进行心理活动的其他因素也是刺激因素，包括旅游者个人收入、家庭情况的变化、各种营销刺激、环境因素的变化等几类。

（2）心理活动过程。心理活动过程是有序的，一般要经过三个过程：第一是认知过程，首先从感知开始，然后到印象和思维；第二是情感过程；第三是意志过程。认知是行为的基础，意志是行为的保证，情感对认知和意志等心理过程起着强化或弱化等作用。而意志过程的执行决策阶段，又是与外显的旅游行为相并行的。

（3）模式建立的影响因素。对旅游者会有什么行为反应来说，刺激因素同时就是影响因素。但在心理活动过程中，旅游者同时也考虑其他因素，其他因素同样会影响旅游者的决策和行为。其他因素与刺激因素的区别是：就某一心理活动而言，刺激因素激发了这一活动，而其他因素则是在这一心理活动开始后起作用的。因此两者并无本质区别，在一定情况下可以转化。

（4）模式的输出物。考虑到人们在做出旅游决策后，往往要延迟一段时间才会采取实际行动，甚至还会改变决策，而且决策是一种心理活动，是隐蔽的，他人只能通过旅游者的行为才知道有这种决策，只有行为才是不能改变的事实和能够被观察到的，因此，把各种旅游行为视作输出物更为恰当。最主要的旅游行为表现是旅游活动，包括是否旅游、旅游种类、旅游地点、旅游时间、旅游方式。旅游消费预算与消费结构的决策一般是由外显的旅游活动来体现的。

（5）模式的行为后果。旅游行为后果对以后的决策、行为都会产生影响。影响体现在两个方面：一是成为一种新的刺激因素，促使旅游者立即做出新的决策，如继续旅游、不再旅游、拒绝旅游等；二是成为其他影响因素，对以后的决策、行为产生影响。必须指出的是，并非任何刺激因素经过处理过程都能形成态度、决策和行为，事实上大部分信息会被遗忘，或仅仅转入短期、长期记忆。但记忆的信息就成了旅游者的知识，成为一种影响因素，在以后可以发挥作用。

5.1.3　旅游者行为的模式

可以把旅游者的行为模式分为一般行为模式、常规行为模式、冲动性行为模式等几种。

（1）一般行为模式。一般行为模式提示了旅游者行为的一般特征（见图 5-2）。

（2）常规行为模式。在时间上可以把行为模式分为三个阶段，这有助于说明常规行为模式是如何形成的：在第一阶段，旅游者将在广阔的选择范围内经过上述一般行为模式做出决策和行为反应；在第二阶段，旅游决策范围将缩小，决策过程将缩短，此时的行为模

| 输入 | 处理 | 输出 | 后果 |

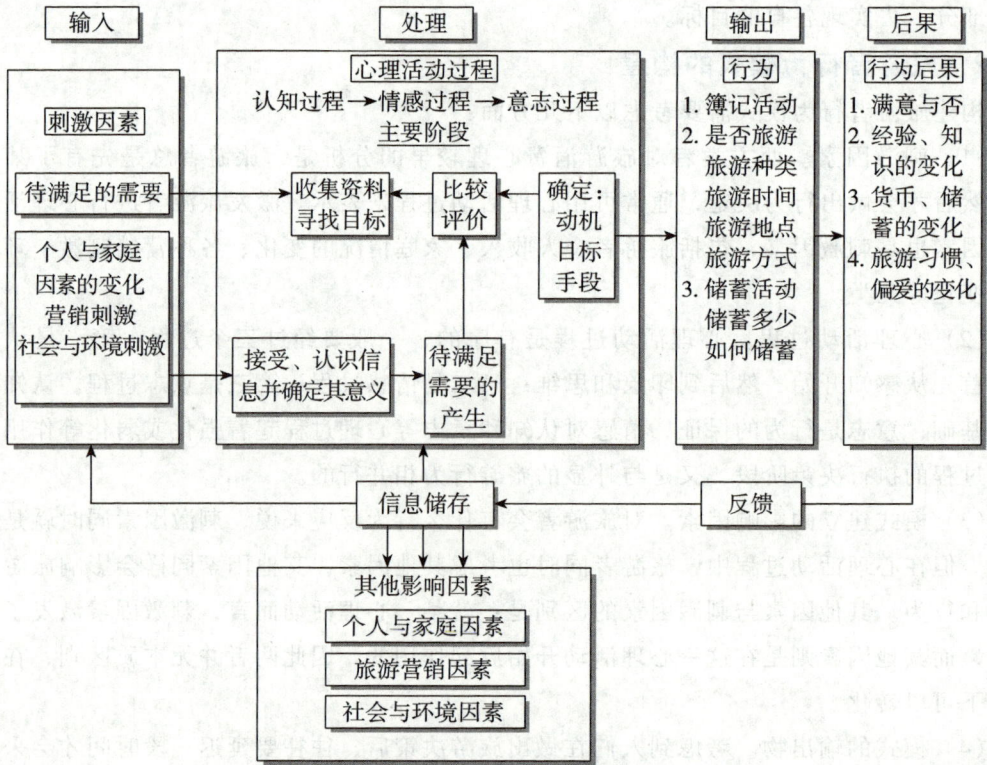

图5-2　旅游者的一般行为模式

式介于一般行为模式和常规行为模式之间；在第三阶段，旅游者对同样的旅游消费已经很熟悉，基于某种习惯或常规来做出反应。当然这种方式是有条件的，即有关因素没有发生变化以及原有的旅游行为能取得较满意的效果。同时要注意，由于许多生活方式和旅游习惯能够在一个地区或家庭中被继承下来，因此并非每一种旅游问题都要经过上述三个阶段，旅游者可以沿袭一些旅游方式直接进入第三阶段（见图5-3）。图5-3中，A、B、C等均为可供选择的方案。当进入常规选择阶段后，旅游者遇到相应的刺激，就只会在少数（甚至只有一种）方案中做出随机性（即几乎不假思索、随心所欲）选择了（见图5-4）。

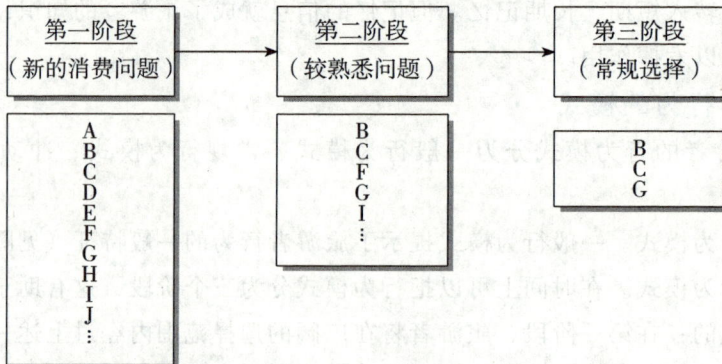

图5-3　旅游者常规行为的形成过程

```
┌──────────┐        ┌────────────────────┐
│   刺激   │───────▶│  常规反应（在少数方案  │
└──────────┘        │  中做随机选择或只有一  │
                    │  种选择）            │
                    └────────────────────┘
```

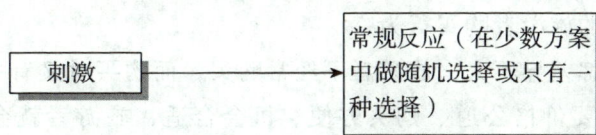

图5-4　旅游者常规行为模式图解

（3）冲动性行为模式。任何旅游者都可能发生冲动性的旅游行为，而具有某些特殊个性的旅游者，如情绪型的旅游者，则更容易出现冲动现象。冲动性行为模式的主要特点是处理速度快，直观感觉、兴趣、感情起主导作用。此外，旅游者还有一些行为反应是在没有选择可能性或选择必要的情况下产生的。也就是说在某些环境下，旅游者可能没有几个方案可供选择，这意味他无法决策（因为决策要有几个方案可供选择），就必须做唯一的行为反应。

5.1.4　旅游者购买的行为类型

旅游者购买决策随其购买决策类型的不同而变化。较为复杂和花钱多的决策往往凝聚着购买者的反复权衡和众多人的参与。

1）不同介入程度和品牌差异的旅游者购买行为

根据旅游者的介入程度和品牌间的差异程度，可将旅游者的购买行为分为四种（见表5-1）。

表5-1　　　　　　　　　　　　　　　　旅游者购买行为类型

介入程度 品牌差异	高度介入	低度介入
品牌差异大	复杂性的购买行为	寻求多样化的购买行为
品牌差异小	化解不协调的购买行为	习惯性的购买行为

（1）习惯性的旅游者购买行为

对于价格低廉、经常被购买、品牌差异小的商品，旅游者不需要花时间进行选择，也不需要经过收集信息、评价产品特点等复杂过程，因而，其购买行为简单，如对天天吃的青菜和食盐的购买。在这种购买行为中，消费者只是被动地接收信息，出于熟悉而购买，也不一定进行购买后评价。对于营销人员来说，要善于运用强制性的被动式的促销对这类产品的购买者进行宣传。

（2）寻求多样化的旅游者购买行为

有些旅游产品品牌差异明显，但旅游者并不愿意花很长时间来选择和比价，而是不断变换产品的品牌，这样做并不是因为对产品不满意，而是为了寻求多样化。对于营销人员而言，这类旅游产品的购买者经常想尝试新的不同品牌的产品，或者不同种类的产品，因此，对产品要不断地推陈出新。同时，营销人员还可采用销售促进办法，鼓励旅游者进行购买。

（3）化解不协调的旅游者购买行为

有些旅游产品品牌差异不大，旅游者不经常购买，而购买时又有一定的风险，所以旅游者一定要比较，只要价格公道、购买方便、机会合适，旅游者就会决定购买。购买以后，旅游者也许会感到有些不协调或不够满意，在旅游过程中，会了解更多的情况，并寻求种种理由来减轻、化解这种不协调，以证明自己的购买决定是正确的。

对营销人员来说，在推销这类旅游产品时，要给旅游者提供方便，要尽一切努力制造品牌差异，包括通过广告创造想象中的差别。实际上大多数同类型、同档次又相邻的酒店也是一样，它们之间的实际差别不大，酒店的营销人员就要想尽一切办法创造自己酒店的形象差别与影响力，为旅游者提供预订的方便。

（4）复杂性的旅游者购买行为

当旅游者购买贵重的、不常买的、有风险的而且又非常有意义的旅游产品时，由于产品品牌差异大，旅游者对产品不了解，因而要有一个学习过程，以广泛了解产品性能、特点，从而对产品产生某种看法，最后决定购买。这就要求营销人员必须成为这类旅游产品的专家，有足够的知识与耐心向旅游者进行介绍，并能说服旅游者购买自己品牌的产品。

2）不同决策单位的旅游者购买行为

以旅游产品购买决策单位为划分标准，旅游者购买行为可分为两类：旅游者的购买行为和组织机构的旅游购买行为（见图5-5）。其中，旅游者的购买行为又根据同伴的数量和群体差异进一步分为个体旅游者购买行为和群体旅游者购买行为。组织机构的旅游购买行为又因购买决策的单位不同可分为一般组织机构的旅游购买行为和中间商的旅游购买行为。

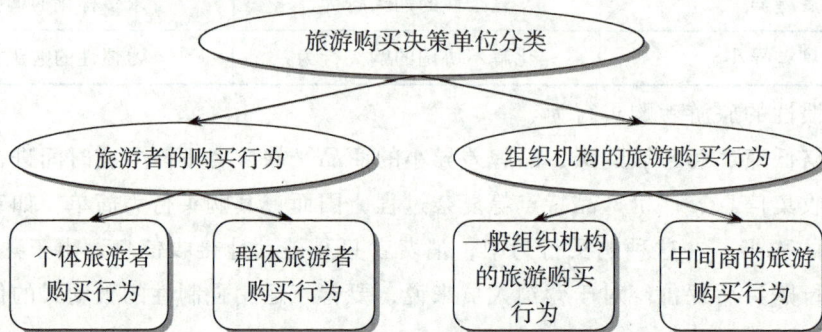

图5-5 不同决策单位的旅游者购买行为分类

3）不同性格特点的旅游者购买行为

以旅游者性格特点作为划分标准，可将旅游者购买行为分为六种，即习惯型、理智型、经济型、冲动型、想象型、不定型。习惯型旅游者往往根据过去的习惯而购买某种旅游产品；理智型旅游者对所要购买的旅游产品都事先经过考虑、研究和比较，即所谓的"胸有成竹"，购买时冷静、慎重，并善于控制自己的情绪，不受广告、宣传的影响，细心挑选；经济型旅游者购买旅游产品时特别重视价格，善于发现别人不易发现的价格差异；冲动型旅游者购买时喜欢追求新、奇，从个人喜好出发，不太讲究产品的效用、性能，这类旅游者的购买行为易受旅游产品的外观、广告宣传的影响；想象型旅游者的购买行为大多出于情感的反应，以丰富的联想和想象来衡量旅游产品的意义；不定型旅游者购买时没有固定的偏爱，一般是顺便购买或尝试性购买。旅游企业常常根据这种分类的结果，判断其目标群体的消费行为，提出切实有效的营销策略。

4）不同参与程度的旅游者购买行为

以旅游产品购买参与程度作为划分标准，旅游者购买行为可分为三类：低度参与、中度参与和高度参与。这是指旅游者在做购买决策时的过程是否繁杂，所需的信息是否容易获得，如果繁杂就需要高度参与，反之则低度参与。

5）不同时间和行程的旅游者购买行为

旅游购买行为可按此标准分为当日往返旅游购买行为、短程旅游购买行为和远程旅游购买行为。进行当日往返旅游时，旅游者的决策过程简单，不需要太多的信息。而远程旅游耗时长、花费高，旅游者一般需投入较大的精力收集信息，谨慎地决策，决策过程较复杂。

按参与程度、时间和行程分类的旅游者购买行为如图5-6所示。

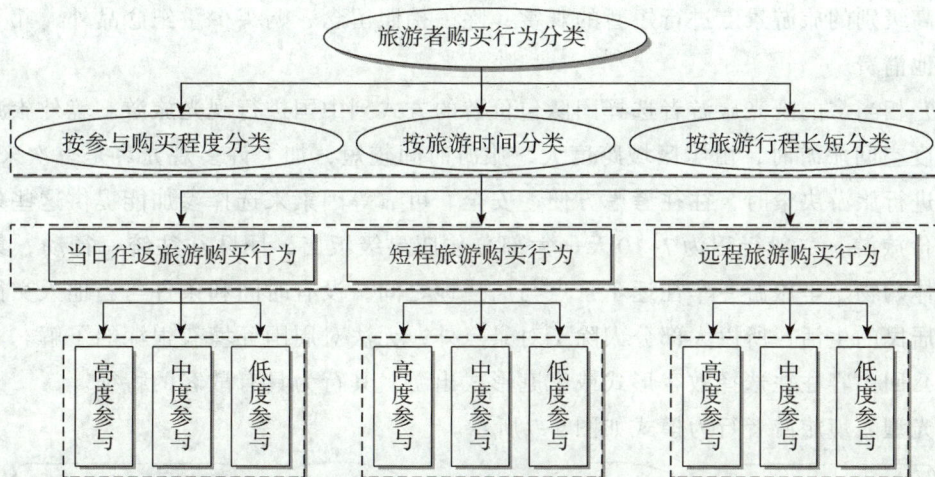

图5-6　旅游者购买行为分类

5.1.5　旅游目的与中国入境旅游者行为模式

马耀峰等根据旅游者动机和目的，以北京、上海、西安、广州、杭州、苏州、深圳、昆明等八个城市的抽样调查为依据，将中国入境旅游者的旅游行为分为观光型、商务型、休闲度假型、修学型、探亲访友型等类型。抽样调查结果也显示不同旅游目的的旅游者在旅游行为上表现出不同的特征。

1）观光型旅游者行为模式

观光型入境旅游者是指以观光游览为目的而离开居住地外出旅游的旅游者，这一类型旅游者是最普通和常见的，所占比重较大。这说明，对入境旅游者而言，观光是他们到中国的主要目的，这也符合旅游的基本层次是观光旅游这一规律，即由于旅游者自身环境和旅游目的地环境之间的异质性构成了旅游的基本动机。抽样调查还发现，旅游者客源地和旅游目的地间差异越大，目的地风光越优美，旅游者获取的信息量也就越多，兴趣也越高。

入境旅游者所进行的观光型旅游主要属于大尺度空间行为，这主要是由旅游者的自身条件和旅游动机而导致的结果。由于绝大多数入境旅游者到中国旅游的时间有限，许多人可能也是今生唯有一次到中国旅游的机会，因而在做旅游决策时，力图到级别较高的旅游点旅游，而且往往希望在有限的时间内尽可能游玩更多的高级别旅游点，即使在一地还有充足的时间和资金，甚或那些级别较低的旅游点还有相当的游览价值，他们一般也不停留在原地游览级别较低的旅游点，而是迁移到其他地方游览高级别的旅游点。

由于进行的是大尺度空间的旅游行为，因而观光型入境旅游者具有明显的区域跨度大、在某一目的地停留时间短、参观的名胜数量少但级别高、旅游花费少、重复观光少等特点，入境旅游者在每一目的地观光选择的均为当地高级别旅游点。其具体特点如下：

（1）观光型入境旅游者在短时间内进行涉及数省的大跨度区域旅行，再加上居住地离景点往往有一定距离，当然只能选择少数高级别景点。据对中国台湾旅游者的抽样调查结果，从暂住地到景点的路途平均每日所用时间在3~5个小时的占61.5%，剩下的时间只能对少量高级别的旅游景点进行短暂的观赏，除了拍照留念、购买少量纪念品外，几乎没有大的其他消费。

（2）相当多的观光旅游者选择团队包价游的方式到中国进行观光旅游。境外旅游者进行大尺度空间旅游时，由于区域跨度大，旅游时间较短，加上许多观光客是首次来中国，因而在进行旅游决策时，往往考虑方便、安全、可靠等因素来选择参加能提供这些条件的团队包价旅游，一般行程为7~10天；大部分住四星级饭店，团队往往统一行动，集体用餐、集体购物、坐旅游专车往返于景点与居住地之间，没有时间和条件与当地人交往和了解当地居民的生活，所以大部分人除了对景点外，无法对周围环境有很深的了解。

（3）回头客往往选择散客形式或家庭形式出游，其行为具有散客的特征。

观光型入境旅游者行为模式如图5-7所示。

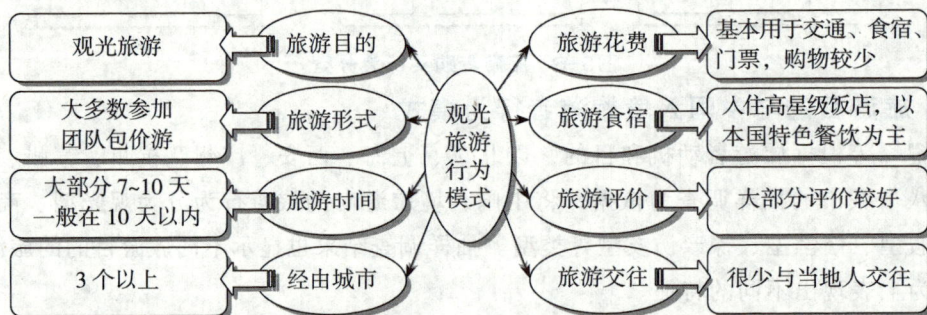

图5-7　观光型入境旅游者行为模式

2）休闲度假型旅游者行为模式

休闲度假型旅游者是指以通过娱乐消遣获得精神松弛为目的而离开长住地外出旅游的旅游者。在观光之余，由于娱乐消遣旅游能够变换生活环境，调节生活节奏，因此来中国休闲度假也成为入境旅游者的重要目的之一。

休闲度假型旅游者的旅游行为同观光型旅游者相比有很大不同，主要特点如下：

（1）旅游者多数来自经济发达的国家或地区，在年龄构成上以中老年为主。

（2）他们到中国的主要目的是休闲度假，寻求幽雅清静的生活环境，治疗疾病，或参加一些有益健康的体育运动和一些有趣味、有特色的消遣娱乐活动，以达到消除疲劳、强身健体、适意愉情的效果，因而往往选择气候条件好或有海滨、温泉的地方，具有一定的季节性。

（3）这类旅游者旅游的灵活性较大，一般不参加团队包价游，到中国经停的旅游目的地数量少，在某一目的地停留时间较长，到中国停留时间在10天以上，花费较大，对价格和服务质量相当敏感，且一般不与当地人交往。

休闲度假型入境旅游者行为模式如图5-8所示。

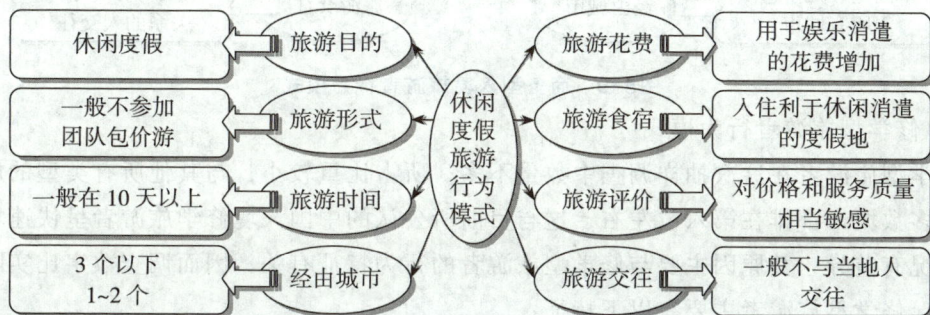

图5-8　休闲度假型入境旅游者行为模式

由于中国目前已开发的适宜休闲度假的旅游地和旅游项目较少，因而与该类型旅游者的增长趋势不相适应，许多环节的服务也不尽如人意。旅游者对此类目的地的评价较观光客的满意程度低，回头客较少，规模也不大。

3）商务型旅游者行为模式

商务型旅游者在被调查的每个城市都有，一般说来他们到中国的主要目的是进行商务活动，而以旅游活动为辅。由于他们的商业目的高于旅游目的，因而在旅游目的地选择上不能根据自己的需要和目的决定，而是因工作需要或由他人决定，所以旅游者人数同旅游地的风景价值之间关系并不大，而与旅游地的经济发展程度和对外开放程度关系十分密切。如中国珠江三角洲的中心城市广州，商务型旅游者的比重为55.9%，在所有城市中排名第一。

在旅游行为方面，商务型旅游者具有以下特征：

（1）大部分商务型旅游者不是自己选择旅游目的地，而是因工作需要或由他人决定；大部分商务型旅游者不是自己花钱，而是由企业花钱，因而消费出手大方，往往住豪华型宾馆，买高档物品，过奢侈生活。

（2）商务旅游目的地大都限于城市，因为一般只有城市里才会拥有较适合商务型旅游者需要的饭店、会议设施、展览中心等。商务型旅游者参加旅游的形式主要有商务散客、商务会议、奖励旅游以及参加展览和交易会等大型活动。

（3）与观光度假旅游相比，商务旅游期限短但频率大，且受季节变化影响小。商务型旅游者常常是那些专业人士，如投资商、科学家、医生、企业管理人员、市场推销人员等。他们对旅游目的地来说是很受欢迎的旅游者，是提高目的地知名度的传播者，当地可以借此树立良好的形象。

商务型入境旅游者行为模式如图5-9所示。

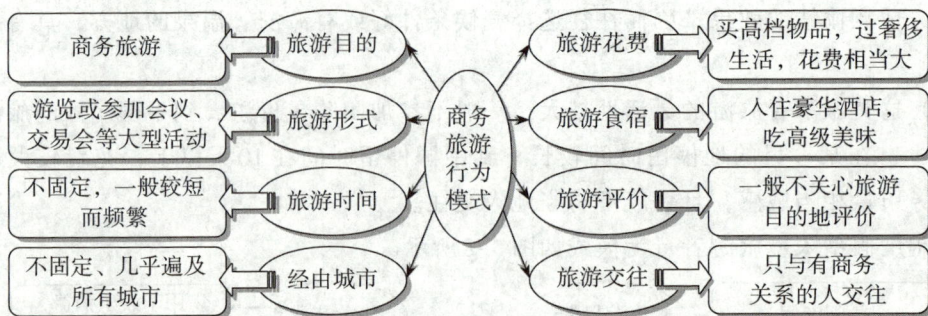

图5-9 商务型入境旅游者行为模式

4）修学型旅游者行为模式

修学型旅游者在这次抽样调查中数量不多，所占比重较小，与其他所有类型的旅游者相比，多数城市都排在第六位左右，这与目前所公认的中国入境修学旅游者呈快速增长的实际情况有差异，其原因主要与修学型旅游者的行为特征有关，因而调查数字比实际人数少得多。修学型旅游者主要有以下特征：

（1）修学型旅游者的旅游形式主要是独立散客型或几个人结伴同行型。他们一般不追求豪华、奢侈的生活，能吃苦，因而对住处不很关心，只求安身即可，喜欢品尝旅游地的地方餐饮，花费主要用于基本的食宿和拍照方面，总的花费不大。

（2）这类旅游者入境旅游的主要目的不是观赏优美的风光，而是出于对中国古老的东方文化的浓厚兴趣而进行修学。因此，他们在粗略地欣赏一些景点的风光后，往往深入考察当地社会的民风、民俗、语言、历史等，而且主要是自己考察，甚至有时去探险，与当地人的交往有助于他们的考察。因为这一类旅游者在某一个地方停留时间较长，所以统计数据与实际有出入。

修学型入境旅游者行为模式如图5-10所示。

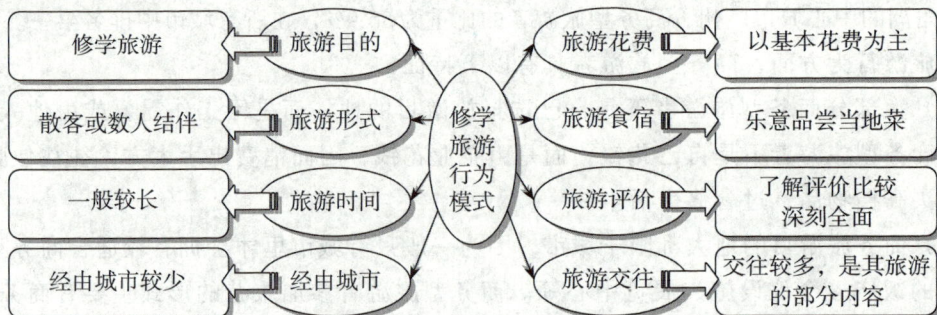

图5-10 中国入境修学型旅游者旅游行为模式

　　5）其他旅游者的行为模式

　　除上述类型以外，入境旅游者到中国旅游还有以参加会议、探亲访友、宗教活动等其他活动为主要目的。如探亲访友型旅游者在每个城市都有，但除广州、厦门的比重稍高外，其余城市比重都较小。

　　参加会议旅游者一般逗留时间较短，只游玩少数高级别旅游点，对食宿要求较高。

　　探亲访友型旅游者一般在亲友陪伴下旅游，因为亲友对旅游目的地相当了解，所以他们一般不会把钱花在不该花的地方。

　　宗教朝拜的旅游者到中国主要目的是宗教朝拜或还愿，所以他们对食宿不很讲究，不过豪华生活，不买当地纪念品，旅游花费较小。

　　而探险旅游者及康体旅游者的行为模式是旅游业跨世纪发展的重要研究内容。

　　总之，这些类型的入境旅游者或者是不典型，或者是数量少，比重偏低，他们的行为模式尚不具备普遍性和稳定性，不是中国对外旅游服务的主体。然而，这些类型的旅游者来自世界各地，影响范围广，对中国的旅游整体形象有直接影响，对进一步发掘中国旅游资源的潜力具有不可忽视的作用。

5.1.6　客源地与旅游者行为模式

　　按照旅游客源市场与中国的距离远近，可把中国入境旅游者分为两大部分：一是远程市场部分，主要包括欧洲和北美洲，具体国家有美国、加拿大、德国、英国、法国、俄罗斯等；二是近程市场部分，主要包括日本、韩国、新加坡，以及中国港澳台地区等。

　　1）远程市场的旅游者行为模式

　　（1）欧洲市场。欧洲市场中的德国、英国、法国、意大利、俄罗斯是中国的重要客源国。

　　英国是世界上主要的国际旅游者客源国之一。从历史上看，英国人有较为久远的旅游传统。近年来，英国到中国的旅游者增长率高于英国到亚太其他地区旅游人数的平均增长率，说明英国是中国较为稳定的客源国。德国是世界上最大的出境旅游市场，也是中国重要的旅游客源国。德国旅游者往往对中国的传统文化和历史名城情有独钟。俄罗斯到中国旅游者中边境旅游占很大成分，旅游者购物在消费中所占比重大。

　　（2）北美洲市场。北美地区的人口规模、富裕程度、教育水平和城市化程度等条件都决定了该地区是世界上国际旅游的重要客源地。20世纪80年代以来，北美洲到亚洲旅游的规模发展十分迅速，虽然到亚洲旅游旅途较长，会遇到语言不通、习俗各异、办旅行手续不简便等麻烦，但是亚洲丰富多彩的文化和历史景观对他们有很大的吸引力。该地区两大客源国是美国和加拿大。美国是世界上最大的出境旅游市场之一，出国人次位居世界第二。中国是亚洲重要的旅游目的地，悠久的历史、丰富的人文资源以及丰富多彩的民俗风情等，对美国旅游者具有很大吸引力。美国旅游者到中国旅游多选择历史文化名城和现代化大都市。加拿大旅游者与美国旅游者相比，更偏向于自然风光和人文景观兼有的景点；其次为现代化大都市；再次为中国历史文化名城。

　　总之，以北美洲和欧洲为主体部分的远程市场旅游者偏重的旅游城市多为北京、上海、广州、西安、桂林、昆明等。其行为一般有以下特征：由于旅游客源地与目的地之间文化、民族、历史等方面的差异，欧美远程旅游者非常喜欢游览中国的乡村古镇，品尝当地食品，体验丰富多彩的民俗风情。旅游方式也有所不同：参加团队包价游的旅游者中，已退休的老年旅游者所占比重较大，他们积蓄较多，并且许多人到中国旅游是为了实现梦想，所以，他们不惜花钱去享受当地最豪华的服务，往往住豪华宾馆，乘坐豪华交通工具，购物所占比重也较大；而散客多数为刚工作不久的年轻人和正在求学的学生，他们来中国是为了体验亚洲文化，由于他们节余的钱有限，因此花费较少。

　　远程市场入境旅游者行为模式如图5-11所示。

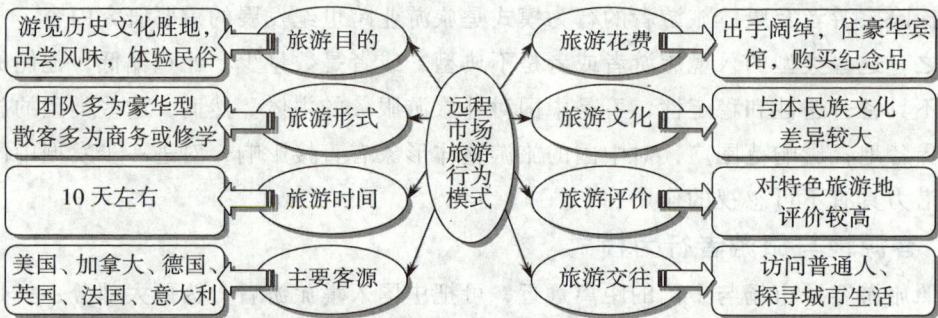

图5-11　远程市场入境旅游者行为模式

2）近程市场的旅游者行为模式

　　我国港澳台市场自1978年内地（大陆）旅游业步入正轨以来，一直是内地（大陆）旅游业的最大客源市场，其中香港正在迅速成长为一个重要的入境旅游客源市场和旅游中转地。由于血缘和地理位置等因素影响，港澳台同胞偏爱的旅游目的地为广州、深圳、珠海、厦门等位于东部沿海地区的旅游地。

　　随着经济的发展，日本出国旅游市场迅速扩大，日本到中国的入境旅游者人数一直位居前列。日本入境旅游者偏爱的中国城市有上海、北京、西安、广州、大连等。韩国近几年来经济有较大发展，且与中国的经贸往来也迅速增多，所以韩国来的商务旅游者数量较多，他们偏爱的城市有北京、上海、延边、大连等。东盟五国市场包括新加坡、泰国、菲律宾、印度尼西亚和马来西亚，出游者中以华侨和华人居多，他们偏爱的城市有北京、上海、昆明、广州、厦门等。澳大利亚与中国之间交通联系较便利，他们偏爱的城市有北京、上海、广州、西安等。

　　总之，中国近程旅游市场的入境旅游者行为有以下特征：在目的地选择上，除普通观光地外，更愿意选择文化氛围浓厚的人文胜地和具有现代化气息的大都市；老年旅游者一般参加团队游，年轻旅游者多为散客，他们都对中国古老文化很感兴趣；修学型旅游者较多，逗留时间多在6~10天。由于中国与该市场大多数国家经贸往来都比较密切，因此商务旅游者所占比重较大，他们多在参加展销会、经济洽谈和会议之余进行短期观光，花费很大。

近程市场入境旅游者行为模式如图5-12所示。

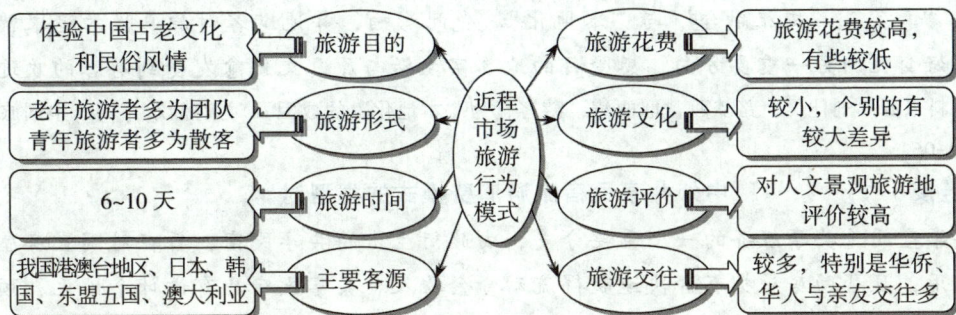

图5-12　近程市场入境旅游者行为模式

【实例5-1】　　　　　　　　游客行为的"本地化"成因

得益于综合国力的增强和城乡居民收入水平的提高，我国旅游业近年来蓬勃发展，旅游业对国民经济和社会发展的综合带动效应更加凸显。随着我国进入大众旅游时代，旅游休闲已经成为大众的日常生活选项，游客行为愈发呈现出"本地化"的新发展特征。

（1）游客行为"本地化"的两重体现。游客行为的"本地化"，体现了旅游者旅游行为决策的变化。旅游决策是贯穿于游客行前、行中、行后的一系列行为选择，是一个分层次、分阶段、连续而复杂的系列决策过程。在经过多种行为选择的叠加后，游客与当地居民的行为偏好和行为模式呈现出趋同的倾向。游客行为"本地化"的趋势可以进一步区分为两个维度：首先是旅游者对旅游吸引物的选择偏好与本地居民趋同。近年来，国内游客的旅游消费偏好发生了明显变化，更多人涌向了文化公园、游乐场、主题乐园、开放性的空间、文物古迹和代表当地文化特色的展览馆及城市公共文化展示馆。其次是游客像当地居民一样广泛融入目的地的公共空间和休闲场所之中。在"慢文化""慢生活"等理念的感召下，"慢旅游"正被更多旅游者所接受。更多游客的旅游方式从走马观花式的观光游览向休闲、度假、参赛、康养等多目的综合性活动转变，甚至暂时放下了"游客"的身份，以获得身心愉悦、回归本性和满足精神需求为目的，放慢旅行节奏，在有限目的地长时间停留，融入当地生活环境，对目的地日常生活、原真文化和历史民俗等进行更加充分的体验。

（2）多重因素影响游客行为"本地化"。首先体现在市场化发展改变了行业运行模式。在旅游业发展初期，市场体系不完善，旅行更多是外宾或者少部分人群的活动，因此其旅游过程中的各场景都与日常生活体验完全不同，游客享受到的是针对他们的"定制化"产品及服务，处处体现出与目的地居民的差异。随着收入水平的提升及行业市场化程度的提高，居民旅游消费的意愿和能力也大幅提升。旅游从景点观光游览向综合体验转变，出游目的和方式也更加多元，旅游从特殊活动发展为大众消费行为，旅游与本地休闲的差异性、与本地生活的疏离感也愈发变小。其次体现在消费偏好变化影响了旅游动机。我国正处于物质消费向精神消费的跃迁时期，旅游者对文化体验和文化消费更加重视。第一，个人收入和受教育程度的提升让游客对原真文化体验有了更多需求；第二，在文旅融合的大背景下，不仅政府对文旅融合工作更加重视，各目的地的旅游营销及信息传播也更加突出"真实"、"文旅融合"与"本地化"。受此影响，异地游客对原真性的追求就成为消费偏好变化的另一重要方向，感受目的地真实生活与原真文化愈发受到游客的欢迎。

（资料来源　刘佳昊，路梦西，邢丽涛．游客行为"本地化"的成因及对策建议［N］．中国旅游报，2021-10-06）

【相关链接5-1】　　　　　中外共享民宿旅游消费模式的类型对比

共享空间是共享经济的一个重要分支，由此衍生出的共享民宿，旨在对闲置房屋进行有效利用，且帮助房屋拥有者快速获得流动资金收入。共享民宿具有设计个性化、预约简单、流程灵活等特点，自2015年共享经济元年开始受到广泛的关注。共享民宿发端于民宿行业对共享网络平台的有效利用，也对民宿行业的普及与发展起到积极作用。

（1）中国游客旅游消费模式。按现代化的旅游目的与本质，中国旅游消费模式可以分为三大类：一是"走马式"旅游消费模式。中国传统的旅游消费模式注重旅行过程中的物质获取和自我完善，由于时间仓促以及行程的紧迫，人们往往会忽略旅行中对住宿的体验，只保障最根本的出行要求。二是"攀比式"旅游消费模式。物质文化的丰富，导致了人们在旅游过程中对住宿往往更注重高档和享受，不少中国人以国际旅游的次数与地点以及旅游中带回的物品作为本身价值的附属，而旅游本身所附属的学习与体验的价值却无法体现。三是"享受式"消费模式。如今中国人会选择短期旅游作为暂时"逃离"原本生活的手段，或者不单纯以旅游为目的而以调剂生活为主要目的。现今的中国消费模式正处于重要的转型阶段，从原来的物质追求转向精神追求，共享民宿的出现也预示着中国共享经济消费模式的进一步发展。

（2）外国游客旅游消费模式。当今的外国旅游消费模式，可分为三类：一是"体验式"旅游消费模式。外国人更偏向对大自然进行探索，因此喜欢选择个人出游，或小团体出游，在亲身经历中寻找旅行的价值。二是"追求式"旅游消费模式。出于对新鲜事物的向往而选择自主式旅游，通过自己划定的旅游路线，实现旅游中对某事物的探索过程。三是与中国相似的"享受式"旅游消费模式。其本质也是出于对美好环境的向往而引发的短暂旅游。由于共享民宿本身存在着设计个性化、贴近生活、价格低廉、易于个人或小团体预订等特点，西方旅行者更愿意选择共享民宿作为体验新鲜事物的手段，既满足了自己对未知文化的深入体验，又满足了旅行中自我价值的体现。

综上所述，共享民宿作为共享经济的新兴商业模式，虽然在其发展初期存在着业主管理缺陷、无法有效保护游客利益等问题，其本身的完全C2C模式也可能受限于诚信文化和个人征信制度的缺失，但从国内外旅游消费模式中可以看出，在未来共享经济进一步的发展过程中，共享民宿会成为中外旅游消费者出行住宿的新选择，也会成为未来中外旅游文化交流的桥梁。

（资料来源　崔丁毅，吴新玲．国内共享民宿的前景及管理对策分析——基于中西旅游消费模式的视角［J］．消费经济，2018，25（5）：66-67）

5.2　旅游者行为决策过程研究

旅游市场营销人员不仅要了解影响旅游者的各种因素，还要了解旅游者实际上是如何进行旅游决策的。因此，旅游市场营销人员还必须确认旅游决策者、决策类型及决策步骤等。

5.2.1　旅游者行为的决策类型

对大多数产品而言，确认旅游者是很容易的。对旅游决策有影响的有四类人：首倡者、影响者、决策者和旅游者。旅游企业要确认出这些角色，因为他们对旅游产品的设计、广告词的确定及促销预算的分配都有影响。了解主要的参与者和他们的角色，有助于市场营销人员妥当地安排旅游市场营销计划。旅游者的旅游决策随决策的类型而变化。

1）复杂性的旅游决策行为

当旅游者参与旅游的程度较高，并且了解旅游产品间的显著差异时，则会有复杂性的旅游决策行为。当旅游产品很昂贵、旅游不频繁、旅游冒风险，并且有很高的自我表现作用时，旅游者一般参与购买的程度较高。这种情况通常是旅游者对此类旅游产品不太熟悉并且需要对许多性能进行了解。对于这些旅游者，市场营销人员必须深入了解，进行信息收集并加以评价。市场营销人员需要制定出各种策略，来帮助旅游者了解这类产品的各种属性、这些属性的相对重要程度以及旅游企业的品牌在比较重要的属性方面的名望。市场营销人员还必须突出旅游产品品牌的这些特征，利用主要广告媒体和详细的广告文稿来描述其优点，以便影响旅游者的最终选择。

2）平衡性的旅游决策行为

旅游者有时参与旅游的程度较高，但看不出各品牌间的差异。参与旅游的程度高往往是因为产品很昂贵、旅游不频繁、购买冒风险等。这时旅游者会到处观察哪里可以旅游，但由于品牌间的差别不明显，旅游决策就会非常迅速。旅游者主要关心的可能是价格是否合适或旅游的便利程度，因而市场营销沟通的目标应该是提供有助于旅游者对自己所选品牌寻求心理平衡的信念与评价。

3）习惯性的旅游决策行为

许多旅游产品的情况是旅游者参与程度不高，同时品牌间的差异也不大。旅游者对这类旅游产品几乎不参与。事实证明，旅游者对大多数低价的、熟悉的旅游产品参与的程度很低。在这种情况下，旅游者的旅游行为并不经过正常的信息—态度—行为顺序。他们并不广泛寻求品牌方面的信息，也不追求品牌的特性，更不对旅游产品品牌进行加权决策。相反，他们只是被动地接受电视或网络广告所传递的信息。结果，旅游广告的重复只是造成熟悉品牌，而没有信服品牌。旅游者不会形成对品牌强烈的态度，选择品牌仅仅因为对它熟悉。旅游后也不会加以评价，因为旅游者对这类产品本无所谓。对品牌差异不大、参与程度低的产品，市场营销人员发现运用价格和促销来刺激购买很有效，因为旅游者并不专注于某个品牌。在参与程度低的旅游产品的广告中，要注意：旅游广告词所强调的重点要少，视觉符号与形象非常重要，因为这样便于记忆并能联想到品牌；旅游广告所传递的信息要简短并且不断重复；广告计划要以经典控制理论为依据，这种理论认为，不断重复旅游产品的某种标志就可使旅游者识别出这种产品。

市场营销人员也可设法将参与程度低的旅游产品转变成参与程度高的产品，如将该产品跟某些相关问题联系起来。

4）变化性的旅游决策行为

某些旅游产品的特点是旅游者参与程度低同时品牌间的差异很大，这时会发现旅游者经常改变品牌的选择。品牌的转换是因为寻求变化，而不是对旅游产品不满意。市场领导品牌与二线品牌所采取的市场营销战略是不同的。市场领导品牌可通过占领旅游市场、频繁发布提示性的广告来鼓励习惯性的旅游行为；而对市场领导品牌进行挑战的品牌则应通过低价、优惠、赠券、免费及强调试用新产品的广告活动来鼓励寻求变化的旅游者购买行为。

5.2.2　旅游者行为决策的过程研究

旅游企业必须对涉及其旅游产品种类的旅游决策过程加以研究。可以询问旅游者：是什么时候开始熟悉这类旅游产品与品牌的；对旅游品牌的信念是什么；对旅游产品的参与程度如何；是如何进行品牌选择的；旅游后的满意程度如何。

不同的旅游者进行旅游决策的方式也不一样。度假旅游时，有些旅游者会花很多时间来收集信息，并加以比较；有些则会直接找旅行社，并听从其建议。因此可以根据旅游者风格（如谨慎型旅游者或冲动型旅游者）对旅游者进行细分，然后根据不同的细分类别来制定相应的市场营销战略。

旅游者行为决策过程会经历五个阶段，即确认旅游需要、收集旅游信息、评价旅游方案、做出旅游决策和旅游后行为（见图5-13）。显然旅游过程早在实际旅游前就已开始，而在旅游后很久还会有影响。

確認旅游需要　▶　收集旅游信息　▶　評价旅游方案　▶　做出旅游决策　▶　旅游后行为

图5-13　旅游者行为决策的过程模式

这个模式意味着旅游者在旅游的过程中经历了五个阶段。但有时并不是完全如此，尤其是参与程度较低的旅游，旅游者可能会跳过或颠倒某些阶段。旅游者面对参与程度较高的旅游产品所需的全部思考和决策过程如下：

（1）确认旅游需要。旅游过程始于旅游者对某个需要的确认，旅游者意识到自己的实际状态与期望状态间存在着差异，这个需要是由内在或外部的刺激所引起的。市场营销人员需要确定激发出某种需要的环境。通过从一些旅游者那里收集信息，市场营销人员就能确认出可引起对某类产品感兴趣的常见的刺激因素，这样他们就可以制定出激发旅游者兴趣的市场营销战略。

（2）旅游决策过程的信息收集。需要已受激发的旅游者可能会去收集更多的信息，可将其分成两种层次，即适度收集信息的状态和积极收集信息的状态。旅游者的信息来源可分为四类：个人来源（家庭、朋友、邻居、熟人等）；商业来源（广告、推销员、经销商、包装、展览等）；公共来源（大众媒体、旅游评比机构等）；经验来源（产品的操作、检查与使用等）。这些信息来源的相对丰富程度与影响程度随旅游产品类别与旅游者特征的不同而各异。一般说来，旅游者收集的旅游信息主要来自商业来源，即市场营销人员所能控制的来源。另外，最有效的信息则来自个人来源。每类信息来源对旅游决策有着不同作用和影响。商业来源一般是起告知作用，而个人来源则起着认定或评价作用（见图5-14）。

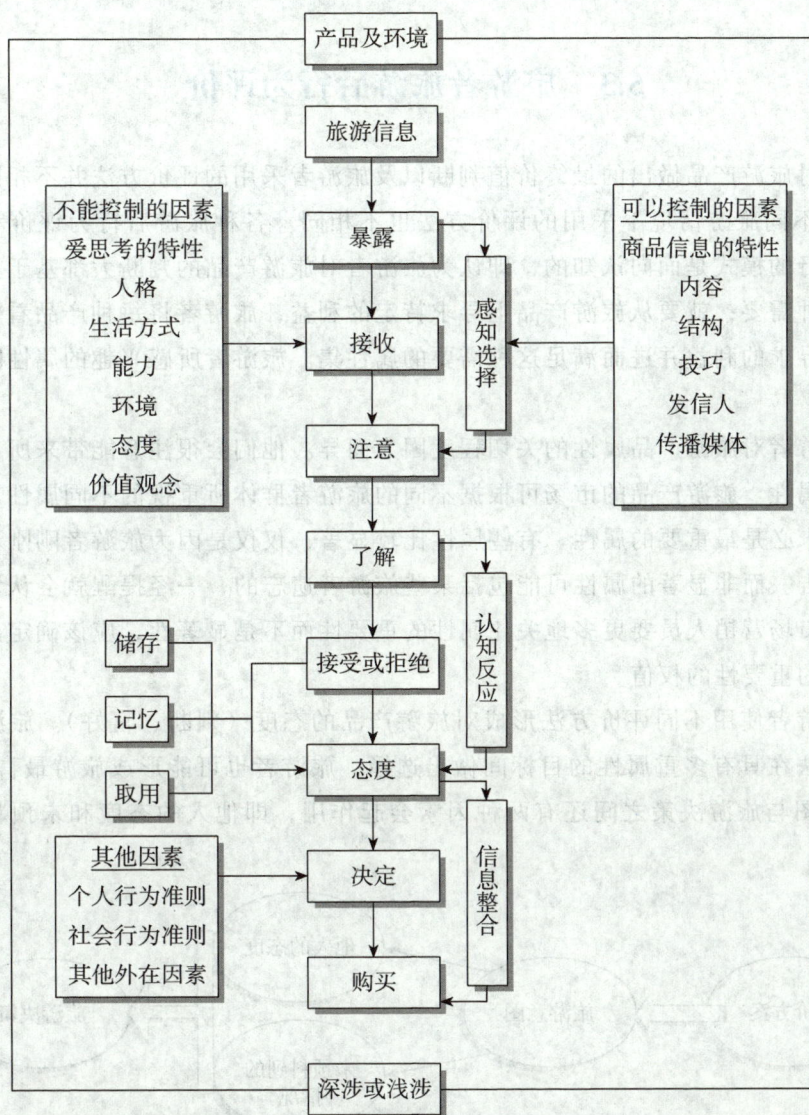

图5-14　旅游者对旅游信息的处理过程

　　应该将旅游者的信息来源加以确认，并评价其相对重要程度，同时还应该询问旅游者最初是如何知道该品牌的，而后又得到什么信息，以及不同旅游信息来源的相对重要程度如何等等。这些信息可帮助政府旅游机构和旅游企业与旅游者目标市场进行有效的沟通。

⇦ 【实例5-2】　红色文化旅游的游客行为决策影响因素

⇦ 【相关链接5-2】　女性旅游决策行为差异性

5.3　旅游者旅游后行为评价

旅游者对旅游产品做出的最终价值判断以及旅游者采用的评价方法并不相同，甚至同一旅游者在不同旅游情境下采用的评价方法也不相同。各种旅游后行为评价和满足过程中，最为流行的模式是面向认知的，即认为旅游者对旅游产品的判断大都基于直觉。旅游者要满足某种需要，就要从旅游产品上寻求特定的利益，旅游者将每种产品看作能不同程度地带来所寻求的利益并进而满足这种需要的属性集。旅游者所感兴趣的属性随产品的不同而各异。

（1）旅游者对旅游产品属性的关切程度因人而异。他们会很注意能带来所寻求的利益的旅游产品属性。旅游产品的市场可根据不同的旅游者群体所重视的不同属性来细分。最显著的属性未必是最重要的属性。有些属性比较显著，仅仅是因为旅游者刚刚看过宣传这种属性的广告。而非显著的属性可能包括某些旅游者遗忘的、一经提醒就会认识到其重要性的属性。市场营销人员要更多地关注属性的重要性而不是显著性，应该确定出旅游者赋予不同属性的重要性的权值。

（2）旅游者使用不同评价方法形成对旅游产品的态度（判断、喜好）。旅游者利用不同的评价方法在具有多重属性的目标间做出选择，旅游者也可能形成旅游最喜好的意图，但在旅游意图与旅游决策之间还有两种因素会起作用，即他人的态度和未预料到的情况（见图5-15）。

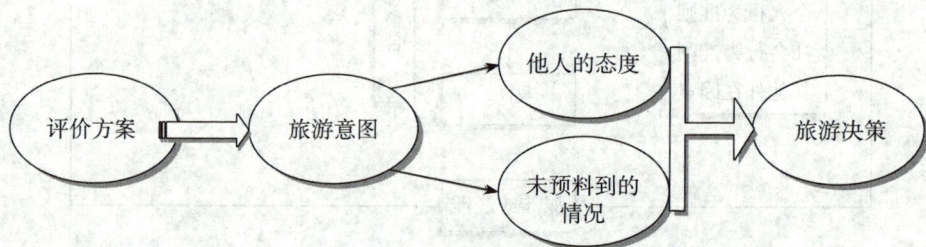

图5-15　旅游者评价方案与旅游决策之间的步骤

5.3.1　旅游者旅游后行为评价概述

旅游者在旅游后会体会到某种程度的满意或不满意，还会有旅游后行动与旅游产品使用。而不满意的旅游者反应则截然不同，会设法降低不平衡感。不满意的旅游者可能会通过放弃或投诉来降低不平衡感，也可能通过寻求能证实产品价值高的信息（或回避能证实产品价值低的信息）来降低不平衡感。市场营销人员应该了解旅游者处理不满意时的所有方式（见图 5-16）。旅游者会在是否采取行动上做出选择。如果要采取行动，则可能采取公开行动或私下行动。公开行动包括向旅游企业投诉、找律师或者向能帮助旅游者的其他组织（如政府旅游机构）投诉；也许会干脆停止购买该旅游产品（退出权）或者提醒朋友（发言权），即私下行动。无论哪种情况发生，旅游企业都会因未能满足旅游者的需要而有所损失。

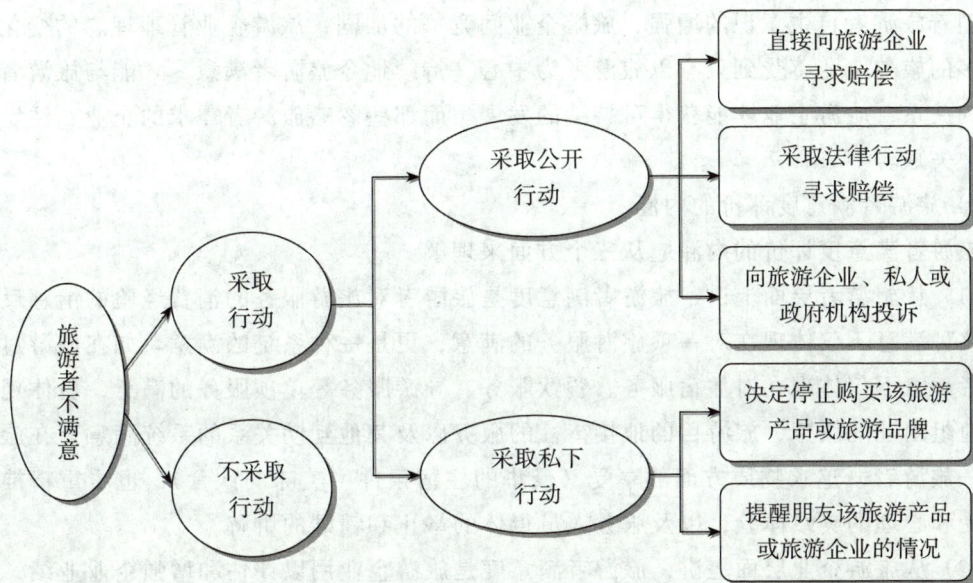

图 5-16　旅游者处理不满意时所采取的方式

　　旅游后，旅游者可能会发现缺陷。是什么决定了旅游者对某种旅游产品感到非常满意、比较满意或者不满意呢？旅游者的满意度是对旅游产品的期望与所感知到的绩效间的函数。如果旅游产品的绩效低于期望，旅游者就会失望；如果符合期望，旅游者就感到满意；如果超过期望，旅游者会高兴。这些感觉会影响旅游者是否会再次旅游并且向他人夸赞或贬低旅游产品。

　　旅游者期望的形成是基于从旅游企业或政府旅游机构、朋友或其他信息来源所获得的消息。如果旅游企业夸大产品的利益，使旅游者产生不实的期望，则会导致不满意感。期望与绩效之间的差距越大，旅游者的不满意也就越大。此时旅游者会有不同的对待方式，有些旅游者因为极为不满意，会夸大这种差距；而另一些旅游者因为不会那么不满意，则会缩小这种差距。

　　这个理论要求旅游企业使产品的诉求真正体现出产品的可能绩效，以便使旅游者感到满意。有些旅游企业甚至低调说明产品绩效，以便旅游者能对旅游产品产生高于期望的满意感。

旅游企业可以采取措施来尽可能降低旅游者旅游后的不满意程度。例如，旅行社可以提供旅行袋留作纪念；也可在出发前做好清点工作，以保证所有旅游者的旅游路线都正确；也可在广告上列出满意的旅游者；还可以为改进服务而征求旅游者的意见；旅行社可以组织旅游归来后的聚会，在旅游者间交换照片，回忆旅游中的美好时光。此外，还可提供良好的沟通渠道，供旅游者投诉并迅速赔偿他们所受的不公平损失。总之，旅游企业应当尽可能地为旅游者提供沟通与投诉的渠道，欢迎旅游者的反馈，并将其看作是不断改善旅游产品与绩效的方式。

5.3.2　旅游者满意度评价的衡量标准

随着旅游者自主意识的增强，旅游企业间竞争的加剧，旅游企业管理理念的变化，越来越多的旅游企业感受到只有以旅游者为中心，持续地令旅游者满意，才能与旅游者建立长期的关系，旅游企业才能获得可持续的发展。而那些忽略旅游者需求的企业，注定要在竞争中失败。

1）旅游者满意度评价的内涵

旅游者满意度评价的内涵应从三个方面来理解。

（1）从旅游者层面上讲，旅游者满意度是旅游者对旅游服务的消费经验的情感反应状态。这种满意不仅体现在对一项旅游服务的满意，更是一种系统的满意。如在旅游过程中旅游者满意不仅体现在对住宿服务、餐饮服务、导游服务等单项服务的满意，更体现为对客源地组团社的服务、旅游目的地接待社的服务以及其他互动关系的系统满意。在旅游活动中，旅游者既追求物质方面的享受（豪华的住宿条件、美味的饮食），也看重精神方面的享受和心理的美妙体验，以及服务人员得体的举止和精妙的讲解。

（2）从旅游企业层面上讲，旅游者满意度是旅游企业用以评估和增强企业业绩，以旅游者需求为导向的一系列指标体系。它代表了旅游企业的目标市场中所有购买和消费经验的实际和预期的总体评价，是对旅游企业服务业绩和经营质量的衡量尺度。旅游企业在管理层面上的旅游者满意度研究，是对目标市场上所有旅游者个人满意度的研究与旅游者群体行为满足过程研究的综合。

（3）从旅游行业层面上讲，旅游者满意度是通过一系列预先设定的指标体系对行业的整体服务质量进行粗略的评估和把握，目的是促使全行业的服务水平不断提高和改进，以适应国际化竞争的趋势。旅游者满意度在一定程度上反映了一个国家旅游业发展的整体水平。

2）旅游者满意度评价的影响因素

旅游企业与旅游者互动关系的质量决定了旅游者的满意度，对旅游者满意度的评价要从其构成要素开始。影响旅游者满意度的因素主要有三个，即旅游者经历的服务质量、旅游者预期的服务质量和旅游者的感知价值。

（1）旅游者经历的服务质量评价。旅游者经历的服务质量是用旅游者对近期的旅游经验的评价来表示的，它直接影响服务中的顾客满意度。评价的结果具有很强的主观性。在实际操作中，用以下两项指标来衡量旅游服务经验的构成：①旅游服务的个性化程度。它是指旅游企业针对旅游者不同的选择、不同的需求、不同的偏好，提供有针对性的个性化服务的程度。②旅游服务的标准化程度。它是指旅游企业提供标准化、程序化、规范化服务的可靠程度，是提供优质服务的基础。研究表明，提供标准化服务可以消除旅游者的不满，但不一定能带来旅游者的满意。因此，仅提供优质的标准化服务并不能使旅游者真正满意。

（2）旅游者预期的服务质量评价。这是指旅游者对以往旅游的经验，加上各种渠道的宣传（服务品牌、广告、口碑）以及自身的心理偏好所形成的对未来旅游服务的预期。服务质量的预期既包括旅游者通过各种渠道所获得的信息——亲朋好友的口碑宣传、旅游企业的服务品牌和广告宣传等，又包括旅游者个人的心理因素，是旅游者在对旅游企业过去服务能力总结的基础上对未来服务质量的预测。企业不仅要引导旅游者形成合理的服务预期，同时要研究他们的预期，尽量满足他们的需求，甚至超过他们的预期。在一定条件下，旅游者预期的服务质量决定了他们的满意度。

（3）旅游者的感知价值评价。这是指旅游者所感受到的价值相对于自己所付出的消费价格的服务质量。将价值概念引入整个框架，使不同价位、不同企业的服务质量之间具有可比性。在一定条件下，旅游者感知的价值越高，其满意度也越高。旅游企业有必要深入研究企业自身的价值链以及旅游者的价值链，用服务创新来提升旅游者的满意度，同时为培育企业的核心竞争力奠定基础。

以上三项因素决定了旅游者满意度评价的运行机制（见图5-17）。

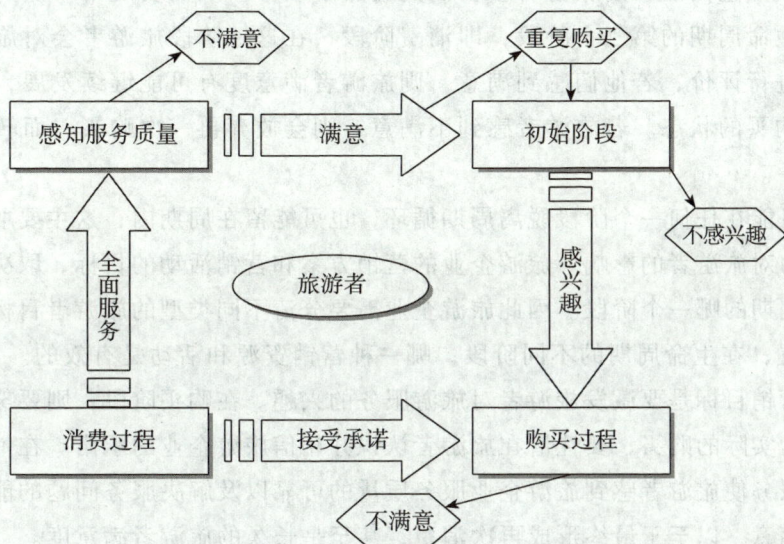

图5-17 旅游者满意度评价的运行机制

3）旅游者满意度评价的生命周期

每一个旅游企业都有一定数量的旅游者群体，但数量的概念在这里没有绝对的意义，真正应当引起旅游企业关注的是旅游者群体的质量，即关系的稳定性和持久性。旅游企业应积极发展并维持这种关系，但旅游者满意度评价并不是自然而然形成的，旅游企业必须努力争取，并采取一定的措施来保持它。旅游者满意度评价可以看成一个生命周期（见图5-18），在旅游者生命周期的不同阶段，旅游者与旅游企业作用方式不同，因此相应的营销策略也会有很大的不同。

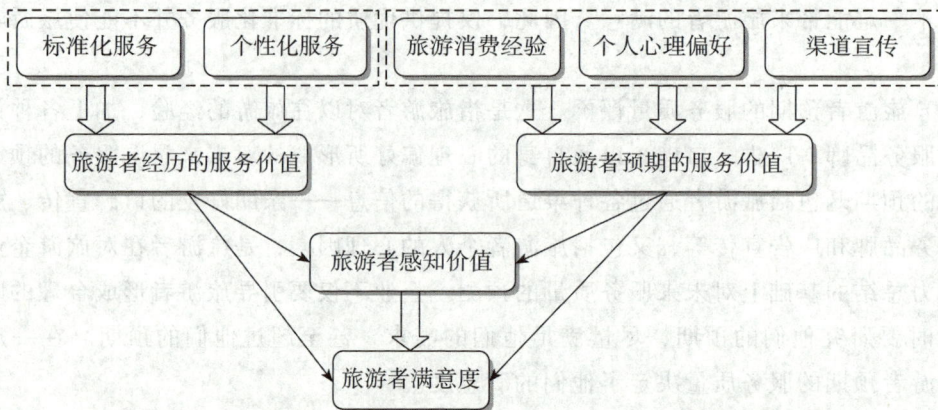

图5-18　旅游者生命周期

　　当旅游者还没有意识到旅游企业的存在及所提供的服务时，旅游者处于生命周期的第一个阶段，即初始阶段。如果个体或行业有了某些需求，又认为旅游企业可以满足这种需求，这时旅游者就会认知到旅游企业的服务，从而进入生命周期的第二个阶段，即购买阶段。在购买阶段中，旅游者会把自己的期望、所付出的代价与感受到的服务进行比较，若结果是正面的，则旅游者会尝试购买旅游服务，从而实现第一次购买。这样就进入旅游者生命周期的第三个阶段，即消费阶段，在这一阶段旅游者会对旅游企业的整体服务质量进行评价，若他们感到满意，则旅游者满意度有可能继续发展，呈现反复购买或者持续购买的状态。若旅游者感到不满意，则会放弃再一次购买，而转向该旅游企业的竞争对手。

　　旅游者可能在任何一个阶段脱离周期循环，也可能留在周期内，这主要取决于旅游企业的营销努力对旅游者的影响。旅游企业的营销方案和营销活动的目标，取决于旅游者当时处在生命周期的哪一个阶段。因此旅游企业需要分清不同类型的旅游者目标群在生命周期所处的位置；在生命周期的不同阶段，哪一种营销资源和活动是有效的。在初始阶段，旅游企业的营销目标是要激发旅游者对旅游服务的兴趣。在购买阶段，则要努力将旅游者的兴趣转化为实际的购买，要让潜在旅游者认识并相信旅游企业的承诺。在消费阶段，要通过内部的服务使旅游者感到旅游企业服务质量的可靠以及解决服务问题的能力，从而形成旅游者的满意，以至于最终形成再次消费，甚至是长久的旅游者满意度。

⇐【实例5-3】　完善文明旅游评价考核指标体系

⇐【相关链接5-3】　以游客满意为导向 推进景区餐饮标准化

5.4　旅游组织机构旅游购买行为

个体旅游者、家庭及小群体旅游者构成了旅游市场的一部分，而旅游组织机构由于其旅游购买行为越来越多，也成为旅游市场的重要组成部分。因此，旅游营销人员必须像重视个体旅游购买行为分析一样重视组织机构的旅游购买行为分析。

5.4.1　旅游组织机构的分类及特征

旅游组织机构按购买旅游产品和服务目的的不同可划分为两类：一类是一般的组织机构，这些机构购买旅游产品和服务是为了自身的消费；另一类则是以营利为目的的旅游中间商，其购买是为了转卖或是一种代理活动。

进行旅游购买的一般组织机构有企业、政府机构及军事机构、大学、行业协会及各种专业协会、社交性俱乐部以及会议机构等。其中，企业是进行旅游购买的最大客户，因为企业经常需要在当地为来访的同行或有业务联系的人提供食宿服务。这些企业的员工在外出差及召开董事会或其他会议也需要预订各种旅游服务。企业往往还是奖励旅游的积极购买者。大企业经常要为销售培训及特殊活动购买食宿、交通等服务；旅游企业还可能为大企业的商业谈判提供各种设施及服务。政府机构及军事机构经常需要为接待来访客人、出访、会谈以及职工休假等购买旅游服务。政府机构进行旅游购买时对产品和服务的要求较高，而且购买后反应往往会给旅游企业的声誉带来极大影响。专业协会及会议机构购买旅游产品和服务时，往往会对旅游企业提出一些特殊要求，满足这些特殊要求，是使这些购买者及产品和服务使用者满意的重要保证。向旅游企业购买产品和服务的组织机构还有旅游中间商。在旅游购买中，并非所有的旅游者都直接向供应商购买旅游产品，很大一部分旅游购买行为产生于各种旅游中间商。这些旅游中间商主要有旅游零售商、旅游批发商、会议代理商、奖励旅游代理商等。

一般来说，组织机构购买旅游产品和服务具有购买的数量和批量大、价值高等特点，购买决策所需信息多，决策时间长，而且往往签订购买合同。因此，组织机构市场应成为旅游营销人员密切关注并着重了解的市场，旅游营销人员也应针对这一市场制定专门的营销策略。

5.4.2　影响一般组织机构旅游购买行为的因素

与影响个体旅游者购买行为的因素相同，影响一般组织机构旅游购买行为的因素也可以分为外部因素和内部因素。其中，外部因素主要是指组织机构的环境因素，内部因素则包括组织机构的目标、政策、企业文化、业务特点及组织结构等因素。下面以企业的旅游购买行为为代表介绍各种影响因素。

1）外部因素

影响企业旅游购买行为的外部因素主要包括经营环境因素和竞争者因素。企业的经营环境由宏观经济、政治法律、社会文化以及科技等因素构成，这些因素对企业的旅游购买行为产生重大影响。

宏观经济因素中诸如产业政策、经济周期、通货膨胀率、税率、利率以及原材料价格等的变化，都直接影响企业的现金流量、利润率等经营绩效，从而增强或削弱其经济实力，最终影响到员工出差、接待来访客户及员工奖励旅游、会议开支等旅游购买行为。当面临经济衰退、通货膨胀时，企业往往会降低旅游购买的档次和数量。

政治法律因素中对市场主体的各种立法及市场规则可能会影响企业业务的开展，有碍或有利于其经营绩效的提高。立法对企业规模及垄断程度的限制，不但会降低其经营利润，还会由于企业规模的减小而降低旅游购买的数量。政治因素如政权的更替不仅意味着经济政策的变化，而且有可能在对外关系上发生变化。目前世界经济发展中出现了经济政治化的倾向。目的国和客源国两国政治关系的变化往往导致经济关系的改变，这对跨国经营的企业会产生重大影响，该企业对商务旅游等产品的购买就必然会发生方向上的改变。

科技的变化可以对企业的经营绩效产生重大影响，增强或削弱其经济实力，从而间接地影响到旅游购买。另外，通信技术的发展可以使企业之间的商业信息得到更加及时而准确的传输。先进的通信技术，如多媒体技术的产生在很大程度上消减了企业之间业务人员的商务来访，使一部分商务洽谈活动失去了存在的必要性。这就大大影响了商务旅游市场的发展，减少了企业对旅游产品的购买。但是，尽管通信技术的先进程度不断提高，通信技术也难以代替商务人员面对面的交流。

社会文化因素会影响企业对员工福利及奖励措施的选择。在20世纪70年代以前，增加员工奖金和工资以及提供其他物质利益是通行的做法。随着社会结构及文化观念的变化，目前奖励旅游已经成为工业化社会认可的较好的福利和奖励措施。在崇尚节俭的社会中，大多数企业的员工出差也倾向于避免选择豪华的食宿及交通设施。在组织机构之间也存在着旅游购买的示范效应。因此，与某企业相关的其他组织机构，尤其是竞争者的旅游购买行为，往往会对该企业的旅游购买行为产生很大影响。奖励旅游及员工休假等往往成为企业之间进行人才和声誉竞争的有力手段，许多企业的员工在外出差时也被允许购买豪华的旅游服务，以彰显本企业的名声和实力。

2）内部因素

影响企业购买旅游产品和服务的内部因素包括：企业的经营宗旨和业务特点、企业文化和制度、组织结构以及购买中心或购买成员个人特点等。

企业的经营宗旨和业务特点决定了该企业员工出差的方向、时间，并间接影响到对交通工具、食宿设施的购买。有些企业的业务具有很强的季节性，因此，该企业的旅游购买也呈现出较强的季节性。一个在经营目标和宗旨上重视员工发展的企业必然会重视员工福利及员工培训。旅游休假作为当今社会一种重要的福利手段，已为越来越多的企业所重视并采用。销售培训也经常安排在该企业的主要市场所在地进行。一些工作强度大、操作复杂程度低或污染大的工商企业的员工往往会获得较长时间的统一休假。这些企业一般会成为度假旅游的主要客户。

企业文化和企业的制度在很大程度上影响着企业商务人员的旅游购买行为。一种强调节俭勤奋的企业文化和与之相应的企业差旅制度，必然会大大制约企业商务人员对豪华商务旅游服务的购买。而在一个认为员工的商务旅游购买是企业声望和实力象征的公司中，企业文化及差旅制度就会鼓励商务人员购买豪华档次的旅游服务。

企业的组织结构特点也是影响旅游购买的因素。许多大型企业专门设有旅游部这样一个单独的部门，全企业的旅游购买就由这一部门负责。在此类组织结构比较正规的企业中，旅游购买由专人负责，他们一般都接触了大量的旅游信息，比较有购买经验。在组织规模不大或旅游购买分工不太明确的企业里，旅游购买一般由有需要的各个部门自行负责，缺乏统一的购买。权力的集中程度也在一定程度上影响批量大、价值较高的旅游产品和服务的购买。一般而言，权力集中程度高的企业，绝大多数较大的旅游购买决策都由领导者进行；而权力集中程度低的企业，其直接负责旅游服务购买的人员可能有较大的决策权。

组织机构中进行旅游购买决策的实际上是企业中的一个或一组员工。由一组企业人员组成的购买决策单位通常称为购买中心。购买中心中的每个成员或集体都在不同程度上影响着购买决策，并一同承担由购买决策引发的各种风险。购买中心并不是指一个固定的组织，而是由担任不同角色的企业成员组成的集合体。

购买决策是由购买中心的所有成员共同作用、相互影响的结果，他们在企业的职位、影响力、号召力在很大程度上影响着购买决策的结果。另外，购买中心成员的个人特征，如性格、经验、受教育程度等也是影响购买决策的重要因素。

5.4.3　组织机构的旅游购买过程

组织机构的旅游购买过程与个体购买者的旅游购买过程有相似之处，但也存在一定差别。组织机构的旅游购买过程包括以下五个步骤，即识别购买需求、建立购买标准、寻找供应商、选择供应商以及购买后评估和反馈。

（1）识别购买需求。当企业中有成员意识到某种需要或问题要通过旅游服务的购买才能解决时，企业的旅游购买过程就开始了。旅游购买的需求除了使用者了解之外，还需要反映至购买人员或购买组织。购买人员或组织或者高层管理人员会对需求进行重新判断和说明，并以此作为建立购买标准的前提。旅游营销人员应仔细了解企业的需求，以便有针对性地制定营销策略。了解旅游需求的有以下组织或人员，即旅游部经理或一般工作人员，某一固定部门的秘书，各部门的秘书，也有可能是某一旅行社。因此，旅游营销人员若要了解企业的真正需求，首先要了解哪些人知晓这一需求并有权依据这一需求进行决策。在很多情况下，企业的这类成员很难找到，但是如果旅游营销人员深入到企业内部了解企业的情况，就有可能与决策者和使用者建立密切联系，推销就会非常具有针对性，而且成功的可能性也会大大提高。

（2）建立购买标准。当使用者及购买者明确了旅游购买需求后，就会为购买确立各种标准，其内容包括：企业应购买哪一类型的旅游服务；有多少人参加本次旅游；旅游线路及目的地选择；具体的时间安排；活动项目安排；交通及饮食住宿设施的选择；所需费用的初步预算等等。当较为重要的购买标准经过上级主管人员批准后，就可以以此来寻找旅游服务企业。

（3）寻找供应商。购买人员可以通过各种方法寻找旅游服务企业。他们可以上网查找企业名录，请旅游行业协会或咨询机构推荐，或请同行推荐。在此基础上，购买人员可以选择4~7个旅游服务企业，把购买标准拟定为招标书或招聘书，寄送给各旅游服务企业，并请他们提出各自的投标书或建议书，以作为选择的依据之一。

（4）选择供应商。在这一过程中，企业购买人员依据各个旅游服务企业提交的投标书或建议书选择旅游服务企业。在选择过程中，企业成员会考虑旅游服务企业的信誉、产品质量、价格、支付条件、营销人员的素质以及对企业购买人员的需要所做出的反应。广告、宣传品等均能对企业购买人员的决策产生重大影响。购买中心人员同样根据他们感知到的每个旅游服务企业的属性、提供利益的能力及属性的重要程度进行综合权衡，找出最具吸引力的旅游服务企业。在大批量、高价值的购买成交前，企业的购买中心人员一般会与两家以上的旅游服务企业进行洽谈，以便在价格和服务项目上获得更多的好处。有时，大企业还有可能将大批量的旅游购买分成几个小批量购买，选择几个旅游供应商，以便分散风险。

（5）购买后评估和反馈。在这一阶段，购买人员对每个旅游服务企业的绩效进行综合评估。购买后评估和反馈经常通过购买人员与旅游服务企业营销人员的交往来实现。但在较重大的旅游购买行为发生后，购买中心人员一般都会向产品和服务的最终使用者征求意见，了解他们对产品和服务的满意程度。购买后评估和反馈最终可导致购买中心做出下次是否继续购买该旅游企业的产品和服务的决定。因此，旅游营销人员应注重购买人员和最终使用者两者对自己产品和服务的反应，以便及时向其提供购买后服务并更新产品。

同个体旅游者的购买过程相类似，组织机构购买产品和服务时并非都要经历这五个阶段，只有价值高、批量大或重要程度高的旅游购买才需要经历这样完整的过程。对一般性的预订，购买人员大多依据个人经验，或他人推荐，或使用者要求直接购买，而不需要经历仔细的选择过程。

5.4.4　旅游中间商的购买行为分析

1）旅游中间商概念

从事旅游购买活动的旅游中间商，是指以转售或代理形式将旅游产品和服务提供给最终旅游者的企业和个人。他们从事购买活动的目的是获得利润、增加声誉以及扩大规模。许多旅游企业的大部分产品是通过旅游中间商购买或代理出售的。尽管形式不同，旅游企业或多或少地都要与旅游批发商、零售商等中间商做生意。因此，旅游企业的营销人员还须重视对旅游中间商的购买行为进行考察。

旅游中间商的购买行为分析应包括以下几个方面：为什么购买；购买哪些产品和服务；由谁来购买；影响中间商旅游购买行为的因素有哪些；中间商倾向于以什么方式购买；向哪些旅游服务企业购买。

2）旅游中间商购买行为的影响因素

与一般组织机构的购买行为相似，影响中间商旅游购买及代理的因素也可以分为外部因素和内部因素。外部因素包括宏观环境因素（经济、社会文化、政治、法律、技术、人口等）和中间商的市场与竞争者因素。旅游中间商对产品和服务的需求实质上是派生性的需求，是由最终购买者决定的。购买者对旅游产品和服务的选择直接影响到中间商对旅游产品和服务的购买和代理行为。内部因素包括组织特点（机构设置和权力集中程度等）和购买人员的个人因素（个性、经验、能力、职位、人际关系等）。中间商也受旅游营销人员及营销活动的影响，并倾向于从他们认为最有利的旅游企业选择产品和服务。当旅游营销人员能够为自己的产品提出能为旅游者接受的证据时，中间商就倾向于购买这些产品和服务。旅游中间商还会为供应商做广告，进行促销活动。由于旅游中间商平时会收到各种各样的广告和宣传品，因此，旅游营销人员一定要使自己的广告宣传品简洁明了，与众不同，这样才会引起中间商的优先注意。另外，旅游中间商还会根据佣金或支付条件来选择供应商。当然，旅游产品、服务质量和产品声誉也是中间商选择旅游企业的重要依据。旅游营销人员对旅游中间商进行营销活动时，应该认识到旅游中间商的一切购买及代理行为均是以自身利益为出发点的。因此，旅游营销人员的宣传及促销用品可能被歪曲使用，有时中间商还故意不把有用的营销信息反馈给旅游企业的营销人员。此外，中间商还会出于自身利益，较频繁地变化产品和服务组合，并有可能排斥旅游营销人员的直销努力。

3）旅游中间商购买行为的特征分析

旅游营销人员希望了解中间商如何对各种营销刺激做出相应模式的购买行为（见图5-19），与旅游者购买模式相似，中间商购买的营销刺激也包括4P（产品、价格、渠道、促销），甚至更多。其他刺激因素主要是指环境中的经济、技术、社会、文化、竞争等因素。这些刺激进入购买组织后，在组织内部的购买行为主要由两部分组成：购买中心行为和购买决策个人行为。他们所受的影响又来自内部组织、人际关系、个人因素、外部环境等。经过反复的讨论和相互影响，最终做出购买反应。

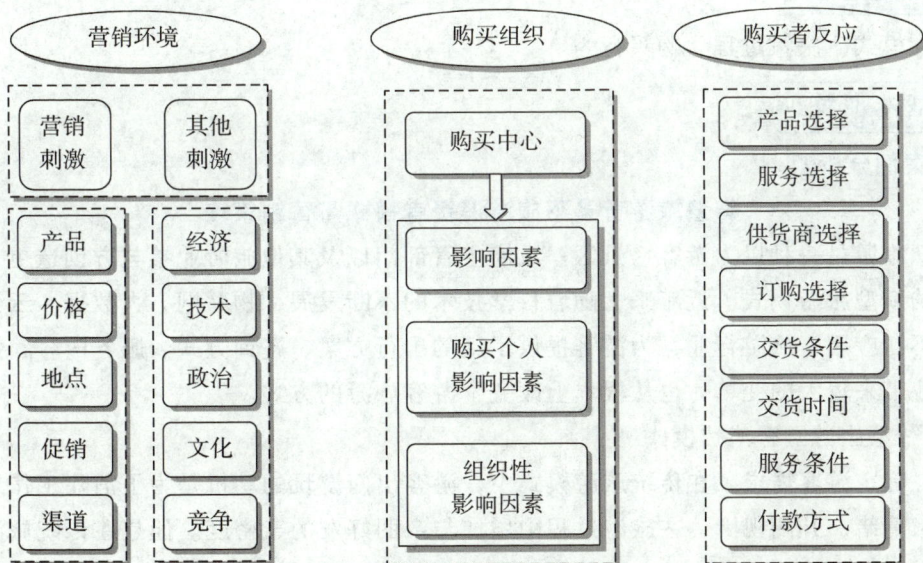

图5-19　旅游中间商购买行为模式

旅游中间商的购买行为特征包括：产品和服务的选择、选择供应商、订购数量、交货条件和时间、服务条件、付款方式等。

←【实例5-4】　红色旅游迎新机 老区振兴添动力

←【相关链接5-4】　OTA进军乡村旅游：市场前景好 瓶颈待突破

本章小结

旅游者行为的模式分为一般行为模式、常规行为模式、冲动性行为模式等。不同性格特点的旅游者，其购买行为决策也不同。中国入境旅游者行为模式分为观光型、休闲型、商务型、修学型等。

旅游者对旅游产品做出的最终价值判断以及旅游者采用的评价方法并不相同，甚至同一旅游者在不同旅游情境下采用的评价方法也不相同。

影响组织机构旅游购买行为的因素包括内部因素和外部因素。组织机构的旅游购买过程要经过以下五个步骤，即识别购买需求、建立购买标准、寻找供应商、选择供应商以及购买后评估和反馈。

旅游中间商的购买模式与旅游者购买模式相似，其影响因素也包括内部因素和外部因素。

关键概念

行为模式　决策过程　购买行为

基本训练

□ 案例分析题

智慧旅游背景下旅游消费者模式与营销策略

智慧旅游是一种以为游客、景区、政府主管部门以及其他旅游业参与方创造更大价值为目标的新型旅游模式。近年来，随着科学技术的不断发展，物联网、大数据、云计算等新技术不断应用于旅游行业，为游客提供了新的出行方案、咨询方式、服务内容，给传统旅游行业带来较大的变革，也从根本上改变了游客旅游的方式。

1）智慧旅游游客消费模式

（1）确定游客需求。在传统旅游模式中，游客出门游玩的动机是为了消除工作或生活中的紧张情绪，开阔视野，在旅游过程中增加与亲朋好友的亲密度。但是在传统旅游模式下，可供大家选择的目的地较少，只能选择在当地旅行社参加旅游团出游，根据旅行社的安排按部就班地走行程。这样的游玩方式自主性较差，满足不了游客的个性化需求。"一机在手便捷出游"模式下，游客获取景区信息更加方便快捷，选择也更加多样，甚至会有部分游客选择冲动性出游。

（2）收集产品信息。游客在产生出游想法后，接下来就是查询景区信息。在传统旅游模式下，游客获取景区信息的主要途径是当地旅行社宣传、亲朋好友推荐、旅游网站介绍等。随着智慧旅游模式的兴起，游客可以通过网络终端，如手机来查询各个景区信息，可以搜集到大量的景区信息，包括景区介绍、网友分享的攻略以及避坑指南，这为游客选择旅游产品提供了便利性。此外，在游玩过程中还可以通过地图软件、景区公众号等发布的实时信息及时修正或调整旅游计划。

（3）选择旅游产品。游客收集完旅游相关信息，对比选择适合自己个性需求的旅游产品，利用互联网信息制订自己出游计划。在传统旅游模式下，游客对景区的游览有一定的局限性，他人评价也都是对旅行社服务质量的评价，缺少对景区趣味性的评价。游客在选择旅游目的地时，主要是对比各旅行社的价格、服务以及出行时间等。但在智慧旅游模式下，游客可以充分发挥自己的个性，根据自己的喜好、时间制订出行计划，从目的地、路线的选择，再到交通工具、酒店、餐馆的选择全部可以通过线上信息的对比进行，智慧旅游充分体现游客的个性化选择。

（4）做出购买决定。游客从产生出游想法到制订出游计划，再到最后付款，就完成了整个购买过程。然而在此期间，游客的出行意愿会因他人的意见而计划终止，因为网络上其他游客对景区的评价会直接影响游客的决定。在传统旅游模式中，游客一般很难听到关于景点的负面评价，但是在智慧旅游模式下由于游客获取信息的渠道较多，因此游客在出行前所受影响较大。通过互联网技术，游客对于景区会有很深的了解，决策也会更加合理并切合自身实际情况。

（5）购后评价分享。旅游是一项体验性活动，旅游活动可以给游客带来具有回味价值的感受经历，而不单单是感受旅游产品本身的质量高低。智慧旅游的出现为游客参与旅游产品的设计成为可能，景区方面根据游客的切身体验后的反馈来调整经营策略，增加了游客与景区之间的互动性。传统旅游模式下游客游玩结束后，无法将自己对景区的意见或者建议表达出来。在智慧旅游模式下，由于互联网技术的帮助，更多的游客愿意分享自己的旅游经验。

2）以游客消费行为为参考的营销策略

（1）全面了解消费者的需求。为了更加精准地为游客提供其所需要的产品和服务，旅游企业应做好了解消费者个性化需求的工作。随着信息技术和互联网技术的不断发展，旅游企业已经可以运用大数据技术和互联网需求收集功能，对用户信息进行整理和分析。通过互联网能够搜集到的用户信息十分广泛，不仅包括游客的出发地、目的地、交通方式和在景点停留的时间，还可以根据以上信息分析用户的旅游动因和购物喜好，并根据分析结果将游客划分为不同的旅游类型。

（2）满足消费者个性化需求。传统旅游中，游客的主要目的是游览观光，对用户体验的关注度并不高。随着旅游行业的不断发展，当前游客的需求已经发生翻天覆地的变化，游客的体验不只停留在旅游景点上，对旅游途中的食、住、行、游、购、娱等体验都有了新的要求。由此可见，在智慧旅游背景下，消费者的旅游观已经从以景点为主转变为以体验为主，要让消费者满意就需要从旅游各个环节为旅游消费者提供个性化服务。

（3）打造旅游营销服务平台。随着信息技术的进步，旅游营销平台也应该紧跟时代步伐，将线下营销转变为"线上+线下"双平台营销，为游客提供线上服务。加强旅游网站建设，加大线上营销力度，加强营销平台间的相互合作。

（资料来源　罗圆，李晓宇. 智慧旅游背景下游客消费行为研究［J］. 旅游纵览，2021（19））

问题：

请结合上述案例，分析智慧旅游背景下游客旅游行为模式的特征发生了哪些变化，带来了哪些影响？旅游企业应如何针对这些变化，制定相应的营销策略？

□ 思考题

1.阐述旅游者行为模式的概念及类型。

2.简述中国入境旅游者行为模式的特点。

3.如何理解旅游者满意度评价的内涵？其影响因素有哪些？

4.简述旅游中间商购买行为的特征与影响因素。

□ 课堂讨论题

1.如果您是一家饭店的总经理，请您说明何谓引致性需求，并举例说明本饭店的引致性需求。

2.旅游餐馆的采购中心通常由若干种角色构成。请问：为什么说旅游营销高层管理者理解这些角色非常重要？

3.如果您是一家旅游企业的会议产品销售商，请您举例说明影响企业选择会议地点的主要环境因素有哪些。

4.现有一家饭店的市场营销经理同时接待了两单业务：一单业务是他准备接待一位想为女儿安排婚宴的母亲；另一单业务是他准备接待另一位知名大饭店的会议策划人员，该饭店曾以优惠价格在另外五个城市举办过销售会议。请问：这位市场营销经理，对于这两位客户的接待处理方式应该有何不同？

5.如果您是一家饭店的会议产品销售代表，您怎样才能识别谁是会议场所、宴会标准和客房预订的决策者与负责人？

第 6 章

旅游市场细分

通过本章的学习，理解旅游市场细分概念，学习旅游市场细分和旅游目标市场选择，掌握旅游市场定位。

6.1 旅游市场细分概述

决定在某一广阔旅游市场开展业务的任何旅游企业都会意识到，在通常情况下，无法为该市场内所有的旅游者提供最佳服务。因为潜在旅游者人数众多，分布广泛，而且他们的旅游需求差异很大。旅游企业要取得竞争优势，就要识别自己能够有效服务的最具吸引力的细分市场，服务于特定的旅游细分市场，而不是到处参与竞争。

现代旅游市场营销战略的核心是细分市场、选择目标市场和产品定位，这是为了给营销提供更广阔的空间，争取在各旅游市场上取得战略性的成功。

6.1.1 旅游市场细分的发展历程

旅游企业的营销战略观点发展经历了三个阶段。

第一阶段，大量营销。在该阶段中，卖方对于所有的买主均大量生产、大量分销、大量促销单一旅游产品。这种营销战略在亚洲许多市场上都很常见。例如在印度，由于市场受到管制，许多旅游产品只拥有一个品牌。大量营销的传统观点认为：这种战略可以导致成本最少，价格最低，并能创造出最大的潜在市场。

第二阶段，产品差异化营销。这时旅游企业策划出两种或两种以上的旅游产品，产品具有不同的特点，这是为了给旅游者提供多种选择，而不是为了吸引不同的细分市场。产品差异化营销的传统观点是：旅游者具有不同的品味，并且这种品味会随时间的推移而发生变化，旅游者会追求旅游产品之间的差异化。

第三阶段，目标市场营销。这时旅游企业首先要辨认出主要的细分市场，然后从中确定一个或几个作为目标市场，最后根据每一目标市场的特点来制订旅游产品计划和营销计划。

现在的旅游企业发现进行大量营销或产品差异化营销越来越困难，大型的市场正在向小型化发展，逐渐分解为数百个细分市场，其特征是不同的旅游者通过不同的分销渠道，采取不同的交流方式，来追求不同的旅游产品。

许多旅游企业正逐步采纳目标市场营销的观点。目标市场营销能帮助旅游企业更好地识别市场营销机会，从而为每个目标市场提供适销对路的产品。企业通过调整旅游产品价格、销售渠道和广告宣传，能有效地进入目标市场。它们可以将营销努力集中在最有可能使之满意的旅游者身上，而不是分散营销努力。

目标市场营销分为三个步骤（见图6-1）。第一步是细分市场，即根据旅游者对旅游产品或营销组合的不同需要，将市场划分为不同的旅游者群体，并勾勒出细分市场轮廓。第二步是选择目标市场，即选择要进入的一个或多个细分市场。第三步是旅游产品定位，即为产品和具体的营销组合确定一个富有竞争力的、与众不同的战略与策略。

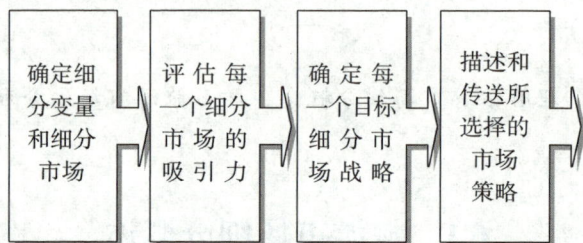

| 确定细分变量和细分市场 | 评估每一个细分市场的吸引力 | 确定每一个目标细分市场战略 | 描述和传送所选择的市场策略 |

图6-1　旅游者市场细分、目标市场选择和产品定位的步骤

6.1.2　旅游市场细分的一般方法

旅游市场是由若干旅游者构成的，而旅游者之间总会存在差异。他们在旅游产品需求、旅游实力、地理位置、旅游态度和旅游实践上都可能不同，这些变量都可作为细分市场的依据。

图6-2（a）表示一个拥有六位旅游者的市场。因为每位旅游者都有自己特有的需求和欲望，所以每位旅游者都可成为一个潜在的独立市场。旅游企业可以针对每位旅游者来设计不同的旅游产品，制订相应的营销计划。这种市场细分的极限程度称为定制营销（见图6-2（b））。

大多数旅游企业会发现，为每位旅游者定制旅游产品是无利可图的。在实际业务中，企业会根据旅游者对产品的不同需求或营销反应将其分为若干类型。例如，旅游企业会发现不同的收入群体具有不同的旅游需求。在图6-2（c）中，用数字1、2、3来表示每位旅游者的收入水平，并将处于同一收入水平的旅游者圈在一起。这样，按收入水平可将市场细分为三个部分，其中最大的细分市场就是收入水平1。与此同时，旅游企业会发现年轻旅游者与年老旅游者之间也存在着显著差别。图6-2（d）中用字母A和B来表示旅游者的年龄大小。这时按年龄差别可将市场细分为两个部分，每部分包含三位旅游者。

现在假设收入和年龄同时影响旅游者的旅游行为，这时市场就可以分为五个细分市场：1A、1B、2B、3A和3B。图6-2（e）说明1A这个细分市场内有两位旅游者，而其他细分市场各包含一位旅游者。

6.1.3　旅游市场、细分市场和补缺市场

图6-2说明每个旅游市场都可分解为细分市场、补缺市场，最终到每个旅游者。细分市场是市场上规模较大的、易于识别的旅游群体，而补缺市场是定义更为狭窄的旅游群体，它们追求的是一组特定的利益。随着旅游企业不断引进更为精确的特征来划分市场，细分市场趋向于分解为一组补缺市场。

细分市场通常能吸引多个竞争者，而补缺市场只能吸引一个或少数几个竞争者。补缺市场内的营销人员对旅游者的需求了解得非常透彻，以至于旅游者情愿支付较高的价格。

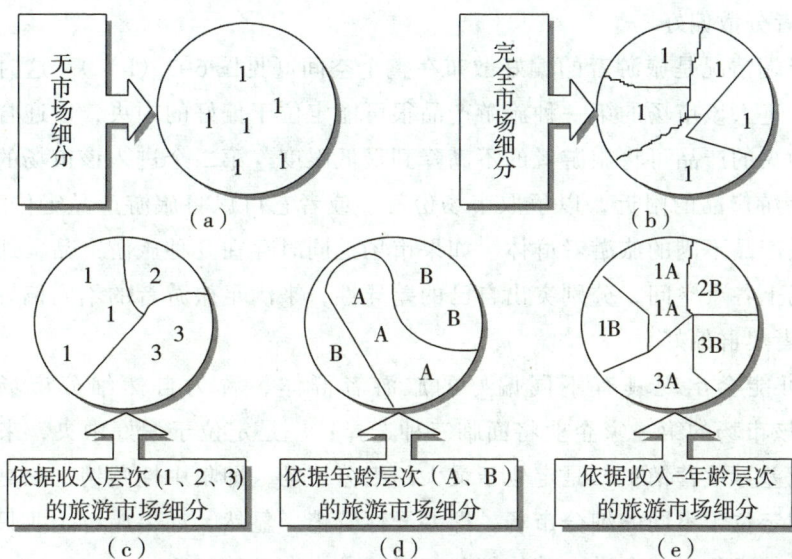

图6-2　旅游市场的不同细分

（资料来源　科特勒 P，等. 旅游市场营销 ［M］. 谢彦君，译. 北京：旅游教育出版社，2002）

最具吸引力的补缺市场应具备如下特征：市场内的旅游者有自己独特的、相对复杂的需求；旅游者对于最有能力满足自己需要的企业，愿意支付较高的价格；市场内的旅游企业要取得成功，必须使自己的经营具有独到之处；市场内处于领导地位的企业，其地位不会被其他竞争对手轻易动摇。

6.1.4　旅游市场细分的模式

根据旅游者的收入和年龄来细分市场，会得到按人口变量统计的不同细分市场，如果按旅游者对旅游产品两种属性的重视程度来划分，就会形成不同偏好的细分市场，这时会出现三种不同的模式。

1）旅游者同质偏好

图 6-3（a）显示的市场中，所有旅游者具有大致相同的偏好。它不存在自然形成的细分市场，至少旅游者对这两种属性的重视程度基本一致。可以预见现有品牌基本相似，且集中在偏好的中央。

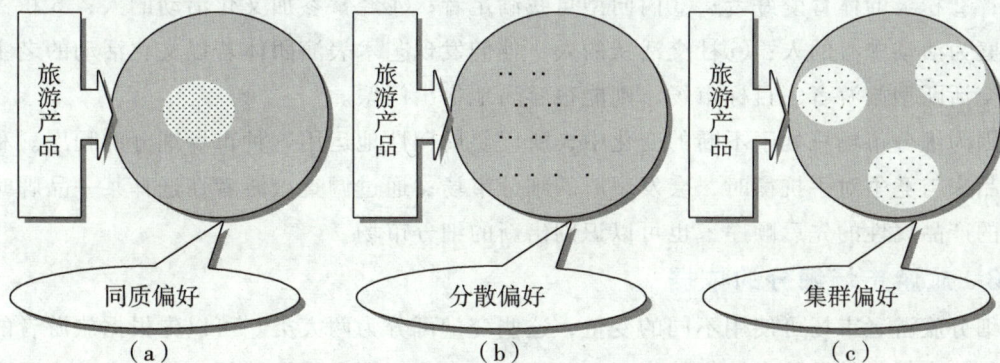

图6-3　基本市场偏好图示

2）旅游者分散偏好

另一种极端情况是旅游者的偏好散布在整个空间（见图6-3（b））。这时旅游者的偏好相差很大。进入该市场的第一种旅游产品很可能定位于偏好的中央，以迎合大多数旅游者。定位于中央的产品可将旅游者的不满降到最低限度。第二个进入该市场的竞争者应定位于第一种旅游产品的附近，以争取市场份额。或者它可以将旅游产品定位于某个角落，来吸引对中央产品不满的旅游者群体。如果市场上同时存在几种旅游产品，那么它们很可能定位于市场上各个空间，分别突出自己的差异性，来满足旅游者的不同偏好。

3）旅游者集群偏好

市场上可能会出现具有不同偏好的旅游者群体，称为自然细分市场（见图6-3（c））。进入该市场的第一家企业将面临三种选择：一是定位于偏好中央，来迎合所有的旅游者，即无差异性营销；二是定位于最大的细分市场，即集中性营销；三是同时开发几种品牌，分别定位于不同的细分市场，即差异性营销。显然，如果旅游企业只推出一种品牌，那么随后的竞争者就会进入其他细分市场，推出自己的品牌。

6.1.5　旅游市场细分的程序

依据一系列细分变量可将整个旅游市场划分为若干细分市场，市场营销研究所采用的程序可分为三个步骤。

（1）调查阶段。在该阶段中，研究人员将进行探讨性面访，主要是集中力量洞悉旅游者的动机、态度和行为。根据调查的结果，研究人员将设计好正式的问卷，着重收集下面的有关资料：①旅游产品的属性及其重要程度；②旅游品牌知名度及受欢迎程度；③旅游产品使用方式；④旅游者对旅游产品类别的态度；⑤旅游者的人口统计、心理统计和媒介接触统计资料。

（2）分析阶段。在该阶段中，研究人员利用因子分析法分析资料，删除相关性高的变量，并用群体分析法找出差异性最大的细分市场。

（3）描绘阶段。在该阶段中，研究人员根据旅游者不同的态度、行为、人口变量、心理变量和消费习惯，可以描绘出各个细分市场的轮廓。每个细分市场可以用其最显著的差异特征命名。安德森和贝尔克将休闲市场分为六个细分市场：①消极的以家庭为活动中心的人；②积极的体育爱好者；③内向型自我满足者；④经常参加文化活动的人；⑤积极的以家庭为活动中心的人；⑥社交活跃的人。他们发现艺术表演团体若以文化活动的老主顾和社交活跃型旅游者为目标市场，则能很容易地售出门票。

因为细分市场总处于不断的变化中，所以要周期性地运用这种市场细分的程序。利用新产品来与竞争对手抗衡时，会发现新的细分市场；通过调查旅游者在选择某一品牌时所考虑的产品属性的先后顺序，也可以识别出新的细分市场。

6.1.6　旅游市场细分的依据

细分旅游者市场可使用不同的变量，这些变量可分为两大类。可以先根据旅游者的特征来细分市场，常见的有地理特征、人口特征、心理特征和行为特征，然后进一步观察这些旅游者细分市场是否具有不同的需求或产品反应。也可依据旅游者追求的利益、使用旅游产品的时机或对品牌的反应来细分市场。细分完市场后，要观察每个旅游者市场，看其是否具有不同的旅游特征。如研究人员可能会对那些进行旅游时重视"质量"、不求"低价"的旅游者进行调查，看他们在地理分布、人口统计和心理特征方面是否存在差异（见表6-1）。

表6-1　　　　　　　　　　　**旅游者市场细分的主要变量**

变　量	典型分类
1.地理变量	
·地区	欧洲；美洲；非洲；大洋洲；亚洲东北部；东南亚；西亚等
·城市规模	10 000人以下；10 000~19 999人；20 000~49 999人；50 000~99 999人；100 000~249 999人；250 000~499 999人；500 000~999 999人；1 000 000~3 999 999人；4 000 000人以上
·密度	城市；郊区和农村
·气候	热带；亚热带；温带
2.人口变量	
·年龄	6岁以下；6~11岁；12~20岁；21~30岁；31~40岁；41~50岁；51~60岁；60岁以上
·性别	男；女
·家庭规模	1~2人；3~4人；5~7人；8人或更多
·家庭类型	中型家庭；小型扩展家庭；大型扩展家庭
·家庭生命周期	青年，单身；青年，已婚，无子女；青年，已婚，有6岁以下的子女；青年，已婚，子女在6岁以上；老年，单身；老年，已婚，无子女；老年，已婚，子女均在18岁以上等
·家庭月收入	1 000美元以下；1 001~2 500美元；2 501~4 000美元；4 001~5 500美元；5 501~7 000美元；7 001~10 000美元；10 000美元以上
·职业	专业技术人员；经理；官员和业主；职员；售货员；农民；学生；家庭主妇；服务人员；退休者；失业者
·教育	小学以下；中学；专科；大学本科；研究生
·宗教	佛教；基督教；伊斯兰教；道教；其他宗教；不信教
·种族	中国人；菲律宾人；印度人；日本人；马来人；泰国人；其他
·国籍	中国；印度；印度尼西亚；日本；马来西亚；菲律宾；新加坡；泰国等
3.心理变量	
·社会阶层	下层；中层；上层
·生活方式	变化型；参与型；自由型；稳定型
·个性	冲动型；进攻型；交际型；权利型；自负型

续表

变　量	典型分类
4.行为变量	
•时机	一般时机；特殊时机
•追求的利益	便利；经济；易于旅游
•旅游者的地位	未曾旅游者；曾经旅游者；潜在旅游者；首次旅游者；经常旅游者
•出游率	不出游；少出游；中等出游；经常出游
•忠诚度	无；中等；强烈；绝对
•准备阶段	不了解；了解；熟知；感兴趣；想旅游；打算旅游
•对产品的态度	热情；肯定；不关心；否定；敌视

（资料来源　菲利普 P，等．旅游市场营销［M］．谢彦君，译．北京：旅游教育出版社，2002）

1）地理细分

地理细分是指将市场划分为不同的地理单位，如洲、国家、地区、省、市或社区等。旅游企业可以选择一个或几个地理区域开展业务，也可选择所有地区，但应注重各地区在地理需求和偏好方面的差异。

2）人口细分

人口细分是按照年龄、性别、家庭人口、家庭类型、家庭生命周期、收入、职业、受教育程度、宗教、种族和国籍等人口变量对市场进行划分。人口变量是区分旅游者群体最常用的基本要素。一个原因是旅游者对产品的需求、偏好和出游率与人口变量密切相关；另一个原因是人口变量比大多数其他类型的变量更易于测量。即使目标市场不按照人口统计变量来描述（如用个性变量），但为了确定目标市场的规模和寻找能有效进入该市场的媒介，也还需要利用人口统计的有关结果。

3）心理细分

按心理特征细分市场时，可根据旅游者的社会阶层、生活方式和个性特征将市场划分为不同的细分市场。即使旅游者处于相同的人口细分市场，他们在心理特征上也可能有极大的差异。

（1）社会阶层。旅游者对于观光旅游、健身活动、旅游休闲活动等产品或服务的偏好，会受到其所处社会阶层的强烈影响。许多企业都针对特定的社会阶层来设计旅游产品，提供旅游服务。

（2）生活方式。旅游者对旅游产品的兴趣受其生活方式的影响。事实上，他们的旅游产品同时又反映了其生活方式。营销人员正越来越多地利用旅游者的生活方式来细分市场，如以深思熟虑型旅游者、追随潮流型旅游者和随意型旅游者为目标市场。

（3）个性。营销人员使用旅游者个性变量来细分市场。

4）行为细分

行为细分是根据旅游者对某一产品的知识、态度、使用情况和反应，将市场划分为若干旅游者群体。许多营销人员认为行为变量是进行市场细分的最佳出发点。

（1）时机。根据旅游者形成旅游需要或进行旅游的时机，可以对他们进行细分。例如，针对商务活动、度假或家庭活动等有关的时机所激发的飞机旅行的需要，航空企业就可以为其中一种时机下的旅游者提供专门的服务，比如为集体度假的旅游者提供包机出租服务。时机细分可以帮助旅游企业拓宽产品的使用范围。除了与旅游产品有关的具体时机外，旅游企业还可考虑一些人生历程中的重大事件，看其中是否具有旅游企业旅游产品和服务能满足的需求。这种时机包括结婚、职业变动、退休等。目前已经出现的新婚旅游即为时机分类的结果。

（2）追求的利益。根据旅游者从旅游产品中追求的不同利益来划分旅游者群体，也是一种极为有效的细分方法。

（3）旅游者地位。根据旅游者地位可以将其划分为未曾旅游者、曾经旅游者、潜在旅游者、首次旅游者和多次旅游者。另外，旅游企业在市场中的地位也会影响营销战略的重点。市场份额高的企业应将精力放在吸引潜在旅游者身上，而市场份额低的旅游企业应将重点放在竞争对手的现有旅游者身上，设法让他们选用自己的品牌。

（4）出游率。根据旅游者出游的频率可将市场分为一次旅游者、几次旅游者和多次旅游者。一次旅游者所占的人数比例不但大，而且其旅游消费量所占的比重也很大。

（5）旅游准备阶段。市场上的旅游者总是处于不同的旅游准备阶段。对于一种旅游产品，有些旅游者一无所知；有些知道一点情况；有些了解得很清楚；有些已发生兴趣；有些希望能去旅游；还有些正打算去旅游。掌握处于不同准备阶段的旅游者人数对于制订营销计划十分重要。

（6）态度。根据市场上人们对某种产品的态度，可将旅游者划分为五类：热情、肯定、不关心、否定、敌视。

6.1.7　旅游市场有效细分的条件

有效的细分市场应具备以下五个特征：第一，可测量性，即细分市场的规模、购买潜力和大致轮廓可以测量。有些细分变量是难以测量的。第二，可盈利性，指细分市场的规模足够大，有足够的利润来吸引企业为之服务。细分市场应是现实可能中最大的同质市场，值得企业为它制订专门的营销计划。第三，可进入性，指企业能有效地进入细分市场并为之服务。第四，可区分性，指细分市场之间从概念上讲是可区分的，并且对于不同的营销组合方案具有不同的反应。第五，可行动性，指企业能系统地制订有效的营销计划来吸引细分市场，并为之服务。

6.1.8　旅游市场细分的方法

前面介绍了细分旅游市场的一般标准，但在现实中，这些细分标准必须根据具体旅游产品市场的旅游需求特征和旅游企业要达到的目标来加以选择运用，通常依据以下方法对旅游市场进行细分。

1）单一变量法

单一变量法也称一元细分法，即根据影响旅游者需求的某一种因素进行旅游市场细分，这一变量一般是与旅游者需求差异相关的某一最重要的变量因素。例如，游乐园依据年龄变量可细分为成人市场与儿童市场。这种单一变量细分旅游市场的方法一般只适用于产品（服务）通用性较强、选择性较弱的市场。大多数情况下，它只是对旅游市场进行细分的起点，即先期用此方法对旅游市场做比较粗略的划分。把某单项细分变量的细分程度加深，以适应不同旅游者的需求和市场竞争的方法称作单一变量的深度细分法。例如，游乐园中儿童市场还可细分为1~3岁、4~6岁、7~10岁、11~15岁等子市场。

2）综合变量法

综合变量法又称交叉细分法或多元细分法，即根据影响旅游者消费需求差异的两种及两种以上的并列变量对旅游市场进行细分的方法。例如，同时以旅游者的收入状况（高、中、低）、年龄（老年、中年、青年、儿童）、动机追求（观光度假、修学求知等）三个变量因素细分双休日市场，这样可以细分出比单一变量细分法多很多的旅游市场。运用这种分析方法时，要注意选择与一定旅游产品消费需求有关的并且影响突出的变量因素来综合分析。

3）系列变量法

系列变量法即考虑与旅游者需求差异相关的各种因素进行系列细分的方法。这种方法是较严格意义上的市场细分方式，适合于旅游者需求差异大、市场竞争比较激烈的旅游产品市场细分。如图6-4所示的细分表，就是用系列变量法研究旅游市场。

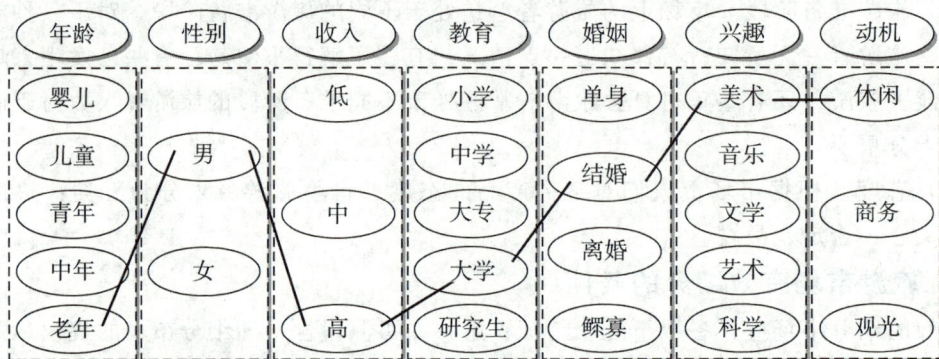

图6-4 旅游市场细分的系列变量法

【实例6-1】 "Z世代"红色旅游：红色遗址及红色纪念馆受欢迎

近年来，红色旅游的关注度持续上升，市场呈现供需两旺的态势。同程旅行发布《红色传承·"Z世代"红色旅游消费偏好调查报告2021》（以下简称《报告》），基于同程用户在线调查及产品预订数据，分析了年轻群体的红色旅游偏好。其中，"Z世代"是指年龄介于13岁至27岁之间的消费群体。

（1）"Z世代"是红色旅游最重要的核心消费人群。调查数据显示，22岁至31岁、42岁至51岁和21岁以下3个年龄层对红色旅游的偏好度高于其他年龄层人群。以年龄范围核算，"Z世代"实际上是对红色旅游偏好度较高的细分人群。此外，消费数据调查统计显示，"Z世代"在各类红色文化和旅游产品的消费用户中占比接近60%，"Z世代"对红色旅游这一细分市场不仅有着较为积极的认知，而且在红色旅游实际消费方面也较为积极。"Z世代"在红色旅游消费方面较高的偏好度对红色文化的传承具有积极的社会意义，而对于红色旅游目的地而言则具有重要的市场价值。"Z世代"的消费需求正在持续推动红色旅游的产品创新和业态创新，同时推动红色旅游产业的可持续发展。

（2）"Z世代"最爱红色遗迹和红色纪念馆的消费。随着红色旅游产业化水平的不断提升，红色旅游产品的类别越来越丰富。数据显示，红色遗址（遗迹）、革命纪念馆（博物馆）、红色专题游、革命老区深度游、红色演艺等深受"Z世代"青睐。"Z世代"拥有更强的文化自信和制度自信，在红色旅游消费中更加偏好那些见证中国革命进程和共和国诞生历史的各类遗址和遗迹，各类红色纪念馆、博物馆"线上+线下"互动、"酷炫"的展览展示广受吸引，更契合"Z世代"作为互联网"原住民"的消费及资讯获取习惯。针对"Z世代"的红色旅游偏好，同程旅行特别推出了红色版"同程全域通"，运用VR、AI、3D等技术全方位展示红色旅游目的地，以满足新时期"Z世代"红色旅游消费趋势和偏好。

（3）"Z世代"在热门红色旅游目的地中偏好北京。中国革命重大历史性事件的发生地以及拥有丰富红色文化和旅游产品的目的地相对更受欢迎。北京拥有较多的地标性红色景点以及较多的红色纪念馆、博物馆；延安作为当年的"革命圣地"拥有多个重量级的纪念馆和革命遗址；江西地区的井冈山、瑞金、南昌三地在中国革命史上都具有重要地位，拥有根据地斗争、首个红色政权所在地等多个重量级"红色IP"；中国共产党诞生地和中共一大会址及热播红色题材电视剧则是上海和嘉兴上榜的共同理由。针对"Z世代"的目的地偏好，同程旅行围绕"重走长征路——延安、瑞金""历史的转折——遵义""革命的摇篮——井冈山""伟人故里——湖南""致敬首都——北京"等主题精选、打造百条红色线路。

（4）"Z世代"红色旅游消费北京广州上海居前三。来自同程平台的相关消费预订数据显示，"Z世代"红色旅游消费群体的客源城市主要来自北京、广州、上海、苏州、大连、杭州、海口、成都、南昌等，"Z世代"偏好的红色旅游目的地主要集中在北京、延安、井冈山、长沙、南昌、遵义、上海、郑州、武汉等地。从核心客源地结构看，二、三线城市占比较大。北京、上海、郑州、武汉等既是重要的客源地，也是比较受青睐的目的地。拥有丰富红色旅游资源的城市具有相对更为浓厚的红色旅游氛围，当地的年轻群体也具有更高的红色旅游消费意愿。

红色旅游产品体系的完善将对红色旅游细分人群的研究提出更高、更细致的要求，尤其是对年轻一代消费偏好的研究关系到红色旅游产业化及可持续发展的未来。

（资料来源　佚名．同程发布"Z世代"红色旅游报告：红色遗址及红色纪念馆受欢迎［EB/OL］．［2021-06-23］．http://www.ctnews.com.cn/hsly/content/2021-06-23/content_106643.html）

【相关链接6-1】　　　粉丝群体旅游细分市场潜力与内涵

"粉丝"是"Fans"的音译，国外学者亨利·詹金斯（Henry Jenkins）指出，"粉丝"是狂热地介入球类、商业或者娱乐活动，迷恋、仰慕或崇拜影视歌星或运动明星的人。通常对粉丝的理解都指向那些关注对象为明星、名人的群体。实际上，粉丝群体已经延伸到了各个领域，如网络文学粉丝、古风粉丝等。粉丝群体较高的消费力和较大的影响力一直受到各大品牌的关注，明星代言是品牌商挖掘粉丝经济、提升品牌知名度的重要方式。粉丝群体在参加明星大型演出活动时所产生的旅游活动与行为是其与旅游业互动最直观的体现。跨城观看明星大型演出活动的发展趋势，使粉丝群体在参加活动时通过与旅游六要素的互动，实现了部分粉丝经济向旅游经济的转化。

粉丝群体的高消费力、高流量性、高集聚性十分符合旅游业团体旅游产品的服务特点，粉丝跨城参加活动使其拥有发生异地旅游行为的潜力，如何将这种潜力变成现实活动，是旅游业要探究与突破的关键所在。结合粉丝群体与旅游业的互动现实，了解粉丝动机与需求，设计不可替代的旅游项目，或许是挖掘粉丝群体旅游市场的关键。海南省海口市通过将明星演唱会门票变优惠券、为粉丝提供特别的就餐环境、便利交通、购物等服务拉动了粉丝群体在琼的旅游消费。青岛市打造音乐节成为青岛旅游的新标签，吸引了大批粉丝前往。藏族小伙丁真凭借质朴的笑容收获百万粉丝，成为四川甘孜理塘县旅游大使后带动了家乡旅游业发展。西安大唐不夜城古风古韵的不倒翁项目，吸引了大量汉服爱好者前往打卡。香格里拉因为英国作家詹姆斯·希尔顿的小说《消失的地平线》而蜚声内外，吸引了大量国内外粉丝去寻找这个位于东方崇山峻岭中的理想天堂。

关注粉丝群体旅游细分市场，对旅游业发展具有深层次的意义：

（1）完善旅游市场，丰富旅游产品。各个领域的粉丝群体向游客身份的转化，完善了我国旅游细分市场。针对各类粉丝群体设计旅游产品与项目，进一步细化和丰富旅游产品，提升旅游业创新与服务水平，将为文旅融合大背景下文化和旅游产业发展开辟新空间。

（2）利用粉丝经济，平衡淡旺季。粉丝经济向旅游经济的转化，为旅游淡季问题的解决提供了思路。粉丝经济的首要消费对象并非旅游产品，为各类粉丝群体所设计的旅游产品的消费时间可以安排在当地的旅游淡季，从而减少淡季损失，平衡淡旺季收入落差。

（3）丰富客源结构，引入新型营销。粉丝群体旅游细分市场可以丰富旅游目的地和活动举办地的客源结构，增加以各个领域的粉丝群体为主体的游客。培养粉丝群体忠诚度、发展粉丝经济、开展粉丝营销，是旅游目的地宣传目的地形象、打造区域品牌的新选择。

（4）关注利基市场，满足个性需求。西安利用古风圈打造了"大唐文化"的城市旅游形象，青岛利用音乐圈打造了"青岛凤凰音乐节"的旅游品牌，以各类粉丝群体为主体的利基市场为旅游目的地、旅游企业的差异化发展提供了思路。

（5）通过粉丝群体，输出国家文化。粉丝群体可以成为输出国家文化、促进旅游发展的力量之一。

（资料来源　高菲菲，胡宇橙. 粉丝群体旅游细分市场的潜力探析［N］. 中国旅游报，2021-05-12）

6.2　旅游细分市场评价与目标市场选择

市场细分揭示了旅游企业所面临的细分市场的各种机会。旅游企业要对各个细分市场进行评价，并确定具体的细分市场作为服务对象。下面讨论评价和选择细分市场的各种方法。

6.2.1　旅游细分市场评价

旅游企业对不同的细分市场进行评价时，要考虑以下三个因素：旅游细分市场的规模和发展前景、旅游细分市场结构的吸引力、旅游企业的目标和资源。

1）旅游细分市场的规模和发展前景

评价细分市场时，旅游企业要提出的首要问题是：潜在的细分市场是否具备适度规模和发展前景。"适度"规模是个相对的概念，大企业一般重视销售量大的细分市场，而常忽视或避免进入销售量小的细分市场。而小企业则避免进入规模较大的细分市场，因为该细分市场需要太多的资源投入。

细分市场的发展前景通常是一种期望特征，因为旅游企业总是希望销售额和利润能不断上升。但要注意，竞争对手会迅速地抢占正在发展的细分市场，从而抑制旅游企业的盈利水平。

2）旅游细分市场结构的吸引力

有些细分市场虽具备了企业所期望的规模和发展前景，但可能缺乏盈利潜力。旅游企业要评价五种力量对长期盈利的影响：同行业竞争者、潜在的竞争加入者、替代产品、旅游者和旅游供应商（如图6-5所示）。它们具有下列五种威胁：

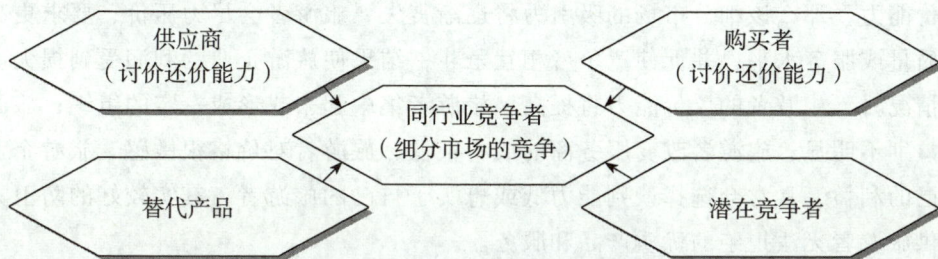

图6-5　旅游细分市场结构的吸引力

（1）细分市场内竞争对手的威胁。如果细分市场内已经存在众多的实力雄厚的或具有侵略性的竞争对手，那么该市场是不具有吸引力的。当出现下列情况时，旅游企业将面临更激烈的挑战：细分市场十分稳定或正在萎缩；市场内旅游产品品种和数量大幅度上升；退出市场的障碍过多；竞争对手在细分市场上投入大量的资源。这些情况将导致频繁的价格战、广告战以及新产品的出现，从而使企业的竞争成本上升。

（2）新的竞争加入者的威胁。如果新的竞争对手加入后能提高市场上的旅游产品生产能力，增加大量的旅游产品，并能迅速扩大自己的市场份额，那么该细分市场会失去吸引力。问题的根源是新的竞争者能否轻易进入这个细分市场。如果它们进入这个市场时受到严重阻碍以及市场内现有旅游企业的强烈打击，那么它们将很难进入。进入细分市场的壁垒越低，受到现有企业打击的力量越弱，该细分市场的吸引力就越小。细分市场吸引力的大小随着进退壁垒的高低而变化，最具吸引力的细分市场的进入壁垒很高，而退出壁垒很低（见图6-6），这时市场外的企业很难进入该市场，而市场内经营不佳的企业却很容易退出。如果细分市场的进入和退出的壁垒都很高，这时潜在利润一般很高，但通常风险也很大，因为经营状况不佳的企业很难退出该细分市场。最糟糕的情况是市场的进入壁垒低而退出壁垒高，这时企业在市场景气时蜂拥而入，但当市场萧条时却难以退出，结果造成所有企业的旅游产品供应能力长期过剩，收入下降。

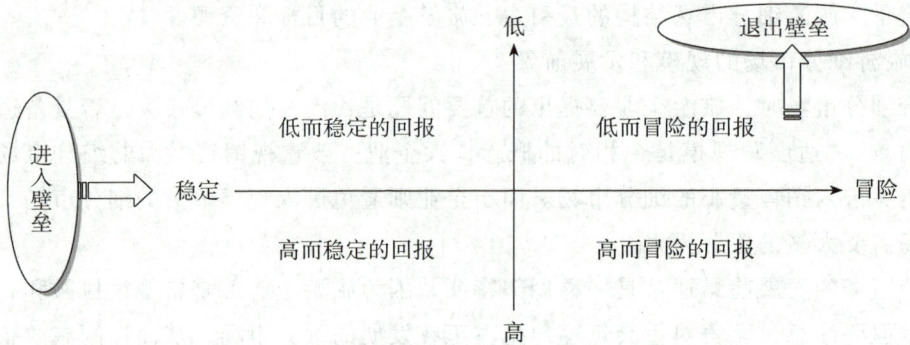

图6-6　旅游产品的壁垒与利润率

（3）替代产品的威胁。当细分市场上存在现实或潜在的替代产品时，就会失去吸引力。因为替代产品将制约该细分市场价格和利润的上升，企业必须密切关注替代产品的价格趋势。

（4）旅游者议价能力提高形成的威胁。细分市场上的旅游者如果具有很强的或不断提高的议价能力，那么该细分市场的吸引力将逐渐丧失，旅游者会尽力压价，要求更高的旅游产品质量或服务水平，并促使竞争者相互争斗，结果使旅游企业的利润受到损失。当出现下列情况时，旅游者的议价能力将提高：旅游者集中起来或形成一定的组织；旅游产品之间的差别不明显；旅游者改变服务商的成本很低；旅游者对价格很敏感。旅游企业为了保护自己的利益，常常会选择谈判能力低或忠实于自己的旅游者。其实较好的防卫方法是争取提供旅游者无法拒绝的优质产品和服务。

（5）供应商议价能力提高形成的威胁。如果旅游企业能够提高产品的价格或降低供应的数量，那么企业所在的细分市场是不具有吸引力的。当出现下列情况时，供应商的议价能力将提高：供应商集中起来或形成一定的组织；替代产品少；供应商提供的旅游产品是企业的重要生产要素；企业转换供应商的成本很高；供应商能实行前向一体化等。企业最佳的防卫方法是与供应商建立双赢的互利关系，或者选择多条供应渠道。

3）旅游企业的目标和资源

即使某个旅游细分市场具有较大的规模、良好的发展前景和富有吸引力的结构，旅游企业仍需结合自己的目标和资源进行综合考虑。旅游企业有时会自动放弃一些有吸引力的细分市场，因为它们不符合旅游企业的长远目标。当细分市场符合企业的目标时，旅游企业还必须考虑自己是否拥有足够的禀赋和资源，以保证在细分市场上取得成功。任何细分市场都有一定的成功条件。如果旅游企业缺少这些必要条件，而且无法创造这些条件，就应放弃这个细分市场。旅游企业即使具备了必要的能力，还需要发展自己的独特优势。只有当旅游企业能够提供具有高价值的产品和服务时，才可以进入这个细分市场。

6.2.2 旅游目标市场选择

评价完不同的细分市场后，旅游企业要决定应该进入哪几个细分市场，即目标市场选择。旅游企业有五种目标市场选择模式可供考虑（见图6-7）。

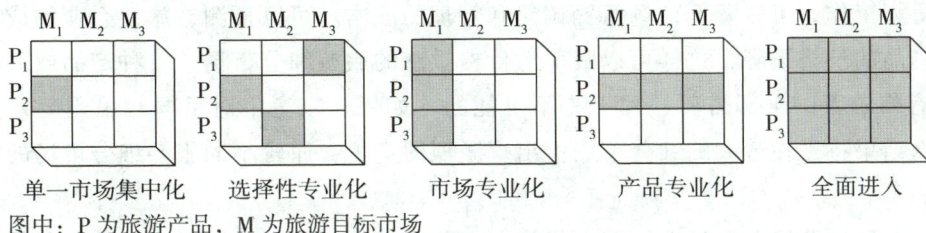

图中：P 为旅游产品，M 为旅游目标市场

图6-7 旅游目标市场选择的模式

（资料来源 科特勒，等. 旅游市场营销［M］. 谢彦君，译. 北京：旅游教育出版社，2002.）

1）单一市场集中化

最简单的模式是旅游企业只选择一个细分市场。如该企业专门经营国内居民去欧洲旅游，通过集中营销，旅游企业能更清楚地了解细分市场的需求，从而树立良好的形象，在旅游细分市场上建立牢固的市场地位。同时旅游企业销售和促销的专业化分工，能提高经济效益。一旦旅游企业在细分市场上处于领导地位，它将获得很高的投资收益。不过，集中营销的风险要比其他情况更大。有些特定的旅游细分市场如果采用集中营销就会出现差错。鉴于这个原因，许多旅游企业宁愿在多个细分市场上同时开展业务。

2）选择性专业化

这是指旅游企业有选择地进入几个不同的细分市场。从客观上讲，每个细分市场都具有吸引力，且符合旅游企业的目标和资源水平。这些旅游细分市场之间很少或根本不发生联系，但在每一个旅游细分市场上企业都可盈利。这种多旅游细分市场覆盖策略能分散旅游企业的风险。即使其中一个细分市场丧失了吸引力，企业还可在其他细分市场上继续盈利。

3）市场专业化

这是指旅游企业集中满足某一特定旅游者群体的各种需求。旅游企业专门为某个旅游者群体服务并争取树立良好的信誉，旅游企业还可向这类旅游者推销新产品，成为有效的新产品销售渠道。

4）产品专业化

这是指旅游企业同时向几个细分市场销售一种旅游产品。通过这种策略，旅游企业可在特定的产品领域内树立良好的信誉。

5）全面进入

这是指旅游企业旨在为所有旅游者群体提供他们所需要的所有产品。只有一些跨国企业或大型旅游机构才能采取全面进入战略。企业可通过两种主要的营销策略，即无差异性营销和差异性营销，来全面进入整个市场。

（1）无差异性营销。无差异性营销意味着旅游企业只注意旅游者在需求方面的共同点，而不管他们之间的差别。企业通过产品的大量销售和广泛宣传，争取在旅游者心目中树立最佳的产品形象。实行无差异性营销的原因在于旅游企业可获得成本的经济性。旅游产品种类少，有利于降低成本；广告计划的无差异可降低广告成本；无须进行细分市场的调研和筹划工作，可以降低市场营销调研和管理的成本。可以预测，旅游企业的成本下降会带动产品的价格下降，这样可以吸引对价格敏感的旅游细分市场。一种产品或品牌同时满足所有旅游者的全部需要，几乎是不可能的。如果几家竞争对手同时采用无差异性营销，那么结果将是在最大的细分市场上出现激烈的竞争，而较小的旅游细分市场的需求却得不到满足。

（2）差异性营销。差异性营销是指旅游企业同时在几个细分市场上经营业务，并分别为每一细分市场制订不同的营销计划。差异性营销通常要比无差异性营销获得更高的市场份额。容易证明，通过多种渠道销售多样化的产品会提高总的市场份额，但是企业的经营成本也会上升，因为差异性营销会导致销售额和成本同时上升，所以很难预测这种策略的效益如何。企业要防止市场划分得过细。如果出现这种情况，旅游企业需要进行反细分或扩大旅游者的基数。

无差异性营销和差异性营销之间的差别见图6-8。

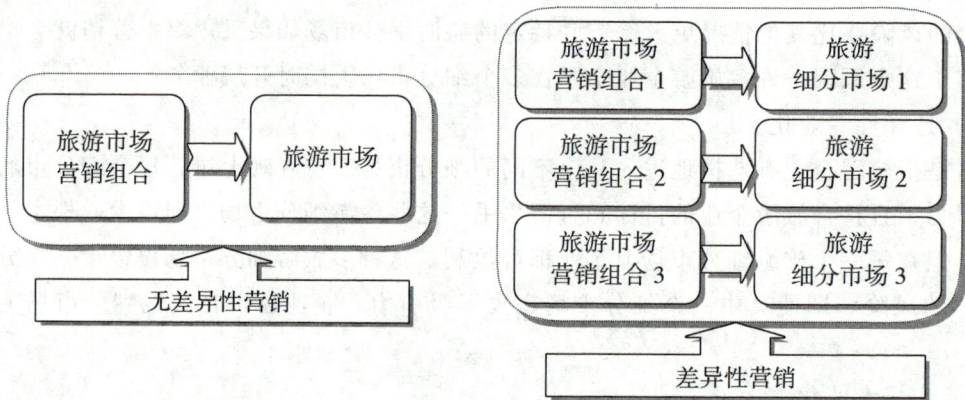

图6-8 旅游市场细分不同的市场策略选择

6.2.3 旅游细分市场其他因素的评价与选择

在对细分市场进行评价和选择时，还要考虑其他两个因素。

1）选择旅游目标市场的道德标准

选择目标市场有时会带来争议。当营销人员不正当地利用易受伤害的人群（如儿童）或底层人群（如城市内贫困阶层），或者促销具有潜在危险的产品时，公众会注意到这些情况。当出现这些问题时，营销人员需要持对社会负责的态度。对社会负责的营销活动应在细分市场和选择目标市场时，不仅考虑企业的利益，还要考虑目标旅游者和广告中所描述的对象的利益。

2）旅游细分市场间的相互关系

如果旅游企业已经选择了几个细分市场作为服务对象，那么还必须密切注意各细分市场在成本、经营和技术方面的联系。拥有一定固定成本（如销售队伍、旅游产品网点等）的企业可以扩大产品种类，来共同利用和分摊某些成本。这是为了寻求"范围经济"，其重要性与规模经济处于同等地位。旅游企业不应在孤立的细分市场上经营业务，而应识别并进入超级细分市场。以图6-9为例，12个单独的细分市场依据一定的协同关系可以重组为5个超级细分市场，旅游企业明智的做法应是选择超级细分市场，而不是在超级细分市场内选择一个单独的细分市场。否则，企业在与已占领该超级细分市场的其他企业竞争时就会处于劣势。

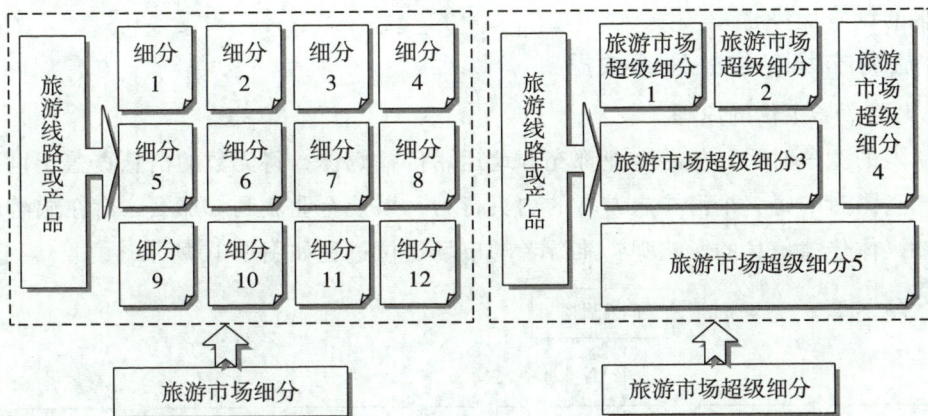

图6-9　旅游市场细分和旅游市场超级细分

（资料来源　科特勒，等. 旅游市场营销［M］. 谢彦君，译. 北京：旅游教育出版社，2002）

⇦【实例6-2】"中国梦"语境下红色旅游目标市场阐释

⇦【相关链接6-2】拓展奢华旅游市场　旅行社专注三关键

6.3　旅游目标市场定位

6.3.1　旅游市场定位的基本概念

1）旅游市场定位的含义

旅游市场定位是指旅游企业根据目标市场上的旅游者偏好、竞争状况和自身优势，确定自身产品在目标市场中应有的竞争位置。其实质就是专门针对目标市场中某一特定的位置，为旅游产品设计鲜明、独特而深受欢迎的营销组合，以形成旅游企业产品的竞争优势。其宗旨就是要力图在旅游者对同类产品的某一特定购买因素中，形成旅游企业产品排列第一的特色形象地位。

2）旅游市场定位的意义

市场定位的意义可以体现在两个方面：第一，它是用来与竞争对手进行竞争的手段，因为市场定位是旅游者心理的定位，也是旅游者用来区别旅游企业间产品乃至企业形象的方法；第二，在营销策略中，营销组合策略是非常重要的内容，然而定位应在制定营销组合策略前进行。只有市场定位解决后，旅游企业才能决定营销组合策略是什么，营销组合的各个方面才能与市场定位策略相互配合。富有创意的定位构思是制定有效营销组合策略的基础，行之有效的营销组合策略将使定位形象更鲜明和突出，更有别于竞争对手，从而获得更多的竞争优势。

6.3.2　旅游市场定位的理论依据

1）旅游市场定位的原理

在激烈的竞争时代，旅游企业都充分地运用传播媒体，将无数的信息覆盖于世界每一个角落，企图影响每一个潜在旅游者的购买行为，以使企业获利。那么，潜在旅游者是如何受传播媒体传播信息的影响呢？旅游者的市场定位过程如图6-10所示。

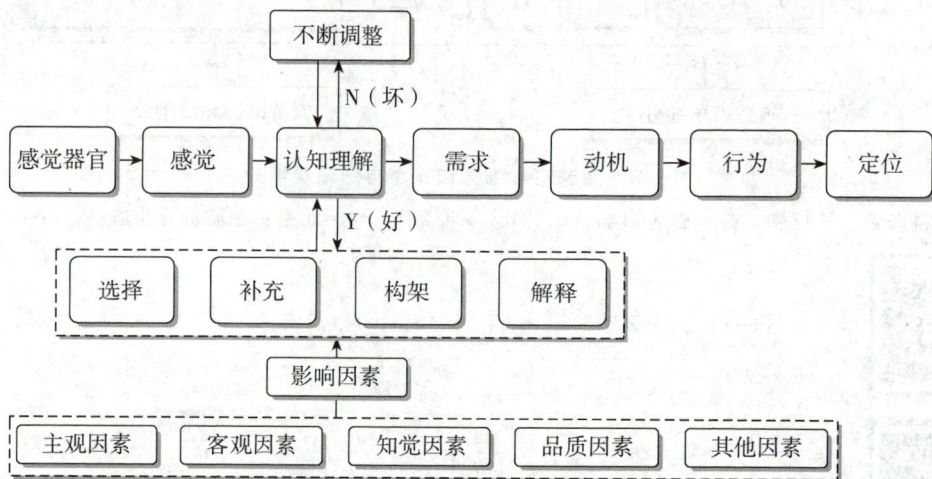

图6-10　旅游者的市场定位过程

2）旅游市场信息进入旅游者的原理

（1）有限原则。在信息社会里，人们被无数的信息包围，但是真正进入人脑的信息是极少的，只有简单、独特、有益（能够充分满足人的需要）、少量的信息才能够进入人脑。美国哈佛大学心理学家乔治·米勒博士认为，人脑能够同时处理的不同概念的信息单元少于或等于七个。这要求旅游企业在为其自身、产品定位时要相对简单扼要，使旅游者在众多的旅游竞争产品面前准确地认识自己的旅游企业形象、旅游产品。

（2）排序原则。人脑对进入其中的不同概念的信息，并非同等进行处理，而是先进行阶梯排序，然后按照顺序进行处理。处于不同阶梯顺序的信息对旅游者行为影响的程度不同，越靠前的信息对旅游者行为影响越大。

（3）首位原则。在人脑中，越靠前的信息对旅游者行为的影响越大，特别是处于第一位置的信息。在企业和商品的竞争中，处于首位的企业和商品占有巨大优势，首位的企业和商品往往比第二位的企业和商品的市场占有率高出一倍。在没有其他重大因素干扰下，旅游者会重复上次的购买行为，选择相同的企业和产品。这就是首位现象。

6.3.3　旅游市场定位的步骤与方法

1）旅游市场定位的步骤

旅游市场定位工作一般应包括三个步骤：一是确认潜在的竞争优势；二是准确地选择竞争优势；三是有效地、准确地向市场传播企业的定位观念。

竞争优势有两种基本类型：一是在同等条件下比竞争对手定位出更低的价格；二是提供更多的特色以满足旅游者的特殊需要，从而抵消高价格的不利影响。旅游企业在面对多种竞争优势并存的情况下，要运用一定的方法评估选择，准确地选出对旅游企业最适合的竞争优势加以开发。选择方法可采取评分法，将旅游企业同竞争对手在各个项目（如服务质量、管理水平、产品特色、产品质量、价格等）上的得分加以比较，选出最适合旅游企业的优势项目。

在确定了旅游企业的市场定位后，还必须开展宣传，把旅游企业的定位观念准确地传播给潜在旅游者。要避免因宣传不当在公众中造成误解，如：传播给公众的定位过低，不能显示出自己在市场中的地位；定位过高，使公众误认为企业只经营高档产品或只提供高级服务，而使许多游客望而却步；定位含糊，不能在潜在游客中形成统一明确的认识。

2）旅游市场定位的方法

旅游企业市场定位通常的方法有七种：第一，根据产品的利益定位，即由产品本身能使旅游者体会到的利益来定位。第二，根据价格和质量定位，不同的质量和价格为不同收入水平的旅游者所接受。第三，根据产品用途或服务内容定位。第四，根据旅游者习惯看法定位，由旅游者对产品或服务的看法确定旅游产品或旅游企业的形象。第五，根据产品特征定位，这种定位可以区分出同类产品中某种特点。第六，根据竞争定位。旅游企业在市场上所处的竞争位置一般有四种类型：市场领先者、市场挑战者、市场追随者和市场补缺者。处于不同竞争位置的企业，采取不同的市场定位策略。第七，组合定位，即旅游企业可以采用上述多种方法的组合来给企业定位。

6.3.4　旅游产品的市场定位

旅游市场定位的作用之一就是让潜在的和现实的旅游者有效区别本旅游企业与其他竞争对手的旅游产品，那么如何来进行市场定位？首先应该了解旅游者如何区别旅游企业与其他竞争企业的产品，即旅游者做出购买行为的最基本的依据是什么？通常情况下，消费者只有在某产品所获得的价值大于付出的成本时，才愿意购买该产品。旅游产品的总价值和旅游者付出的成本分别见表6-2和表6-3。

表6-2　　　　　　　　　　　　　　旅游产品的总价值

价　值	来　源
产品本身的价值	来源于产品的使用性
服务的价值	来源于购买时获得的服务
形象的价值	来源于产品代表的社会形象

表6-3　　　　　　　　　　　　　　旅游者付出的成本

成　本	内　容
金钱成本	产品的价格
时间成本	旅游者收集和了解产品信息花费的时间
精力成本	旅游者购买产品时花费的精力和体力
心理成本	旅游者购买产品时与销售人员互动过程中产生的心理疲劳

　　成功的旅游企业总是能够让旅游者在付出的成本及获得的价值和服务之间寻求到最佳的平衡，它们试图通过各种手段来降低旅游者付出的成本，如精力成本和心理成本，并且不断地通过改进和完善来提高旅游产品或服务的价值。而时间成本也成为竞争对手间考虑最多的因素，因为面对信息爆炸的时代，如何让旅游者在繁杂无序的信息中找到自己企业的信息，是旅游企业关注的重点之一。

　　传统的观念认为，旅游市场定位就是在每一个细分市场上生产不同的产品，实行产品差异化。事实上，市场定位与产品差异化尽管关系密切，但有着本质的区别。市场定位是一个产品差异化的过程，是通过为自己的产品创立鲜明的个性，从而塑造出独特的市场形象来实现的。而产品差异化只是实现市场定位的手段，并不是市场定位的全部内容。市场定位不仅强调产品差异，而且要通过产品差异建立独特的市场形象，赢得旅游者的认同。需要指出的是，市场定位中所指的产品差异化与传统的产品差异化概念也有本质区别，它不是从生产者角度出发单纯地追求产品变异——这种方式容易导致营销"近视症"，而是在对市场分析和细分化的基础上，寻求建立某种产品特色，这是现代市场营销观念的体现。

　　旅游企业可以按照产品物质属性、服务、员工、地理位置或企业形象来区别自己的产品。

　　（1）物质属性的差异。一些成功的饭店通过强调昔日的辉煌来使自己与众不同，它们作为历史的见证者所提供的独特环境是竞争者难以复制的。

　　（2）服务的差异。有些旅游企业通过服务的差异化来区别于其他竞争对手，通过提供能使目标市场旅游者受益的服务，来达到寻求差异的目标。

（3）员工的差异。一些旅游企业通过雇用和培训比竞争者更好的员工来获得竞争优势。这种员工的差异不仅要求旅游企业在招聘时精心挑选，而且要善于培训。

（4）地理位置的差异。地理位置的差异也可以说是区位的差异，具有地理位置的优势也是一个很强的竞争力。对于饭店和旅游商店来说，这一点尤为重要，因为靠近繁华街道或是旅游吸引物的饭店和旅游商店就有竞争优势。

（5）企业形象的差异。即便多个竞争者提供的产品很相似，旅游购买者也会根据企业或品牌形象的差异来区分其产品。因此，任何一个旅游企业都应该致力于形象的塑造，以便使自己区别于竞争对手。

6.3.5　旅游市场定位策略

1）旅游产品营销的定位策略

因为旅游产品具有无形性与竞争性的特点，同时旅游需求具有多样性与复杂性的特点，所以旅游企业在自己的目标市场上进行有效的市场定位、树立自己的市场形象就尤为重要。不仅如此，旅游产品的市场定位还决定了有效市场营销组合的制定。

旅游市场定位与旅游企业的长期战略有密切关系。定位需要长时间创造在旅游者心目中的地位，并完成旅游者从接触到认识再到认同的过程，而不是仅仅通过短暂的营销活动就可以完成的。旅游市场定位为旅游产品的差异性建立了一个固定的方式，它使旅游产品之间可以相互区别，并建立各自不同的竞争优势。精心构建的定位是可持续的、有防御性的。旅游者一旦接受了某种旅游产品，也就同这一旅游产品建立了心理上的联系。这使得同类型的其他旅游产品难以进入这一游客群体中，而且这种定位可以进一步得到利用。由于产品存在着生命周期，旅游产品的市场定位可以根据时间与市场的发展、成熟和衰败来策划定位的发展与改变。另外，旅游企业及产品的市场定位必须同竞争者联系起来，仅仅根据自身的产品进行定位是难以取得成功的，旅游产品的定位是相对于竞争者的旅游产品而确定的在市场中所占的地位。因此，旅游产品的市场定位成功与否，或者旅游产品的市场定位应该选用哪一种策略，需要慎重地考虑诸多因素，其中以下四个因素是旅游企业定位过程中必须考虑的：

（1）对目标市场有清晰的认识。旅游企业的营销人员只有对目标市场有清晰的认识，才能做到在进行目标市场定位时有的放矢。如果旅游企业自认为其旅游产品在市场中具有特定的市场定位，那么它可能犯了一个致命的错误，就是忽略了市场定位是旅游者给企业的产品定位而不是企业给自己的产品定位。因此，必须了解该定位对目标市场中的旅游者的作用，应该通过调研去测评此定位对目标市场的有效性，同时预测其对非目标市场的冲击，全面地衡量旅游产品定位的市场反应。

（2）了解旅游者对旅游产品的需求。旅游产品定位应该考虑目标市场旅游者的产品诉求，这一点无论是对于旅游企业来说，还是对于目标旅游群体来说，都尤为重要。假如对于一个价格不敏感的细分市场，市场定位为物美价廉，那么这种定位是毫无意义的，因为定位的利益特征必须是对目标旅游者有足够吸引力的利益特征。这要求准确把握旅游目标市场中的旅游者消费行为特点和旅游者心理因素，并有效地采用定位策略。

（3）以自身旅游产品的优势为基础。旅游企业用自身旅游产品的优势或用创造产品优势的核心功能来定位是有效定位的方式之一。因为这样可以使旅游企业的旅游产品同其他竞争对手的旅游产品相区别，而且可以有效地创造竞争优势，既具有防御能力又能够在旅游者心目中拥有持久的地位。

（4）旅游产品市场定位可以识别与沟通。旅游产品市场定位应当能够供目标市场识别并易于沟通。这就意味着它们简单明确，能够在同旅游者的相互沟通中传递信息。通常，可以使用有吸引力和有创造性的广告或其他营销沟通方法，使定位更具有吸引力，真正体现旅游产品市场定位是以旅游者需求为出发点的。

2）旅游服务营销的定位策略

旅游产品应为旅游者服务，作为旅游市场营销因素之一的服务，从产品的整体概念中延伸出来，使旅游产品的服务对象及内容出现了新的变化，不仅包括对现实旅游者的服务，而且也包括对潜在旅游者的服务；不仅要提高旅游者现实的（旅游后的）满意程度，还要提高预期的（旅游前的）满意程度。把旅游服务作为因素之一，进一步体现了旅游市场营销的核心思想，即以旅游者为中心。旅游服务可以使旅游企业创立个性，增强竞争优势，有效地增加旅游企业的新销售和再销售的实现概率。旅游服务作为重要因素的导入，为旅游市场营销提供了一个新的杠杆支点，为旅游市场细分及旅游市场定位等开辟了一条新路。图6-11所示的矩阵图显示了一种新的战略构想，为旅游企业在市场竞争中取得优势提供了很大的帮助。

产品特性　高	B.企业增加产品的特性以提高旅游者的满意度	D.企业增加产品的特性和服务，以建立长期伙伴关系
构成差异化的能力　低	A.企业以价格为基本竞争手段	C.企业增加服务，以提升旅游者的满意度

图6-11　旅游产品服务战略矩阵的市场定位

（1）旅游价格导向的市场定位。象限A中的企业依靠产品的价格优势与竞争者较量，期望通过低价吸引旅游者，保持一定的市场占有率。在这种情况下，除非企业能保持极低的生产成本优势，否则要想长期维持一个较高的市场占有率是非常困难的。当今世界，劳动力成本、天然资源等直接成本占产品总成本的比重变小，其重要性也开始减弱，所以纯粹价格导向型的企业将越来越难以在市场上站住脚。

（2）旅游产品导向的市场定位。象限B中的企业谋求以技术优势向旅游者提供更高的使用价值及满意度，从而争取并赢得旅游者。在某些情况下，只要产品的性能及质量保持优势，旅游者就可以容忍服务方面的某些不足。例如，豪华型高性能轿车的购买者一般可以承受由于零配件的昂贵价格及维修网点不足带来的不便，却能充分享受一流的驾驶乐趣及显示与众不同的社会地位。产品导向从根本上讲是违背以旅游者为中心的市场营销观念的，因而最终也难以在激烈的市场竞争中获胜。

（3）旅游服务导向的市场定位。象限C中的企业由于经营资源有限，不能保证其产品在技术上长期领先，所以试图通过增加额外的服务建立竞争优势。在这种情况下，旅游者只要能从所信赖的企业获得各种优质服务，他们仍然会对质量、性能一般的产品感到满意。这种策略的弱点在于：与技术个性相比，企业的服务个性很容易被其他企业所模仿，一旦被人模仿，企业的优势也就荡然无存。

（4）旅游者关系导向的市场定位。象限D中的企业既向旅游者提供优质的产品，又向旅游者提供一流的服务。在这种情况下，企业不仅赢得和保住了旅游者，而且在旅游者的期望与信赖的基础上，与旅游者建立起牢固的伙伴关系。这种策略真正体现了以旅游者为中心的营销观念，把企业与旅游者之间的买卖关系演化为伙伴关系。

⇦【实例6-3】《觉醒年代》引发实地打卡热，"红色旅游+X"唱响主旋律

⇦【相关链接6-3】运用古城文化魅力找准新时代城市旅游发展新定位

本章小结

旅游市场细分是指旅游企业根据旅游者的不同需求，将旅游市场划分为若干个细分市场。旅游市场细分有旅游者同质偏好模式、旅游者分散偏好模式和旅游者集群偏好模式等。根据地理因素、人口因素、心理因素、行为因素等标准，运用单一变量法、综合变量法或系列变量法，参照一定的标准，可以对旅游市场进行有效的划分。对于划分好的细分市场，旅游企业可以从其规模和发展前景、结构吸引力以及旅游企业自身目标和资源对其进行评价。

旅游企业准备用其特定的旅游产品和旅游服务，来满足特定的旅游者需求的过程，就是旅游目标市场的选择过程，一般有无差异性和差异性等策略。旅游目标市场定位的实质是依据旅游市场信息进入旅游者的原理，将旅游企业的产品投入到旅游市场的适当定位方法和策略。

关键概念

旅游市场细分　旅游目标市场　旅游市场定位

基本训练

□ 案例分析题

影视主题公园游客生活方式感知市场细分

随着我国人民生活水平的不断提高，人们的消费水平也在不断提升，人们对消费质量的要求也越来越高。当今时代，影视主题公园旅游无论是在我国还是在国外都已经逐渐发展成为一种时尚潮流。基于生活方式感知的影视主题公园游客市场细分策略如下：

第一，以产品为基础，满足需求差异性。旅游市场的细分本身就是根据游客的需求对服务产品进行差异化的供给。在这一过程中，不同的划分标准将影视主题公园的游客划分为若干具有不同旅游需求的市场。而这就需要对主题公园游客的整体特征进行判断并做出游细分，从而完成服务和产品的精细化供给，提升主题公园的旅游服务能力。当前，在对影视主题公园的游客类型所做的研究中，多采用描述性分析、聚类分析和类型分析等，将游客细分为文化型影视游客、新潮型影视游客、节俭型影视游客及自我需求型影视游客。而这些游客进入影视主题公园的旅游目的不一，其自身的文化修养及可支配收入又呈现出较大的差异，这就导致若影视主题公园以单一性产品的供给方式运营，则不同的游客类型无法达到各自旅游的目的，进而在主题影视游之后的整体体验较差。因此，市场群体的细分化需要以产品的精细化为支点，只有开发出具有差异性的产品，才能使市场可行性最大化。

第二，以服务为风向，受众市场精细化。针对文化型影视游客、新潮型影视游客、节俭型影视游客及自我需求型的影视游客应注重服务内涵供给上的差异。就文化型影视游客而言，这类游客可支配时间足、文化层次高、环境意识强，有着较高的生活情调和较强的社会责任感。这类游客具有显著的外部一致性，同时在文化的感知上不存在教育程度和性别上的差异，对影视文化有着较高的欣赏水平和认同感。年龄主要集中在26～45岁之间，以教师及科研人员为主，收入水平在4 000～8 000之间。就新潮型影视游客而言，这类游客对旅行和冒险有着由衷的热爱，同时充满了猎奇的情趣，喜欢追逐新鲜事物，喜欢在旅行中实现自身的价值。这类游客的整体年龄段和收入与文化型影视游客没有太大差异，他们对影视旅游的关注度多以自身的体验为首要因素，而非影视文化本身。就节俭型影视游客而言，其主要是以在校学生或高龄离职人员为主，年龄的跨度比较大，可支配收入较低，这一群体在影视旅游中更为看重旅游产品的性价比。自我需求型影视游客是游客当中的高收入和高支出人群，其与一般游客有很大的不同，其更多的是将旅游作为一种惬意的生活方式，需求较为多元。

第三，以体验为导向，提高游客满意度。我国影视主题公园推出许多影视主题旅游新项目、新服务，除了形式不同外，在内容和服务上跟家庭旅游、伴侣旅游、亲子旅游是类似的。有些影视主题公园往往忽略了影视主题旅游的主要内涵，要解决这一问题，首先就需要转变观念，认清影视主题旅游与普通旅游产品之间的区别。影视主题旅游产品注重的是影视主题项目的体验，而不仅仅是观光娱乐，观光娱乐只是影视主题旅游的一个部分。其次，设计好影视主题旅游的相关产品。在设计产品之前认真研究分析市场需求和供应的情况，消费者的消费能力，其他公司已经推出的产品，竞争水平等。最后，综合考虑自己的能力及产品的市场定位等，经过全面的分析、探讨研究后，再设计出优质新颖的产品来吸引顾客，并提供高质量的服务，给他们留下难忘的影视主题旅游回忆。要完成这一任务，还需要有一支自己的优秀产品设计队伍，这是影视主题公园需要组建的。

第四，以营销为手段，提升产业影响力。近年来，随着旅游业的快速发展，我国旅游市场的竞争越来越激烈。旅游业的政策红利和人口红利的消失，也将在较大程度上推动旅游市场的进一步整合。对于旅游市场的细分将成为旅游业未来发展的重要方向，而精细而优质的产品离不开科学合理的营销。以影视主题公园为主体的影视旅游仍处于行业发展的初期阶段，让居民了解影视游、认同影视游的价值将成为其发展中的一项重要内容。传统的影视主题公园营销大都把传播信息的渠道局限在旅行社和传统媒体上，营销渠道较为单一，营销内容也是以图+文的方式来呈现，这在一定程度上与当前居民的"信息微生活"方式有脱节。影视主题公园也应顺应新媒体时代的旅游主题传播和推荐模式，可尝试建立网站、微信公众号等交流和分享平台，在宣传旅游产品的同时，拓宽与消费者的信息沟通渠道，进而打破单向输出的方式而实现在营销上的多元化发展。同时，影视主题旅游的从业者通过这一双向沟通渠道能更多地了解消费者的真实需求，利用大数据挖掘技术和市场分析，为消费者设计出更多、更优质的影视主题游产品。

（资料来源　叶林. 基于生活方式感知的影视主题公园游客市场细分研究［J］. 产业与科技论坛，2020，19（12）：97-99）

　　问题：

结合本章相关原理，您认为本案例中的影视主题公园旅游是如何细分和选择目标市场的？其进行旅游目标市场定位的依据是什么？您认为发展特色影视主题公园旅游可以从中获得哪些启示？

□ 思考题

1.阐述旅游细分市场的概念、依据和作用。

2.简述旅游目标市场的定义，以及如何进行旅游目标市场定位。

3.旅游目标市场定位与目标市场选择有何不同？

□ 课堂讨论题

1.请您以某一知名旅行社或酒店的营销总监身份，举例说明本企业的市场细分、目标市场选择以及市场定位的过程。

2.请您以一家旅游接待型企业为例，例如一家舒适的经济型客栈、麦当劳餐馆或某一中式快餐店，回答以下问题：对整体市场（在这里分别是住宿市场、饭店市场或餐馆市场），如何进行市场细分？对细分市场如何进行分析？如何选择目标市场？如何与自己的市场竞争者进行区别？如何进行目标市场营销定位？精准营销和市场细分、市场定位有何联系？

3.请您在您的居住地或当地社区，选择一家您认为具有很好的细分市场的餐馆或饭店。请您说明进行市场细分之后，可以采取的旅游市场营销组合策略。

4.现有一家餐馆投资人，想开办一家能为所有人提供餐饮服务的餐馆。您认为这位投资人的想法是不是一种危险的营销策略？为什么？

5.假如您是某一大学或职业院校的学生会主席，所学专业为旅游与酒店管理专业。您能否用不同的标准将您的同学们划分为不同类型的群体？您做这种划分使用的变量是什么？您能否有针对性地向这些同学提供有效的旅游产品？

6.请您以某知名旅行社总经理的身份，举例说明这家旅行社在旅游产品定位过程中，旅游产品本身的特性和对产品特性的感知这两个方面分别扮演什么角色，您认为一种与其他几种竞争者品牌雷同的产品，会有助于旅游市场定位策略的成功吗？

第 7 章

旅游产品策略

通过本章的学习，理解旅游产品的概念，学会分析旅游产品生命周期及其各阶段营销策略，学会制定旅游产品开发营销策略、旅游产品组合营销策略，以及旅游产品品牌营销策略。

7.1　旅游产品概念

7.1.1　旅游产品的基本层次

在现代市场营销学中，产品概念具有极其宽广的外延和丰富且深刻的内涵。菲利普·科特勒通过五个层次即核心产品、形式产品、延伸产品、期望产品、潜在产品来表述产品整体概念，认为这五个层次的研究与表述能更深刻而准确地表达产品整体概念的含义。产品整体概念理论强调从整体和系统的角度来看待产品，并且注重以社会营销观念来指导产品的设计、管理、销售和服务。产品整体概念理论作为市场学的核心理论之一，在旅游市场营销中也应受到重视。根据产品整体概念理论，旅游产品五个基本层次如图7-1所示。

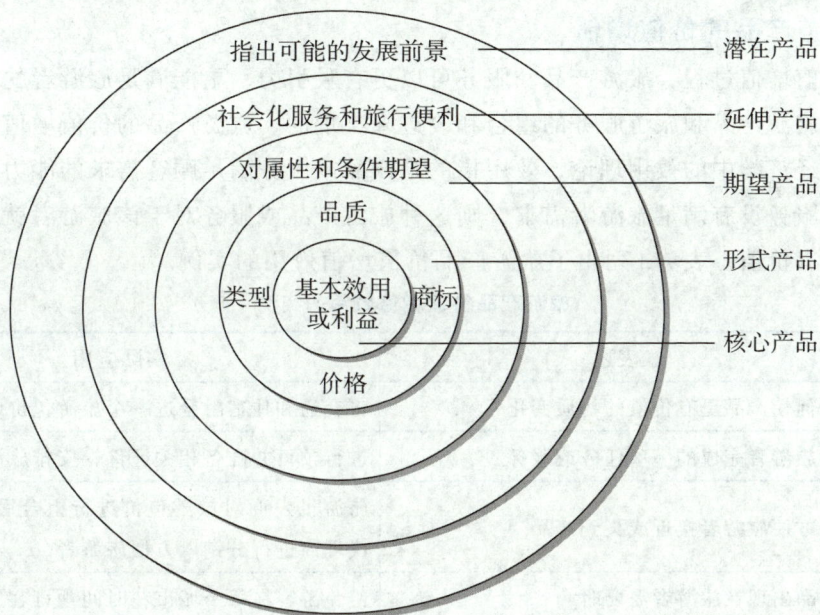

图7-1　旅游产品的层次

第一层次，旅游核心产品，即旅游产品满足旅游者生理需要和精神需要的效用，是与旅游资源、旅游设施相结合的旅游服务，主要表现为旅游吸引物的功能，具体体现在吃、住、行、游、购、娱六大要素。

第二层次，旅游形式产品，即核心产品借以实现的形式或目标市场对某一需求的特定满足形式，是以旅游设施和旅游线路为综合形态的"实物"。旅游产品的基本效用必须通过特定的形式才能实现，旅游产品营销人员应努力寻求更加完善的外在形式以满足旅游者的需要。在旅游市场上，形式产品包括旅游产品的品质、形态、商标、价格、类型等。

第三层次，旅游期望产品，即旅游者在旅游活动时期望得到的与旅游产品密切相关的一整套属性和条件。比如，旅游者住宿宾馆期望得到清洁的床位、沐浴露、浴巾、衣帽间的服务等。因为大多数宾馆均能满足旅游者这些一般的期望，所以旅游者在选择档次大致相同的宾馆时，一般不是选择这些一般的期望产品，而是根据宾馆便利与否来决定。

第四层次，旅游延伸产品，即为旅游者的旅游活动所提供的各种基础设施、社会化服务和旅行便利的总和，包括旅游者在购买之前、购买之中和购买之后所得到的任何附加服务和利益，如旅游前咨询、旅游后服务及旅游中的其他服务等。能够大力发展延伸产品的旅游企业必将在激烈的市场竞争中赢得主动。

第五层次，旅游潜在产品，即现有旅游产品可能发展成为未来最终产品的潜在状态的产品。潜在产品指出了现有产品可能的演变趋势和前景。

由此可见，任何一种旅游产品的消费都是一个整体系统。旅游者出游不但为满足某种需求，还为了得到与此有关的一些辅助利益，相应地，旅游企业所出售的旅游产品也应该是一个整体系统。在激烈的市场竞争中，只有向旅游者提供更完善的服务，才能更完美地满足旅游者的需求。

7.1.2 旅游产品的价值增值

通过价值增值过程，旅游产品和服务可以更有吸引力，更能满足旅游者的需求，价值增值是通过旅游产品和旅游服务的组合和改进来实现的。旅游产品的价值增值概念的提出和阐释源自经济学中的效用理论，效用指的是产品或服务满足顾客需求的能力。如果某种旅游产品或服务没有满足旅游者需求，则这种旅游产品或服务对于该旅游者就没有任何效用，也就没有价值。表7-1列出了旅游产品价值增值效用的实例。

表7-1　　　　　　　　　　　旅游产品价值增值效用的实例

效用类别	表述	实际应用
形式	任何使产品更有价值的物质变化	将交通和住宿融合进一个旅游包价中
任务	为旅游者完成的一项任务或服务	进行预订并准备相关证件，安排旅游日程
地点	更方便旅游者接近或买到产品	旅游批发商对旅游包价进行组合后，通过旅游代理商进行分销以方便旅游者
时间	产品出现在旅游者需要时	避免游客在每个城市花时间预订客房
拥有权	产品的产权转移给旅游者	旅游者拥有可以享受旅游的票证和单据
形象	产品因其品牌和声誉给予旅游者更多的价值	由于服务优质，旅游者进行了选择

【实例7-1】 　　　　　　　　**用好红色资源，做好铁路旅游产品**

为庆祝中国共产党成立100周年，铁路系统将开行红色旅游专列作为开展"永远跟党走"群众性主题宣传教育活动的重要内容，抓住全国红色旅游需求旺盛的契机，增加客运产品有效供给，用好红色资源，传承好红色基因，打响了铁路旅游品牌。2021年以来，中国国家铁路集团有限公司共开行红色旅游专列287列，发送旅客13.4万人。

（1）精心设计线路，打造红色旅游经营新模式。各铁路局集团公司积极与地方联合，充分挖掘各地红色资源，设计学习体验线路和精品红色旅游线路，开行旅游专列。中国铁路南昌局集团有限公司与地方政府、文旅等部门联合，以"2021百趟专列进苏区"为主题，开行"百趟专列进赣州""百趟专列进上饶"等红色旅游专列，线路覆盖井冈山、瑞金、兴国等革命老区，助力"湘赣闽"地区红色线路成为旅游热点。中国铁路广州局集团有限公司打造株洲至井冈山、韶山至井冈山等多款红色旅游专列产品，受到市场欢迎，目前已开行专列68趟，发送旅客4万多人。中国铁路哈尔滨局集团有限公司选派骨干力量赴黑龙江省内外具有代表性的红色旅游景点开展调研，设计出省内短途游和省外长线游等差异化红色旅游线路，并组织营销团队了解专列沿线革命历史，更好地为旅客提供党史讲解服务。

（2）融入党史学习教育元素，提升客运服务品质。各铁路局集团公司围绕建党百年主题，提升专列开行品质和红色文化内涵，将红色旅游专列打造成"移动的党史课堂"。在长三角地区，中国铁路上海局集团有限公司充分发挥嘉兴红船起航地优势，开行"南湖·1921"红色旅游专列，车厢内设有红色书籍读书角，并以图片形式展示中国共产党从一大到十九大的发展历程，吸引了大批旅客乘专列、学党史，开行以来已接待旅客23 059人。在太行山革命老区，中国铁路太原局集团有限公司瞄准学生群体，开行"红色太行"研学专列，将现场教学搬进车厢，讲红色故事、开展党史问答。该趟专列成功入选"中国旅行社协会百条红色旅游精品线路"。在西南地区，中国铁路成都局集团有限公司以高品质的"熊猫专列"带火红色旅游，车厢内处处融入红色元素，并按照星级酒店标准为旅客提供优质服务，成为红色旅游专列产品中的创新品牌。在西北地区，中国铁路呼和浩特局集团有限公司将弘扬航天精神作为红色旅游专列主题，带旅客参观位于酒泉的东风航天城，采取增加淋浴车、配备随车医生和应急药品等方式提升客运服务品质。

铁路部门将继续聚焦建党百年主题，提升经营品质和服务水平，开行多种主题的红色旅游专列，集中展示中国共产党的百年奋斗历程，更好满足人民群众红色旅游消费需求，更好激励广大党员干部和人民群众传承红色基因、建功伟大时代。

（资料来源　李欢. 用好红色资源，打响铁路旅游品牌［N］. 人民铁道，2021-07-20）

【相关链接7-1】 　　　　**泡泡玛特线下造梦，首个乐园落子朝阳公园**

近日，泡泡玛特首个线下乐园与北京朝阳公园达成合作，朝阳公园将授权泡泡玛特使用园区内"欧陆风韵"项目，以及周边街道、森林。据园内地图信息介绍，"欧陆风韵"位于朝阳公园中心区，占地约0.03平方千米，包含一幢白色三层建筑和一个欧式建筑广场，三面围绕园内莲花湖水域，还曾作为会议中心使用。对于该项目开展进度，泡泡玛特方面回应记者称，目前项目可行性研究和概念设计已经完成，正处于方案设计阶段，与此同时，乐园团队正在与具备环球影城或迪士尼乐园建设经验的优秀供应商建立合作关系，致力于将项目打造成集潮玩IP、文化传播、沉浸式体验、休闲娱乐于一体的潮流文化乐园。

泡泡玛特2021年三季度财报显示，截至2021年9月30日，泡泡玛特在全国新开35家线下门店，门店数量从2021年6月30日的215家增至2021年9月30日的250家。早在2019年底，肖杨就曾对媒体公开表示，在向环球影城及迪士尼借鉴学习后，泡泡玛特将利用首个线下乐园，来尝试向中国的主题乐园迈进，"五年后成为国内最像迪士尼的那家公司"。其中，泡泡玛特将重点负责IP管理、IP授权等相关的工作。对于园内已有的游乐设施建设，据记者查阅的OTA平台相关信息，目前朝阳公园运营有朝阳公园勇敢者乐园、恐龙王国历险城、考古乐园及索尼探梦科技馆，且均配有相应的娱乐体验项目，套票价格20~90元不等，主要面向周末出游的亲子客群。

（资料来源　谢亦欣．泡泡玛特线下造梦，首个乐园落子朝阳公园［EB/OL］．［2022-01-11］. https：//www.traveldaily.cn/article/150019）

7.2　旅游产品生命周期营销策略

产品生命周期理论是现代营销管理中的一个重要理论。这一理论运用于旅游业，对旅游企业有效利用资源、开发特色旅游产品、制定营销策略具有重要的指导意义。

7.2.1　旅游产品生命周期理论

旅游产品在市场营销过程中，都有一个产生、成长、衰退到被淘汰的过程，就如同任何生物都有其出生、成长到衰亡的生命过程一样。所谓旅游产品生命周期理论，是指某种旅游产品从投入市场，经过成长期、成熟期到最后淘汰的整个过程。它不同于一般产品的使用生命，后者专指产品的耐用程度，即在使用过程中产品的寿命。旅游产品生命周期，理论上可分为投入期、成长期、成熟期和衰退期四个阶段。典型的旅游产品生命周期是呈S形正态分布曲线的（见图7-2）。

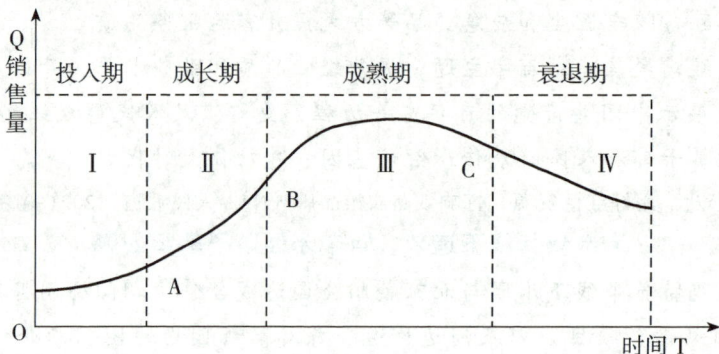

图7-2　旅游产品生命周期曲线

旅游产品生命周期的不同阶段会呈现出不同的特点。

1）投入期

投入期指旅游产品刚刚进入市场的初始阶段。旅游产品的生产设计还有待进一步改进，基础设施急需配套、完善。食、住、行、游、购、娱六个基本环节有待进一步协调、沟通。同时，服务人员服务技巧尚不娴熟，服务质量不高。由于旅游产品的知名度不高，因而销售额增长缓慢且不稳定，加上对外宣传和广告费用较高，旅游企业利润率较低，甚至处于亏损局面。

2）成长期

成长期指新的旅游产品日渐被旅游者所接受，销售量迅速增长的时期。在这一时期，旅游产品的策划、销售已基本定型，主题明确；基础设施已日趋完善，六大基本环节相互之间联系紧密，处于正常运转状态；服务人员服务熟练程度提高，服务趋于标准化和规范化，服务质量得以大幅度提升；旅游产品知名度渐渐提高，从而使产品的销售额稳步上升，企业利润得以大幅度提高。与此同时，新的企业参与市场，展开竞争。

3）成熟期

成熟期指旅游产品在市场上普遍销售的饱和阶段。这一时期是旅游产品的主要销售阶段。旅游产品成为名牌产品或老牌产品，产品销售额渐渐达到高峰而趋于缓慢增长，年销售额增长率在1%~5%之间，旅游企业销售能力发挥到最大，产品拥有很高的市场占有率，企业利润也达到最高水平。旅游市场已趋于饱和，供求基本均衡，但企业间竞争日趋激烈。

4）衰退期

衰退期指旅游产品逐渐退出旅游市场的阶段。在这一时期，旅游新产品层出不穷，而现有的旅游产品基础设施老化，六大环节不能协调，经常出现某一环节的短缺，员工流失率很大，从而使企业的销售能力受到影响，旅游产品已不适应旅游者不断变化的消费需求，销售量锐减，许多旅游企业在市场竞争中被淘汰，从而转产退出了旅游市场。与此同时，市场出现新的换代产品或替代产品。

7.2.2 旅游产品生命周期销售特点

不同的产品显现出不同的生命周期曲线，有的常年维持同样的水平，有的则生命周期很短。海斯根据对一些案例的分析归纳出了五种生命周期曲线形态（见图7-3）。

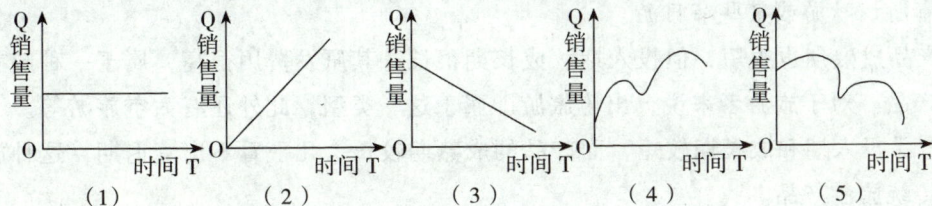

图7-3 不同旅游产品生命周期的销售量特征

图7-3中的第1例曲线显示产品一经推出就占有强大的市场，而且能一直保持市场占有率，整个产品的销售没有成熟期和衰退期。

第2例曲线显示产品一直保持稳步的增长，不经历任何下降，说明这类产品具有强大稳定的顾客基础，而且能不断吸纳新顾客。

第3例曲线表现的情况与第2例正好相反，即一开始时销售旺盛，但不能保持，很快就进入衰退。出现这种情况的可能原因是推出产品时的声势浩大，但初期宣传后产品跟不上，或产品未能达到顾客的期望值，没有回头客，使用过的人也不会为产品做宣传。当然强劲的竞争对手的进入也可能是原因之一。

第4例曲线显示的是在产品刚开始出现衰退时及时采取措施挽救，使产品焕发新生，达到比前一次高峰时更高的销售量。强有力的促销、产品的改进或顾客态度的转变都可能造就第二次的成长高峰。有时产品的推出超前于顾客的意识，因此只有等到顾客态度发生变化以后产品才能带来利润。

第5例曲线显示产品的销售起初增长强劲，在衰退出现之初企业采取了一定的措施，销售出现转机，但顾客的反应没有第一波增长时那么好，产品销售没达到前一波的高峰就转入更深的衰退。

在旅游市场营销实践中，并非每种旅游产品都呈S形的生命周期。由于受多种因素的影响，各种旅游产品的生命周期并不一样，有的产品生命周期长，有的产品生命周期短，有的产品呈波浪形起伏，有的产品则比较平稳，呈现出来的市场现象各不相同（见图7-4）。

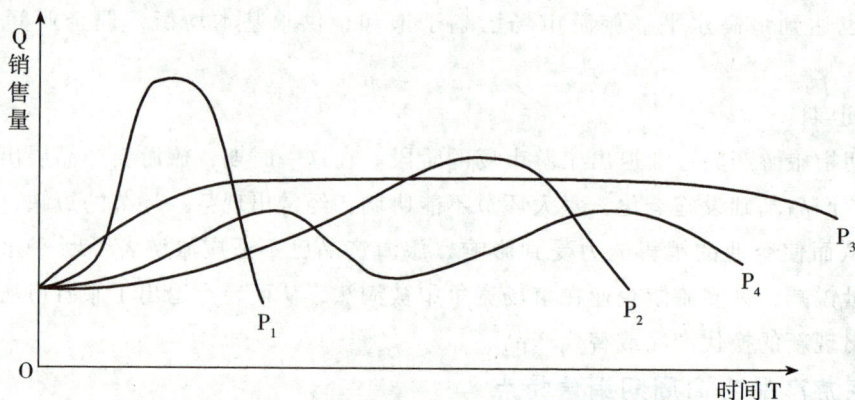

图7-4　旅游产品生命周期的种类

P_1所呈现的旅游产品周期很短，但销售量很大，成为旅游市场中很时尚的产品，如旅游者的春游、秋游或某些节日游。

P_2产品成熟期也很短，但投入期、成长期很长，其研发费用很高，属于一种超前消费的旅游产品。对于旅游者来说，出境旅游即属于这一类型，此外还有太空旅游等。

P_3产品投入期和成长期较短，而产品的成熟期较长，几乎看不出衰退期，这种旅游产品多为传统旅游产品。

P_4产品呈现出一种波浪起伏的市场周期，这种周期在旅游市场中很有规律。属于这一类型的旅游产品有会议旅游、商务旅游及周末度假旅游等。

　　从以上的分析可知，旅游产品的生命周期各不相同，各阶段的划分也无定律，但是可以借助于一定的经济指标，以产品销售量对时间的弹性来定量分析旅游产品的市场生命，区分旅游产品生命周期的各个阶段。

$$E_t = (Q_1 - Q_2) / (t_1 - t_0) = \Delta Q / \Delta t$$

　　式中：E_t为旅游产品的生命周期；ΔQ为销售量的变化值；Δt为销售时间的变化值。

　　可做如下判断：

　　$0 < E_t < 10\%$时，为产品的投入期（Ⅰ）；

　　$E_t > 10\%$时，为产品的成长期（Ⅱ）；

　　$0.1\% < E_t < 10\%$时，为产品的成熟期（Ⅲ）；

　　$E_t < 0$时，为产品的衰退期（Ⅳ）。

　　旅游产品的生命周期与旅游企业利润变化如图7-5所示。在图7-5中，C为旅游产品成本曲线，JI为旅游产品利润曲线，P为旅游产品生命周期曲线。

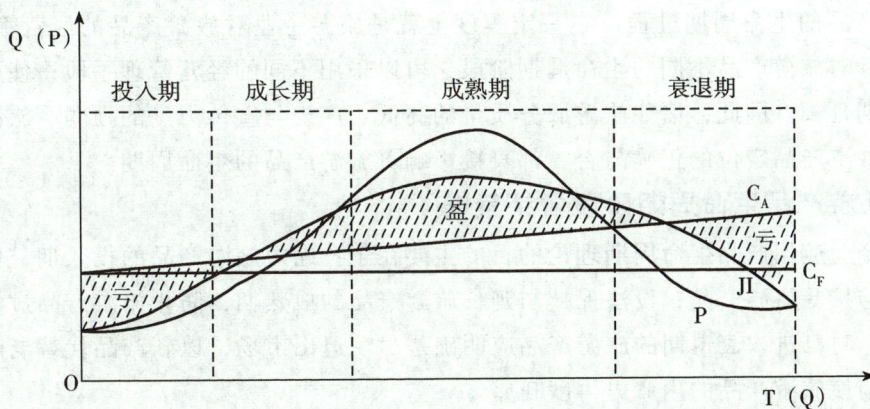

图7-5　旅游产品生命周期与旅游企业利润变化

7.2.3　旅游产品生命周期影响因素

　　旅游产品生命周期的变化，既受外部因素如自然与生态环境、政治与法律环境、社会经济环境、社会文化环境的影响，也受到内部因素如旅游资源、旅游服务、旅游设施和旅游管理等因素的影响。但总的来说，主要受以下几个方面因素的影响：

　　1）旅游产品的吸引力

　　旅游产品的吸引力主要来源于旅游吸引物，即旅游资源本身。一般来说，富有特色、内容丰富、具有深厚文化底蕴的旅游资源，其生命周期较长，如秀美壮丽的长江三峡与宏伟的万里长城，对海内外游客都有强大的吸引力。而那些缺乏特色、形式雷同的旅游产品，生命力则不会长久。

　　2）旅游目的地的环境

　　旅游目的地环境包括自然与生态环境、社会文化与经济环境两大方面内容，它主要指优美的自然环境、良好的生态状况、便捷的交通、卫生的住宿条件、友好的居民态度等，这些因素共同营造了旅游活动良好的氛围。如果旅游目的地环境污染严重、社会治安状况下降，会使旅游客源萎缩，引起旅游产品生命周期的变化。因此，在某种程度上，旅游业的竞争就是旅游环境的竞争。由于旅游产品生命周期依赖于旅游大环境，这就要求旅游目的地政府必须采用系统工程的方法，统一规划和发展旅游业。

3）旅游者需求的变化

旅游活动是旅游者寻求心灵体验的活动，因此旅游者的购买行为受旅游者心理因素的影响很大。旅游者的需求可能因消费观念的改变或时尚潮流的变化而产生改变。另外，旅游者收入的增加和带薪假日的增加，也会引起旅游者消费需求的增长。

4）旅游市场竞争状况

现代旅游市场竞争日趋激烈，旅游新产品不断涌现，导致原有旅游产品的生命周期不断缩短。因此，任何旅游产品要想在旅游市场中保持竞争优势，只有不断地创新，提高服务质量，树立旅游特色，尽可能延长旅游产品生命周期。

5）旅游经营管理

旅游产品的生命周期过程，在一定程度上就是旅游企业对旅游产品的经营管理过程。旅游企业针对旅游产品不同的生命周期阶段，可以采用不同的经营管理手段，使旅游产品的生命周期延长。因此，诸如旅游服务质量的高低、广告与宣传力度的强弱、旅游产品组合状况、旅游产品定位的正确与否，都直接影响着旅游产品的生命周期。

7.2.4 旅游产品生命周期阶段营销策略

旅游企业应用产品生命周期理论的目的主要在于：缩短旅游产品的投入期，使旅游者尽快熟悉与接受旅游产品；设法保持与延长旅游产品的成熟期，防止旅游产品过早被旅游市场淘汰；对已进入衰退期的旅游产品应明确是尽快退出市场，以新产品代替老产品，还是通过促销使旅游产品的生命力再度旺盛。

1）投入期的旅游产品营销策略

旅游产品在投入期的营销策略重点在于，加强与旅游者的沟通；使旅游者了解和熟悉旅游产品；扩大旅游市场营销渠道；扩大旅游产品的市场占有率；提高旅游企业的利润。旅游企业可从以下几方面入手：

（1）加强广告宣传。旅游产品在投入期，应以创造产品知名度为营销重点。但该阶段旅游企业由于广告费用过大，会造成一定程度亏损的局面。因此，广告宣传应有针对性，而且要注重效果。旅游企业应注意凭借社会重大活动和造成广泛影响的事件，适时进行旅游产品宣传，以引起社会的轰动效应，从而吸引旅游者对旅游产品的注意和激发旅游者的购买热情。

（2）拓展旅游产品市场。旅游产品的市场开发是一项独立的创造活动，它不仅不限于一般性的宣传，而且包括全方位扩展旅游产品的销售渠道，通过价格策略占领市场或获取理想利润等。

（3）旅游产品质量控制。旅游产品初入市场，旅游者对旅游产品质量的印象直接引发相应的口碑宣传，将会影响旅游产品今后的发展。因此，旅游企业要继续改进旅游产品的生产设计和完善其配套服务，逐步提高旅游产品的质量。

在旅游产品投入期，价格和促销是两个最突出的方面，这两者的匹配有四种策略可供采用（见图7-6）。

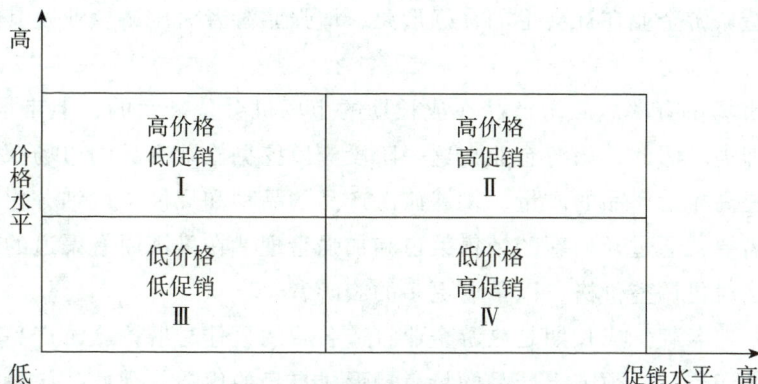

图7-6　旅游产品投入期的营销策略

Ⅰ所示的策略为"高价格低促销"策略，又称缓慢撇取策略，即旅游产品的定价较高，但旅游企业以较少的促销费用开展推销活动，降低营销费用以获取较多的利润。采用这种策略的条件是：首先，旅游产品的市场容量相对有限；其次，旅游产品在市场上具有高度垄断性；最后，潜在竞争者威胁不大。

Ⅱ所示的策略为"高价格高促销"策略，又称迅速撇取策略，即以高价格配合大张旗鼓的促销策略。采用这种策略的条件是：首先，旅游产品的研发成本较高；其次，旅游产品特色较为突出；最后，旅游企业希望旅游产品投放市场后迅速建立起品牌信誉。

Ⅲ所示的策略为"低价格低促销"策略，又称缓慢渗透策略，即旅游企业确信旅游市场需求价格弹性很高而促销弹性较小时，以较低的价格鼓励旅游者接受旅游产品，以较低的促销费用使企业实现更多的利润。采用这种策略的条件是：首先，旅游产品的市场容量较大；其次，旅游产品需求价格弹性较高，消费者对价格较敏感；最后，有相当数量的潜在竞争者准备加入竞争行列。

Ⅳ所示的策略为"低价格高促销"策略，又称迅速渗透策略，即旅游产品定价较低，并配合大量的促销活动，以便以最快的速度占领市场，提高市场占有率。采用这种策略的条件是：首先，旅游市场容量较大；其次，人们对此旅游产品的特色尚不了解；再次，大多数旅游者对旅游产品的价格很敏感；最后，潜在竞争者威胁较大。

旅游产品投入期是旅游产品成长的关键时期，能否顺利通过投入期，决定着旅游产品的市场前途。因此，旅游企业管理者应谨慎选择适合旅游产品及企业自身条件的市场策略。对于多数旅游产品来说，如果因为短期利润牺牲长远利益，将会失去保持市场领先地位的最好时期。

2）成长期的旅游产品营销策略

旅游产品成长期营销策略的重点在于：强化旅游产品的特色与优势；努力寻求和开拓新的细分市场；开辟新的销售渠道。

（1）继续扩大广告宣传。旅游企业在这一阶段仍应重视广告宣传，但是广告宣传的重点应从建立产品的知名度转移到说服旅游者购买旅游产品上来。同时，旅游企业要在广告宣传中提醒旅游者注意本企业旅游产品的特点。在这一阶段，旅游企业还应进行各种公关活动，努力塑造旅游企业在社会上的良好形象，增强旅游者对旅游企业及其旅游产品的信任感。

（2）提高市场占有率。旅游产品在成长期的市场机会是最大的，但市场变化也很快，机会往往稍纵即逝。因此，旅游企业在这一阶段应以挖掘旅游产品的市场深度为主，即旅游企业要不断提高旅游产品的质量，发展旅游产品的品种和规模，以细分化的产品满足不同目标市场的需要；通过开拓新的销售渠道和加强管理，在巩固原有渠道的基础上开拓新市场；选择适当时机调整价格，以争取更多的旅游者。

（3）努力打造名牌。成长期是旅游企业打造名牌的最佳时期。旅游产品要在旅游者心目中留下深刻的印象，必须突出产品的特色，形成自身的优势。因此，旅游企业要进一步改进旅游产品设计和完善配套服务。

旅游产品的成长期，是旅游企业获利的黄金时期，也是打造名牌的最佳时期。旅游企业同时面临着"高市场占有率"和"高利润率"的选择。实施市场扩张和渗透策略，虽然会使旅游企业暂时利润减少，但强化了旅游企业的市场地位和竞争力，有利于维持与扩大企业的市场占有率。从长期利润观念看，旅游企业更应选择扩大市场占有率，这是此阶段的主要目标。

3）成熟期的旅游产品营销策略

旅游产品成熟期营销策略的重点在于：尽量回收旅游资金；在保持原有产品优势的基础上，进行旅游产品及营销组合的调整变革；努力延长这一阶段。

（1）尽量回收资金。旅游产品在这一阶段销售增长率达到一个相对高点，然后趋于下降，利润也开始缓慢下降，但是旅游产品在这一阶段的销售量仍然处于较高的水平，而且成本能控制在较低的水平。此时，旅游企业应保证尽量回收资金，不应当凭此时旅游产品好销又赚钱的感觉，进行重复性投资。因为此时该旅游产品的市场已趋于饱和，重复性建设难以吸引到客源，反而使旅游企业出现资金浪费或亏损。

（2）改进旅游产品设计。旅游产品的改进主要表现在两个方面：一是旅游产品质量与服务的改进，即根据旅游者的反馈信息来完善旅游产品，并以稳定、优质的服务来吸引旅游者。二是对原有的营销组合因素进行调整，如进行新的市场开发、开辟多种销售渠道、采用灵活的定价策略等增强旅游产品的市场竞争力。

（3）开发旅游新产品。旅游企业此时应准备实行旅游产品更新换代，以适应旅游者日益变化的旅游需求。只有旅游新产品与老产品保持良好的衔接关系，旅游企业才会保持生命力。

旅游产品的成熟期是旅游产品社会需求量最旺盛的时期，此时对旅游企业存在着一种诱惑。旅游企业的决策者应清醒地认识到重复性投资的危害。在这一阶段，旅游企业应通过产品改革、市场改革、调整营销组合、开发旅游新产品等措施来尽量延长这一阶段，形成新的销售高潮。

4）衰退期的旅游产品营销策略

旅游产品衰退期营销策略的重点在于：把握好"转""改""撤"三个基本原则，决定是逐步退出市场还是迅速撤离市场。

（1）逐步退出策略。旅游企业继续沿用过去的营销组合策略，将企业资源集中于最有利的细分市场，维持旅游产品的集中营销，从最有利的市场和渠道中获取利润；大幅度削减营销费用，让旅游产品继续衰落下去，甚至完全退出市场。

（2）迅速撤离策略。旅游企业一旦察觉到该旅游产品已进入衰退期，就毫不犹豫地撤离出市场。旅游产品在衰退期已经无生命力，到了淘汰阶段。在这一时期，旅游产品的销售量会迅速下降，勉强维持下去会使旅游企业处于极其被动的局面。因此，旅游企业的决策者应果断处理旅游产品在市场上的去与留问题。也就是说，要尽可能地缩短旅游产品的衰退期，以减少旅游企业的损失。

综上所述，旅游企业应根据旅游产品生命周期不同阶段的特点实施不同的营销对策，简明归纳见表7-2。

表7-2　　　　　　　　　旅游产品生命周期各阶段的特点与营销对策

阶段	项目	投入期	成长期	成熟期	衰退期
特点	销售量	低	快速增长	缓慢增长并达到高峰	下降
	利润	亏损	利润上升	利润达到峰值并开始减少	大幅下降
	市场份额	低	扩大	最大至市场饱和	下降
	顾客	创新者	市场大众	市场大众	落后者
	竞争者	少数	逐渐增加	快速增加至最多	减少
营销	营销目标	市场扩张	市场渗透	市场保持	酌情退出
	产品	基本的产品	改进及扩展的产品	多样的产品	合理的产品
	价格	相对高或低	渗透价格	竞争价格	削价
	分销	全方位	密集型	密集型	选择性
	促销	产品知晓	品牌偏好	品牌忠实	选择性

7.2.5　旅游产品生命周期循环曲线

以下推出了几种不同的旅游产品生命周期循环曲线。

第一种是最典型的再循环型。这种再循环型生命周期是旅游企业投入了更多的销售推广费用，并采用降价或优惠营销策略等的结果。

图7-7表示了这种再循环型。

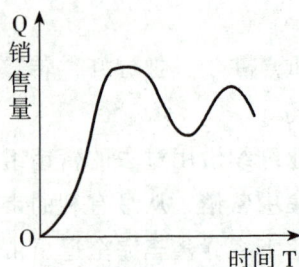

图7-7 旅游产品生命周期再循环型

第二种是"扇形"运动曲线，也称多次循环型。多次循环的出现绝非仅仅在于营销费用的增加，而是在旅游产品进入成熟期以后，在旅游产品销售量下降之前，旅游企业通过进一步开发新的旅游产品特性，寻求旅游产品新的用途，或者改变旅游企业的营销战略，重新树立旅游产品形象，开发新的旅游市场，使旅游产品销售量从一个高潮进入一个新的高潮。当然，这种多次循环还是从相对意义上解释的。图7-8表示了这种循环型。

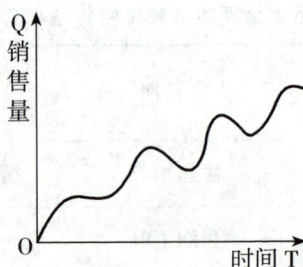

图7-8 旅游产品生命周期多次循环型

第三种是非连续循环型。大多数时尚旅游产品呈非连续循环型，这些旅游产品一上市即热销，而后很快在市场上销声匿迹。旅游企业既无必要也不愿意做延长其成熟期的任何努力，而是等待下一周期来临，如图7-9所示。

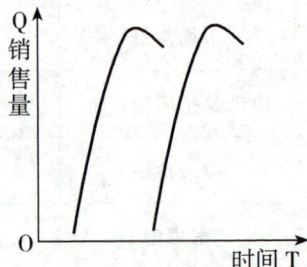

图7-9 旅游产品生命周期非连续循环型

7.2.6 旅游产品生命周期策略转移

旅游产品生命周期的不同阶段呈现不同的特点，因而各有相应的规律，旅游企业应恰到好处地掌握四个阶段的转折时期（见图7-10）。图7-10中，A、B、C分别为旅游产品生命周期的转折点，而成熟期至衰退期的转折点则成为旅游企业的策略转移点，对于旅游企业经营至关重要。

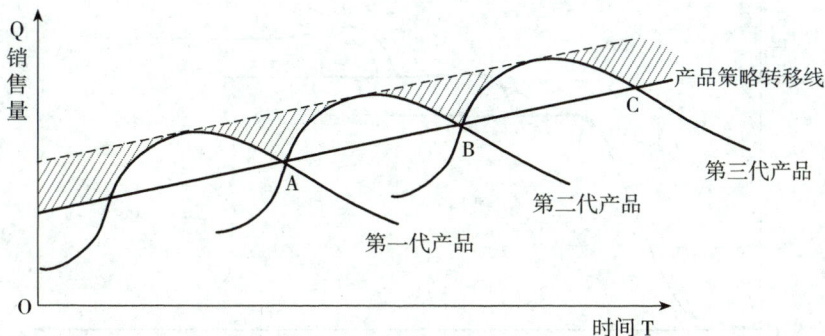

图7-10　旅游产品生命周期策略转移

如果老的旅游产品在市场处于衰退期，新的换代产品不能及时问世，从而使旅游企业错过C点继续下滑，则其他旅游企业会乘虚而入，抢夺市场，造成旅游企业新产品的机会损失。同样，新老旅游产品换代较早，老产品市场销售没有滑到C点，新产品已问世，则会对老产品造成排挤，未能充分发挥其经济效益。

图7-10中，阴影部分为旅游产品市场占有的空白，既是旅游企业的机会市场，也是竞争企业的市场突破口，为了巩固旅游企业的市场占有，旅游企业须不断推陈出新，旅游企业策略转移点实际上为旅游企业的盈亏临界点。由于不同旅游企业的经营宗旨不一样，因而策略点可高可低，并不一致。但不论策略点如何，旅游企业都要具备一定的战略眼光，新产品进入成长期后，就要研发第二代新产品或者第三代新产品。对于旅游企业而言，应同时拥有第二代到第三代旅游新产品，方可在市场竞争中处于主动地位。

7.2.7　旅游产品生命周期延长策略

处于成熟期的旅游产品，能给旅游企业带来丰厚的利润，旅游企业的营销策略应着重于延长旅游产品的成熟期。旅游企业应加强对产品生命周期客观规律的认识，运用各种经营策略，延长旅游产品的成熟期，使旅游企业获得最佳收益。旅游产品生命周期延长策略概括起来有以下几种：

1）旅游产品改革策略

这是指对成熟期的旅游产品做某些改进以吸引新的旅游消费者。旅游产品改进可从产品的质量、功能、形态等几方面进行。例如，提高服务质量，改进旅游服务设施和设备，增设新的旅游服务项目和旅游景观等。每进行一个方面的产品改进，相当于刺激出一个新的增长，从而使产品的成熟期得以延长（见图7-11）。

2）旅游市场改革策略

旅游市场改革策略就是为成熟期的旅游产品寻找潜在的旅游者，开发新的市场。具体做法有四种：（1）开发旅游产品的新用途。（2）开辟新市场。（3）旅游市场营销组合改进策略。对产品、促销、分销和价格这四个因素的组合加以改革，以刺激销售量的回升，如提供更多的服务项目、改变分销渠道、增加直销、增加广告，或在价格上加以调整等以提升销售量。（4）旅游产品的升级换代策略。延长旅游产品生命周期的一个根本途径是使产

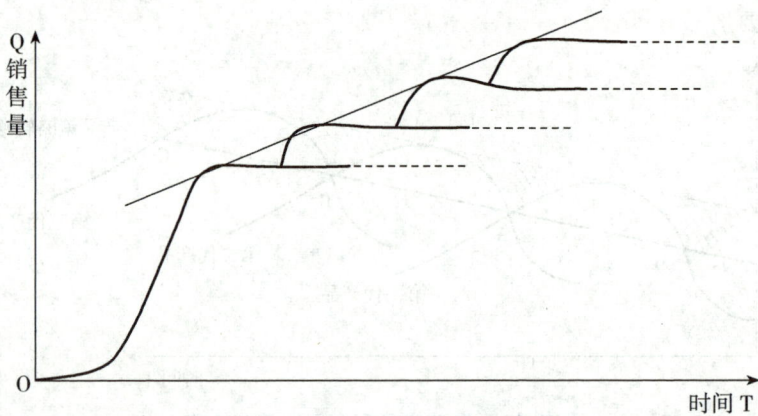

图7-11　旅游产品改革策略曲线

品根据市场上不断涌现出的新需求进行升级换代，做好产品开发工作，使新、旧产品在市场上能够衔接。

对于国内的观光旅游产品来说，理想的情况是，当第一代观光产品，即以七大主要旅游城市为中心、散布于部分重点旅游城市的观光产品进入成长期后，就有第二代产品进入开发建成阶段，如增加包括参与性活动在内的能刺激旅游者需求的娱乐观光型产品。这样第一代观光产品进入成熟期后，第二代观光产品就进入了成长期，依此类推，使观光产品的生命周期得以延长（见图7-12）。

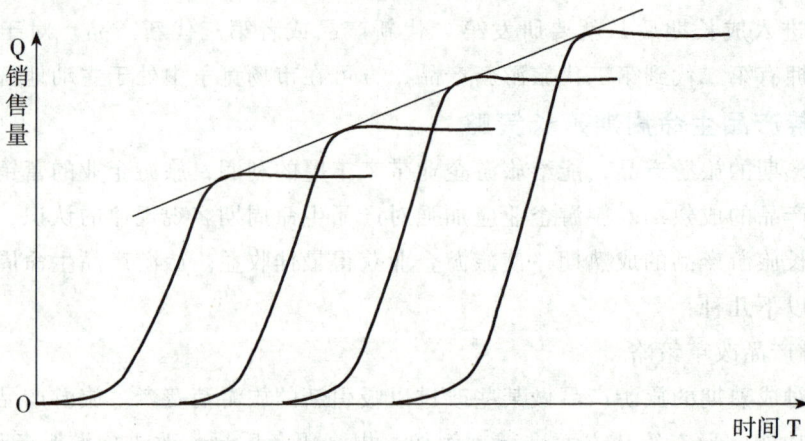

图7-12　旅游市场改革策略曲线

3）锥形透射策略

以国际旅游市场为例，要使旅游产品在尽可能短的时间以较快的速度进入国际市场，首先，必须以拳头产品开路，先集中力量宣传推销那些唯我独有、综合接待条件较好的旅游热点和热线，提高旅游产品在国际旅游市场的知名度，也就是要将旅游产品排成锥形，以最具有招徕力的内容为锥尖，层层推进、挤入国际市场。其次，当进入竞争市场时，要适时推出二线产品，也就是有条件的温线和城市，推出各类专项产品活动，使产品组合更加丰富。这样促销内容才可能多样化、特色化。最后，向客源市场纵深发展，随着接待条件的改善和产品的更新，进一步将旅游产品项目介绍给客源目标市场。整个旅游促销的过程呈锥形、阶梯式、分阶段层层推进（见图7-13）。

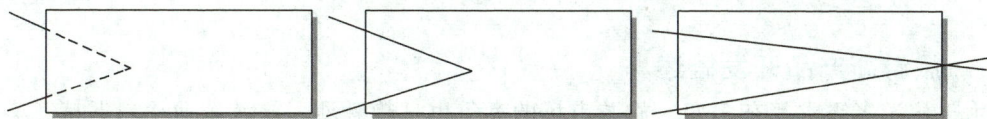

图7-13 锥形透射策略示意图

4）推式策略与拉式策略

旅游产品推销策略体系有推式策略和拉式策略之分。所谓推式策略，是将重点放在人员销售上的策略。旅游企业采用人员推销方法使批发商大量购买自己的产品，批发商向零售商推销，零售商向旅游者推荐出售。这样一步一步地往前推，最终让旅游者接受此产品。所谓拉式策略，是把重点放在非人员销售的广告活动上，企业采用广告等促销手段，引起旅游者对自己的品牌及产品商标的注意，刺激需求。旅游者就会到零售商去购买这种品牌的产品，这种需求信息会促使零售商向批发商购买这种产品。批发商为满足零售商的订货，会向旅游企业订购该产品。这样，旅游企业通过广告宣传刺激旅游者需求，再经多层次的销售渠道拉向旅游企业产品的供应点（见图7-14）。

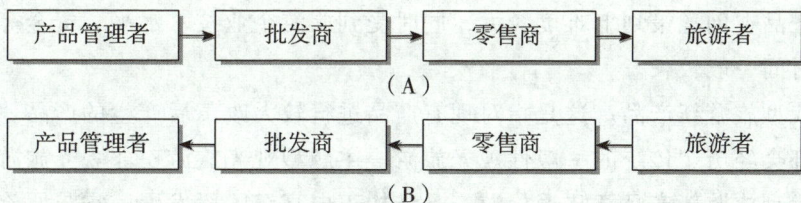

图7-14 旅游产品的推式策略（A）与拉式策略（B）

一般说来，旅游资源产品开发与销售较多采用推式策略，旅游纪念品等商品开发与销售较多采用拉式策略。但是无论推销哪一种产品，都很少采用单一策略，而是两种策略相辅相成，兼而用之。在旅游市场营销中，这两种策略缺一不可。旅游产品开发前期较多使用推式策略，随着旅游者需求的愈加个性化，以及旅游形式的日益多样化，如家庭式旅游、小包价和散客旅游的发展，旅游企业就会调整信息传播策略的组合，以拉式策略直接刺激需求和扩大需求。

⇦【实例7-2】"绿水青山就是金山银山" "两片"叶子助推绿色发展

⇦【相关链接7-2】旅游产品生命周期延长策略分析

7.3 旅游新产品开发营销策略

7.3.1 旅游新产品开发概述

由于旅游者需求复杂多变，旅游市场的竞争也日趋激烈。旅游企业要想保持旺盛的活力，必须不断开发新产品以适应市场需求，旅游营销面临的主要挑战之一是发展新的旅游产品，并将其理念成功付诸实施。

1）旅游新产品的概念及种类

旅游新产品是指旅游企业初次设计实施的，或者原来实施过，但又做了重大改进，在内容、结构、服务方式、设备性能上更为科学、合理，更能体现旅游经营意图，与原有旅游产品存在显著差异的产品。旅游新产品的出现能明显影响人们的消费习惯，形成一种新的消费潮流。旅游新产品按其自身所具有的新质程度可分为以下四类：

（1）创新型旅游新产品。这是指运用现代科技手段创造出来的具有创新内容的旅游产品。这种产品能够满足旅游者一种新的需求，无论对旅游企业还是旅游市场而言都是新产品，可以是新开发的旅游景点，也可以是新开辟的旅游线路或者是新推出的旅游项目。创新型旅游新产品在创意策划上难度较大，同时受到旅游企业技术水平、资金等诸多因素的制约，研发时间一般较长。

（2）换代型旅游新产品。这是指对现有产品进行较大改革后产生的产品。纵观各国旅游业，一般都会经历"传统的一般性观光旅游→主题型观光旅游→非观光旅游"的升级换代过程。换代型旅游新产品意味着旅游产品结构正向高级阶段发展，它与原旅游产品在时间上是继起的，但空间上可以并存，相互补充、相互促进。

（3）改进型旅游新产品。这是指在原有旅游产品的基础上进行局部的改进，而不进行重大改革的旅游产品。这种旅游产品可能是在其配套设施或服务方面的改进，也可能是旅游项目的增减或服务的增减，但旅游产品的实质在整体上没有较大的改变。

（4）仿制型旅游新产品。这是指旅游企业仿造旅游市场上已经存在的旅游产品而生产的旅游产品。旅游企业在仿制原有旅游产品的过程中又可能有局部的改进和创新，但基本原理和结构是仿制的。仿制是一种重要的竞争策略，这种旅游新产品在旅游市场上极为普遍。

2）旅游新产品的开发程序

为了降低旅游新产品开发的风险，其开发必须建立科学的程序，这套程序一般分为7个阶段（见图7-15）。

（1）旅游新产品的构思。一切旅游新产品的开发，都必须从产生构思开始，一个成功的旅游新产品，首先来自构思。构思的主要来源如下：旅游者（按照市场营销的观念，旅游者需求和欲望是寻找新产品合乎逻辑的起点，也是旅游企业得以生存和发展的基本条件）；旅游中间商（掌握旅游需求的第一手资料，信息灵通）；旅游企业员工（直接与旅游者打交道，了解旅游者需求）；竞争对手（他们有许多值得借鉴的地方，从他们身上往往

1. 产生构思	2. 筛选构思	3. 开发构思与测试	
旅游新产品构思是否值得考虑？	构思是否与旅游企业资源与战略一致？	能否找到旅游者愿意接受的好产品概念？	
7. 商品化	6. 试销	5. 设计与开发	4. 商业分析
旅游产品销售额是否达到预期目标？	旅游产品销售额是否符合预测要求？	旅游产品开发是否在技术和商业上可行？	旅游产品是否能满足企业的盈利目标？

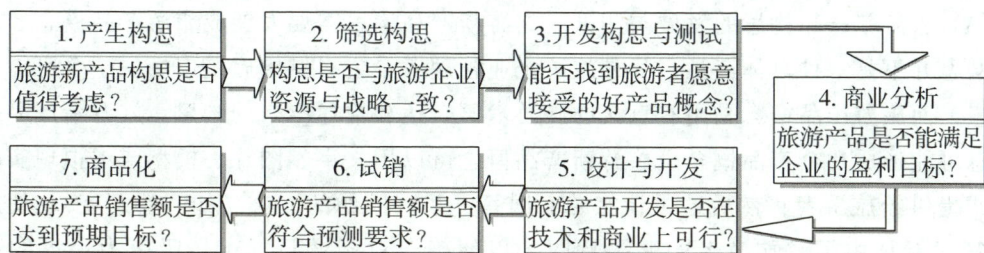

图7-15　旅游新产品开发程序

能得到很好的提示）；科研院所（人才集中，知识丰富，思维活跃，反应敏捷）等。构思最重要的特质是独创性。人无我有，人有我新，人新我奇，只有具独创性，才会有垄断性，只有具垄断性，才会有竞争性。

（2）旅游新产品构思的筛选。经过上一阶段所收集到的对新产品的大量构思并非都是可行的，筛选的目的是尽快形成有吸引力的、切实可行的构思，尽早放弃那些不具可行性的构思，以免造成时间和成本的浪费。对新产品构思的筛选过程包括：对资源进行总体评价，分析设备设施状况、技术专长及生产和营销某种产品的能力；判断新产品构思是否符合组织的发展规划和目标；进行财务可行性分析，分析是否有足够的资金发展某项新产品；分析市场性质及需求，判明产品能否满足市场需要；对竞争状况和环境因素进行分析。通过以上各方面的分析判断，剔除不适当的构思，保留少量有价值的构思进入下一个阶段。筛选和审议工作一般要由营销人员、高层管理人员及专家共同进行。通常利用产品构思评价表，就产品构思在销售前景、竞争能力、开发能力、资源保证、销售能力、对现有产品的冲击等方面进行加权计算，通过评估，评定出构思的优劣，选出符合企业目标、投资风险低、经营效果好的最佳产品构思。表7-3就是一种产品构思评估表。

表7-3　　　　　　　　　　　　　　旅游新产品构思评估表

评估因素 (A)	权重 (B)	旅游新产品构思对A栏各因素的适合度（C）											评分 (D) (B×C)
		0.00	0.10	0.20	0.30	0.40	0.50	0.60	0.70	0.80	0.90	1.00	
企业策略与目标	0.20									√			0.16
营销技术与经验	0.20										√		0.18
财务状况	0.10								√				0.07
竞争能力	0.15									√			0.12
分销渠道	0.10									√			0.08
科研与开发能力	0.15								√				0.105
销售能力	0.05						√						0.025
资源保证	0.05						√						0.025
总计	1.00												0.765

注：分等标准：0.00~0.40为差，0.41~0.71为中，0.71~1.00为良，最低接受标准为0.70。

评估表：第一列A是评估因素，即影响新产品成功的因素。

第二列B是按照各种因素的重要程度规定的权重。

第三列C是新产品构思对每个评估因素的适合度。

第四列D是评估分数，因素的权重乘以适合度得出每项的加权分数，然后各项相加得出总分。

（3）旅游新产品构思的发展与测试。旅游新产品构思需要发展成旅游产品概念。旅游产品构思并不是一种具体产品，只是旅游企业管理者希望提供给旅游市场的一个可能产品的设想，而旅游产品概念是用有意义的旅游术语表达和描述出来的构思。旅游新产品的一个构思可能形成几个产品概念。旅游新产品概念可以用文字、图片、模型或虚拟现实软件等形式提供给旅游者，然后通过让旅游者回答一系列问题的方法（如问卷调查），使旅游企业管理者从中了解旅游者的购买意图，以便确定对旅游目标市场吸引力最大的产品概念。

（4）旅游新产品的商业分析。这是预测一种旅游产品概念在市场中的适应性及发展能力的阶段。所谓商业分析，就是要预测一种旅游产品概念的销售量、成本、利润额及收益率，预测开发和投入旅游新产品的资金风险和机会成本，预测环境及竞争形势的变化对产品发展潜力的影响，预测市场规模，分析旅游者购买行为，即分析其经济效益。

（5）旅游新产品的开发。这是把旅游新产品构思转化为旅游新产品实体的过程。在进行产品的设计与开发时，要考虑旅游新产品的功能及质量两方面的决策。其中，功能决策包括旅游新产品的功能和地位的决策；质量决策需要注重新产品的适用性及经济性。旅游产品在开发过程中需要进行反复测试。旅游企业或其他相关组织可邀请国内外旅游专家、经销商和记者以及少量游客进行试验性旅游，并请其提供意见，以便使旅游新产品更加完善。

（6）旅游新产品的试销。试销是把开发出来的旅游新产品投放到经过挑选的具有代表性的市场范围内进行试验性营销，了解旅游者的反应，从而使旅游新产品失败的风险达到最小化。试销的主要目的在于：第一，了解旅游新产品在正常市场营销环境下可能的销售量和利润额；第二，了解旅游新产品及整体营销计划的优势及不足，及时加以改进；第三，确定旅游新产品的主要市场及其构成；第四，估计旅游新产品的开发效果。

（7）旅游新产品的商品化。旅游新产品的商品化过程是指旅游新产品小批量试营销到全面营销的过程。旅游新产品通过试销取得成功后，就可全面投入旅游市场，产品即进入生命周期的投入期阶段。在此阶段，旅游企业管理者应注意投入新产品的时间、目标市场、销售渠道等方面的决策，即何时、何地、用什么方法投入什么市场的问题。旅游企业管理者需要制订一个把新产品引入市场的实施计划。在营销组合要素中分配营销预算，同时，正式确定新产品的各种规格和质量标准、新产品的价格构成、新产品的促销和销售渠道。旅游新产品投放到市场后，还要对其进行最终评价。旅游企业管理者要注意观察旅游者的反应，掌握市场动态，检查产品的使用效果，为进一步改进产品和市场营销策略提供依据。

7.3.2　旅游新产品开发策略

旅游新产品的开发，是旅游业长期生存的必要条件，也是旅游企业保持活力和竞争优势的重要途径。旅游企业通常可以采用以下几种策略开发旅游新产品：

1）资源重组策略

旅游资源是旅游产品开发的依托。旅游企业开发新产品，必须更新资源观念，重新认识现有的旅游资源，在充分利用和挖掘其资源优势的基础上，推动旅游资源的优化组合。

（1）从市场需求的角度组合旅游资源。旅游资源的整合要能够激发旅游者的旅游动机，满足或创造旅游需求。这种整合方式基于对旅游市场的深入调查和对旅游者消费行为的仔细分析，具有灵活性强的特点，适用于新的旅游线路和产品的开发。

（2）以文化为纽带组合旅游资源。可以分别以自然要素为对象的生态文化、以宗教与民俗为主题的传统文化、以高新科技和新文化为代表的现代文化等多种类型的文化特色来组织开发旅游产品。由于旅游本质上是一种旅游者寻找和感悟文化差异的行为与过程，因此通过文化来组合旅游资源和开发旅游产品，有利于营造文化差异环境和内容的市场卖点。

（3）从经济效益的角度组合旅游资源。旅游资源的组合要能够实现旅游资源价值增值和利润回报，提高产业贡献率，这也是旅游业作为经济产业发展的内在需求与动力。

2）产品升级策略

由于旅游需求的拉动和市场的不断完善，以及旅游市场竞争的不断加剧，必须通过产品升级策略不断地设计新的旅游产品来延长旅游产品的生命周期，以满足旅游消费者不断变化的需求。

（1）提升旅游产品形象。旅游产品形象影响着人们对其的心理感知程度。提升旅游产品形象是指在原有旅游产品形象的基础上提炼新形象，从而使旅游者从一个全新的角度来认识原有旅游产品，并产生强烈的兴趣。

（2）提高旅游产品品质。提高旅游产品品质的一个重要途径是持续地改进与完善旅游产品的规划设计与管理，对原有旅游资源进行深度开发，不断丰富原有旅游产品的内容。

（3）提高旅游产品科技含量。引入和应用高新技术，设计大创意、大手笔的旅游产品。长期以来，我国旅游产品的开发与设计还停留在初级旅游产品的层次上。创新意识较差和技术含量偏低是影响我国旅游产品开发的瓶颈因素。由于在对旅游资源文化内涵、景观审美特征的挖掘与展示方面，未能依托科技手段与技术支持，因此难以推出参与性和娱乐性较强的、具有竞争力的高科技旅游产品。我国旅游产品开发要改变科技投入的被动状况，就必须积极寻求智力支持与技术的依托，通过全面利用现代的声、光、电、全息等技术，制作与推出具有一定轰动效应的高科技旅游产品，提高旅游产品的竞争力。

3）产品导入策略

（1）旅游企业在旅游新产品投入期的策略思想重点应突出一个“快”字。在制定营销策略时，一方面要认识到新产品的优势、特色，敢于在促销方面投入；另一方面对竞争带来的风险、压力要有足够的估计，果断迅速地采取措施，促使它较迅速地进入成长期。旅游企业应敏锐地把握市场变化，不失时机地适应旅游者的需要，抢先占领市场，同时应继续改进产品，提高管理水平和服务质量，建立健全各项管理规章制度。

（2）旅游企业应进行大量的广告宣传工作，运用各种促销手段，宣传产品特性以及给旅游者带来的利益；应充分利用各种宣传品，使旅游者及中间商认识和了解产品。在分销方面，投入期的旅游产品适于采用全方位推销策略，这样有利于迅速扩大市场面，使产品较快进入成长期。大多数旅游产品在投入期采取高价策略，以弥补高生产成本和推销费用。

总之，从定价和促销的角度来考虑，旅游企业在新产品投入期可采取的策略有如图7-16所示的四种。

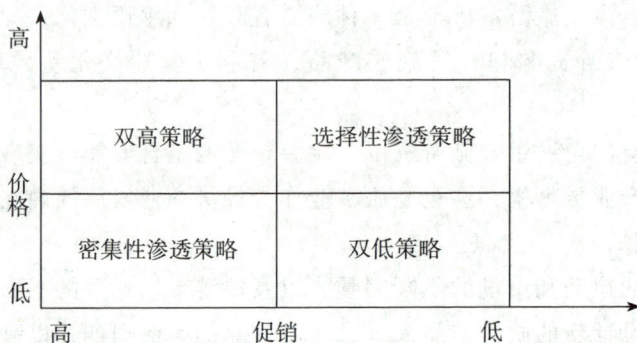

图7-16　旅游产品投入期营销策略

7.3.3　旅游新产品定价策略

旅游新产品的定价是企业经营决策中极为重要的一个问题，关系到旅游新产品能否顺利地进入市场，能否获得较大的经济效益。旅游新产品的定价策略一般有以下三种。

（1）撇脂定价策略。撇脂的原意是把牛奶上面的那层奶脂撇出来。撇脂定价策略就是在旅游新产品投放市场的时候，采用高价策略以便在短期内获取尽可能多的利润，尽快地收回投资。在旅游产品投入期，市场需求弹性较小，旅游新产品只要质量过硬，便奇货可居，高价格又满足了旅游者求新、求异和求声望的心理，因此采用撇脂价格在国际上是很普遍的。当产品进入成长期或成熟期后再降低价格，以便吸引对价格较为敏感的细分市场。采用撇脂定价策略，必须有两个前提那就是旅游新产品必须新和具有特色。有此条件，高价政策即可取胜。

（2）渗透定价策略。渗透定价策略又称"别进来"策略。采用此策略，旅游企业更多的是从长远利益考虑，把旅游产品价格定得较低，借以迅速地占领市场，扩大旅游市场占有率。在激烈的市场竞争环境下，采用此策略有积极的作用。同时，因为价格低，在市场潜力大、竞争者容易渗入的情况下，给竞争者一个价低利少、无利可图的印象和感觉，抑制了竞争者的渗入，因而也称为"别进来"策略。渗透定价策略具有一定的理论基础，即在正常情况下，销售量和成本成反比，销售量越大，成本会相应减少，利润也逐渐上升。采用渗透定价策略的条件是：第一，潜在旅游市场比较大，低价可以扩大市场面；第二，价格敏感度高，低价可以增加销售量；第三，旅游企业有潜力降低成本；第四，分销渠道畅通，销售经营环节精密。此策略不利方面是，旅游企业改变价格的余地比较小，且往往需要较长时间才能收回投资。

（3）满意定价策略。此策略是介于撇脂定价策略和渗透定价策略之间的一种定价策略，故称满意定价策略。撇脂定价策略定价过高，对旅游者不利，既容易引起竞争，又可能导致旅游者观望或拒绝，具有一定的风险。渗透定价策略定价过低对旅游者有利，对旅游企业最初收入不利，资金回收期也较长，如果旅游企业实力不强将承受不起。满意定价策略则能尽量做到旅游企业和旅游者都有利、都满意。因此，大多数旅游企业对新产品定价都采用此法。

三种新产品定价策略的比较见图7-17。

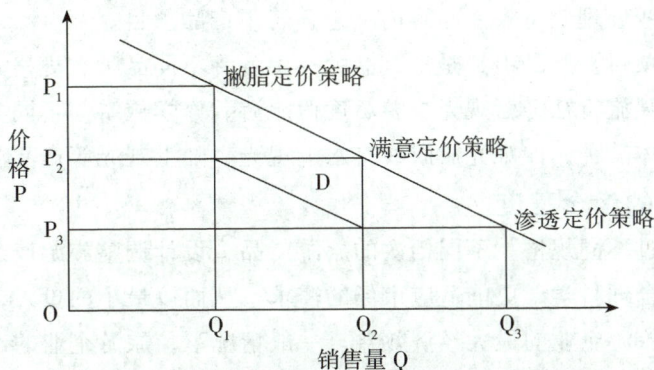

图7-17　三种旅游新产品定价策略的比较

◁【实例7-3】 传承红色基因，开发红色旅游新策略

◁【相关链接7-3】 从冰墩墩的爆火看文创设计要点

7.4　旅游产品组合营销策略

旅游企业要提高在市场上的适应能力和应变能力，以及对风险的承受能力，需要根据市场竞争状况，对企业营销的各类旅游产品的组合进行有效的决策。围绕这一内容展开的市场营销活动就是旅游产品组合营销策略。

7.4.1　旅游产品组合概念

旅游产品是一个复杂的、多维的概念。旅游企业提供给目标市场的不是单一的产品，而是产品组合，即由多条旅游产品线组成，每条产品线包含若干旅游产品项目，而每一项产品又有若干品牌和服务。因此，每个旅游企业不但要在品牌和服务等方面做出决策，而且要在产品组合、产品线和产品项目等方面做出决策。

（1）旅游产品组合。从旅游市场营销学角度出发的旅游产品组合，是指旅游企业所经营的全部旅游产品系列（旅游产品线）和旅游产品项目的组合或搭配。一个旅游企业的旅游产品组合包括若干旅游产品系列，每个旅游产品系列又包括许多旅游产品项目。

（2）旅游产品线。产品线就是指互相关联或相似的一组产品，即通常所称的产品大类。产品线的划分可依据：产品功能上相似，消费上具有连带性，供给相同的顾客群，有相同的分销渠道，或属于同一价格范围。比如旅行社经营观光旅游，就是一条产品线。若该旅行社同时经营观光旅游产品、度假旅游产品、修学旅游产品等不同旅游线路，满足旅游者不同的旅游需要，则我们称这家旅行社经营多条产品线。通常每条产品线都设专人管理，此人称为产品线经理。每条产品线内又包含若干产品项目。

（3）旅游产品项目。产品项目是指产品大类中各种不同品种、规格、质量和价格的特定的产品。例如，某旅行社经营观光旅游、度假旅游、修学旅游等不同类型产品线，每个大类中又有若干具体品种，如观光旅游线有水上观光、陆上观光等产品项目。

7.4.2　旅游产品的组合程度

旅游企业应通过不同规格、不同档次的旅游产品，设计调整旅游产品组合状况，使旅游产品的结构更为合理科学，更能适应市场的需求，从而以最小的投入，最大限度地占领旅游市场，以实现旅游企业的最大经济效益。一般情况下，旅游企业的产品组合程度可用旅游产品组合的广度、深度和相关度来表达。

（1）旅游产品组合的广度。这是指旅游企业生产和经营旅游产品组合类型的总和。旅游产品组合类型多则为宽产品线，少则为窄产品线。宽产品线组合，可以拓宽市场面，从多方面满足旅游者的需求，提高旅游企业的应变能力和抗风险能力；窄产品线组合，则有利于旅游企业降低经营成本、集中企业优势力量提高旅游产品的质量，以及实现专业化经营。

（2）旅游产品组合的深度。这是指旅游企业每一个产品组合中所包含的不同类型、档次、品种、特色的单项旅游产品（即旅游项目）的个数。增加旅游产品组合的深度，可以同时满足旅游者的多种需求，更能提高旅游者的满意程度，因而有利于旅游企业提高服务质量和竞争力。但是，浅度的旅游产品组合，也有利于旅游企业集中力量打造名牌产品，降低企业成本。

（3）旅游产品组合的相关度。这是指旅游企业生产经营的各类旅游产品和各单项旅游产品在销售、消费之间的联系程度，如在经营费用、广告宣传、销售渠道、旅游内容替代方面互相支持的程度。注意相关度问题，关键在于进行旅游产品组合时应注意到限制条件。旅游企业在增加旅游产品组合广度时，如果产品系列之间的相关度过低，就会加大经营风险，因此，旅游产品组合相关度是旅游产品决策的重要概念。

图7-18反映了旅游产品组合的特征。从图7-18可看出，该旅游产品组合，从广度上包括A、B、C等旅游产品，在深度上每一类旅游产品又由若干旅游项目组成。这三大旅游产品及其包含的若干产品之间的相互关系的相近程度则体现了产品组合的相关度。

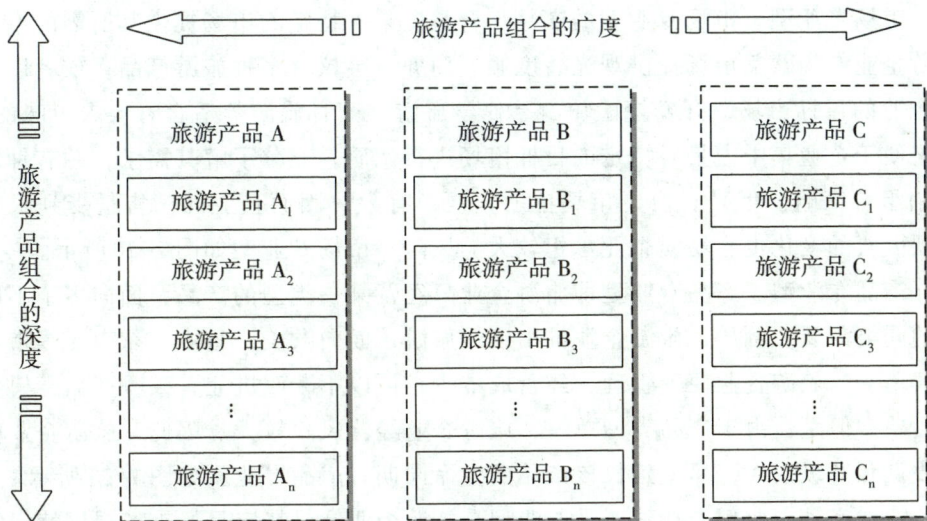

图7-18 旅游产品组合

7.4.3 旅游产品的组合类型

1）旅游产品的立体组合类型

旅游产品的立体组合类型，主要有以下几种：

（1）地域组合形式。地域组合形式的旅游产品组合主要是由跨越一定地域空间、产品特色突出、差异性较大的若干个旅游产品项目构成的。组合产品以内容丰富、强调地域间的反差为特色。根据旅游产品组合地域范围的大小可以分为国际与国内两种组合形式，国内组合形式还可细分为全国型、区域型、城市型等。

（2）内容组合形式。内容组合形式的旅游产品组合是根据旅游活动的主题选择旅游产品项目。它可以分为综合型组合产品与专业型组合产品。根据世界旅游组织的产品分类方案，旅游产品可以分为观光产品、度假产品、专项产品。这只是一种非常基础的划分，旅游者的市场需求实际上很复杂。旅游主题的选择是旅游企业设计旅游产品的内容组合形式的关键。

（3）时间组合形式。时间组合形式的旅游产品组合是根据季节的变化来组合不同的旅游产品，如冬季的冰雪旅游产品。但有的旅游产品季节性变动较小，一年四季相对比较稳定。由此，旅游产品组合可分为季节性组合产品与全年性组合产品。

2）旅游产品的营销组合类型

旅游产品的营销组合类型，主要有以下几种：

（1）全线全面型。全线全面型即旅游企业经营多种旅游产品线，推向多个不同的市场面。例如，某旅行社经营观光旅游、度假旅游、会议旅游、商务旅游等多种产品，并以欧美市场、日本市场、东南亚市场等多个旅游市场作为目标市场。这种旅游产品组合可以满足不同市场的不同需要，但经营成本较高，要求企业具备较强的实力。一般说来，中小型旅游企业很少采取这种旅游产品组合。全线全面型如图7-19所示。

（2）市场专业型。市场专业型的产品组合是向某一特定的市场提供其所需的产品。例如，旅游企业专为欧美市场提供观光、度假、商务、会议等多种旅游产品；或者以青年市场作为企业的目标市场，开发探险旅游、修学旅游、蜜月旅游等适合青年人口味的产品。这种策略便于企业集中力量对特定的目标市场进行调研，充分了解其需求，并有针对性地制定营销组合策略。但是，由于市场单一，规模有限，因而企业的销售量受到限制。同时，宏观因素的变化也容易使企业承担较大的风险。市场专业型如图7-20所示。

（3）产品专业型。产品专业型即旅游企业只经营某一类型的产品，面向多个不同的目标市场的同类需要。例如，旅游企业推出度假旅游，面向欧美、日本、东南亚等市场。由于产品线单一，旅游企业便于管理，经营成本少，可以不断改进完善某一产品，树立鲜明的企业形象。但是，由于产品类型单一，旅游企业经营风险较大。因此，旅游企业应加强产品的改良和升级换代，尽量延长该产品的生命周期。产品专业型如图7-21所示。

（4）特殊产品专业型。特殊产品专业型是旅游企业针对特定目标市场提供特定的旅游产品。例如，对欧美市场提供观光旅游产品，对日本市场提供商务旅游产品，对港澳台市场提供探亲访友旅游产品。这种产品组合能使企业有针对性地满足不同目标市场，使产品适销对路，有利于旅游企业占领市场、扩大销售、减少风险。但是，企业因此投资较多，成本较高。特殊产品专业型如图7-22所示。

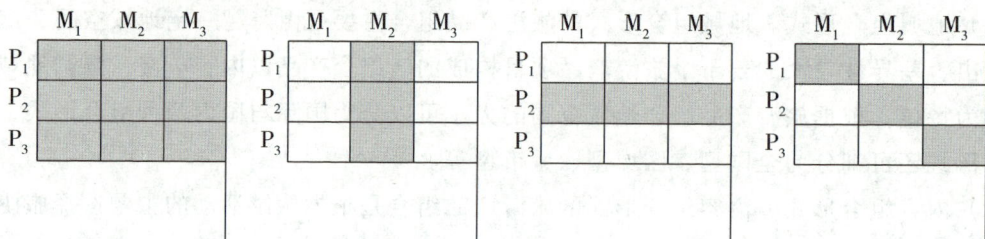

图7-19　全线全面型　图7-20　市场专业型　图7-21　产品专业型　图7-22　特殊产品专业型

7.4.4　旅游产品组合的策略

旅游企业进行旅游产品组合决策，一般主要有以下策略可供选择：

（1）旅游产品组合扩展策略。这是指旅游企业为扩展经营范围，扩大旅游产品组合广度的策略。这一策略有助于旅游企业扩大经营范围，实行多元化经营，充分利用企业资源，提高经济效益。旅游企业采用这一策略的条件是：第一，旅游产品系列之间的关联度要强。否则，会加大旅游企业的经营风险。第二，旅游企业应明确和突出主打旅游产品的优势。如果旅游企业放弃自己的市场定位，在竞争中则会变得十分盲目。第三，旅游企业应有步骤、分阶段地扩大旅游产品组合的广度。否则，会造成企业资金、资源紧张。

（2）旅游产品组合简化策略。这是指旅游企业缩小旅游产品组合广度的策略。这一策略可以减少旅游企业资金占用，提高资金利用率；实现旅游销售的专业化，淘汰已经过时的旅游线路。旅游企业采用这一策略的条件是：首先，旅游企业的产品处于饱和或激烈的市场竞争状态。旅游企业为有效地利用资源，可以放弃获利较小的产品系列，降低成本。其次，旅游企业追求专业化经营。旅游企业集中企业资金、资源经营少数旅游产品系列，有助于突出企业经营优势、树立企业市场形象。

（3）旅游产品组合改进策略。这是指旅游企业改进现有产品，发展组合深度的策略。这一策略可以增加细分市场，吸引更多旅游者，提高旅游产品的质量。由于旅游企业增加产品组合深度，难以满足所有旅游者的需求，因而必须有自己的利基市场。在实践中，旅游企业还应根据市场变化不断调整旅游产品组合结构，使旅游产品组合深度保持在合理的范围内。

（4）旅游产品组合价格策略。这一策略分为高档旅游产品组合策略与低档旅游产品组合策略。高档旅游产品组合策略是指旅游企业在原有的旅游产品系列中，增加高档旅游产品项目的策略。这种策略可以提高同类旅游产品的知名度，增加现有旅游产品的销量。低档旅游产品组合策略是指旅游企业在高档旅游产品系列中，增加廉价旅游产品项目的策略。这种策略可以利用高档旅游产品的声誉吸引消费能力有限的旅游者，使旅游产品大众化。旅游产品组合价格策略容易使名牌产品失去信誉，因此旅游企业应谨慎采用。

7.4.5　旅游产品组合的优化

由于市场环境的不断变化，旅游产品组合中的每一个因素也会随着形势的变化而不断变化。因此，旅游企业管理者必须经常分析自己产品组合的状况和结构，根据市场环境的变化调整产品组合，在变动的形势中寻求产品组合的最优化。

1）旅游产品组合的评价

要达到优化旅游产品组合的目的，首先必须对各产品组合在市场上的发展状况和趋势进行评价。旅游产品组合的评价标准主要可归纳为以下三个方面：

（1）发展性。根据旅游产品生命周期理论，处于生命周期成长阶段或成熟阶段早期的产品，一般具有良好的发展前景。评价旅游产品的发展性，应超越某个具体旅游目的地或旅游企业的范围，并根据整个旅游市场上同类旅游产品的总体情况进行评价。描述某种旅游产品发展前途的主要指标是销售增长率。

（2）竞争性。竞争性表明某旅游目的地或旅游企业在整体旅游市场上的竞争能力，最主要的评价指标是市场占有率。

（3）盈利性。盈利性主要表现为利润额、成本利润率、资金利润率、资金周转率等，其中资金利润率是最具综合性的指标。

2）旅游产品组合的优化方法

旅游企业管理者可从上述三个方面分析每个旅游产品在市场上的生命力和发展潜力，并根据评价结果，对旅游产品组合做出优化决策。以下为几种优化组合方法。

（1）旅游产品组合的四象限评价法

这是根据市场占有率和销售增长率来对产品组合进行评价的方法，是美国波士顿咨询公司提出的一种评价方法，也称作波士顿矩阵法（见图7-23）。图中有四个象限，每种产品都可以按照各自的市场占有率和销售增长率的高低不同，分别列入这四个象限。

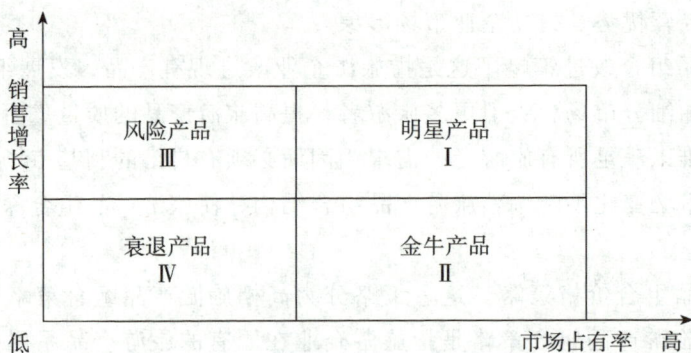

图7-23　旅游产品组合的四象限评价

象限Ⅰ。处于此象限的旅游产品，是市场占有率高、销售增长率高的双高旅游产品，一般处于成长期阶段，是明星或名牌旅游产品。旅游企业对这类旅游产品应给予积极的支持，保证其现有的地位和将来的发展。

象限Ⅱ。位于此象限的旅游产品目前能创造丰厚的利润，是金牛产品或厚利产品，一般处于成熟期。旅游企业应维持这类旅游产品的现有地位，并努力改进旅游产品，提高盈利，延长其生命周期。明星旅游产品可能会发展成为金牛旅游产品。

象限Ⅲ。这类旅游产品通常处于成长期阶段，很有发展前途。但对于某个具体旅游目的地或企业来说，可能由于产品质量或推销方面的问题，尚未形成优势，带有一定的经营风险。它或者向明星产品转化，或者失败退出市场，所以称作疑问产品或风险产品。旅游企业应集中力量进行市场调研，及时解决问题，扩大优势，尽快使其成为明星产品。

象限Ⅳ。此类旅游产品市场占有率低，旅游市场销售增长率也低，是衰退产品或失败产品。对于这类旅游产品，应有计划地予以淘汰，另开发旅游新产品，开拓旅游新市场。

（2）旅游产品组合的三维空间分析法

这是指分别以市场占有率、销售增长率和资金利润率为 X 轴、Y 轴和 Z 轴，这样形成了 8 个位置，其中每一个位置代表三种因素的一种组合情况，从中可以看出每种旅游产品在市场上所处的位置（见图7-24）。

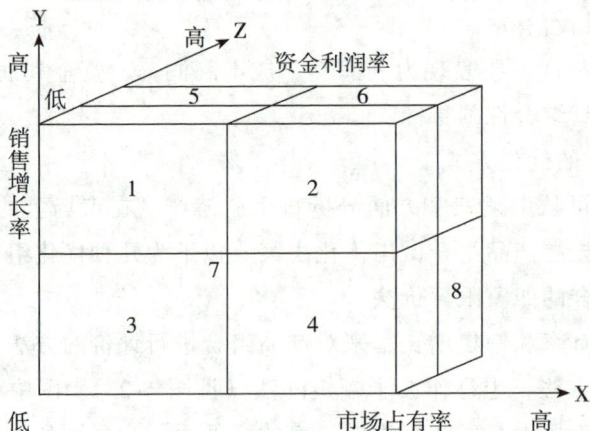

图7-24　旅游产品组合的三维空间分析

　　旅游企业可以据此分析每一种产品所处的位置，然后有针对性地进行经营决策。如对市场占有率高、销售增长率高、资金利润率高的"三高"产品，即处于位置6的旅游产品，应在资金、技术、促销等方面给予大力支持，保证其发展。对处于位置8的旅游产品，因其一般在成熟期阶段，所以应采取相应策略，巩固其现有地位，不断增加盈利。而处于位置3的旅游产品，则向旅游企业提供了应剔除的衰退旅游产品的信息。需要注意的是，每种旅游产品所处的生命周期阶段是在不断发展变化的，如原来处于位置1的旅游产品可能由于旅游企业所采取的策略的变化而发展到位置6所代表的情况。

　　（3）旅游产品组合的资金利润率评价法

　　资金利润率是表示旅游产品经济效益的综合性指标。

　　资金利润率表达式为：

$$资金利润率=\frac{利润额}{总投资额}=\frac{利润额}{销售额}\times\frac{销售额}{总投资额}$$

　　在资金利润率一定的条件下，销售利润率与资金周转率成反比变动（见图7-25）。横轴表示资金周转率，纵轴表示销售利润率，曲线为等资金利润率曲线。这样，可以分四个区域对产品的销售情况进行考察。

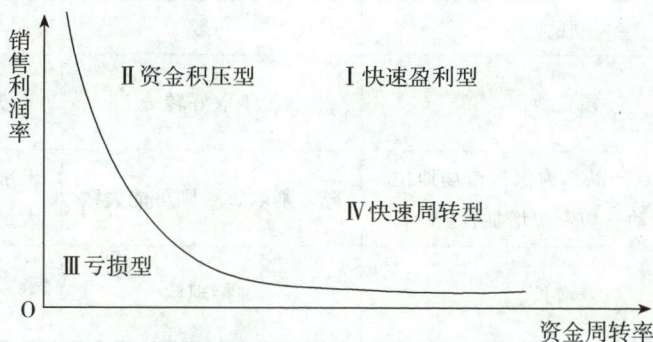

图7-25　旅游产品组合的销售利润率与资金周转率

　　Ⅰ区。处于这一区域的旅游产品销售利润率高，资金周转快，资金利润率也较高，属于快速盈利型旅游产品，一般处于成长期后期或成熟期前期。旅游企业应尽力保持这类旅游产品在市场中的地位，延长其生命周期。

　　Ⅱ区。旅游产品的销售利润率很高，但销量较小，或管理方面存在问题，致使资金周转很慢。旅游企业对处于此区域的产品，应采取相应策略，或改进旅游产品，增加促销，适当降价以扩大销量，或加强管理，加快资金流通，从而充分挖掘旅游产品潜力。

　　Ⅲ区。资金周转率及销售利润率均低，是亏损型的旅游产品，可能处于旅游产品的投入期或衰退期阶段。对于这类旅游产品，应根据实际情况予以发展，使其迅速进入成长期，或予以淘汰，进行投资转移。

　　Ⅳ区。这一位置的旅游产品属于快速周转型或低利型的产品。销售利润率低，或者因为旅游企业薄利多销的政策，或者因为成本控制方面的问题。

　　旅游企业还可把旅游企业各种旅游产品的资金利润率资料按经营目标及标准进行分类，

结合旅游产品市场情况，预测资金利润率的发展趋势，从而做出旅游产品决策（见表7-4）。

表7-4　　　　　　　　　　　旅游资金利润率发展趋势分析

产品 资金利润率	Ⅰ	Ⅱ	Ⅲ	Ⅳ
当年水平	高	高	低	低
发展趋势	继续提高	持平	继续提高	下降
决策	发展	维持	发展	淘汰

（4）旅游产品组合的系列平衡分析法

旅游产品组合的系列平衡分析法是根据企业实力和市场引力两个方面，对旅游产品进行综合平衡分析，从而选出最佳产品组合（见表7-5）。旅游企业实力包括其综合接待能力、销售能力、市场占有率等。旅游市场引力包括市场容量、市场销售增长率等。

表7-5　　　　　　　　　　旅游产品组合的系列平衡分析法

项目	特点		
企业实力	强大	一般	较弱
市场有吸引力	领先地位	争取好转	加倍投资或撤出
特点	绝对重点产品，为保持市场地位，调动一切资源增加投资	努力争取，否则可能失败	未来的明星产品，需要大量投入资金，或撤出
市场吸引力一般	增长	维持现状	分阶段逐步撤出
特点	随市场发展，参与竞争	处于货币收入量最多的时期，不需要再投入主要资源	分期撤出资金
市场吸引力不良	减少资金投入	分阶段逐步撤出	不投资
特点	把资金投入其他处于成长期的产品	分期撤出资金	立即撤出，重新配置资金

⟵【实例7-4】　宝贵的红色资源正不断溢出"金色效益"

⟵【相关链接7-4】　度假盲盒火爆售罄，同程助力文旅消费高质量发展

7.5   旅游产品市场开拓策略

7.5.1   旅游产品的市场定位

旅游企业要想在纷争的旅游市场中取得优势，就得在信息传递中把自己的突出特色宣扬给广大旅游者，并能牢牢抓住旅游者，让自己的旅游产品占据一定的市场地位。旅游景区（或景点）可以采用以下定位的方法：

1）攀附市场定位

攀附市场定位是一种"借光"定位方法。它借用著名景区的市场影响来突出、抬高自己，采用这种定位方法的景区并不去占据攀附对象的市场地位，与其发生正面冲突，而是以近、廉、新的比较优势去争取攀附对象潜在旅游客源市场。采用这种定位方法的景区不可与攀附对象空间距离太近，因为这种定位是吸引攀附对象景区的远途的潜在旅游者。初期打造海滨旅游城市及以主题公园为主的娱乐旅游城市时可以效仿此法。但是，对于已出名的旅游景区和具有独特风格的旅游景区不能随便采用此种定位方法，这是景区经营之大忌。出了名的景区，市场已经赋予它特定的位置，仅需要维护和保持这种特色位置不失去就可以，而不能贸然只为一时一地市场的开发而别出心裁地突出另外特色，这样会冲淡自己原有的特色，动摇原先的市场地位。对于新开发的旅游景区，如果能从与其他景区的比较中找出自己突出的、有特点的风格，就不要贸然采用攀附定位。因为攀附定位永远做不到市场第一，并且会掩盖景区的真正特色。

2）心理逆向定位

心理逆向定位是指打破旅游者一般思维模式，以相反的内容和形式标新立异地塑造旅游市场形象的定位方法。例如，河南林州市林滤山风景区以"暑天山上看冰锥，冬天峡谷观桃花"的奇特景观征服市场。再如，深圳野生动物园一改传统动物园将动物关在笼中观赏的做法，采取游客与动物对调的方式，人在游览车中观赏，而让动物在户外宽阔的空间自由活动。这种模拟野生动物园率先打破国内旅游者对动物园的惯性思维，从而赢得了市场的认可。

3）狭缝市场定位

狭缝市场定位是指旅游景区不具有明显的特色优势，而利用被其他旅游景区遗忘的旅游市场角落来塑造自己旅游产品的市场形象的定位方法。比如河南辉县有名的电影村——郭亮村，本来是一个普普通通的太行山村，自从著名导演谢晋在此拍过一次电影后，山村开始走旅游发展道路。他们以洁净的山泉水、清新的空气、干净卫生的住房条件，以及比市场低得多的价格去占领附近城市的休闲旅游市场和美术院校校外写生市场。许多旅游资源并不在国内领先，但可以通过一种整体的"包罗万象"来吸引旅游者。

4）变换市场定位

变换市场定位是一种不确定定位方法。它主要针对那些已经变化的旅游市场或者根本就是一个易变的市场而言的。市场发生变化，景区的特色定位就要随之改变。比如，深圳在改革开放的初期是以"改革开放的窗口"为特色，吸引全国各地的游客前来参观学习，之后改革开放全面展开，原有特色影响力迅速衰退，于是赶快推出以人造景观为主的大型游乐主题公园，重拾快速发展的道路。不过，一般的人造景观如主题公园类的旅游景区，面对的却是一个易变的市场。对于易变的旅游市场更要采用变换的定位方法，不断改变旅游产品的内容和形式，让游客常游常新，以变取胜。面对这样的问题，景区一般会有两种可供选择的道路：一是走规模扩张的道路，扩建新景区，以新带旧，壮大声势；二是走内涵变换的道路，即采用变换市场定位策略，改变和增加景区活动内容，赋予主题新的含义。

7.5.2　旅游产品定位的市场营销

进行市场竞争，选择怎样的旅游产品战略，意义十分重大。选择旅游产品品种，既要顾及自身实力，要有充分的技术准备和开发能力，更要考虑到市场前景，要选有前途的旅游产品。对旅游企业而言，其品种策划，主要是考虑采取专业化、多元化战略，或是差别化、整合化战略。

1）旅游产品的专业化营销

专业化战略对于旅游形象塑造也是有利的，在形象塑造之初，最忌的就是定位不准，形象不明，一下子抛出一大堆旅游产品，让人无所适从。所谓的专业化战略，其内涵也仍然是很丰富的，具体又可分为如下几类：

（1）旅游产品专业化战略。旅游产品专业化战略是通常意义上的专业化。但旅游产品专业化战略不能主动适应多变的市场环境，如果各旅游商提供的旅游产品雷同，容易引起过度竞争，也难以满足细微的需求差别。在旅游产品专业化的前提下，旅游商可不拘泥于单一，对同一大类下的小类有所划分。

（2）旅游市场专业化战略。这一战略，是策划者先将市场细分，在市场细分的基础上选择一个适合的目标市场，开发不同的旅游产品，满足这一目标市场旅游群体的多种不同需求。市场专业化有利于旅游企业与旅游者建立稳定的关系，在旅游新产品推出时容易得到认同，而且销售渠道也可以精而专，不必铺点过多。市场专业化，对旅游企业形象策划大有好处。

（3）选择专业化战略。选择专业化也是在市场细分的基础上，旅游企业以不同的市场定位对某一市场进行开发，生产出具有某一特点的旅游产品，满足一定层次的需求。

2）旅游产品的多元化营销

一种旅游产品的市场总是有限的，而某一品牌的旅游产品在市场上所占的份额又不能无限扩大。当旅游企业地位确立，旅游产品竞争态势稳定以后，可以实行多元化营销。在市场竞争中，多元化营销既是一种进攻的姿态，也是一种防守的姿态。旅游企业通过多元化既可以渗透并进入别人的领地，也可降低经营风险。

3）旅游产品的整合化营销

由于旅游营销是包括分析、设计、执行和控制等几个过程，提供"食、住、行、游、购、娱"等多方面产品的综合性活动，因而必须执行整合战略。整合营销发展战略具有以下几个方面的含义：首先，公众行为、旅游服务质量和机构办事效率等都是营销的组成部分，从这个角度来看，营销的主体不仅包括旅游相关机构、组织、企业，还包括公众。其次，从营销的内容看，应当突破过去仅仅营销旅游线路的做法，而是将"食、住、行、游、购、娱"作为整体来营销。最后，从营销手段上来看，除了传统的报纸、杂志、广播、电视等媒体外，还应当广泛应用其他新型手段，如互联网，从视觉、听觉和感受、行动多方面对潜在旅游者进行影响和引导。

4）旅游客源的差别化营销

为达到有效促销之目的，对旅游市场应进行细分，特别是市场价格要科学、合理地设定，并给予一定的弹性；制定合理的入场券价格。可按不同时段、不同层面旅游消费、不同旅游人群等情况有针对性地设定如峰谷期、日时段、集体团队、学生、家庭、残疾人等不同的入场券价格。同时，加强交通建设和管理，以方便参观者的抵达与返回；加强在全社会的宣传，并更多地动员和组织企事业单位、社会团体、学校等旅游。

7.5.3　旅游新产品的市场开拓

旅游新产品一开始试销上市，就进入了旅游者接受旅游新产品的过程，这个过程是旅游者由认知旅游新产品，进而试用，最后决定采用或拒绝的过程。采用或拒绝，关系到产品市场开拓的成败，为此，必须了解旅游者接受旅游新产品的规律，并确定旅游新产品的市场开拓战略。

1）旅游新产品的开拓规律

综合众多旅游者接受旅游新产品的情况，旅游者在采用产品的过程中必然经过以下阶段：知道旅游新产品的存在；对旅游新产品感兴趣；评价旅游新产品；去旅游，以证实或修正评价；正式接受旅游新产品。

这表明在开拓当中，旅游新产品的介绍、推广十分重要，其决定了旅游者是否接受旅游新产品。旅游新产品本身创新的特点优于旅游旧产品的程度越多，旅游新产品采用的过程就越快。在旅游新产品设计开发的全过程中，要反复考虑到这一点，尽量使旅游新产品迷人，吸引旅游者，才能使旅游新产品很快畅销起来。

2）旅游新产品的取胜之道

从旅游者接受旅游新产品的规律启示中可知，旅游新产品要想在竞争中取胜，必须掌握"先、优、新、廉"四字。

（1）以先取胜。很多旅游企业都在寻找创新旅游产品的机会，如果创新速度慢，就会被别人领先而失去市场。即使创新，也会因慢而错失良机。因此，创新旅游产品要处处求快，要有创新意识，抢先占领市场，这样就能在竞争中以先取胜。

（2）以优取胜。要力争打造优质名牌旅游产品，使之适合市场需求，并在同类旅游产品中质量达到上乘。旅游新产品的竞争能力强弱关键在于能否保证产品质量，坚持"优"字当头，才会有竞争力。

（3）以新取胜。旅游新产品，贵在新，旅游新产品的竞争，也是"新"的竞争。只有在"新"字上下功夫，才能满足旅游者的求新求异需求，适应旅游者的心理需求，具有吸引力和竞争力。

（4）以廉取胜。市场竞争，说到底是质量和价格的竞争。一般是在相同质量条件下，价格更便宜，就算作以廉取胜。因此有个前提，即在满足旅游者需求的质量条件下，越便宜，越有竞争力。

3）旅游新产品的市场开拓

必须设计旅游新产品的市场开拓战略，定位旅游新产品，制定产品的价格，选择建立旅游新产品销售渠道，通过促销手段树立旅游新产品的形象，扩大市场影响力。（1）旅游新产品市场定位。最初的市场将决定旅游新产品在旅游者心目中的形象。（2）旅游新产品市场价格。必须考虑种种内外因素，采取相应方法为旅游新产品定价。（3）建立旅游新产品的分销渠道。为了能更好地把信息传递给旅游者，必须认真选择分销商，好的分销渠道会取得竞争优势。（4）树立旅游新产品的市场形象。在旅游者心目中，旅游产品并非一个没有生气的东西，其命名、外观、CI系统等都将影响旅游者的印象。（5）扩大旅游新产品的市场影响力。要提高旅游新产品的知名度，让它脱颖而出。

7.5.4　旅游新旧产品组合的市场开拓

旅游旧产品市场开拓实际上就是如何延长旅游旧产品生命周期的问题，主要指成熟期既可以向上扩展到成长后期，也可以向下扩展到衰老初期。

1）旅游旧产品的市场开拓方法

由于旅游旧产品往往是旅游大企业或旅游热点景区，如何有效地为旅游旧产品开拓市场成为关系到旅游企业生存与发展、旅游新产品能否成功抢滩登陆的关键。旅游企业可以采取的旅游旧产品市场开拓方法有许多种，大致可以归为以下几种：

（1）市场扩张术。它是指将旅游旧产品的市场进行扩展，从而获得新市场和新旅游者。常用的办法有：一是增加旅游旧产品的功能；二是在旅游旧产品上增加新的服务对象。

（2）转移目标市场术。旅游旧产品原来是为某一目标市场生产的，由于此目标市场趋于饱和，迫使企业转向另一个目标市场，在哪儿得到发展就转而开拓哪儿的市场，结果在这个新市场获得了成功。这种方法一定要考虑到各个市场之间存在旅游消费的时间差，利用这个旅游消费形态上的时间差，实行转移目标市场术。在旅游市场上，经常可以看到这种时间差引致的转移术。

（3）改进产品术。改进产品术就是改进旅游旧产品的性能、质量、包装和服务，增加旅游人数和收入。

（4）市场营销组合术。市场营销组合术就是对旅游旧产品进行营销再组合，改变其设计、定价、分销渠道、推销等四个因素，以刺激销售量的回升。常用的方式有：用削价销售吸引旅游者，争取旅游者的回头率；加强广告宣传，搞好售后服务，以取得旅游者的信赖。

2）旅游旧产品的市场开拓战略

旅游旧产品可采取的市场开拓战略包括以下几种：

（1）产品重延伸。旅游旧产品并不一定缺乏发展潜力，通过重新延伸，旅游旧产品依然可以焕发青春，为旅游企业或部门带来滚滚财源和意想不到的机会。产品重延伸，首先要细分出产品创新因子，在此基础上调查旅游者需求，然后才能采用延伸的方法。

（2）销售渠道重延伸。评估产品的销售渠道，对不满意的地方进行改进，同时还可以建设新的销售渠道，以更好更快地响应旅游者需求。

（3）市场重延伸。要想成为市场领先者就必须要有洞察力，发现旅游者新的需求，创造新的市场，开拓旅游市场是一项需求高度敏感但又极具收益的挑战性事业。

（4）市场促销。必须把市场促销引入旅游旧产品市场的开拓中去。

3）新旧旅游产品组合的市场开拓

新旧旅游产品开拓对于旅游企业或部门而言并不是互不关联、单独成体系的两个方面，它们是相互关联、相互影响的。旅游企业或部门在市场开拓过程中肯定要同时面临旅游新产品和旅游旧产品的市场开拓决策，同时也要处理新旧旅游产品开拓的关系问题，即新旧旅游产品组合决策。在新旧旅游产品组合开拓中，关键在于旅游新产品的研发。新旧旅游产品组合的市场开拓可采取以下几种办法：

（1）连续策略。投资者仍继续其过去的经营策略，对原有旅游旧产品的市场定位、定价、分销、促销措施等维持不变。这种策略一般在其他竞争者退出市场，企业成为市场主要占领者时使用。

（2）集中策略。投资者将其促销力量集中于最佳目标市场，做最后努力，这适用于企业旅游新产品还未推出，旅游旧产品还有盈利，还可以再支撑一段时间的情况。

（3）强制策略。大幅度地降价，用降价来提升销售量，在企业旅游新产品暂未推出，旅游旧产品成本有下降的可能，在市场上又有一定竞争力时，可以采用此方法。

⇐【实例7-5】 以奋进姿态书写文旅融合新篇章

⇐【相关链接7-5】 如何看"冰墩墩"带来的市场和商机

7.6　旅游产品品牌营销策略

7.6.1　旅游产品的品牌概念

品牌是企业拟定营销策略时一个不可忽视的课题。知名品牌可提高产品的身价。品牌决策是产品决策的一个重要组成部分。在旅游选择日益多样化、旅游者追求个性化的今天，品牌已具有重要的功能，它能够引发偏好，建立偏好，创造旅游者的认同感和建立品牌忠诚度。拥有品牌才拥有实力，品牌的重要性已被越来越多的企业所认识。实施品牌策略的目的在于不断提升品牌形象，进而发展成名牌。

在探讨品牌决策之前，先了解营销学有关品牌的几个概念。

（1）品牌概念。所谓品牌，就是企业给自己的产品规定的商业名称，它是产品整体的一个组成部分。西方营销学关于品牌的定义是，品牌是一个名称、术语、标记、符号、图案，或这些因素的组合，它可用来辨识一个企业或企业集团的货物或劳务，以便同竞争者的产品相区别。

（2）品牌名称。它是指品牌中可用语言表达的部分，如"迪士尼"等名称。

（3）品牌标志。它是指品牌中可被识别但不能用语言表达的部分，包括符号、图案或专门设计的颜色、字体等，如"麦当劳"的黄色M标牌等。

（4）品牌商标。在西方，商标是一个专门的法律术语。品牌或品牌的一部分在政府有关部门依法注册后，称为"商标"。商标受法律的保护，注册者有专用权。国际市场上著名的商标往往在许多国家注册。在市场经济发达的国家，商标依其知名度的高低和信誉的好坏，具有不同的价值，是企业的一项无形资产，商标专用权可以买卖。

在我国，商标的概念有所不同。我国对所有品牌不论其注册与否，统称商标，但有"注册商标"与"未注册商标"之别。注册商标即如上述在政府有关部门注册后受法律保护的商标，未注册商标则不受法律保护。

7.6.2　旅游产品的品牌营销

围绕旅游产品的品牌问题，旅游企业需要做出一系列决策（见图7-26），旅游产品的品牌营销策略包括以下几种。

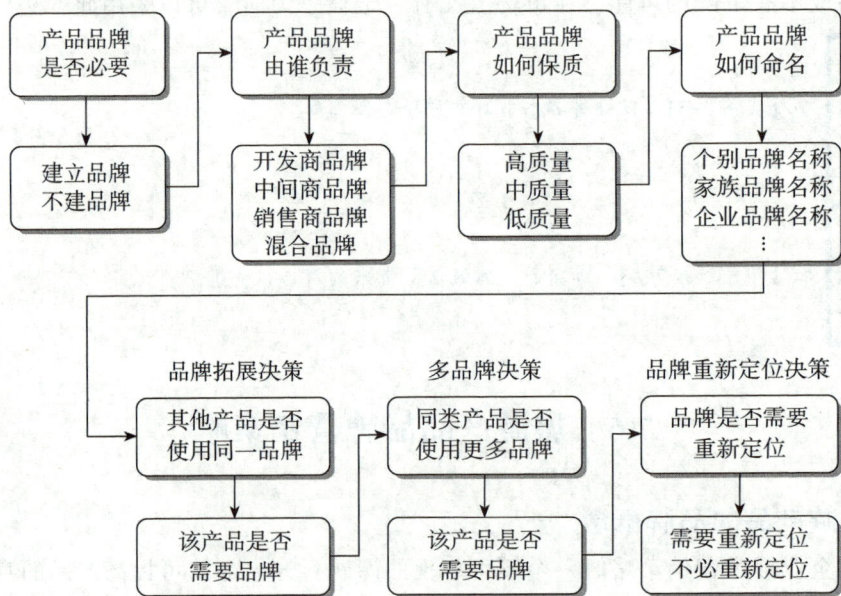

图7-26　旅游产品的品牌决策

（1）品牌化策略。这是指有关品牌的第一个决策，即决定是否给旅游产品建立品牌。

（2）品牌归属策略。这是指品牌归谁所有，由谁负责。

（3）品牌质量策略。产品质量是最重要的定位手段之一，在建立一个品牌时，必须决定品牌的质量水平和其他特点，以便确定这一旅游品牌在市场上的地位。

（4）家族品牌策略。这是指选择品牌名称的决策，各种旅游产品是全部用一种品牌，还是用不同的品牌。有四种品牌名称策略可供选择，即个别品牌名称、单一的家族品牌名称、分类的家族品牌名称、企业名称加个别品牌名称。

（5）品牌拓展策略。这是指利用已出名的品牌推出旅游新产品和已改良的旅游产品。

（6）多品牌策略。这是指同一企业在同一种产品上设立两个或多个相互竞争的品牌。这虽然会使原有品牌的销量略减，但几个品牌加起来的总销量却比原来一个品牌多。

（7）品牌重新定位策略。由于市场环境的变化，旅游品牌往往需要重新定位。例如，竞争者推出一个新的品牌，打入本企业产品的市场；或是旅游者的品味改变，减少了对原品牌的需求。在这些情况下，旅游企业为了保护自己的利益，需要为品牌重新定位，以保持其原有的声誉和吸引力。

7.6.3　旅游产品的品牌延伸

旅游业经过多年的发展，已形成一些知名度较高、信誉度较好的旅游品牌产品。这些旅游产品因为良好的质量和信誉而产生了强大的市场影响力，已形成了一定的品牌效应。实施品牌延伸策略，就是凭借品牌效应开发旅游新产品。

（1）保持和维护现有旅游品牌质量。通过加强管理，提高现有品牌载体——核心企业——的服务水平、产品质量、企业信誉和市场知名度，加强宣传，维护和提高现有品牌的知名度与美誉度。

（2）提高现有旅游品牌利用效率。可以通过组建松散的企业联盟，或进行品牌特许权经营，或组建多样化经营的综合性集团公司，将连锁加盟企业、相关行业企业与核心企业有机联系起来，共同使用现有品牌，以提高知名品牌的利用效益。

（3）规范管理和保证经营质量。名牌产品的市场地位主要基于由旅游产品优势、成本优势和营销优势组合而形成的市场竞争优势，最理想的旅游品牌产品就是拥有高技术、高质量、高文化含量和低成本、规模化的产品。因此，应当在人才、技术、资金、管理等方面对品牌延伸企业进行全面质量管理，以保证其整体旅游产品的质量和信誉。

7.6.4　旅游品牌资产与品牌资产积累

旅游品牌一旦形成，将是旅游企业重要的无形资产，具有极大经济价值。同时，品牌资产能够加强旅游者对所购买产品的认知，促进旅游者对其优先选择，从而扩大市场占有率，是行业竞争差异化战略的基础。要创造旅游名牌，首先应明确旅游品牌资产的价值内涵。任何品牌资产都包括五个基本组成部分，旅游行业应重视品牌资产这几个方面的积累和策划。

1）旅游品牌标识

旅游品牌标识，包括旅游品牌的名称、标识物、标识语，此三方面是旅游品牌的三种展示方式。名称是品牌基本的核心要素，是品牌认知、沟通和形成品牌概念的基础。名称也提供了品牌联想。名称与品牌之间的差异在于名称只有辨识功能，而品牌名称则附有认同感和个性在内。标识物与标识语是品牌的其他展示方式，如假日饭店和可口可乐的标识物、麦当劳的黄色 M 形标识、雀巢咖啡的标识语"味道好极了"和携程的标识语"让旅行更幸福"等。现代企业视觉识别系统（VIS）将品牌名称、标识物、标识语联结成为一体，增强了企业的品牌认知和联想。旅游品牌名称应该易记、有特色，能够支持标识物和标识语。同样，旅游标识物和标识语的设计应有利于品牌识别和定位，从而创造积极的品牌联想。

2）旅游品牌认知

品牌认知是潜在的购买者认出或想起某种品牌是某一产品类别中的一种的能力，是与消费者交流的第一个基本步骤，它包含了品牌与产品类别间的联系。例如饭店产品，对于旅游者来说是一种风险大、关心和介入程度高的产品，在购买时旅游者一般不会面对许多品牌名称，因此，能否被旅游者考虑，品牌记忆可能是至关重要的。品牌认知是一个连续的变化过程，即品牌无意识→品牌识别→品牌记忆→品牌深入人心。维持一个较高程度的品牌认知是品牌营销的首要目标。

3）旅游品牌质量

旅游品牌质量是指旅游者对旅游产品的全面质量或优势的感性认知，它包括品牌达到的产品特征，如可信度、性能等。品牌所体现的质量与真实客观的质量可能并不完全一致。旅游产品是一种以服务为导向的无形产品，无法触摸或试消费，其选择依赖于旅游者对它的质量感知。品牌体现的质量是影响旅游者购买的关键因素。旅游品牌所体现的质量既依赖于旅游行业良好的经营活动（真实的质量），也依赖于其市场营销活动。以饭店为例，体现饭店品牌质量的因素有价格、服务人员的仪表、建筑物外观和其他易见的可产生第一印象的公共区域等，品牌体现的质量也是产品差异化和品牌延伸的基础因素。因此，饭店营销者应重视饭店品牌所体现的质量的精心策划和信息传递。

4）旅游品牌联想

品牌联想是记忆中与品牌相关联的每一件事，它们由一些有意义的形态组成。一个品牌的联想是众多的，旅游企业更关心的是直接或间接影响到旅游行为的联想因素，旅游产品特征和旅游者利益是两种重要的联想。此外，还有一些其他的因素，如旅游产品应用、使用产品的类型，能否表达出旅游者的生活方式、社会地位、职业角色等。品牌联想可以使企业或产品的市场定位形象化、具体化。品牌联想可以帮助旅游者获得信息，做出旅游决策。

5）旅游品牌忠诚

品牌忠诚是旅游者对品牌情感的量度，反映出一个旅游者转向另一个品牌的可能程度。品牌忠诚是旅游品牌营销的终极目标之一，是一种重要的无形资产。旅游者对旅游品牌的忠诚降低了旅游营销费用，这些现存的旅游者基础有助于形成新的旅游者，产生可见的品牌认知。品牌忠诚是由许多因素产生的，其中最重要的是使用经验，品牌忠诚与使用经验紧密地联系在一起，品牌忠诚也部分地受到品牌资产中其他因素，如品牌认知、联想、所体现的质量的影响。因此，旅游企业应正确对待旅游者，使旅游者对旅游服务感到非常满意，确保旅游者有积极有益的旅游经历。

7.6.5　旅游产品品牌支撑战略

随着经济全球化进程的加快和信息技术的发展，同类旅游产品在质量、功能、价格等方面的差异越来越小，品牌作为一项无形资产成为旅游企业竞争力的一个重要砝码。品牌有助于旅游企业宣传自己的产品，树立市场形象，建立顾客忠诚，进行市场细分，从而形成独特的竞争优势。

1）旅游产品的品牌塑造战略

对于现代旅游企业而言，品牌不再是简单的产品识别标志，它已成为企业营销战略管理的一项重要内容。此外，在旅游行业中，旅游企业品牌比产品品牌更为重要。品牌塑造是一个系统工程，需要旅游企业的长期努力（这里指的是广义的品牌概念）。要树立鲜明的品牌形象，旅游企业应从以下四个方面入手：

一是品牌决策，包括品牌化决策、品牌使用者决策、家族品牌决策、多品牌决策、品牌扩展决策和品牌再定位决策。它主要解决以下问题：是否给产品规定品牌名称？是采用本企业品牌，还是采用中间商品牌或两者兼有？各类产品分别使用不同的品牌，还是统一使用一个或几个品牌名称？如何利用品牌开展营销以及如何更新品牌？

二是品牌具体设计，包括企业或产品名称、品牌标志和商标。高水平的品牌名称和标志设计能给旅游者留下深刻的印象。

三是服务提升，即良好的品牌形象需要旅游企业的高品质服务来支撑。因为一个强有力的品牌只能给有竞争力的产品或服务带来市场优势，却不能补偿任何劣质服务，甚至可能因为一次质量事故而毁于一旦。

四是有形展示。有效的服务展示能突出旅游企业的产品特色，使服务有形化、具体化，从而让旅游者在购买前就能感知产品或服务的特征以及旅游后所获得的利益。旅游企业实施有形展示策略的途径主要有四种，即设计企业标志、规范服务行为、美化服务环境和开展促销活动。

2）旅游产品的品牌营销战略

在选择品牌营销战略之前，旅游企业首先必须对旅游企业或旅游产品的品牌类型与品牌力进行科学的评价。旅游企业或旅游产品的品牌力主要由两个因素决定：一是旅游品牌认知，即旅游者对品牌知名度和美誉度的总体评价；二是旅游品牌活力，指旅游企业或产品品牌的差异化特征与旅游者的关联度。

根据自身旅游品牌所处的市场地位，旅游企业可以制定相应的品牌营销战略（见图7-27）。对于新的主导产品，旅游企业一般采取品牌培育战略，凭借成功的品牌定位突出新品牌对旅游者的独特利益点；当新品牌转变为发展品牌时，它已具有一定活力，但认知度偏低，这时旅游企业应通过广告、公关等手段提高品牌的知名度和美誉度，以吸引旅游者购买；对于市场占有率和知名度都较高的强势品牌，旅游企业营销活动的中心任务是维护品牌地位，并通过新产品开发、产品改进等途径来挖掘品牌潜力；对于市场逐渐萎缩的品牌产品，旅游企业应针对旅游者需求的变化创造新的品牌特色，常用的两种方法是进行品牌重新定位或将品牌投入新的市场。

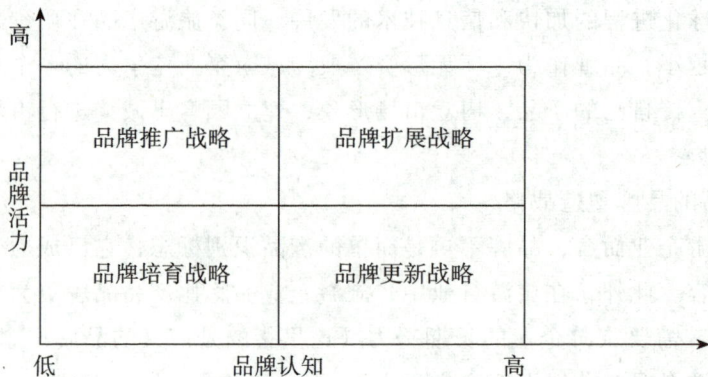

图7-27　旅游产品的品牌营销战略决策

⇐【实例7-6】活化延安文旅资源"延知有礼"探新路

⇐【相关链接7-6】"故宫以东"——发现最美东城

本章小结

旅游产品的基本层次主要包括旅游核心产品、旅游形式产品、旅游期望产品、旅游延伸产品、旅游潜在产品。

旅游产品在不同的生命周期，其销售特点各不相同。旅游产品的不同生命周期阶段，其营销策略也不相同。应针对旅游产品生命周期的投入期、成长期、成熟期以及衰退期，实施不同的旅游产品营销策略。旅游产品生命周期具有不同的循环曲线，可有针对性地采用旅游延长策略、改革策略、锥形透射策略、推式策略与拉式策略等。

旅游新产品的开发策略，包括资源重组策略、产品升级策略、产品导入策略等，旅游新产品定价策略，包括撇脂定价策略、渗透定价策略、满意定价策略等。

旅游产品的组合程度，包括广度、深度和相关度。旅游产品的组合策略，包括扩展策略、简化策略、改进策略、价格策略等。旅游产品的组合优化方法，包括四象限评价法、三维空间分析法、资金利润率评价法、产品系列平衡分析法等。

旅游产品的市场定位，包括攀附市场定位、心理逆向定位、狭缝市场定位、变换市场定位等。旅游新产品、旅游旧产品、旅游新旧产品，都有其各自独特的产品组合营销策略。

旅游品牌资产与品牌资产积累，包括旅游品牌标识语、旅游品牌认知、旅游品牌质量、旅游品牌联想、旅游品牌资产等方面，旅游产品品牌支撑战略，包括品牌塑造战略和品牌营销战略。

🔖 关键概念

旅游产品　旅游产品生命周期　旅游市场营销策略

🔖 基本训练

□ 案例分析题

江南造船：上海工业旅游的一张亮丽名片

自2019年1月推出工业旅游线路以来，江南造船已接待游客5万多人次。2021年，共接待工业旅游团队249批次。江南造船已成为上海工业旅游的一张亮丽名片。

1）讲好江南造船的故事

1865年，晚清洋务派以"自强""求富"为目标，在上海创办了中国第一个官办企业——江南机器制造总局，即江南造船的前身。江南造船开创了中国民族工业之先河，设计建造了中国最早的蒸汽动力木壳明轮兵船、第一艘装甲炮艇、第一艘万吨轮、第一门钢炮、第一支步枪和第一架舰载水上飞机等，艨艟战舰、坚船利炮，百多个"第一"在此诞生。2008年，为配合上海世博会召开，并考虑自身发展需要，江南造船整体搬迁至长兴岛，开启二次创业之路。江南长兴基地在生产规模、硬件设施、科技实力等方面都更为先进，一个现代化造船基地在长江之滨崛起。2019年，江南造船注册"看舰"商标，持续完善工业旅游线路，进一步宣传推广江南文化、海洋文化、军工文化。同年，江南造船联合上海尚世影业有限公司，出品民族重工业题材国产动画电影《江南》，引发热议。这是江南造船传播军工文化、弘扬工匠精神的一次成功实践。2021年，江南造船人文纪录短片《江南工匠影像工程系列》发布。该片展现了普通劳动者与当代重工业之美以及国之重器背后平凡而又伟大的故事，成为讲好江南故事的新尝试。红色基因、军工元素、制造文化、科创战场、工匠传承是江南造船工业旅游的核心内涵，基于核心文化，讲好江南故事是江南造船工业旅游的灵魂。通过工业旅游形式，游客可以实地感受中国民族工业发展史，了解先进造船技术，体验工业制造之美，激发爱国热情与民族自豪感。

2）精心地打磨工业旅游

工业旅游是推动上海百年工业文明创造性转化和创新性发展的重要载体和展示窗口，也是助力上海旅游业高质量发展的重要战略支点和颇具活力的新增长点。江南造船是上海工业旅游品牌的代表。江南造船拥有150多年的悠久历史，同时，还具备先进的制造技术水平，其独有的历史和资源，非常契合上海市推进工业旅游的要求。江南造船把先天优势、文脉资源与旅游元素充分融合，既做强中国制造江南品牌，也形成独特的工业旅游江南品牌，承担起央企社会责任的同时，培育并影响更加广泛的受众群体。作为我国先进制造业企业，江南造船以科学态度来推进工业旅游，按照《上海市工业旅游创新发展三年行动方案（2018—2020）》踏实前行，并为之成立了专门的班子，配备了专职人员，与专业旅行社合作，注重游客感受。2019年1月，江南造船工业旅游开始试运营，当年年底，成功通过上海市工业旅游标准达标评定委员会的评定，成为上海工业旅游达标单位之一。作为军工企业，江南造船开展工业旅游最大的难点，就是把握好开放的尺度。特别是对一家百年军工船厂来说，在生产区域中设置适宜工业旅游的线路和景点并非易事。为了尽量消除游客的距离感，运营团队在完全满足保密要求的前提下，想方设法丰富工业旅游的产品和内容。比如，在5号码头1∶1等比例复建了万吨大驱南昌舰的直升机平台；改造了江南造船展示馆和安全培训中心；学习青岛海军博物馆的经验，让游客零距离了解舰船；建设了海军舰船仿真餐厅，让游客体验独特的舰船用餐文化；研发舰船文创产品，开设"看舰"文创礼品店等。在提升硬件配套、整合资源的基础上，运营团队着力于软件能力的提升，特别注重工业旅游的趣味性，以拉近与游客的距离。

3）打造工业旅游生态链

作为工业文明中淬炼成长起来的企业，江南造船尤其注重产业链生态圈的建设，在推动工业旅游发展中，与旅行社分工合作，彼此赋能，取得双赢的效果。2020年国庆假期开通长兴岛郊野公园—江南造船旅游直通车，产品火爆申城。2021年，该公司通过大旅游资源整合包装，旅游营收同比增长2.8倍。2020年8月，上海游侠客旅行社跟江南造船计划合作5个批次的研学活动，名额预订爆满，家长和孩子们反响很好。同样尝到甜头的还有上海前卫旅行社。该旅行社在2021年新招录了5名员工，以加强工业旅游的一线讲解力量。在当下旅行社业普遍承压的情况下，他们实现了业务扩张。现在，江南造船已经获得全国爱国主义教育示范基地、全国工业旅游联盟副理事长单位、上海市工业旅游景点服务质量达标单位、上海市科普教育基地、上海市学生社会实践基地和军工文化教育示范基地等一系列荣誉。随着跨越式发展，江南造船已把科技型、数字化制造企业视为发展目标，未来将有更多的科技创新实验室赋能工业旅游，游客可以走进数字化造船实验室、5G智能制造实验室、智能焊接实验室等先进制造实验室。

（资料来源　丁宁．江南造船：上海工业旅游的一张亮丽名片［EB/OL］．［2022-01-12］．http∶//www.ctnews.com.cn/jqdj/content/2022-01/12/content_117753.html）

问题：

你认为本案例中工业旅游产品是否具有新时代的旅游市场需求特征？根据本章旅游生命周期理论和新产品开发策略的相关原理，请说明理由。

□ 思考题

1.旅游产品价值增值的途径主要有哪些？

2.旅游产品在各生命周期的特点及营销策略是什么？

3.旅游新产品开发应当遵循的原则有哪些？

4.旅游新产品定价的主要策略有哪些？

5.旅游产品市场营销主要有哪些策略？

☐ 课堂讨论题

1.在旅游快餐市场营销中的一个流行概念是家庭送餐或外卖，其品种可谓无所不包，例如比萨饼、汉堡包、炸鸡、盖浇饭、中式馄饨等。您认为这种服务需求急速增长的原因是什么？旅游营销管理者如何才能通过满足日益增长的多样化需求，以形成自身的市场竞争优势？

2.如果您是某家国际旅游企业的总经理，请您运用旅游服务行业的产品实例，举例阐释以下名词：（1）延伸产品；（2）期望产品；（3）潜在产品。

3.您作为一家饭店或餐馆的产品经理，请问您如何获得新产品的创意？差不多三分之一的旅游新产品创意是来自顾客，这种比例是否与"找到需求并设法满足之"的市场营销导向的思想相矛盾？为什么？

4.如果您是一家全国性快餐连锁店的新产品开发经理，在选择一种新款快餐产品市场营销试点城市时，您会考虑哪些因素？您现在所居住的城市是不是一个合适的试点市场？为什么？

5.请您以某知名品牌酒店的产品营销经理视角，说明为什么有很多消费者愿意为品牌产品付更高的价格。您认为产品品牌化的价值何在？

6.喜来登酒店将其全国各地的喜来登分号（Sheraton Inns）的一些名字做了更改。例如，一种分号叫福朋喜来登酒店（Four Points Hotels）。请您根据品牌策略的原理，论述这种策略可能的风险和收益是什么？

7.请您以一家国际知名旅游企业总经理的视角，举例论述如何将新产品生命周期理论运用到这家旅游企业的产品发展中。旅游企业应该怎样做，才能避免其旅游产品走向衰退阶段？

第8章

旅游价格策略

📖 学习目标

通过本章的学习，了解旅游产品价格制定，掌握旅游产品价格制定策略、旅游产品价格调整策略。

8.1 旅游产品价格制定

旅游企业为旅游产品制定价格，一般要考虑定价目标和影响产品价格的诸多因素，依照一定的基本定价方法，再遵循合理的定价步骤来进行。旅游者花费金钱为旅游产品支付价格，是希望借此来获得旅游产品带来的效用和满足，并希望这种效用物有所值。否则，若旅游产品的价格和质量与旅游者的期望相去甚远，旅游者就会觉得这样的旅游产品和自己为此而支付的价格不相符合，会对旅游产品产生不好的购买后的感受及评价。因而，对于旅游企业来说，为旅游产品制定合理的价格是十分必要的。

8.1.1 旅游产品价格双重作用

价格首先是利润的直接决定因素。旅游产品价格的高低与旅游企业的利润多少直接相关；另外，它也是一个重要的促销组合要素。旅游者往往会在一定程度上通过价格来感知旅游产品。旅游企业提供给旅游者的价格，会在促销活动中发挥显著的作用。比如一些旅行社推出对某些旅游线路的打折活动，会吸引较多的旅游者来购买。通常情况下，较高的价格总是导致较低的需求量，而较低的价格则会促进销量的提升。然而，对于有些旅游产品来说，随着价格的提升，需求也会增长到某一程度，这种旅游产品的价格越高，在特定旅游者和特定旅游者群体看来，所体现的排外性和威望性也就越大。

8.1.2 旅游产品价格形式

从旅游者和旅游企业这两个不同的角度，可将旅游产品分为整体旅游产品和单项旅游产品。游客在旅游过程中可根据自己的需要选择购买整体旅游产品或单项旅游产品，这样就形成了几种基本的旅游价格表现形式。

1）旅游包价

旅游包价是指旅游者从旅游经营商那里购买整体旅游产品（包括交通、住宿、餐饮、景点及其他设施和服务中的两个或两个以上要素所构成的产品）而向其支付的价格。旅游包价一般以统一的公布价格面向公众进行营销，借助于印刷品或其他媒介加以描述。

2）旅游单价

旅游单价是指旅游者零散购买一个整体旅游产品中的各个单项要素所支付的价格。如旅游者在途中自己购买车船票的费用、自己支付的饭店住宿费用等，都属于旅游单价。

除上述两种基本旅游价格表现形式以外，旅游企业为了扩大旅游产品的需求量，刺激消费，通常还会在一般旅游价格的基础上采取一些特殊的旅游价格形式。

3）旅游差价

旅游差价是同种旅游产品由于在时间、地点或其他方面的不同而导致的不同价格。因为旅游企业提供的旅游产品和旅游者的需求往往会在时间、空间及其他诸多因素上存在较大的差异，故而旅游企业往往利用旅游差价来调节旅游市场供求关系，以更好地满足旅游者的不同需要。

4）旅游优惠价

旅游优惠价是指在旅游产品基本价格基础上，给予旅游者一定的折扣和优惠的价格。这种折扣和优惠往往针对旅游产品的大量购买者、经常购买者或在有特殊事件发生时使用。其目的是更多地吸引旅游者购买旅游产品，使旅游产品的业务量保持一定的水平。

8.1.3 旅游企业定价目标

1）生存导向型目标

当旅游企业现有生产能力过剩，或者市场竞争非常激烈时，旅游企业会选择以维持生存为主要目标。为达到这一目标，旅游企业会给自己的旅游产品制定一个比较低的价格，吸引那些对价格敏感的旅游者。在旅游业中，固定成本偏高是一项非常突出的特征。旅游企业的经营者在维持生存的目标驱动下，仅仅希望价格能补偿可变成本和一些固定成本，以使其在市场中立足。

2）利润导向型目标

（1）满意利润目标。旅游企业追求的目标是合理的利润水平而非利润的最大化，只要能获得使管理层满意的利润，对于一些规模较小的旅游企业来说足可接受了。

（2）利润最大化目标。许多旅游企业都希望制定一个理想的目标价格，以使企业的当期利润达到最大化。为此，它们要对旅游产品的需求和成本进行估计，并同可供选择的价格联系起来。不过，旅游企业追求当期利润的最大化并不意味着给旅游产品制定一个不合理的高价。旅游企业制定的价格应与旅游者感受的货币价值一致，而不能提供给旅游者一个高于产品预期价值的价格。通常，企业选定一个能带来当期利润最大化的目标价格是较为困难的。

（3）投资收益率目标。投资收益率是税后净利润与总资产的比率，它用来衡量旅游企业投资效益的高低，投资收益率越高，旅游企业的盈利性就越强。旅游企业追求目标投资收益率，需要预先决定其盈利水平以判断某个价格和营销组合是否可行。

3）销售导向型目标

（1）市场份额目标。市场份额是指一个旅游企业的旅游产品销售量占全行业总销售量的百分比。若一个旅游企业占有较高的市场份额，说明其在市场竞争中处于领先的优势地位，能拥有较高的利润和理想的投资收益率。对于想长期经营的旅游企业来说，追求市场份额最大化的目标显然是非常重要的。

（2）销售最大化目标。旅游企业强调销售最大化，不考虑利润、投资收益、竞争，只关注销售的增加。旅游企业追求销售最大化目标，需要考虑制定何种水平的价格才能在短期内迅速提高企业的销量，带来更多的现金收入。

4）竞争导向型目标

目前，旅游市场竞争相当激烈，竞争导向型定价目标，就是在竞争中保持现行价格或根据竞争者的价格进行定价，这种目标不需要通过周密计划来进行安排，基本上是一种被动策略。

8.1.4　旅游产品定价影响因素

（1）旅游企业的战略和定位。旅游企业希望在市场中取得何种地位，给旅游者留下何种印象，旅游企业的旅游产品定位如何，在旅游企业发展、市场份额和投资回报方面的预期等，这些战略问题都是影响旅游企业为旅游产品定价的重要因素。旅游企业的定价行为应着重从支持旅游企业长期的战略发展，并符合旅游产品在市场上的定位等因素考虑。

（2）旅游企业的目标。以市场营销为导向的企业，应根据旅游企业发展的总体目标来设置合理的价格。这些目标包括利润目标、旅游市场份额目标或销量目标等。在不同目标的支配下，旅游企业应有相应的价格决策体系来配合企业整体目标的实现。

（3）旅游细分市场。旅游企业的市场营销行为，必须围绕对旅游者消费行为和情况的了解而进行。旅游企业的管理者在制定价格决策时，要选定旅游细分市场，并通过对旅游者的调查研究和从以往价格变化中获得的经验，了解每个旅游细分市场所能承受的价格水平，了解价格在多大程度上反映物有所值和产品质量。

（4）旅游经营成本。旅游企业要维持经营，就必须将旅游产品的价格维持在一个能够创造足够的收入，以支付成本，并能带来一定回报的高度。旅游经营成本是影响价格决策的一个重要因素。

（5）竞争者的行为。单纯使用竞争导向的定价手段是一种被动的行为，然而现实中几乎所有的旅游企业在制定价格时都会考虑竞争者的价格水平。

（6）旅游产品的特点。当旅游产品有相似的替代产品，且旅游企业的供给容量过剩时，价格会成为营销策略的一个重要手段。在整个旅游业中，很多旅游产品之间都存在相互替代性，这使得旅游企业开展营销活动在很大程度上都必须依赖于价格策略。由于产品的可替代性强，旅游产品表现出高价格弹性特征。旅游企业的管理者需要依靠市场情报去预测市场对旅游价格变化可能做出的反应，为旅游产品制定合适的价格并根据市场变化做出调整。

（7）旅游者的特点。在旅游市场中，有些旅游者对价格较为敏感，很小的价格变化都会促使他们立刻做出反应；而另一些旅游者即使在价格做出较大幅度调整时，也不会改变其购买习惯。因此，对于不同的旅游者应区别对待。旅游企业可以制定两个或多个价格来吸引不同的旅游目标市场。很多酒店都会为一般客户、常住客户、商务客户、旅行团体等提供不同的价格。

（8）非价格选择因素。目前，旅游业中的竞争逐步由价格竞争转向非价格竞争。越来越多的旅游企业管理者已经认识到价格只是占领旅游市场的一个手段，旅游企业要想获得长远的发展，单纯靠价格战是远远不够的。因此，许多旅游企业纷纷扩大产品外延，增加旅游产品的附加价值，从而增加产品提供给旅游者的利益，使旅游者在购买产品时往往更多考虑产品品质而非更低价格。

（9）法律和法规的约束。出于对保护旅游者权益、维持正常竞争秩序的考虑，旅游价格经常也会受到政府的管制。政府会通过法律和法规的约束来干预和影响旅游企业的价格决策。由于存在这种约束，旅游企业不能任意地为旅游产品制定高价来牟取暴利，同时也限制了旅游企业之间过度的价格竞争，维护了正常的市场秩序。很多国家都制定了最高限价和最低保护价。旅游企业在做出定价决策时必须将此因素考虑在内。

8.1.5　旅游产品定价过程

1）确定定价目标

旅游企业在制定价格之前，首先必须明确旅游产品想要达到什么样的目标。前面已经提到，旅游企业的定价目标包括维持生存、利润最大化、市场份额最大化等多种选择。一旦旅游企业选定其中一种作为自己的目标，就会有一系列与之相应的包括价格在内的市场营销组合。旅游企业的目标越明确，制定价格就越容易。价格的高低对于利润、销售收入、市场份额等指标会有不同的影响，图8-1描述了价格与利润、收入和市场份额之间的关系。

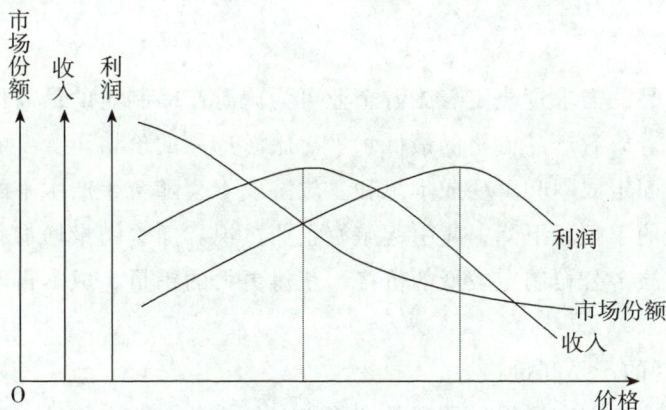

图8-1　旅游价格与利润、收入和市场份额之间的关系

2）确定需求

旅游价格的高低在影响旅游营销目标的同时也影响了旅游需求。要确定价格，就要知道旅游需求情况。旅游需求曲线通常是一条向右下方倾斜的曲线，说明了价格与需求量之间的反比关系。但还有另一种类型的需求曲线，当价格上升时，需求量也增加，它代表了一种威望商品的需求曲线。图8-2的（1）和（2）分别描绘了需求曲线的这两种形态。住酒店的高档客房，客人往往认为是一种身份和地位的象征，在其定价降低时，旅游者反会认为不能体现其身份而不愿入住。所以价格虽然是影响需求的重要因素，但非价格因素的作用也不容忽视。要确定出价格对需求的真正作用程度，应将非价格因素的影响排除在外。

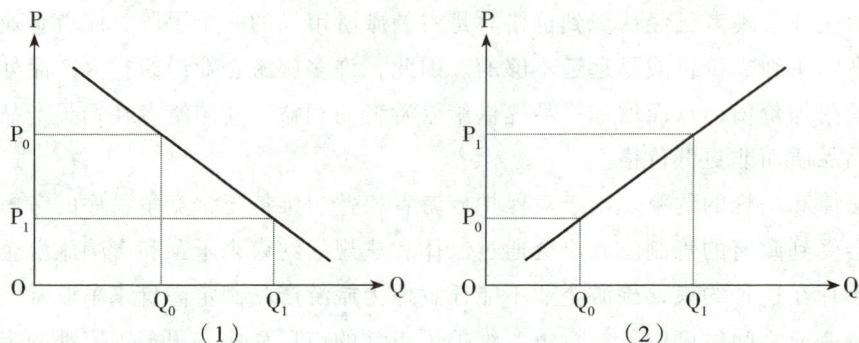

图8-2　需求曲线的两种形态

影响需求的非价格因素主要有：第一，收入。当旅游者的收入增加时，即使旅游产品的价格保持不变，对旅游产品的需求量也会增加。第二，替代品价格的变化。旅游产品之间的相互可替代性程度是很高的，当替代产品的价格降低时，旅游者往往会倾向于购买该旅游产品的替代品，使该产品需求量减小。第三，旅游者偏好。旅游者一旦对某种旅游产品产生偏好，即使除了非价格因素之外，需求弹性的不同也影响着需求量的变化。在需求缺乏弹性时和富于弹性时，需求对于价格变动的敏感程度是不同的。就大多数旅游产品来说，在高价位时适当降低一些价格，对产品销量增加的作用会更明显，而对于已经定价较低的旅游产品即使再降价，其销量也不会明显增加，所以旅游企业之间的价格战并非是万能神药。

3）估计成本

社会对旅游产品的需求量决定着旅游企业可为旅游产品制定的最高价格，而旅游企业的各种成本则决定着旅游产品价格的最低水平。旅游产品的价格至少要能补偿旅游企业在一定生产水平下的固定成本和可变成本总和。旅游成本会随着生产水平的不同而变化，若平均成本随着经验的累积而下降，应引起旅游企业重视。随着销量增加和经验积累而导致的成本下降，可使旅游公司制定较低的价格，获得更大的销量，成本再下降，价格可更富于进攻性。

4）分析竞争者的产品和价格

考虑竞争对手向旅游市场提供的产品和价格，是旅游企业定价的一个重要因素。通过向旅游者询问、自己亲自购买竞争对手的旅游产品、搜集竞争对手的价格表等途径，旅游企业可对竞争对手的情况有一定的了解，并据此来考虑自身旅游产品的定价。通过比较，若旅游企业的旅游产品优于对手，价格可以稍高些；若产品与对手类似，旅游价格也要大致和其处于同一水平；如果旅游产品不如竞争者，那就应制定更低的价格，并对旅游产品做出改进和完善。

5）选择定价方法

明确了旅游企业的目标，并对需求、成本、竞争者价格等做出了基本分析后，接下来就要选择合适的旅游定价方法了。旅游产品价格定得过高，可能会使旅游产品失去需求；定得过低，又会使旅游企业的利润得不到保证甚至亏本。怎样才能确保旅游产品的价格既能创造需求又能创造利润呢？这就要求旅游企业在定价时必须考虑产品成本、竞争产品和替代产品价格、产品的特色等基本因素，由此也就产生了成本导向、价值导向、竞争导向三类不同的定价方法。

6）确定定价策略

旅游定价策略对于旅游企业扩大销量、巩固和发展市场地位、维护产品形象是很有帮助的，同时，由于旅游市场环境和旅游者需求的变化，也需要旅游企业运用一些策略去调整旅游市场供求关系，引导旅游消费。

7）确定最终价格

在为旅游产品确定最终价格时，旅游企业还要考虑一些附加因素：第一，旅游者心理因素，即旅游者对价格的主要心理认定趋势或取向。第二，政府干预因素。旅游企业的定价会处在政府监督之下，旅游产品价格过高或过低，都可能招致政府干预。第三，竞争对手的反应。竞争对手针对自己的定价是否也会在营销组合上做出调整，是否会引发价格战，这些都是旅游企业所要考虑的。第四，旅游企业的定价政策。旅游企业的价格定位须同定价政策相符，许多旅游企业都有企业所需的价格形象、价格折扣政策及应对竞争对手价格的经营哲学等，旅游产品的价格定位应与这些价格政策相吻合。

旅游产品定价目标分类和步骤分别如表8-1和图8-3所示。

表8-1　　　　　　　　　　　　　旅游定价目标分类

项　目	特　点
利润目标	当前最大利润；满意利润；投资回收率
营销目标	保持销售渠道畅通；销售量及市场份额最大化
竞争目标	维持企业生存；保持价格稳定；应对和避免竞争；产品质量领先

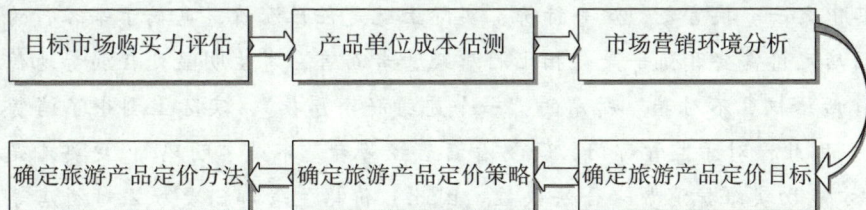

目标市场购买力评估 ⇒ 产品单位成本估测 ⇒ 市场营销环境分析

确定旅游产品定价方法 ⇐ 确定旅游产品定价策略 ⇐ 确定旅游产品定价目标

图8-3　旅游产品定价步骤

【实例8-1】　　　　　　　　　红色旅游线路升温　错峰出游更划算

2021年以来，红色旅游出现了"双向"热潮趋势，游客希望在革命老区以及重大革命历史事件发生地实地感受红色精神，旅游行业也纷纷推出各类红色主题旅游线路，且受建党百年等影响，红色旅游线路预订正在不断升温，从价格来看，错峰出游将更划算。

（1）近年来红色旅游路线不断丰富。文化和旅游部数据显示，2004年至2019年，全国红色旅游资源不断扩充。目前，旅游行业的红色旅游线路多围绕"红色经典"所在地展开。如同程旅游的红色主题游主要基于"重走长征路——延安、瑞金""历史的转折——遵义""革命的摇篮——井冈山""伟人的故里——湖南""致敬首都——北京"等方向，在全国范围内精选了百条红色线路。

（2）节假日红色旅游价格小幅上涨。从多个平台的预订数据来看，目前红色旅游线路的销量持续走高，但市场价格受客观需求和产品供给等影响无大幅变化，除清明和"五一"假期有一定涨幅外，整体上上半年的价格都较为平稳。以重庆出发的"长沙+韶山+张家界森林公园+百龙天梯+玻璃桥+天门山玻璃栈道+魅力湘西+凤凰古城+苗寨双飞6日跟团游"为例，2021年3月至6月期间，除了"五一"假期上涨至3 000多元外，其他团期的价格基本维持在2 400元至3 000元。此外，"陕西历史博物馆+照金+壶口瀑布+文安驿+金延安+兵马俑+明城墙+大唐不夜城6日跟团游"，除了"五一"假期价格上涨外，6月以前的价格也较稳定。由此可见，错峰旅游成为游客更加划算的选择。

（资料来源　谈书. 红色旅游线路升温　错峰出游更划算［N］. 重庆商报，2021-03-27）

【相关链接8-1】 **酒店自主定价不等于任性涨价**

2022年全国硕士研究生招生考试初试于2021年12月25日至27日如期举行。对于457万名考生来说，"考试期间住在哪儿"成了他们必须预先计划的问题。"平日不足200元的经济型酒店，考研期间涨到1 000多元。"部分地区考研房价格暴涨受到关注，"逢考必涨"一时间引发热议。针对考研房任性涨价现象，有酒店负责人给出的解释是，考研时间恰逢圣诞节，房间需求量明显增加，适当上调价格也在情理之中。这种说辞显然难以服众。

（1）按需定价并非肆意涨价。不可否认的是，按照价格法相关规定，酒店等充分竞争的行业，经营者在遵守明码标价的前提下，有权按照市场供求自主定价。但有权自主定价并非意味着经营者可以漫天要价，如果价格涨幅在合理范围内且明码标价，则属于市场调节的范畴。但如果涨幅过大，甚至强迫以平日价格预订的消费者取消订单，则存在虚夸标价之嫌，是一种违法行为。事实上，在国家列出的必须严厉打击的价格欺诈行为中，虚夸标价就是其中之一。换言之，虚夸标价，实际上就是任性涨价，也属于宰客行为。

（2）酒店定价需要客商平等。相比酒店经营者而言，考生明显处在弱势地位，不仅信息不对称，话语权也不对等。所谓的"一个愿打一个愿挨"，实际上剥夺了消费者的"公平交易权"。因此，对于监管部门，既要看酒店经营者是不是"明码"，更要看是不是"实价"，这样才能切实维护消费者合法权益。因此，价格主管部门要加强对酒店等服务业的日常监管，除了明确规定经营者必须明码标价、不得设置最低消费、不得采取虚假优惠折价等方式诱骗他人消费之外，更要规定不能采取明码"天价"的手段虚夸标价。同时，有关部门也应完善价格监督检查制度，坚决查处各种乱涨价、乱收费、变相涨价、价格欺诈等价格违法行为。

（资料来源　张连洲. 酒店自主定价不等于任性涨价［N］. 中国旅游报，2021-12-28）

8.2　旅游产品定价方法与策略

8.2.1　旅游产品定价方法

1）成本加成定价法

成本加成定价法是一种基本的定价方法，通常的做法是以产品的单位成本加上固定百分比的利润来确定产品价格。其计算公式为：

单位产品价格=单位产品成本×（1＋加成率）

成本加成定价法的优点在于易行、简便，企业不必根据需求的变化而频繁调整产品价格。整个行业采用这种定价方法，最终定出的产品价格相差不大，因而可以避免过于激烈的价格竞争。另外，成本加成定价法对于买卖双方都较为公平，即使出现供不应求的紧张局面，旅游企业也不会利用有利形势去牟取暴利，而是获得公平的报酬。

但是成本加成定价法并不是一种合理的定价方法，它只考虑成本而不顾及当前需求和竞争，是典型的生产导向观念的产物，因此，使用这种方法为旅游产品制定的价格，并不是一个合理的价格。

2）目标收益定价法

目标收益定价法也是一种以成本为基础的定价方法，即旅游企业按预期获得的利润来确定产品价格。采用目标收益定价法一般经过这样几个步骤，第一，确定目标收益率。它由投资者决定，在估计目标收益率时应同时考虑风险程度、机会成本及竞争对手的投资收益率。第二，确定目标利润总额。目标利润总额=投资总额×目标收益率。第三，预测销售量。第四，计算产品价格。其计算公式为：

单位产品价格=（产品总成本+目标利润总额）÷预测销售量

目标收益定价法的优点在于它同时考虑了投资、消费水平、收入、价格及利润等因素，可以保证实现既定的目标报酬率。其缺点则在于未考虑价格与需求之间的关系，而是用销售量来估计价格，因此用这种方法确定的价格不可能保证销售量必定会实现。采用目标收益定价法要结合保本图（见图8-4），保本图能显示在不同销售量水平上预期的总成本和总收入。

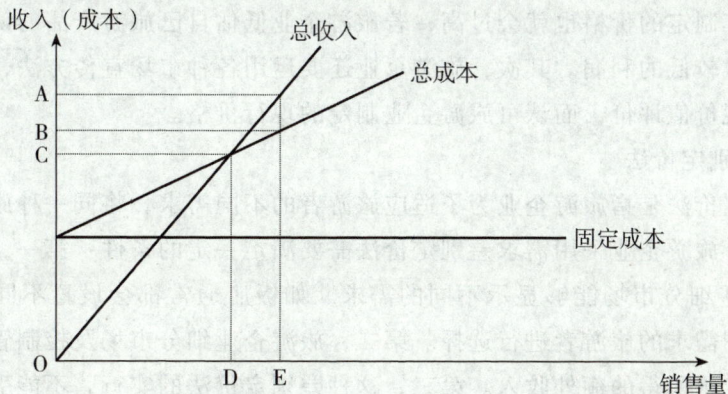

图8-4　目标收益定价法（保本图）

3）赫伯特公式法

赫伯特公式法是美国饭店协会提出的类似于目标收益定价法的另一种定价方法，它通常用于饭店业对房间价格的设置。其具体步骤如下：

（1）根据投资总额估算目标收益（目标收益=投资总额×目标收益率）；

（2）计算在此目标收益下饭店经营应有的总收入（饭店应有总收入=目标收益+折旧+税金+保险费+管理费用+营销费用+水电费+维修保养费用等）；

（3）估算除客房部外饭店其他部门的利润；

（4）计算客房应得利润（客房应得利润=（2）－（3））；

（5）估计客房经营费用；

（6）计算客房应得收入（客房应得收入=（4）+（5）），即客房应得收入=目标收益+折旧+税金+保险费+各种费用－其他部门利润+客房经营费用；

（7）估计客房年出租天数；

（8）计算客房平均价格（客房平均价格=（6）÷（7）），即客房平均价格=客房应得收入÷（可供出租房间数×365×年平均出租率）。

这样算出的房价还没有将饭店支付给中间商的佣金及给予不同客人的优惠包括进去，在实际操作中，饭店在确定客房最终销售价时应包含这两项费用，给各个目标市场制定不同的价格。

4）认知价值定价法

由于旅游者在购买旅游产品时，往往是根据对旅游产品的预期来确定支付价格，因此，有些旅游企业也开始采用在产品的认知价值基础上制定价格的方法。由于合理定价的关键在于旅游者对产品价值的认知，而不是企业的成本，故而旅游企业在做出定价决策时，往往运用营销组合中的一些非价格变量来确立旅游产品在旅游者心目中的认知价值，旅游产品的价格就是根据认知价值来制定的。旅游企业运用这一定价方法需要注意两方面的问题：首先，旅游产品的价格应尽可能接近旅游者的认知价值，尽量全面了解旅游者对旅游产品价值的评价。为此，旅游企业需要综合运用各种市场调查手段以及以往经验，为制定与旅游者认知价值相符的价格提供客观依据。如果旅游企业对自己旅游产品的认知价值估计过高，其制定的价格也就会过高；若旅游企业低估自己旅游产品的认知价值，又会使旅游企业获得较低的利润。其次，旅游企业还要运用各种市场宣传方法，改变旅游者心目中固有的主观价值评价，而认可旅游企业制定的现行价格。

5）需求差别定价法

需求差别定价法是指旅游企业为了适应旅游者的不同需求，将同一种旅游产品定出两种或多种价格。旅游企业采用需求差别定价法需要满足一定的条件：第一，市场必须能够细分，并且这些细分市场能够显示不同的需求。如饭店通常都会设置不同档次的客房价格，以供有不同需求的旅游者进行选择。第二，旅游企业细分市场及控制管理的成本费用不能超过差别定价所得的额外收入。第三，这种差别定价法的实行，不能引起旅游者的反感和敌视。第四，差别定价法要体现按质论价的原则，差价大小要适宜。

6）现行价格定价法

在现行价格定价法中，企业以竞争者的价格为定价基础，而较少考虑成本和市场需求。在高度竞争的同一产品市场上，一家旅游企业产品价格的涨落，会引起其他旅游企业相应的变化，对于产品不能储存的旅游业来说，竞争者之间的相互制约关系表现得特别明显。一些大型的、市场占有率较高的旅游企业，往往左右着旅游产品价格水平的波动，而一些小型旅游企业的价格经常会随着这些领导者的价格变动而变动，很少结合自己的供求关系或成本变动。

8.2.2　旅游产品定价策略

1）新产品定价策略

第一，撇脂定价策略。撇脂定价策略是指旅游企业为其产品制定一个远高于成本的价格。定出这样的"高价"，对企业而言，必须能使旅游者相信高价购买这种新产品是值得的，而且高定价可使企业在销量逐渐呈现下滑趋势时，还有降低价格的余地来吸引对价格敏感的下一层次的旅游者。一般情况下，如果市场上存在着一批愿意以高出市场平均水平的价格购买旅游产品的旅游者，撇脂定价是一种合适的定价策略。它使旅游企业可以较快收回产品生产经营成本，即使在市场认为产品初始价格过高时，还可通过降价来解决问题。通常撇脂定价策略适用于以下几种情况：一是目前市场上有足够多的旅游者对旅游新产品存在迫切的需求；二是旅游者认为高价代表了该旅游产品的优质形象；三是市场竞争不十分激烈。

第二，渗透定价策略。渗透定价策略是指旅游企业为其产品制定一个相对较低的价格。旅游企业通过低价占领大量的市场份额，从而降低生产成本。如果一家旅游企业以追求市场份额最大化作为定价目标，采取渗透定价法不失为一个较好的选择。然而，企业在设置低价的同时，也意味着单位利润的降低，为此，企业的产品销量应达到较大的规模。如果需要很长时间企业才能实现高销售量，那么企业收回成本的过程也是较为缓慢的。渗透定价策略一般适用于以下情况：一是市场的需求价格弹性较大，使用低价格能明显刺激市场需求的增加；二是旅游产品的生产销售成本会随着产量的增加而逐步下降；三是由于价格低廉，竞争者对该市场不感兴趣。

2）心理定价策略

这种定价策略以旅游者心理因素作为旅游企业的定价依据，制定合乎旅游者心理的价格以引导消费。心理定价策略主要有以下几种情况：

（1）尾数定价策略。尾数定价策略迎合旅游者的求廉心理，给旅游产品制定出一个带有零头的价格。结尾为非整数，可给旅游者形成一种产品价格低廉的印象，并使旅游者感觉到企业定价认真负责，较为精确。该策略一般适用于一些价值较小的旅游产品。

（2）分级定价策略。分级定价策略指旅游企业将产品按档次分成几级，每级分别定价，以满足不同层次的旅游者需求。这样的分级定价使高档价位的高档产品可以满足高消费旅游者的优越感，而低档价位的低档产品又不致将低消费旅游者排除在外。旅游者可以按需选购，各得其所。这种定价策略在旅游企业中的应用是非常普遍的。在采用这种策略时，也应注意对旅游产品的分级不宜过多，档次差别要合理，不同档次的产品在质量、性能等方面要形成明显的差异，使旅游者确信价格差别是合理的。

（3）声望定价策略。声望定价策略指旅游企业对一些在旅游者心目中有良好信誉的产品制定较高的价格。高价格一般代表着产品的高声望，而这种有着高声望的高价旅游产品，与旅游企业的形象联系也是非常紧密的。因此，采用声望定价策略应慎重，事先要进行详细的市场调查，考察旅游者消费实力，研究市场所能接受的最高价格限度等，旅游企业所设置的产品高价不宜超过此最高可接受价，否则会引起产品需求量的减少。另外，一定要保证这类旅游产品的质量，做到质价相符，这样才能维护企业声誉，并保证旅游者的利益。

（4）招徕定价策略。招徕定价策略指旅游企业暂时将少数几种产品降价，以吸引旅游者、招徕客源的策略。采取这种策略的目的是吸引旅游者在购买这类低价产品的同时购买其他产品。另外，这些低价产品本身也是一种很好的促销手段。企业在应用这种策略时也应注意，降价的产品必须要能真正引起旅游者的兴趣，使其产生购买动机和行为；降价产品的品种和数量要适当；降价产品的质量要有保证。

3）折扣定价策略

这是一种在保持旅游产品基本定价不变的基础上，通过折扣调整将一部分利润转让给旅游者，鼓励其大量购买自己的产品，以达到争取客源、扩大销售目的的策略。通过这种策略的施行，可以促使旅游者改变购买时间、数量，并及时付款。

（1）数量折扣。

这是旅游企业对那些大量购买旅游产品的旅游者给予减价的一种做法。为鼓励旅游者增加购买量，建立长期关系，旅游企业会根据购买者所购买的数量给予一定的折扣。一般购买数量越多，折扣越大。

旅游企业所实行的数量折扣又可分为两种形式：①累计数量折扣，是指在一定时间内，旅游者购买旅游产品的总量超过一定数额时，旅游企业按其购买总量给予一定的折扣。这种策略有助于建立、加强和维持旅游企业与旅游者之间的业务往来关系。②非累计数量折扣，是指在旅游者一次购买旅游产品达到一定金额或数量时，所得到的某种折扣优待，用来鼓励旅游者大量购买。

旅游企业采用数量折扣策略时应注意以下几点：首先，企业制定的享受数量折扣的标准不宜过高，应该让大多数旅游者都能有享受优惠的机会。其次，采用数量折扣策略的目的是通过大批量出售旅游产品以降低营销费用，增加企业利润。最后，规定数量折扣的价格和条件应对所有旅游者一视同仁。

（2）现金折扣。

这是旅游企业对在约定付款期内提前付款或以现金交易的旅游者，给予原定价格一定折扣的方法。采用该方法的目的是鼓励旅游者提前付款，加速企业资金周转，减少损失，降低收款费用。

旅游企业在运用现金折扣策略时，要为产品确定一个合理的折扣率，实行折扣只是一种手段，收回账款、加速周转才是企业的最终目的。因此，折扣率应有一定的界限，通常是在企业加速资金周转所增加的盈利和银行贷款利率之间找到一个合理的折扣水平；同时，企业还要规定对那些逾期仍未付款的旅游者应采取什么措施。

（3）季节折扣。

这是旅游企业在淡季时给予旅游者的折扣优惠。旅游产品的不可储存性，使得旅游产品的生产与消费在时间上发生分离，这样就容易出现在旅游旺季时旅游产品供不应求，而在淡季时则普遍客源不足、服务设施和生产设备闲置的情况。为调节市场供求关系，刺激淡季旅游消费需求，旅游企业往往在淡季制定低于旺季旅游产品的价格。通过这种季节折扣来增加淡季旅游消费。不过，即使在淡季，这种折扣的优惠幅度也不宜低于旅游产品的成本。

（4）同业折扣和佣金。

同业折扣也称功能性折扣，是旅游企业对在市场营销中承担了不同职责的各类中间商所给予的不同价格折扣。很多西方的饭店除给予旅行社优惠房价以外，还会给予它们一定的折扣和佣金。但是，采用同业折扣和佣金无疑会使旅游产品的平均价格下降，所以旅游企业应仔细做出计划安排，决定是否采用同业折扣和佣金，其比例为多少，只有当降价促销所带来的营业收入超过所需成本时，折扣价格才是可行的。

4）促销定价策略

这是一种发挥促销手段的作用，以企业部分产品的特殊价格吸引旅游者，从而提高企业销售收入并盈利的策略。

第一，亏损领导价格。这是指企业管理者制定接近成本甚至低于成本的价格来吸引旅游者，以价格低廉来迎合部分旅游者追求价格便宜的心理，借此还可扩大企业其他产品的销售。很多旅游企业都将自己产品组合中某些产品的价格定得很低，如饭店依靠免费酒水扩大菜肴的销量、旅行社依靠低价的包价旅游产品来增加客源等，都是此种策略运用的体现。

第二，特殊事件价格。这是指企业利用某些特定节假日、特殊活动的举行、特定事件的发生，给旅游产品适度降价来刺激消费、扩大销售的一种做法。旅游企业运用这种策略一般会事先借助于在各种媒体做广告、宣传等配合活动，将这样的"特价"信息传递给旅游者，以引起他们的注意。

第三，产品捆绑价格。这是指企业将两项和多项产品捆绑组合在一起，以低于单项产品价格之和的整体价格出售。在旅游业中，由于固定成本较高，产品又不可储存，捆绑销售就会成为旅游企业的重要收入来源。比如酒店推出的包售客房和早餐的周末度假服务、旅行社推出的双飞度假全套服务等，由于可变成本并不高，如果目标市场认为价格合理，捆绑价格就会刺激对捆绑产品的需求，通过这样的捆绑销售就能弥补企业的固定成本并产生一定利润。

第四，产品分别定价。有些旅游者可能不喜欢捆绑销售，比如当某位游客在游览某个主题公园时，他可能并不希望游览所有的景点，享用所有的服务设施，对于这些旅游者而言，往往希望得到每项产品的单独定价，而不是几项产品的捆绑定价。这时，旅游企业就应该通过分别定价策略来吸引这部分旅游者。

⇐【实例 8-2】　农家乐经营需以诚为本 薄利多销

⇐【相关链接 8-2】　机票百元次卡受热捧 航空公司通过扩大需求补充客座率

8.3　旅游产品价格调整策略

旅游企业在制定产品价格之后不可能一成不变。市场环境和旅游者需求总是处于不断变化之中，旅游企业应根据现实条件适时调整自己的产品价格，并在竞争对手调整价格之后，决定做出什么样的反应。

8.3.1　旅游企业的产品价格调整

1）旅游企业的产品价格调整情况

旅游企业的产品价格调整可分为两种情况，即主动降价和主动提价。

（1）主动降价。

旅游企业主动调低自己产品的价格，一般有如下几项原因：一是旅游企业生产能力过剩。由于旅游产品不可储存，当旅游企业的供给容量过剩、供大于求时，旅游企业只有依靠降价来扩大旅游产品的销售。二是市场竞争激烈，导致旅游企业市场份额下降。在这种情况下，降价会作为一个争夺市场份额的有力手段而为企业所采用。三是经济衰退。在经济衰退时，社会消费能力和消费水平都会下降，这时降价能刺激消费。

（2）主动提价。

不管出于何种原因，旅游企业提价总是会引起旅游者的不满，但如果提价合理，能使旅游企业增加利润。在如下情况下旅游企业可能会采取提价措施：一是由于通货膨胀而导致成本上升。由于旅游成本上升使企业利润下降，旅游企业不得不通过提价来减少损失。二是对旅游产品的需求过多。在需求过多时，旅游企业没有储存的产品可供销售，因而面对过热需求，旅游企业只能做出提价或限量供应的决策。为减少旅游者对旅游企业提高旅游价格的不理解和抱怨，旅游企业应做好和旅游者之间的沟通工作，告诉他们要提价的原因，获得他们的谅解。同时旅游企业也可通过合适的途径来进行提价，避免给旅游者造成诸多不良影响，损害旅游企业形象。

2）旅游者对价格调整的反应

旅游者对于价格调整并不总能正确地理解，当旅游企业降价时，旅游者可能会有这样的疑问：这家旅游企业是否出现了财务上的困难？旅游产品价格的下调是否意味着产品质量的下降？旅游产品价格今后是否还有继续下调的可能？所以，即使在旅游企业降价时，旅游者也并非总能做出企业所预期的反应。他们并不总将扩大购买作为唯一选择。为消除降价可能给旅游者心理带来的不良影响，旅游企业在降价时可采取一定的措施和方法，最好不要做出明显的大幅度价格下调，而是通过暗调方式来解决，比如适当减少一些产品数量、服务次数等。

价格的上涨通常会影响销量，但旅游者有时反倒会认为高价必然与高质量联系在一起，认为这正反映了产品的质量超群，以及这样的产品也是身份地位的一种象征。因此有时当价格上涨时，产品的销量反而会增加。

总之，旅游者对于价格调整总会做出不同的理解，作为旅游企业所应坚持的是，要以旅游者需求为中心。旅游者所注重的是旅游产品带来的效用、满足和利益，而不仅仅是该产品的价格。因此，旅游企业不论选择做出什么样的价格调整，都不能忽视对满足旅游者需求的研究。

3）竞争者对价格调整的反应

旅游企业做出价格调整时，除了考虑旅游者的反应之外，也要考虑竞争者。一家旅游企业的降价行为会由于竞争者的不同理解而变得复杂起来。竞争对手可能会认为旅游企业试图扩大市场份额，扩大旅游产品销量，或想引起整个行业降价来刺激消费需求。为应对竞争，旅游企业应通过搜集竞争者相关的信息（如财务状况、企业目标、市场销售等）并进行综合分析，来预测竞争者可能会做出的反应。

8.3.2 旅游企业对旅游产品价格调整的反应

假设现在旅游企业的竞争对手做出价格调整的决定，旅游企业又该采取什么措施去应对呢？通常旅游业中的市场领先者总是会面对一些较小旅游企业的进攻性降价，这种进攻性降价会削减领先者的市场份额。这时，旅游企业可以采用如下几种措施：

（1）维持原有价格。旅游企业通过维持原有价格，在旅游者心目中保持一贯所拥有的市场领先者的地位和形象，避免降价导致的利润损失。应该看到竞争对手的降价，只是吸引了部分对企业来说并不重要的旅游者。

（2）降价。旅游企业可以将旅游产品的价格调低至与竞争对手相同的水平，通过降价扩大销量，进而降低成本，吸引对价格敏感的旅游者。但旅游企业在选择降价时，仍应维持产品的原有质量。

（3）改进产品。旅游企业维持原有价格不变，但通过改进产品质量、提高服务水平来为旅游者提供更多的价值。虽然产品价格要高于竞争对手，但旅游者从中获得的价值更多，仍能吸引住旅游者，因为降价带来的是旅游者购买率的增加而不是旅游者的忠诚度。

（4）提价的同时推出新产品。旅游企业还可在提高产品价格的同时推出一些价格较低的新产品来应对竞争。旅游企业将原有产品提价增加收入，而低价新产品又打击了竞争对手。

上述内容说明了作为市场领先者的旅游企业在竞争对手价格调整时可采取的几种方法。不管旅游企业在市场中处于何种地位，在准备对竞争对手的行为做出反应之前，需要考虑以下几点：第一，竞争对手价格调整的真实意图；第二，竞争对手价格调整是暂时的还是长久的；第三，竞争对手价格调整对本旅游企业市场份额和利润的影响；第四，其他旅游企业有何反应；第五，对每种可能的反应，旅游企业要采取什么措施。

← 【实例8-3】　四季玩冰雪 带动三亿人

← 【相关链接8-3】　设立国家公园 降低生态旅游价格

本章小结

价格通常是影响旅游产品销售的关键因素。本章在介绍旅游产品价格的基本概念和旅游企业制定产品价格步骤的基础上，阐述了旅游产品价格制定的方法、策略以及价格调整策略。旅游产品的价格形式表现为旅游包价、单价、差价和优惠价。合理选择定价目标，要将特定阶段生存导向的短期目标与追求盈利最大化的利润导向、销售导向、竞争导向的中长期发展目标有机地结合起来。影响旅游产品定价的主要因素有企业的战略和定位、企业的目标、企业关注的细分市场、经营成本、竞争者行为、旅游产品的特点、旅游者的特点、非价格选择因素及法律法规因素。

旅游产品定价方法有成本加成定价法、目标收益定价法、赫伯特公式法、认知价值定价法、需求差别定价法、现行价格定价法六种方法。定价策略有心理定价、折扣定价等，折扣方法有数量折扣、现金折扣、季节折扣、同业折扣和佣金、促销定价。对于新的旅游产品，企业可以运用撇脂和渗透定价策略。

旅游产品的价格调整即旅游企业主动降价或提价的行为，针对企业的调价行为，旅游者和竞争者都会做出相应的反应。对于旅游企业来说，一般采取的策略有维持原有价格、降价、改进产品、提价的同时推出新产品，以此维护本企业产品的竞争优势。

关键概念

旅游产品价格　旅游产品价格策略　旅游产品价格调整策略

基本训练

□ 案例分析题

乡村民宿："亲民"方能致远

2021年国庆长假期间，乡村民宿复苏成为假日经济的一大亮点。但是，民宿"叫座"

的背后，服务和品质也成为游客"吐槽"最多的地方，游客们纷纷表示，周边环境和设施配套，跟不上价格上涨的步伐。另一方面，民宿主也称"诉苦"无门，一时的火爆无法挽救亏损的现状。

首先，民宿火起来，"叫座"也"叫贵"。2021年10月1日一早，在民宿村寨入口，私家车排起了小长队，没有预约的车辆不得驶入内。"民宿主特意提醒我们早点来，不然怕没有停车位了。我提前一周在网上预订，只订到一间房，这还是上一位客人临时有事退房让出来的。"南京市民周子方在联系上民宿主后才得知，假日期间的民宿，至少要提前一个月预订。以精品民宿为主打的苏家村，一共有9家民宿200余间房，国庆假期，几乎家家满房。甚至2021年10月1日当天，还有两对新人选择在村里民宿举办婚礼。人气水涨船高，房价也顺势上涨。据大多数民宿老板介绍，假日期间每间房价格上浮20%，平常周末上浮10%，这样的涨幅似乎已经成为"行规"。同时，在各大订房网站上，假日期间，有些乡村民宿价格涨幅甚至过半。比如，原舍平湖民宿同样一套家庭套房，平日每晚价格1 200余元，假日期间上涨到1 876元。而位于老山国家森林公园内的一独栋别墅，平日整栋均价3 500元左右，假日价格逼近7 000元。近年来，民宿在假日里"一房难求"早已是普遍现象。但火爆的背后，是民宿品质的参差不齐，而高昂的价格更令人"诟病"。没有配备餐厅或厨师，游客就餐成为难题，入住游客只能外出解决用餐。距离民宿或景区最近的几家餐厅，假日期间几乎都是人满为患。游客排队等座位近一个小时，饭菜端上来发现有些菜竟是凉的，这种情况也时有发生。

其次，价格争议大，预期均"错位"。尽管民宿定价颇高，但很多民宿主还是直呼"不赚钱"，这又是为何呢？事实上，民宿对房间定价时首先考虑的是成本，要能维持基本开销。2019年投资800多万元建民宿的杨金国算了一笔账：除了一次性投入承租土地、建设装修客房外，店里还聘请了3位员工，每月支出最少要6万元，即便是旺季满房，也仅能达到收支平衡，然而一年却有一大半时间都是淡季。配套不齐全，服务跟不上，游客吐槽民宿周边旅游环境也与高房价不相匹配，甚至认为"货不对板"。但相比酒店，游客可以根据酒店的星级，对酒店的品质、服务水平等有一定的预期，而面对一家民宿，因为没有标准，很难知道服务和环境是不是符合这个价位。实际上，"民宿"一词其实是"舶来品"。2017年，涉及民宿的首个国家行业标准《旅游民宿基本要求与评价》生效，其中明确规定，民宿是利用当地闲置资源，民宿主人参与接待，为游客提供体验当地自然、文化与生产生活方式的小型住宿设施。民宿的本质是"主人文化"。因此，理想状态下，民宿是个性化的充分竞争的市场化产品和服务，不会形成垄断现象，从这一角度来说民宿的价格不应该有标准。但在现实情况中，大多数民宿不是根据能提供的服务来定价，而是按照收回成本的目标进行倒推来定价的。因此，民宿的入住率越低，定价可能越高，进而形成恶性循环。

最后，推动产业化，政务要实在。近年来，国家出台相关政策支持，民宿行业发展迅猛，房源数量迅速增长。数据显示，2020年国内民宿房源总量达到300万套，同比增长88%。乡村民宿房源总量达38万套，同比增长90%。尽管政府鼓励民宿发展，但经营者需要一次性投入大笔资金建民宿，如果后续没有持续投入的能力，将面临无法收回投资、难以为继的风险。不少民宿主认为，行业没有培训，市场缺乏监管，民宿行业的内涵提升、客源引流，都要"八仙过海"各显神通。甚至有的地方还没有出台专门针对民宿消防设施的规定，目前仍是按照旅馆的标准要求建设，这就给民宿主带来诸多不便。例如民宿安装喷淋设施和修建消防楼梯需要铺设管道，投资建设的成本较高，需要投入的费用不止几万元。南京旅游职业学院副教授张骏认为，民宿经营者要确保收回投资，不能只盯着价格，而要在"亲民"上多下功夫。同时，民宿只是乡村体验的一个载体，想做成产业不能只靠民宿经营者。这就需要政府部门"以系统思维算大账"，比如盘活农村闲置民宅发展民宿接待，给农民带来资产性收入、解决农民就业。江苏尔目文旅集团董事长杨淇深认为，民宿从业者大多是小投资者、散户，缺乏应对重大卫生事件、大型节假日的经验。政府部门可以通过引进第三方企业提供规范化、标准化的劳动用工服务，在民宿周边建设有特色的文化体验项目等，只有这些配套的项目产业化了，民宿不再仅仅靠居住功能赚钱，才能保障民宿产业的可持续发展。

（资料来源　陈明慧，王静，付奇．"叫座"却难"叫好"，性价比是关键——乡村民宿："亲民"方能致远［N］．新华日报，2021-10-09）

问题：

结合本章相关理论，请您从旅游产品定价策略、价格调整策略等方面，分析文中民宿定价存在什么问题，是什么原因导致了这些问题发生。

□ 思考题

1.影响旅游产品定价的因素有哪些？

2.旅游产品定价大致可以分为哪几个步骤？

3.折扣定价有哪几种形式？

4.旅游企业在进行产品价格调整时，应考虑哪些因素？

5.试述旅游产品价格制定的策略和方法。

□ 课堂讨论题

1.如果您是一家国际知名旅游企业的营销总监，请您运用高价推销以增加收入的市场营销原理，举例说明旅游企业如何通过高价推销使客人更加满意。

2.您刚刚被聘为当地一家饭店的餐厅经理，这家饭店的总经理请您对菜单的价格加以评价，以便决定菜单价格是否需要调整。请问您将如何完成这项任务？

3.如果您是当地政府旅游机构的高层官员，您认为影响当地旅游产品价格敏感的因素有哪些？请您举例说明，政府旅游机构如何将这些价格敏感因素运用于当地的旅游业发展中。

4.许多餐馆都将产品捆绑到一起低价出售。如果您是一家餐馆的产品销售经理，您认为这种餐馆的捆绑策略是否具有合理性？为什么？您认为何时运用价格捆绑策略最为有效？

5.如果您是一家国际知名旅游企业的产品销售经理，请您举例说明如何有效运用价格歧视的定价策略。请您深入阐述这一实例是否有效支持旅游产品定价策略的原理。

6.如果您是一家国际知名酒店的收益管理总监，您认为收益管理能吸引和保留旅游消费者吗？也就是说，收益管理是有效增加收益的一种短期方法吗？

7.航空公司为了吸引商务旅行者，常常为其提供常飞奖励旅程、赠品和伴侣免费机票，这些市场促销方式通常都是另一种形式的价格折扣。不难看出，一方面旅行者得到了实惠，而另一方面这些公司和企业却没有得到降价的好处。您认为这符合道德规范吗？

第 9 章
旅游销售渠道

学习目标

通过本章的学习，掌握旅游销售渠道的概念、功能和模式，学习旅游分销渠道策略及分销决策的影响因素，理解旅游中间商的类型、特点、意义和考评。

9.1 旅游销售渠道概述

9.1.1 旅游销售渠道的概念

旅游产品从旅游企业转移到最终的旅游者手中有不同的途径可以选择。旅游企业可以凭借自己的设施和资源直接向旅游者出售旅游产品，而不与旅游中介合作；也可以借助于旅游中介向旅游者间接销售旅游产品。因此，旅游销售渠道通常包括直接销售渠道和间接销售渠道。旅游销售渠道是旅游企业为了将旅游产品转移到最终旅游者手中而采取的各种直接或间接的方式，它并不是自然存在的，而是由企业精心规划创建，用来给旅游者提供方便，满足旅游者需求的。

旅游企业通过直接或间接的销售渠道来出售旅游产品。间接销售渠道一般都有旅游中介的参与。旅游中介存在的必要性有以下几点：

（1）提高销售效率。旅游中介有着丰富的关于旅游业的信息与知识，多年的业务经验又使得他们熟悉市场，再加上专业化和规模化的经营，旅游中介能很好地解决旅游产品和旅游者之间在时间和空间上的分离问题。由于旅游者分布的地理范围十分广泛，而旅游企业又相对集中，单纯依靠旅游企业自身来销售并不现实，借助于旅游中介企业可以扩大市场覆盖面，提高销售效率。

（2）增加经济效益。旅游中介自身特有的服务功能能缩短旅游产品的销售时间，节约销售费用，降低销售成本，提高经济效益。如图 9-1 所示，如果没有旅游中介的存在，旅游企业的销售人员面对同等数量的客户，需要发生交易的次数为：3×3=9（次），而通过旅游中介的服务，只需要发生 3+3=6（次）交易便可完成同样的销售任务。

（3）获取市场信息。旅游中介在销售市场上长期与旅游者频繁接触，旅游者的真正需求及对于旅游产品的意见、竞争对手的动态都是他们所熟知和了解的，这些有价值的市场信息会通过旅游中介反馈给旅游企业，使企业能及时调整市场营销组合，完善产品，改进服务，实施有效的价格策略和促销手段，提高自身竞争能力。

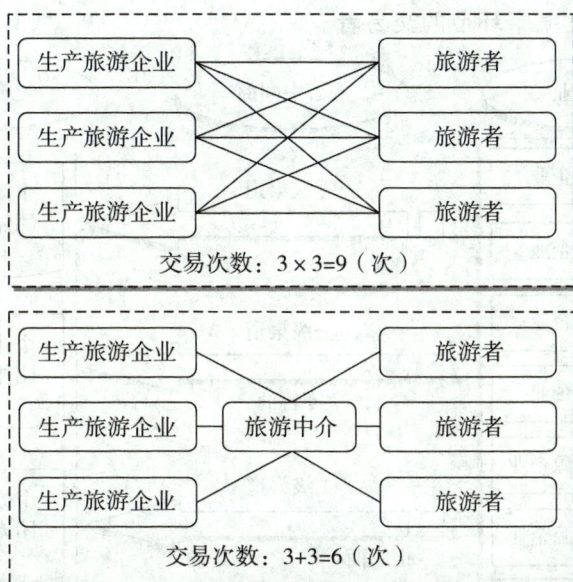

图9-1　旅游中介的经济效益

9.1.2　旅游销售渠道的功能

（1）提供方便的销售网络。旅游企业设计开发旅游产品，制定价格，并辅以广告、宣传等促销手段。当旅游者对旅游产品产生购买欲望时，他们需要在某个特定的地点可以方便地购买到旅游产品。旅游销售渠道正是发挥了这样的作用，让旅游者可以及时购买或提前预订旅游产品。

（2）发布相关旅游产品的信息。旅游者对于旅游产品的认识和了解需要部分地借助于旅游销售渠道来实现，如发放一些宣传旅游产品的印刷材料；同时，渠道也可将旅游者对于产品的反映和感受反馈回来，供旅游企业参考，并做出适当的策略调整。从这个角度上说，旅游销售渠道充当了供给者与旅游者之间的桥梁。

（3）进行咨询和协助购买。若旅游者不太清楚有关旅游产品的某些事宜或在做出购买决策时仍然心存疑虑，旅游销售渠道可以为他们提供有用的咨询和建议，帮助他们进行产品的选择和组合，并提供关于旅游产品的知识，促进其购买行为的发生。

（4）其他辅助活动。除了上述功能之外，旅游销售渠道还能帮助企业进行一些促销活动（如产品展示），为旅游者提供诸如预订床位、办理保险、办理护照之类的服务，受理并协助解决旅游者的投诉等。

9.1.3　旅游销售渠道的类型

根据旅游产品在销售过程中是否涉及中间环节，可将旅游销售渠道分为直接销售渠道和间接销售渠道两种基本模式，也可根据渠道中间环节的数量将其分为四类：零级渠道、一级渠道、二级渠道和三级渠道（见图9-2）。

从图9-2可以看出，除零级分销渠道为直接销售渠道外，其余三种渠道均为间接销售渠道，因为在供给者和旅游者之间或多或少地存在着其他中间环节，即任何充当在企业和旅游者间的分销链上的某个环节的交易者。

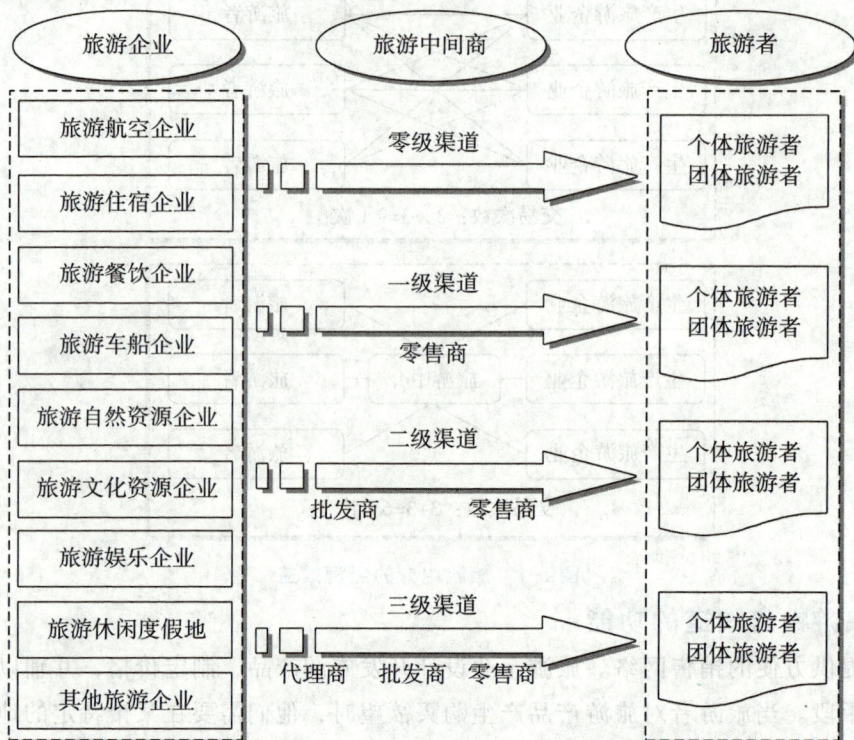

图9-2　旅游销售渠道的类型

1）直接销售渠道

直接销售渠道是指旅游企业将旅游产品直接出售给旅游者而不经过任何一个旅游中介，这种销售渠道没有旅游中介的介入，也不需要经过许多层次环节，通常也叫作零级渠道。这种销售渠道在实际中分为三种情况：

（1）旅游企业在经营场所将旅游产品销售给旅游者。在这种情况下，旅游企业自己充当零售商，等待旅游者上门购买。通常，一些旅游景点、超市、小餐馆、博物馆等都是通过这种渠道来销售旅游产品。这种方法的好处是旅游企业直接与旅游者联系，可清楚了解旅游者的意见和想法，有利于对旅游产品做出适当的调整和完善，树立旅游企业的良好形象；同时，由于没有中间商的参与，也节省了营销费用，降低了成本。

（2）旅游企业在旅游者家中将旅游产品销售给旅游者。旅游企业通过预订系统来扮演零售商的角色，旅游者只需通过固定电话、手机或电脑等设施就可预订自己所需要的旅游产品。一些饭店和旅游经营商较多地采用这种方式。这种销售渠道是随着现代信息技术的推广和发展而出现的，它极大地方便了旅游者，也使旅游企业提高了旅游产品的技术含量、服务水平和自身形象，节省了营销费用。

（3）旅游企业通过自己所拥有的零售网点将产品销售给旅游者。这种方式以汽车租赁公司、铁路公司和部分航空公司为典型，如铁路公司和航空公司自设的订票处等。旅游企业拥有并操纵自己的零售网点，所以，仍然属于直接销售渠道的一种。

直接销售渠道，尤其是第一种情况的直接销售渠道在旅游业成长的初期是相当普遍的。对于很多旅游企业来说，选择一个好的经营地点和位置是至关重要的业务决策，它可以保证有足够的客源流向企业所在的位置。在这种情况下，旅游者来到旅游企业的经营场所进行消费，旅游企业期望旅游者能找上门来或是通过电话来预订。旅游企业的地址既是产品的经营场所又是主要的销售点，所以有很多旅游企业都奉行"位置、位置、位置"的黄金法则。随着旅游企业规模的扩大和产品销售量的增加，一个好的经营地点对于旅游企业的吸引力并未降低，但是，优良的经营地点并非是旅游企业扩大销售量的唯一来源，旅游企业还需在经营地点之外扩充原有的销售渠道，增加销售点。

2）间接销售渠道

由于旅游企业的规模不断扩展，旅游企业的生产能力也日益扩大，需要销售出更多的旅游产品与之相匹配；市场竞争也越来越激烈，旅游企业之间相互争夺市场份额的"战争"不断加剧；旅游者分布的地理范围越来越广泛，遍布全球，使得他们直接上门购买旅游产品变得越来越不现实。这些因素的共同作用和影响，使旅游企业考虑到需要在经营场所之外建立更广泛的销售网络、更齐全的销售网点，使得潜在旅游者能在感觉更方便的地方做出购买决策，从而创造更多对旅游产品的需求，这样就产生了所谓的间接销售渠道。间接销售渠道就是指旅游企业通过两级或两级以上的旅游中介来销售旅游产品的销售渠道，具体又有以下几种情况：

第一，旅游企业—旅游零售商—旅游者。这种销售渠道具有两个环节（包含一个层次的旅游中介），又叫一层销售渠道。目前有很多旅游经营商、度假中心和饭店等采用这种销售方式，它们向旅游零售商支付佣金和手续费。这种营销渠道的优点是降低成本、减少开支、提高企业经济效益。

第二，旅游企业—旅游批发商—旅游零售商—旅游者。这种销售渠道具有三个环节，包含两个层次的旅游中介，又叫双层或二层销售渠道。旅游批发商大批量购买旅游产品，进行组合包装，再通过旅游零售商销售给旅游者。这种销售渠道被度假地饭店、包机公司等旅游企业广泛采用。

第三，在国际旅游中，第二种销售渠道形式通常会转化为：旅游企业—本国旅游批发商—外国旅游批发商—旅游零售商—旅游者。这种销售渠道共有四个环节，包含三个层次的旅游中介，故又叫三层或多层销售渠道，目前广泛运用于中国的国际旅游业。外国旅游批发商现在还不能直接在中国经营包价旅游产品，中国的国际旅行社受多种因素的限制又不能与外国旅游零售商直接合作，所以，本国的旅游企业先将大量单项旅游产品发售给本国旅游批发商，经过组合包装后，再批量发售给外国旅游批发商，最后，通过旅游零售商出售给旅游者。

综上所述，根据各渠道的中间环节不同，间接销售渠道可以分为以下几种情况：

（1）一级分销渠道

一级分销渠道主要由旅游产品供给者、旅游零售商和旅游者构成。一级分销渠道也被称为单层销售渠道，其中间商主要是从事旅游零售业务的旅游代理商和其他代理预订机构。这一渠道形式中，旅游产品的供给者必须向代销其产品的旅游零售商支付佣金或手续费。例如，目前的机票预订和客房代理预订等业务中普遍存在这种现象，当然，我国目前大多是向旅游者直接收取手续费，而不是向被代理企业收取。因此，旅游零售商和旅游供给商之间一般也就没有严格的合同关系。随着目前散客规模的不断扩大，中国的这种经营方式可望会参照国际惯例来进行。

（2）二级分销渠道

二级分销渠道又称为双层销售渠道，主要由旅游产品供给者、旅游批发商、旅游零售商和旅游者四部分构成，这种渠道的最大特征是旅游产品的供给者在同旅游批发商进行价格谈判的基础上，将其产品批量销售给旅游批发商后，再由批发商委托旅游产品零售商出售给旅游者。

这里的旅游批发商，通常是从事团体包价旅游批发业务的旅游企业和旅行社。它们大批量地购买各类单项旅游产品，再按日程编制成包价旅游线路或包价旅游度假产品，再通过旅游零售商销售给旅游者。在西方国家中，从事这类业务的主要有旅游批发商和旅游经营商两种。旅游批发商是纯粹经营上述批发业务的批发商，它们不直接向旅游者进行销售，而是完全由旅游零售商进行销售；而旅游经营商不但向各旅游零售商进行批发，同时还通过自己经营的零售机构直接向旅游者进行旅游产品的销售。因此，旅游经营商与旅游经营批发商的唯一不同在于旅游经营商除了从事旅游批发业务之外，还进行旅游零售业务。

双层销售渠道的模式是西方旅游销售中较为流行的一种形式，尤其被假日营地、度假地饭店、包机公司等旅游企业广泛运用。在中国旅游业中也有应用，比如，南京公交雅高巴士有限公司在经营南京公交旅游交通业务的同时，大量购入沿途景点的门票，然后将其卖给一些旅行社进行零售，同时也把汽车交通服务向散客零售。

（3）多级分销渠道

这种类型中又增加了旅游代理商这一中间环节，因此又被称为三层分销渠道，或被称为多层分销渠道。这是目前中国的国际旅游行业中使用最广泛的渠道模式，尤其是入境旅游，主要由供给者、本国旅游批发商、外国旅游批发商、旅游零售商和旅游者五个部分构成。一方面，在中国加入WTO之前，中国的政策还不允许外国旅行社来中国经营业务，但是如今已经加入WTO，中国也允许外国旅行社经营中国的国内游业务和入境游业务，目前尚未开发出境游业务；另一方面，中国目前的许多经营入境旅游的批发商（国际旅行社），由于自己经济和技术实力的限制以及国际市场经营环境因素的影响，还不可能与国外旅行社直接签订代理业务的合同，所以只能由中国各类从事涉外旅游接待的旅游企业在价格谈判的基础上将各单项旅游产品批发给中国的各国际旅行社。国际旅行社将这些单项旅游产品分类组合，编排成团体包价旅游产品，再通过外联谈判批发给国外的旅游批发商或旅游经营商。这些国外的旅游批发商或旅游经营商在对这些产品重新定价之后，再委托当地的旅游零售商或旅游代理商向旅游者进行销售。可见，要完成这项销售任务需要经过许多个中间环节。

中间商的类型和组合不同，销售渠道发挥的作用也不同，因而在旅游市场营销过程中要想充分发挥销售渠道的作用就必须对各种类型的销售渠道进行认真的分析和选择。因此，不难看出，间接分销渠道可因中间商的加入而进一步拉长。如果不考虑其他因素，单就直接销售渠道与间接销售渠道本身而言，前者显然优于后者。直接销售最明显的优点在于，不仅可以节省付给中间商的佣金，从而降低流通成本，而且使旅游企业有可能以较低价格向公众出售其旅游产品。从旅游产品供给者角度来看，渠道内中间商介入越多，就意味着对产品的控制越复杂，控制力越弱。因为渠道中所有成员都与几种流量有关，包括产品所有权或使用权转移流、信息流、促销流等。仅这些流量，就可以使层级不多的分销渠道变得非常复杂。另外，旅游企业通过直接销售，有利于了解和及时掌握旅游者对有关产品的购买态度、其他需求信息等，从而有助于抓住各种也许稍纵即逝的销售机会。

　　然而，在旅游实践中，很多旅游目的地或旅游企业的产品营销都不得不以间接渠道为主。第二次世界大战结束以来，旅游业迅猛发展，市场竞争加剧，很多旅游目的地和旅游企业都力图扩大自己的市场份额，都想通过以数量更多、分布更广的销售网络去吸纳更多的客源，却因资金与技术等方面的实力所限，不可能在众多市场区域内发展直销渠道。基于这一背景，很多旅游目的地和旅游企业为加强自己在销售领域的力量，纷纷利用中间商拓宽和发展分销范围。

9.1.4　销售渠道的效率评估

　　为了达到销售渠道的目标，考察中间商完成销售指标的情况，旅游企业必须定期地对销售渠道进行评估，这种评估既包括对整个销售渠道的评估，也包括对每个旅游中间商的评估，并将结果反馈给旅游中间商。对于评估结果较好的销售渠道和中间商应该给予适当的鼓励；评估结果较差的，需要找出原因并积极寻找补救办法，必要时改变现有的销售渠道结构或终止与中间商的合作。销售渠道的评估可以从定性和定量两个方面进行（见表9-1）。

表9-1　　　　　　　　　　　　　　销售渠道的评估指标

定性指标	定量指标
销售渠道成员之间的关系质量	销售指标
·成员之间的关系及配合程度	·本企业及竞争者产品销售量
·协调程度	·销售额和完成率
·冲突大小	·旅游者满意率
对渠道的约束能力	·销售产品的时间周期
·销售渠道的营销能力	费用指标
·对旅游者的服务能力	·经营费用/旅游者数量
·市场信息的反馈能力	·管理费用/旅游者数量
·应变能力	·中介费用/旅游者数量
·销售产品的积极性等	

【实例9-1】　　　　　　　　创新旅游公益宣传 燃起心中红色"火苗"

2021年4月，文化和旅游部、国家广播电视总局联合部署开展首届全国旅游公益广告作品遴选暨展播活动。2021年7月，首届全国旅游公益广告（红色旅游主题）遴选结果出炉，并陆续在各大渠道展播。主办方收到各地选送的作品600余件，其中很多作品已经在一些播出渠道广泛传播。从党的诞生到革命斗争，从红岩到沂蒙，从壮丽河山到美好幸福生活，或以小见大，或以"声"动人，或引人入胜，或发人深思，以润物无声的效果燃起受众心中的红色"火苗"。

（1）激发热情，营造氛围。此次全国旅游公益广告（红色旅游主题）遴选，引导创作者充分展现中国共产党带领全国人民在革命、建设和改革历史进程中的重大成就，展示我国红色旅游发展成果，激发大众参与红色旅游热情。红色旅游公益广告不仅是对红色旅游的宣传，更是进行爱国主义教育的生动课堂，是红色旅游教育功能的创新体现，以视频和音频形式传播红色故事、讲述英雄人物事迹，能更好地引发共鸣，引燃大众学习党史、传承革命精神的热情。应当发挥红色旅游公益宣传的示范引领作用，推动更多类型的旅游公益宣传片评选。旅游公益宣传大有可为，可以凝聚行业正能量、精气神，可以结合党史学习教育，在旅游领域把红色基因世世代代传承下去。

（2）打造精品，凸显优势。入选的红色旅游主题作品，经过各省级文化和旅游部门会同广播电视部门初审、专业人员复审以及专家评委组终审三个阶段，综合主题、创意、表述、制作、效果5个方面评分，在600余件作品中遴选产生，是一批红色旅游公益宣传的精品，在凝聚精神力量方面有独特作用。旅游日益成为大众的一种生活、学习、成长方式，短视频也成为群众特别是年轻朋友喜欢的一种传播形式，与其他传播渠道相比，视频传播更具有视觉上的冲击力和表现张力。视频短片形式多样、感染力强且富有创意，能够激发广大人民开展红色旅游的热情。中央广播电视总台打造了不少主题主线与地方特色兼具的公益作品，科学地引导大众旅游，相信这些公益广告能帮助受众培养起理性健康的旅游观念、燃起心中的红色"火苗"。

（3）遵循规律，吸引大众。入选的公益广告作品既有视频作品也有音频作品，形式多样、内容新颖，传播渠道也更加多元，除了国家广播电视总局推动作品在各级播出机构播出外，也将引入喜马拉雅、爱奇艺等平台进行展播。对于红色旅游公益广告来说，通过讲故事，让受众产生好奇、向往，从而激发"说走就走的旅行"动念，才是好内容所带来的好"广告效果"。音视频作品要实现广泛传播，还有很多环节需要打磨，比如宣推海报、智能推送、线上线下融合、结合特殊时间节点或社会热点的多角度推广等。为进一步提升传播效果，可以加强传统媒体与新媒体相结合，发挥不同平台的传播优势，引导对音视频内容正向的讨论，形成宣传热点。

（资料来源　李志刚，赵腾泽，王若溪. 创新旅游公益宣传 燃起心中红色"火苗"［N］. 中国旅游报，2021-07-08）

【相关链接9-1】　　　　　　　　直播开启旅游景区营销新变革

新冠肺炎疫情期间，很多旅游景区关门歇业。为保持景区热度和游客黏性，部分景区开始探索线上直播形式，故宫、布达拉宫等知名景区纷纷开启了景区直播，引发大众的广泛关注。其实，旅游景区直播早已有之，张家界曾推出"张家界视窗"，开启了旅游景区慢直播形式。但受技术条件和行业认知限制，旅游景区直播并未发展起来。新冠肺炎疫情的暴发，将旅游业发展置于前所未有的危机之中，越来越多的景区开始于"危"中寻"机"，尝试线上直播以及景区直播卖货形式，开启了旅游景区直播营销的新探索。不过，直播营销效应的发挥，还需重视如下四方面内容：

（1）景区直播内容的精心设计。直播内容是影响景区直播吸引力的重要因素。从内容选择的角度，要选择能够凸显景区特色、有代表性的内容，以激发游客好奇心和游览欲，使直播效应最大化。如婺源的油菜花、布达拉宫的金顶、故宫的隆宗门匾额、海洋馆的企鹅等。对于直播中以游线形式展示的内容，更需要精心设计，通过主播的移步换景，串联景区精华景点，最大限度地展现景区魅力。直播过程中，景区还可通过抽奖等互动形式，激发大众参与热情，提升景区直播热度。

（2）景区直播带货产品的质量。景区直播中的带货，既包括了景区自有产品，如门票、交通票、娱乐场所门票等，也包括了景区内外的餐饮、住宿、特色商品和农副产品等。直播是吸引游客的方式，但游客游览后、购物后是否有优质体验，是否产生口碑效应，依赖于景区的资源、产品、服务和经营管理的质量。景区直播带货的特色商品、纪念品、土特产品等，也需要精心设计和挑选，既要凸显景区和本地特色，又要有良好的品质。景区直播带货不仅要考虑带货效果，更需要考虑带货后的良性反馈，才能让带货模式可持续发展。

（3）景区直播人员的专业素养。景区直播效果还取决于主播的专业素养以及表达、沟通、引导等综合能力。旅游景区的直播主播，既有网红主播、旅游达人、导游，也有景区工作人员。无论是拥有大量粉丝的网红主播，还是其他主播群体，在掌握主播直播技巧的前提下，对景区直播内容的充分洞悉，对关联内容的广泛涉猎，以及高度的专业素养，都有助于主播在直播中更有效地展示景区特色，让观看者产生购买欲望。因此，对主播的专业培训以及主播对景区相关知识、资料的充分消化吸收，也是景区直播必须强化的内容。

（4）景区直播平台的聚客能力。景区直播平台的选择，既有YY、斗鱼、花椒、抖音等专业直播平台，携程、同程等OTA平台，人民网、新浪网等媒体平台，也有包括景区官网、微信、微博等在内的自有平台。景区直播平台的选择，需要考虑平台用户的年龄、消费偏好，以及与景区目标人群的一致性，要选择与景区客源群体具有最大同源性的平台，充分利用平台的聚客能力，为景区积极引流。同时，具有一定影响力的景区也可以利用自有平台，通过常态化的直播，不断增强景区自有平台的聚客能力，增强游客黏性。

（资料来源　吴丽云. 直播开启景区营销新变革［N］. 中国旅游报，2020-05-01）

9.2　旅游分销渠道策略

9.2.1　旅游分销渠道决策的影响因素

新进入旅游业的旅游企业必须决定其分销策略，而已有的旅游企业则必须不时对原有的分销渠道进行重新评估。在选择和重新评估分销渠道时，旅游产品供给者会受到各种因素的影响和制约。旅游企业必须在充分考虑这些影响因素的前提下，对可供选择的分销渠道进行评估和决策。广泛来讲，影响分销渠道决策的因素有很多，包括产品因素、市场因素、企业自身因素、国家政策因素、成本因素、控制因素、服务水平因素等方面。

1）旅游产品因素

旅游产品的特性在某些条件下会影响销售渠道的选择。通常情况下，旅游产品单价越低，越宜采用较长的渠道；单价越高，渠道则宜短。对于季节性较强的旅游产品，一般由中间商销售。这是因为中间商接触旅游者较广，从而可以在有限的时间内售出更多的季节性产品。对于易损性和易逝性旅游产品，如酒店的菜肴、各类旅游工艺品等，应尽量采用短的渠道或直接销售，以减少中间环节，避免中转造成的损失。专门性旅游产品，如攀岩旅游、滑雪旅游、考古旅游等一般都需要有特别的设施和特别服务，因此，一般情况下也可以直接销售或采用短渠道销售。

2）旅游市场因素

市场的性质决定着销售的策略。在市场容量较大的情况下，如在人口聚集的城市则适宜使用短渠道。在潜在旅游者数量多、市场容量又大的情况下，直接的市场销售更能成功。比如，在人口密集城市中的高校集中区域进行修学旅游的销售。如果市场的分布太广，旅游者购买形式不确定时，中间商在销售方面将发挥更加重要的作用。另外，面对市场竞争，旅游供给者要根据不同情况选择与竞争对手不同的销售渠道形式。

3）旅游企业因素

旅游企业自身如果拥有很强的人力、物力和财力，同时旅游市场营销人员经验又非常丰富，企业信誉度高，产品质量可靠，那么它们往往采用短渠道销售。另外，各旅游产品供给者控制销售渠道的愿望也不同，有些知名旅游企业，为了维护产品的声誉、控制售价，愿意花费较高的直接销售费用而采取短渠道策略。

4）国家政策因素

旅游企业制定的销售渠道策略必须符合国家有关的政策法令。例如，中国的旅行社中，国内旅行社就不能与国外旅游中间商建立直接关系。因此，它们在渠道设计时就不可能使用国外中间商向国外销售产品这种渠道。有时候旅游企业在拓展国际业务过程中，甚至还要考虑到客源国的法律和有关政策等。例如，客源市场所在国是否允许国外旅游企业在该国设立和经营自己的销售网点或者对各类国外企业有何限制要求等，这些问题都会影响旅游企业对旅游销售渠道的设计。

5）旅游成本因素

通常认为，旅游企业可以通过删减其中间商环节，以更优惠的价格向旅游者出售其产品。当然，一些直接销售的旅游产品要比通过其他渠道销售的同样的旅游产品更便宜，但原因并非一定与是否使用中间商渠道有关。降低价格的关键因素是成本的降低，而成本的降低可能是由于较低的分销成本因素，也可能是由于与航空公司、饭店等进行了较成功的协商和合作而带来的。恰恰是在成本方面，通过零售商来销售产品的旅游企业相对于直接销售的旅游企业而言，反倒可以有一个显著的优势。在利用间接分销渠道时，大部分成本是可变成本，因为只有当销售达成时才需支付给中间商佣金，分销成本才会上涨。而一个直接销售旅游产品的供给者必须为其设立的直销网点承担固定成本，不管有没有旅游者进入并购买，采取直接销售的经营者在新产品投放市场的阶段都必须对促销进行大量投入，目的是既要使公众注意该产品，又要说服他们通过一种新颖的销售渠道去购买它。采取直接销售渠道的旅游企业必须拥有高水平的营业额才能负担其门市成本；或者产品必须非常独特，足以确保一个现成的市场，从而使促销成本相对降低。

6）旅游控制因素

在计划和决策分销渠道的选择时，旅游经营主体必须考虑自己能对分销渠道成员施加的控制力量有多大。如果企业主体拥有自己的零售网点，则其对零售点可以施加高水平控制。但如果使用中间商，必然导致一定程度的自主权的丧失。

首先，若旅游企业的销售功能控制在一个独立的分销商的手中，则企业可能会与自己产品的最终客户或旅游者失去直接联系的机会，旅游企业在了解市场、识别市场需求的变化等方面将会更加困难，而相当程度地依赖从中间商那里得到的信息反馈。但对于中间商来说，除非它们对一家旅游企业的产品相当感兴趣，否则是不会从其销售的众多产品中密切关注某一特定产品的市场反应的。

其次，使用中间商的做法，使得旅游企业面临能否进行有效营销的问题，中间商进行数百种旅游产品的交易，它对其中任何一种产品都不会像企业对待自己的产品那样尽职尽责和倾心竭力。在这方面，奖励性佣金对中间商积极性的提高会有一定的助益，但问题在于其他通过中间商渠道分销的旅游企业，也可以甚至可能正在为增加自己的销售而为中间商提供相似的酬劳。这样只能导致旅游企业对中间商环节投入的竞争，造成分销成本的进一步上涨，而难以保证实现中间商对自己产品努力销售的初衷。而对于旅游代理商等中间商来讲，对推进产品销售的问题，它们会有自己的优先选择顺序。

在旅游业这样一个品牌忠诚度很小的行业里，对分销的控制力与企业主体的发展息息相关，像航空公司这样有大量固定资本投入，却对销售的控制力较小的企业尤其如此。正因为如此，一些航空公司不惜付出昂贵的代价设立、拥有自己的零售网络，进行直接销售。

7）旅游服务因素

对于旅游企业来说，拥有自己的分销机构有显著的优势，有利于提高企业的服务水平和市场营销活动的顺利开展。这一点对于具有服务本质的旅游产品的营销具有特殊意义。

采用直接销售方式的旅游企业，不仅能保证自己推出的新产品的宣传册展示在销售机构橱窗里的显眼位置，使服务的特别之处得到凸显和强调，让本旅游企业的销售人员熟悉产品并能通过各种方法把产品推介给公众，引起其注意，更重要的是，直接销售能保证旅游企业的服务产品水平与营销宣传中的一致，不致产生过大的偏离。

服务水平因素不仅包括旅游零售商等中间商对其直接接触的旅游者的服务，也包含旅游企业内部可以为旅游中间商提供的支持性服务。例如，对于任何一家旅游企业来说，如果它能使中间商确信其员工掌握了旅游企业在宣传册中展示的旅游目的地和产品的第一手资料并拥有丰富的知识，则这家旅游企业在销售中会比其他旅游企业拥有更多的优势。

类似地，若一家旅游企业直接销售自己的产品，则可以更有效地为支持自己的销售而推出促销计划，并确保促销活动中各方面配合良好。从另一个角度看，任何一家旅游代理商能够给予其分销的所有产品中特定的产品的促销支持都是非常有限的。而且，由于其员工的产品知识未必广泛到对所销售的也许上百种旅游产品都有所了解的程度，因此当专门应对任何一家企业的产品销售时，他们能提供的产品知识就显得很肤浅、很不充分了。

总之，计算机技术在旅游问询和预订方面的发展和普及，为旅游企业在其主要市场范围内扩大同旅游者的直接接触提供了可能，加上很多旅游企业不愿继续向中间商支付佣金，以免削弱自己产品在价格上的竞争力，因此近年来直接销售在旅游实践中的发展速度很快。另外，这一举措也可使企业避免中间商的某些不良行为的干扰，使价格和服务质量的控制更为可靠和有效。

9.2.2　旅游分销渠道策略选择

1）长渠道和短渠道

旅游企业在分销时需选择长渠道或是短渠道，即确定渠道长度。前面介绍直接销售渠道与间接销售渠道时是以中间环节的个数来划分的。旅游产品销售渠道的长短通常是指从旅游产品的开发到向最终旅游者的转移过程中所经中间环节的多少。所经中间环节越多，则销售渠道越长；反之，则越短。前者为长渠道，而后者为短渠道。

旅游供给者在选择销售渠道长度时，先要根据前面所讲的市场特征、限制因素及旅游企业本身的情况等因素来决定采用什么类型的销售渠道，是直接分销还是间接分销，是一层渠道还是两层渠道或多层渠道。通常来说，在旅游产品销售过程中，短渠道比长渠道效果更好。在价格方面，短渠道销售减少了中间环节，避免了由于中间环节增加而导致最终产品价格的提高，使旅游者在购买时花的费用大大低于长销售渠道的旅游产品的费用。另外，短渠道的旅游产品在质量、服务标准等方面都优于长渠道产品。因为中间环节的增加，不仅会影响供给者与旅游者之间的沟通速度，甚至有可能因中间层次的原因而导致信息错误的情况发生。

当然在选择销售渠道长短的时候要充分考虑多种因素，比较长短渠道的适用条件（见表9-2），尽量采用最优化的方式来进行决策。

表9-2　　　　　　　　　　　　　　　　短渠道与长渠道的对比

条件	短渠道	长渠道
市场	旅游客源市场相对集中	旅游客源市场分散
	购买数量大	购买数量小
产品	价格较高	价格较低
	新辟的旅游线路	常规旅游线路
	需要特殊服务的旅游产品	不需要特殊服务的旅游产品
企业自身	实力雄厚，营销人员素质高	销售能力弱
	资金雄厚，财力充足	缺乏资金，财务不足
	增加的收入能够补偿销售费用	增加的收入不足以补偿销售费用

2）宽渠道和窄渠道

旅游企业在分销时需选择宽渠道或窄渠道，即决定渠道的宽度。所谓销售渠道的宽度通常是指某个旅游企业具体销售渠道的数目，这里的数目即指销售过程中的中间商数目。旅游企业在确定所需中间商的数目时，可有三种选择。

第一，密集分销，即旅游供给者尽可能通过更多的批发商、零售商来出售其产品。为了增加产品的覆盖率或者加速进入一个新市场时，通常使用这种方法。

第二，选择分销，即旅游供给者在某一地区内精心挑选出几个中间商进行销售，而不是所有愿意销售的中间商都可以销售旅游企业的产品。这主要是为了维护企业产品的形象和良好的信誉。

第三，独家分销，即旅游供给者在某一地区市场仅选择一家批发商或零售商经销其产品。通常双方要签订独家经营合同，规定在该地区市场内不得经营竞争者的产品，旅游产品供给者只对供销商供货，目的是控制市场，彼此希望充分利用对方的商誉和经营能力。

对于不同的旅游产品在选择宽度时所用的策略可能不同（见表9-3），应根据实际需要来决定。

表9-3　　　　　　　　　　　　　　　　宽窄渠道的优劣对比

项目	销量最大	成本最低	信誉最佳	控制最强	销货率最高	冲突最低	合作程度最高
密集分销	√				√		
选择分销							
独家分销		√	√	√		√	√

9.2.3　分销渠道策略原则

在进行旅游分销渠道的选择时，应根据一定的原则来进行设计，以保证选择的渠道策略有利于市场营销工作。

1）经济效益原则

旅游市场营销活动的根本目的是获得最佳的经济效益。如何在旅游市场营销中给旅游企业带来最佳的经济效益？销售渠道的设计是关键的一环。在销售渠道设计过程中，应考虑每条渠道的销售额与成本的关系，不同的销售渠道给旅游企业带来的经济效益不同。设计中是否应该选择一条能给旅游企业带来最多销售额的渠道呢？未必。在建立和维持销售渠道过程中要支付一定费用，这些费用当然要从销售渠道带来的旅游营业收入中扣除。不同的销售渠道建立和维持的费用是不同的，能给旅游企业带来最多销售额的销售渠道，其渠道建立和维持的成本不一定最低。因此，在设计渠道时应当在诸多的渠道中选择能给旅游企业带来最大利润的那一条。有的渠道尽管能带来高的销售额，但除去其自身建立和维持的费用外，所剩利润无几，这种渠道就不应该考虑。

2）方便购买原则

目前旅游市场已由原先的卖方市场变成了买方市场，因此，开发符合市场需求的旅游产品，制定出合理的价格，开展各种促销活动，提供良好的售后服务保障，在整个市场营销活动中都是非常重要的。但如果忽视了市场中旅游者购买方便程度，将会使其他各种营销努力大打折扣，没有便利的购买渠道也就无法将旅游产品转移到旅游者手中，经济效益也就无从谈起。只有让旅游者在方便的时间、地点顺利地购买到有关旅游产品，才可能使这些产品真正走向市场，才能在激烈的市场竞争中取代那些购买不便的同类旅游产品。

由此可见，在销售渠道的设计中，也应当遵循经济导向和旅游者导向并举的原则。实际上经济效益原则和方便购买原则，不仅是设计销售渠道的原则，也是评价销售渠道优劣的主要标准。

9.2.4　长窄式渠道向短宽式渠道的转化

短宽式渠道是指销售渠道的短化和宽化。传统的长渠道方式在现代市场竞争中已经越来越显示出弊端。分销渠道越长，取利者越多，旅游者面临的价格就越高，市场主体的竞争能力有时就会一步一步被削弱。以往的供给者—大批发商—中批发商—小批发商—零售商—旅游者的长渠道，已渐渐演化为供给者—批发商—零售商—旅游者，或供给者—零售商—旅游者，或供给者—旅游者这种短化渠道，缩短了物流，降低了销售成本，使它在市场推进时更直接、更有效。

分销渠道越窄，诸如一个地区只授权一家总经销商，其营销能力就会受到限制，旅游企业对其的依赖性也会更强，易受制于代理商，竞争就会失去主动。在渠道的"宽化"方面，许多企业也一改过去旅游产品"供给者—全国独家总代理"、旅游产品"供给者—地区独家总经销"之销售模式，演化为旅游产品"供给者—全国代理网"、旅游产品"供给者—地区经销网"之模式。这种"宽化"渠道，使代理商与代理商之间竞争，在市场推进时，旅游企业会更加主动。在现代的"市场侵略"中，已有越来越多的企业选择"短化+宽化"的销售策略。

所以，传统的分销是一种"长窄式塔形分销模式"（见图9-3），而现代市场分销是一种"短宽式方形分销模式"（见图9-4）。

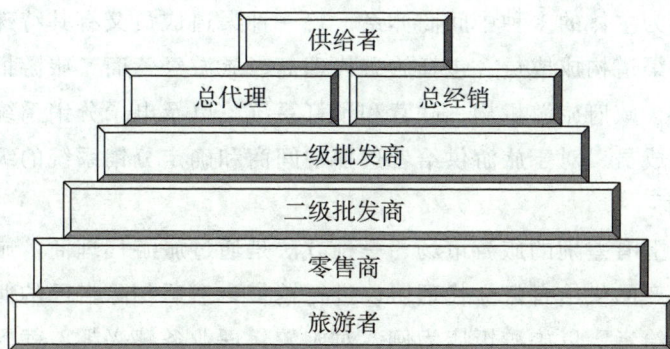

图9-3　长窄式塔形分销模式

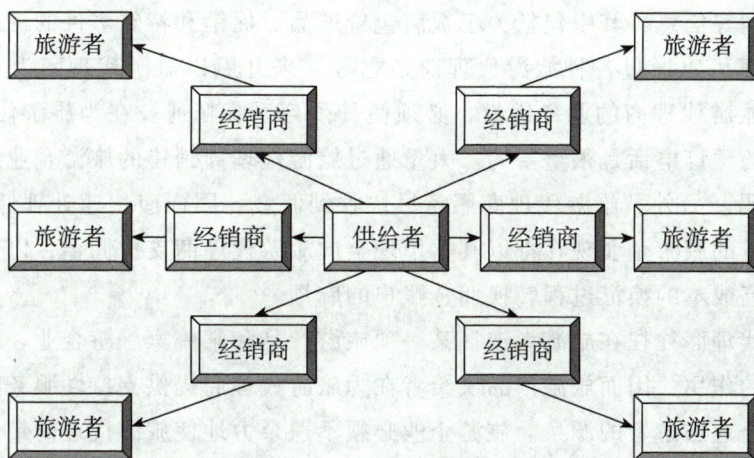

图9-4　短宽式方形分销模式

短化分销渠道的优势是可以立竿见影，强力进行市场渗透。宽化分销渠道的优势是可以构网筑势，快速推进市场占有。短宽式销售渠道兼有短渠道、宽渠道的优势，这种短宽式销售渠道在旅游企业中并不少见。

⇦【实例9-2】 以文旅融合思路推动红色旅游国际化

⇦【相关链接9-2】 酒店营销并非广告轰炸 运用多渠道讲好故事至关重要

9.3　旅游中间商

9.3.1　旅游中间商的类型

旅游分销渠道的构成成员种类很多。由于受旅游市场营销环境等因素影响，近年来形成了以旅游代理商为主体的多种中间商体系，每一种渠道成员又有其特殊作用。接下来将讨论多种旅游分销渠道构成成员，包括旅游代理商、旅游经营商、旅游批发商、专业媒介者、饭店销售代表、政府旅游机构、联营和预订系统，以及电子分销系统等。深入了解旅游分销渠道的各种成员，对于旅游供给者选择中间商和确定分销系统的级数都有帮助。

1）旅游代理商

到达一个地域上有差别的旅游市场，一种方法是通过旅游代理商。旅游代理商是独立的企业，它与旅游产品供给者订立代理协议进行销售，然后扣除自己的佣金，将收到的款项交还旅游产品供给者。以旅游饭店为例，对旅游代理业务感兴趣，就要进入旅游代理商销售的饭店名单，并被列在航空预订系统和饭店指南中。饭店还应向旅游代理商发送担保资料、饭店新闻等信息，其中包括关于饭店包价产品、促销和特殊事件的最新消息。

旅游企业还可以通过各种旅游代理商杂志等，来开展以旅游代理商为目标的促销活动。若想得到旅游代理商的业务销量，必须使其预订系统畅通。在为旅游代理商服务时，提供免费拨打的预订电话是很重要的。大量通过旅游代理商销售的旅游企业还应为商务旅游开设独立号码。另外，旅游代理商愿意尽快收到佣金，因而应快速处理佣金支付问题。利用国外分销链的旅游企业现在都以其本币现金向旅游代理商支付佣金，以便消除旅游代理商需要通过高成本的换汇过程转换佣金账户的麻烦。

由于旅游代理商往往在旅游者选择某一项旅游产品和某一家旅游企业、目的地的决策中起到决定性的作用，因而旅游产品供给者在为旅游代理商提供支持性服务时，必须牢记代理商是自己企业旅游者的源泉。旅游企业必须不遗余力地使旅游代理商带来的旅游者以及旅游代理商满意。因为一旦选择通过旅游代理商来分销自己的产品，旅游产品提供者就面临两种顾客：旅游者和旅游代理商。旅游代理商的科技化程度正在不断提高，多年来一直被旅游代理商使用的客房计算机预订系统已经发展为全球分销系统（Global Distribution Systems，GDS），其触角已经伸到全球各地。

2）旅游批发商

旅游批发商一般从事包价旅游产品的组合和销售活动，它组合的包价旅游产品往往面向闲暇旅游市场。其包价旅游产品一般包括往返交通和住宿，有时也可包括餐饮、当地交通和娱乐项目。在组合包价旅游产品的过程中，旅游批发商要与航空公司、景点、饭店等接触，购买特定数量的座位、门票和房间等，并享受批量折扣。这样，它可以组合形成多种价格、时间和旅游目的地的包价旅游产品，然后向旅游零售代理商批发出售，由零售商销售给旅游者。

一方面，旅游批发商不得不向旅游代理商提供佣金；另一方面，旅游批发商还得向旅游者提供一个比通过他们自己安排更价廉物美的包价旅游产品。同时，旅游批发商自己也必须获得利润。因此，每一个包价旅游产品的边际利润都很小。一般来说，旅游批发商必须销售出包价产品中的85%才能收支相抵。这种高保本点使其没有犯错误的余地，结果是旅游批发商常会有破产的危险。所以，从旅游产品供给者的角度来看，检查旅游批发商的经营史、收取订金并尽快收回欠款是很必要的。

随着国际性旅游目的地数目的增长，旅游批发商在分销渠道成员中的作用越来越大，因为对于旅游代理商来讲，了解每一个旅游目的地是不可能的，其强烈地依赖于旅游批发商提供的旅游产品目录。而旅游批发商对于将谁纳入其目录、在目录中如何进行描述有着最终决定权。例如，目录中会包括一系列豪华饭店、四星级饭店、三星级饭店和旅游饭店，虽然饭店可能很乐于为其提供信息，但是旅游批发商将亲自撰写并最终决定在宣传册中该怎样对每一家饭店进行描述。假设一对夫妇为了入住一处旅游目的地的豪华饭店而查阅宣传册，宣传册中也许只列出了当地3家豪华饭店，于是其他同等级饭店就不会进入这对夫妇的考虑范围了。他们会以旅游批发商提供的信息为基础，从中选择一家看来会提供最高价值的饭店。总之，旅游批发商对旅游度假地等旅游目的地施加了强有力的影响，尤其是对于那些距离遥远的市场来讲更是如此。

3）专业媒介者

专业媒介者包括旅游经纪人、奖励旅游公司、会议计划者、协会执行人、公司旅游办公室和旅游咨询者等。他们不同于经营商和代理商，通常不收取佣金，在安排旅游时也几乎没有品牌概念，除奖励旅游公司以外，他们都是典型的工薪职员，代表本组织以较低成本承办旅游业务。

其中，旅游经纪人是一种特殊的旅游中间商，他不拥有产品所有权，不控制产品价格及销售条件，并不卷入交易实务，只为双方牵线搭桥，促成双方交易，成交后，旅游企业付给他佣金，所以他不承担任何风险。旅游经纪人主要销售汽车旅游，这种旅游对于众多市场都很有吸引力。其目的多样，可以是城市观光、体育活动、参观博物馆和历史遗迹等。其中有的是季节性的，有的基于一个重大事件，也有全年经营的。

奖励旅游公司为企业员工或分销商提供奖励旅游，作为企业对他们努力工作的一种回报。由于奖励旅游经常是在度假旅游区域开展的，因此对于度假旅游目的地和一些旅游目的地城市来讲，奖励旅游公司代表了一种有效的分销渠道。旅游目的地和旅游企业等应积极通过贸易杂志和贸易组织等，与专业媒介者的代表旅游经纪人和奖励旅游公司等进行沟通。

4）饭店销售代表

饭店销售代表负责在某一给定市场区域内销售饭店客房和服务。对饭店来说，雇用一个饭店销售代表往往要比使用自己的销售人员更有效，尤其是在目标市场离自己很远或者两地间文化差异很大，使外来者难以进入市场的情况下。一般来说，一个饭店的销售代表不应该再代理与此饭店有竞争的企业。他们直接收取佣金或佣金加薪金。对饭店销售代表来说，熟悉一个企业的产品并将其情况宣传给市场需要一定时间，所以对其的选择一定不能轻率。一个饭店频繁更换销售代表将导致效益和效率的双重损失。

5）区域旅游代理处

设立区域旅游代理处是使信息到达市场并赢得购买的较好手段。全国性的组织在自己国家内发展旅游业务，其影响对于经营范围遍及全国各地的主题公园、饭店连锁店等很重要。

6）饭店联营和电脑预订系统

饭店联营组织是基于其成员的共同利益而联盟组合的一种饭店组织，而市场营销常常是联营形成的原因。它允许组织中成员的所有权和管理权独立，同时获得群体营销的优势。电脑预订系统与饭店联营间的界限正日益模糊，这种系统向奖励旅游公司、会议计划者、旅游经营商、公司会议组织者、旅游代理商和批发商等进行饭店营销，提高了旅游企业与世界市场的接近程度。随着其业务活动全球化进程的继续，饭店联营会成为更加强有力的营销工具。另外，不少地区成立联合体（营销联盟）以促进本地区成为旅游目的地。一些旅游代理商也成立了联合体（战略联盟）来协调关于饭店客房、航空舱位和其他旅游产品的最低价格。

7）航空预订系统

另外有一种为旅游代理商和其他旅游中间商准备产品目录的电话预订系统，是由航空公司为了促销而建立的。美国旅游代理商的终端与至少一家航空预订系统相连接。美国最受欢迎的系统有联合航空公司建立的阿波罗（Apollo）、美国航空公司建立的萨勃（Sabre）、大陆航空公司建立的"一号系统"等。英国航空公司建立的一个全球系统与阿波罗合并，称为Galleo，现在是全球主要的航空预订系统之一。这些系统不仅按离港时间列出所有航班号，而且饭店企业、租车公司和其他旅游产品都可以列在这些系统中，便于旅游代理商销售这些产品。

航空公司也可作为旅游经营商，如新西兰航空公司就为外国散客旅游者提供包括住宿和早餐的包价产品。到访新西兰的旅游者可以在机场的新西兰航空公司的旅游服务台办理租用汽车和客房预订等事宜。

8）互联网

信息高速公路的发展导致了旅游分销系统的变化，许多旅游企业和旅游目的地都纷纷上网，将其色彩纷呈的宣传册"送"到数以百万计的旅游者眼前。如果互联网的用户对其中哪条信息感兴趣或决定预订，可通过网络完成咨询或购买。据调查，不使用旅游代理商的旅游者中，相当一部分是通过互联网联系而实现出行的。

9）旅游者供应商电子系统

一些商务客房现在已经可以通过一些专门设计的软件包来预订，如国际会议计划者组织就有一个网上数据库，供各会议计划者选择理想的会议中心类型。这种全球分销系统可使大企业和会议计划者避开所有旅游中间商环节，在全球利用电子技术预订。可以预见，一种能使普通旅游者与旅游产品供应商直接面对面接触的技术已临近了，这无疑会极大地影响旅游分销渠道中以旅游代理商为代表的传统旅游中间商的地位。

9.3.2　旅游中间商的特性

作为旅游分销系统中间媒介的渠道成员，旅游中间商与旅游产品供给者的基本原则和经营目的是不可能始终协调的，这从旅游中间商的一些性质和特点中可以看出来。所以，对于旅游产品供给者来说，了解中间商的以下几个主要特性是必要的：

第一，旅游中间商是独立的企业，其主要目的是增加自己的销售量和利润，所以不可避免地热衷于销售那些"走俏"的旅游产品和服务。

第二，旅游中间商的主要兴趣在于向旅游者推销自己的形象，并为自身争取经常的、更多的旅游者。可以说，它们真正喜欢的是旅游供给者的产品而非某个特定的供给者。

第三，旅游中间商一般出售有竞争力的旅游产品，在通常的佣金和报酬水平下，它们没有兴趣为某个特定的旅游产品供给者做出特殊的销售努力。

第四，旅游中间商的兴趣在于销售旅游者感兴趣和喜爱的旅游产品和服务，而非供给者提供的全部产品。

9.3.3 旅游中间商管理的意义

第一，加强对中间商的管理，可以进一步明确分销渠道成员各自的权利和义务，解决运行中的渠道冲突。在分销渠道实际运行过程中会遇到诸多渠道策略选择过程中未曾考虑的问题和矛盾。例如，在购销业务中，旅游产品供给者总想以高价出售，并且倾向于现金交易，而经销商则倾向于低价并要求优惠的商业信用。因此，分销渠道建成之后还要进一步加强管理，明确各方的权利和义务，防止在运行中销售渠道冲突的发生，从而保证渠道的正常运转。

第二，加强对中间商的管理，可以加强对中间商销售情况的了解，根据不同的情况采取各种措施，保证销售渠道的高效运转。在市场销售中，旅游企业通过对销售渠道的管理，可以及时了解到各渠道成员的销售水平，以及市场对各种旅游产品的反馈信息。针对各中间商不同的销售水平和业绩，旅游企业将采用不同的激励方式来保证中间商一直发挥最佳销售职能。针对不同的市场反馈，旅游企业可以不断改进其产品，以适应市场需求。因此，通过对中间商的管理可以对其进行考评和激励，从而使各渠道始终发挥最大效能。

第三，加强对中间商的管理，可以及时发现问题，及时进行调整，协调产销关系。在渠道管理过程中，旅游企业会发现实际运行中各渠道成员存在的问题，为了适应市场变化，整个分销渠道系统必须随时加以修正和改进，没有哪一条渠道从产生开始就会永远以最高效的状态运转下去。只有在对分销渠道进行管理的过程中，旅游企业才能发现分销渠道的问题，从而有针对性地对其进行改进，或者增加或减少某些市场营销渠道或渠道成员，或者改进和修正整个市场营销系统。

由此可见，一个成功的旅游产品供给者，必须从整个市场经营战略的高度去看待分销渠道，必须对所选择的渠道经常给予培养、鼓励和考评，必要时进行调整，以协调产销关系。因此，供给者不能从产品卖出去就行的观点出发，急功近利，而应当注重分销渠道的培养和管理。

9.3.4 旅游中间商的激励

旅游企业需要对中间商（渠道成员）不断地激励才可以使其尽职尽责。尽管当初中间商加入销售渠道时的因素和条件已经构成了对它们的激励因素，但仍然需要旅游产品供给者不断地加以督导与鼓励。因为在销售过程中，中间商都是相对独立的实体，在处理旅游产品供给者与旅游者的关系时，往往偏向于旅游者一边，认为自己是旅游者的采购代表，同时也会更加重视自己的利益，最后才能考虑旅游产品供给者的期望。因此，如果要使各中间商的分销工作达到最佳状态，供给者就必须不断地对其进行激励。要想激励中间商，首先要了解他们的想法和愿望，从他们的角度来看待整个问题，并据此采取有效的鼓励手段。旅游产品供给者在处理与经销商的关系时，经常采用不同的方法，一般有合作、合伙、经销规划三种。

1）合作

绝大多数的旅游产品供给者都以为激励只是设法得到中间商的合作，于是纷纷采取软硬兼施的方法，一方面采用一些积极激励措施，如给中间商较高的利润、资金等额外酬劳，合作广告奖励，展览津贴，销售竞赛等；另一方面，旅游产品供给者也使用消极的制裁措施，如降低利润率、推迟交货甚至终止关系等。这种做法的缺点是简单地套用了刺激反应的模式，混杂使用各种激励因素，而没有真正地研究中间商的需要、激励方法的长处和短处。

2）合伙

一些精明的旅游产品供给者着眼于与经销商或代理商建立长期的合作伙伴关系，这就需要旅游产品供给者明确它们能从中间商那里得到什么，中间商又能从它们那里得到什么，以及要明确销售区域、产品供应、市场开发、财务要求、技术指导、售后服务和市场信息等方面的内容，然后再根据实际情况，双方共同商定在这些方面的相关政策，并按照它们信守这些政策的程度给予奖励。

3）经销规划

这是指将中间商的利益与旅游产品供给者本身的利益统一起来，建立一个有计划的、实行专业化管理的垂直市场营销系统。旅游产品供给者在市场营销部门下设立一个分部，可称为"经销商关系规划部"，其任务是了解经销商的需要，并制定营销规划，帮助每一个经销商尽可能地以最佳方式经营，通过该部门与经销商共同规划营销目标、产品陈列、广告宣传等工作，使经销商转变观念，与旅游产品供给者站在同一立场上，从而使双方的合作基础进一步加强。在实际情况中，在了解经销商的需求和特征的基础上，对其采取一些积极的激励措施，远比采用其他方法的效果好。旅游产品供给者所采取的激励措施一般有以下几种：

（1）开展促销活动。一般来讲，旅游产品供给者采用广告宣传推销旅游产品是很多中间商欢迎的，其中的广告费用可以由供给者负担，也可以要求中间商合理分担。旅游产品供给者还可经常派人前往重要的中间商那里协助安排产品的展览和陈列，帮助中间商培训推销人员，或根据中间商的业绩进行奖励。

（2）给予资金支持。经销商一般都希望旅游产品供给者给予其资金支持，这样可以使它们积极推销产品，一般情况下可以采取分期付款或售后付款的方式，从而帮助中间商解决资金不足的困难。

（3）提供市场信息。市场需求信息直接影响到中间商的销售效果。旅游中间商向旅游产品供给者提供市场信息，旅游产品供给者更应该向中间商提供其所获得的市场信息，互相通气，使两者都能随时了解市场新动态。旅游产品供给者可以定期或不定期地邀请中间商召开座谈会，通报经营状况和经营计划，共同研究市场动向。

（4）协助合作管理。在旅游中间商遭遇管理方面的问题时，旅游产品供给者可以协助中间商搞好经营管理，提高营销效果，同时还要与中间商结成长期的合作伙伴关系。在了解市场、明确供给者和中间商各自需要的基础上，共同制订发展计划和措施，以达到双赢的目的。

在旅游产品销售过程中，特别是国际旅游产品的销售由于受市场竞争激烈、新产品不被国外旅游者了解等各种因素的影响，经常会使中间商失去信心，因此对海外中间商的激励，是旅游产品能否在国际市场上立足的关键。

一般情况下，国内旅游产品供给者采用的激励手段是：首先，在一定区域内给予中间商独家经营的权利，从而使中间商在一定区域范围内获得垄断，降低竞争的激烈程度。其次，互相交流信息，例如，向经销商提供最新产品，进行定期的商务接触、信息交流和定期磋商等。再次，可以在工作、计划和关系等方面对海外中间商进行激励，诸如对经销商的困难表示理解、一起做计划工作、经常交换意见、承担长期责任等。最后，还可以在扶助方面对海外经销商进行激励，包括提供销售人员、广告和促销方面的支持，协助其进行推销人员的培训，向其提供市场调查信息以及融资、支付等方面的支持。

9.3.5　旅游中间商的考评

在分销渠道中，中间商并不是供给者的从属机构，它们之间没有所有与被所有关系，因此，对中间商进行考评是非常必要的，它可以反映中间商对供给者的信赖程度，有助于增强企业对中间商的控制能力。如果某一渠道成员的绩效过分低于现实标准，那就必须找出其主要原因，同时还要考虑可能的补救办法。考评标准一般包括：第一，销售定额完成的情况；第二，向旅游者交货的时间；第三，对企业促销与培训计划的合作情况；第四，款项返回的状况；第五，中间商对经销商提供的服务等。

一定时期内各中间商所达到的销售额是一项重要的考评指标。旅游产品供给者可以将各中间商的销售业绩分期列表排名，这样可促使后进的中间商为了自己的荣誉而奋力上进，也可以使已领先的中间商继续努力，保持自己已有的绩效。这里需要注意的是，在进行排名时不仅要看各旅游中间商销售水平的绝对值，而且要分析每个中间商各自面临的不同销售环境和不可控制因素。因此，在进行各中间商销售业绩排名的时候，还要用另外两种方法进行比较：一是将中间商的销售业绩与其前期的销售业绩比较；二是根据每一中间商所处的市场环境和它的销售实力分别制定出其可能实现的销售定额，再将其销售额实绩与定额进行比较。通过横向和纵向的比较之后才能科学地发现每个中间商的能力和作用，从而对不同的中间商实行不同的激励措施。除此之外，所开辟的业务和中间商承担的责任也是销售渠道考评的主要内容，它们反映了该中间商发展业务的能力和履行合同的情况。通过对中间商的考评，可以使旅游产品供给者及时发现存在的问题，以便更有针对性地对不同类型的中间商开展激励和推动工作，从而提高渠道的销售效率。在此基础上，旅游产品供给者可以考虑与中间商的进一步合作关系，并逐步修正现有的分销渠道策略。

← 【实例9-3】 红色旅游内容直达"后浪"

← 【相关链接9-3】 走，去抖音上"开发"酒店？

本章小结

旅游销售渠道是提高销售效率、增加经济效益、获取市场信息的手段，能够为产品销售提供方便的销售网络、发布有关旅游产品的信息、进行咨询和协助购买等。根据旅游产品在流通过程中是否经过中间商来划分，可以将旅游产品的营销渠道划分为直接销售渠道和间接销售渠道。间接销售渠道中，按照所经中间环节的多少，又可划分为一级分销渠道、二级分销渠道和多级分销渠道。各种销售渠道的效率有所差异，需要进行客观评估。

旅游企业在评估和选择渠道成员时，既要考虑产品、市场、企业本身和政策的因素，也要顾及成本、控制和服务水平等关键因素。分销渠道可以选择长渠道或短渠道，也可选择宽渠道或窄渠道。无论采用何种策略，都应遵循经济效益和方便购买两大原则。近年来，旅游市场销售渠道出现了长窄式渠道向短宽式渠道转化的趋势。

最常见的旅游中间商有旅游代理商、旅游批发商、专业媒介者、饭店销售代表、区域旅游代理处、饭店联营和电脑预订系统、航空预订系统、互联网和旅游者供应商电子系统。对这些众多的中间商采取合作、合伙、经销规划等多样的激励手段是确保销售渠道畅通高效的常用方法。

关键概念

旅游销售渠道　旅游分销渠道　旅游中间商

基本训练

□ 案例分析题

茶企如何通过渠道提升营销精准性？

渠道该怎么定位？设计渠道密集度时，在某一个区域到底开多少家店合适？是密集型的还是独家分销型的？是只开一个店还是开十个店？渠道该以哪些方式、哪些要素给消费者创造一种好的购物体验？

第一，渠道定位多元化，带给消费者更多增值服务。分析我国茶企不难发现，不管是企业品牌还是公共品牌，都存在品类太多、品牌分散，企业规模比较小的问题。未来渠道品牌有可能成为我国茶企做大做强的重要出路，渠道在茶叶营销当中扮演着非常重要的角色。作为消费者与品牌沟通的重要途径，渠道不仅是连接生产者与消费者的通路，体现茶企的一种竞争力，也是企业最重要的战略性资产，渠道流通带来的增值效益占茶企总效益的60%。近些年，随着信息技术、数字技术的发展以及消费方式的变革，渠道的功能开始从单纯的卖茶发展出很多增值功能，通过渠道给消费者提供了更多的增值服务。随着渠道的多元化和数据化，渠道的运营模式也在发生非常大的变化，茶店实体店甚至不用开门，已在网上或者直播间营业了。专卖店、实体店转型以后，随着功能的拓展，已经从专卖店向形象店转变。渠道功能也从单纯的卖场向茶叶的推广、茶文化的推广、茶叶消费方式推广转变。

第二，渠道边界逐渐模糊，企业应加快全渠道布局。在营销当中，所有的渠道都需要精心设计，渠道设计会面临三大难题，即渠道密集度、渠道整合、是自主渠道为主还是以第三方渠道为主。可通过分销强度来决定选择哪种策略。密集分销就是在一个区域利用全部渠道销售；选择分销是在一个区域选择有限数量或者有意限制数量的渠道销售；独家分销就是在一个区域只指定一个批发商或者零售商。因此在渠道设计时企业可根据具体情况进行选择。此外，随着互联网和物流的发展，现在批发和零售、实体店和网店日益融合，渠道已经突破了时间和空间对茶叶销售的限制，边界变得越来越模糊，在这样的情况下，就要加快全渠道布局。线上通过这几年的发展，只要能够看到屏幕的地方和能够扫码的地方都是茶叶销售的渠道，因此，茶企要树立全渠道布局思维。

第三，优化顾客消费体验，企业提早布局社交零售。在建渠道时，茶企该以哪些方式、哪些要素给消费者创造一种好的购物体验？陈富桥表示，"我们通过对茶叶体系和消费者渠道选择的多年调查发现，消费者心中比较完美的渠道期望主要有质量、价格、便利和体验"。面对消费者的选择困难等问题，需要茶企从降低消费者搜寻成本、理性进行产品定价、谨防过度包装、重视购买后的跟踪服务、提高消费者对认证标识的信任度及构建虚实结合的茶叶流通渠道等方面去优化消费体验，尽可能形成全程深度体验闭环，要将从消费者了解产品到购买产品、喝茶、重复购买，形成一个闭环，消费者体验后形成客户沉淀下来。要想办法创新一些体验方式，通过渠道服务内容的创新，给消费者更多的创新体验。要激活消费者的活动体验，新产品可以放在渠道里，让消费者自己去参与体验产品好还是不好。要加强个性化的体验，提升营销的人情味。

第四，加强引流工作建设，注意渠道的变革与演化。熟人推荐和品牌搜索是传统上最有效的两个引流渠道，短视频崛起后，通过内容提升用户黏性也越来越多，随着流量的聚集，慢慢也形成一定的引流模式。2020年新冠肺炎疫情对流通渠道变化的影响是非常深远的。调查发现，原来的实体渠道43%的消费者开始网购。如果这个习惯沉淀下来，渠道的格局将发生很大的变化，以后实体渠道虽然可能慢慢恢复，但网店的发展值得关注，除了三大电商平台发展迅速外，抖音等也发展强劲，抢流量已经白热化。还要注意通过社群社区强化与消费者的沟通，让消费者变成铁粉，提高用户的黏性。通过线上和线下的活动相互配合来进行社群化的运营和维护，培育品牌文化。数字化将是渠道以后面临的趋势，并通过连接引流、宣传推广、流程再造、数据沉淀、业态创新等赋能茶叶流通。平台化是另一个趋势，龙头茶企要转型成专业化的平台企业，构建完整的平台模式和生态，小茶企要融合到平台里做专业化伙伴。

实体渠道仍将长期存在，传统与现代营销模式将并行发展，我国茶叶销售渠道仍以传统渠道为主，但新兴渠道正在快速成长；线下线上深度融合，PC电商在向移动电商、社交电商转变。

（资料来源　袁国凤．茶企如何通过渠道提升营销精准性？［N］．中国食品报，2021-09-02）

问题：

您认为茶叶营销的渠道发生了哪些变化？怎样才能优化茶企营销的引流效果？面对传统渠道和新兴的电商渠道的对决，茶企应该如何优化自身的营销策略？

□ **思考题**

1.说明旅游销售渠道的类型。

2.什么是旅游分销渠道策略？

3.选择旅游分销渠道成员要考虑哪些因素？

4.旅游中间商有哪些类型？

5.阐述旅游分销渠道的发展趋势。

□ **课堂讨论题**

1.如果您是一家旅游企业的首席技术官（CTO），您认为科技会给旅游服务业的分销渠道带来哪些变化？

2.您认为生产有形产品的旅游企业与生产无形服务产品的旅游企业，其旅游营销渠道有何不同？

3.如果您是一家旅游企业的市场营销总监，您认为旅游企业是否应该拥有很多的营销渠道成员？为什么？请您阐述旅游经营商与旅游代理商的区别。

4.请您阐述为何特许经营成为零售业快速发展的一种形式。

5.据世界特许经营联合会统计，30%~50%的特许经营申请人都曾在大企业中层管理岗位工作，后来因企业减员而失业。对这些已脱离原企业的中层管理者来说，以前的工作经验对他们有何益处和局限？他们应该如何适应作为特许经营商的管理与生活？

6.请您以一家拥有网络预订的旅游企业为例，说明旅游消费者为什么愿意通过网络预订？该网站的设计有效吗？为什么？

第10章

旅游营销策略

学习目标

通过本章的学习，学会制定旅游广告策略、旅游市场营销战略、旅游市场促销策略以及旅游市场营销组合策略。

10.1 旅游广告策略

10.1.1 旅游广告媒体

旅游广告作为一种信息，必须依附在一定的载体上才能向社会传播。凡是能够在旅游广告和广告对象（即旅游者和潜在旅游者）之间起媒介或载体作用的物质，均可称为旅游广告媒体。

旅游广告的媒介就大类而言，有视觉媒介、听觉媒介、视听两用媒介。视觉媒介包括报纸、杂志、海报、传单、招贴、户外广告等；听觉媒介包括无线电广播、有线广播、宣传车、电话等；视听两用媒介主要包括电视、电影、戏剧、小品以及网络等。一般使用的旅游广告媒介，大多是报纸、杂志、无线电广播、电视、网络等。它们各有其优缺点，也很难分出高下（见表10-1）。但近年来，网络旅游广告的地位不断上升。

表10-1　　旅游视觉媒介、听觉媒介、视听两用媒介、网络媒介的功能比较

项　目	视觉媒介	听觉媒介	视听两用媒介	网络媒介
信息量	大	小	小	最大
真实感	较强	最弱	强	最强
印象深刻度	差	较强	强	强
印象持久性	差	较强	强	强
保存性	最好	差	差	较好
互动性	无	无	无	有

10.1.2 旅游广告策划

旅游广告策划是广告业与旅游业的结合。一则成功的旅游广告，虽然只有短短几句话或几个画面，但其幕后工作是极为繁杂的，当然有些拍脑瓜产生的旅游广告除外。成功细致的旅游广告策划，要经过这样几个步骤：旅游产品定位、目标市场确定、旅游市场调

查、旅游广告选择、旅游广告创意。

1）旅游产品定位

旅游产品只有找到了它在市场上的地位，明确了其使命和功用，才能有一块适合的天地茁壮成长。

旅游产品定位要避免以下几点问题：

（1）定位过高。

在社会经济中，收入阶层构成呈中间大两头小的分布。就整体而言，旅游市场主要还是集中在中间阶层，而且与高定位相对应的，要求有高质量服务，成本必然提高。因此，定位并非越高越好。

（2）定位过广。

定位过广，与产品毫无定位的结果是相仿的。假设一个产品开拓市场有一定的力量，则此产品面向的市场越大，其集中于某一点的力量就越小，因此选择市场面宽窄要适度。

（3）定位不稳定。

产品定位不稳定，一般原因在于对定位没有一个正确的认识。在旅游广告策划中，一旦选准了定位，就不能轻易变更。因为一个产品其内在属性是既定的，它所适合的人群也相对固定，一旦改变市场定位，不但使旅游广告显得不可信，而且可能造成旅游者流失的局面。

2）目标市场确定

与旅游产品市场定位相统一的是目标市场选择。市场是统一的，又是细分的。现代营销的一个重要思想就是市场细分化和目标市场选择。在进行旅游广告策划时，也必须明白旅游广告的对象。对不同的对象，目标市场确定的方法是不一样的。对高收入阶层，旅游广告的着眼点可以是保证健康、增强活力、显示身份；对高学历阶层，可以把重点放在旅游产品的情趣、满足感以及显示知识背景等；对一般工薪阶层，可以强调价廉物美。确定目标市场对整个旅游广告策划有决定性的意义，甚至关系到旅游广告人员的定向选择等。

3）旅游市场调查

这个步骤和产品定位、目标市场确定其实是同时进行的。在调查前，旅游策划者要先对旅游产品定位和目标市场心中有数，以便做到调查时有的放矢。但同时，应根据市场调查所得结果的分析和结论，适当调整旅游广告策略，以便更加符合实际，收到更好的效果。市场调查具体包括以下内容：

（1）市场环境调查和分析。

市场环境调查以确定目标市场为前提。在此基础上，有计划地收集某一地区有关政治、经济、文化、人口、风俗等情况。专业的旅游广告策划公司会对自己经常接触的地区定期进行相关调查，更新资料。根据调查资料，对该地区人口年龄、性别、文化、职业等分布进行分析，以此对目标市场进行细分，确定旅游广告重点。另外，对地区风俗文化、政治经济形势的分析，也对旅游广告策略具有重大借鉴意义。

（2）市场竞争性调查和分析。

旅游广告产品的市场竞争性调查，内容比较庞杂。具体而言，它包括旅游产品的历史供求状况、旅游产品的发展轨迹、成功和失败的原因，以及旅游产品目前在市场上所处的地位。市场竞争性调查的内容还包括该类旅游产品的市场总容量，其他品牌产品的发展轨迹、竞争潜力、销售渠道、广告及其他促销手段的运用等。

（3）旅游者调查和分析。

对旅游者进行调查是营销的重要内容，也是旅游广告策划的重要内容。既然已经确定了目标市场，所要调查的旅游者当然也就有了范围。对目标旅游者的调查，又可以分为两个方面：一是需求调查；二是旅游心理方式调查。不同的产品有不同的旅游者，旅游心理方式是不同的，旅游心理方式有习惯型、理智型、价格型、冲动型等多种类型。对旅游心理方式进行调查，有助于确定旅游广告方式，是以利诱人，还是以理服人、以情动人。

4）旅游广告选择

旅游广告选择包括两个方面：一是旅游广告种类的选择；二是旅游广告时机的选择。

首先，旅游广告种类有很多，其特点和功能见表10-2。

表10-2　　　　　　　　　　主要旅游广告媒体的特点和功能

旅游广告	特点和功能
电视	易于接近大众旅游市场，可以使旅游区和旅游企业将它们的产品和商标在潜在旅游者面前展现出来，可以影响大众旅游市场，使他们对某个特定的旅游产品保持长期的忠诚度。通过音乐、色彩、动画的综合运用增强震撼力，可以强化声音、图像、色彩、动感。由卫星传送，全球可以接收
出版物	可以将旅游信息传达给特定的社会经济群体，可以将旅游信息传达给特定的区域，也可以传达较复杂的旅游信息，较电视广告便宜
影音制品	主要目标群体是年轻人，可以充分利用动画与声音的效果，较易影响某个区域市场
海报	易于影响特定的目标市场（如旅游购物者），成本低
国家级日报	成本高，仅适用于级别高、可以吸引全国范围旅游者的旅游产品和线路
省级日报	适用于当地旅游市场
地方晚报	具有较高的当地市场覆盖率，读者量很大，容易使广告有被"偶尔发现的机会"（OTC），传播速度快，反应及时
地方周报	具有较高的市场覆盖率，读者量较大，适用于城市居民，以及白天待在家里的人，提供了大量被"偶尔发现的机会"
经贸杂志	适用于特定的目标市场
旅游杂志	适用于社会经济层次较高的旅游群体，每份杂志的阅读人数多，可以保存一段时间
月刊、周刊	用于特定的目标市场，会被家庭成员反复阅读
路牌	画面巨大醒目，保存时间长，游客在观光、购物途中反复观看，印象深刻。可以依据旅游客流的变化或景区季节特色及时更换路牌，路牌本身设计精美，成为都市一道独特的风景线
地图（图册）	具有导游作用，提供专业的信息服务，制作费用低，保存和阅读时间长
网络旅游广告	互动式交流，选择面广，选择性强，图像、声音俱全，用户可以通过菜单选择某一产品相关方面的信息，其信息量比电视和报刊更大

其次，旅游广告时机的选择，从短期看就是如何在短时间内部署好一系列广告展露的问题。如图10-1所示，旅游广告时机大体可分为三类：一是集中式，即广告集中在一个月的几天内发布，称为爆发型广告；二是连续式，即广告连续地分散于一个月；三是间断式，即广告间断地分散于一个月。从图10-1中还可以看出，广告信息可以用水平频率、渐高频率、渐低频率或交替频率播放。旅游企业营销人员的任务就是在这几种通用类型中选择一种，把所有信息以最有效的方式传播出去。至于何种类型最有效，则依广告的沟通目标、产品性质、目标市场及其他市场营销因素而定。

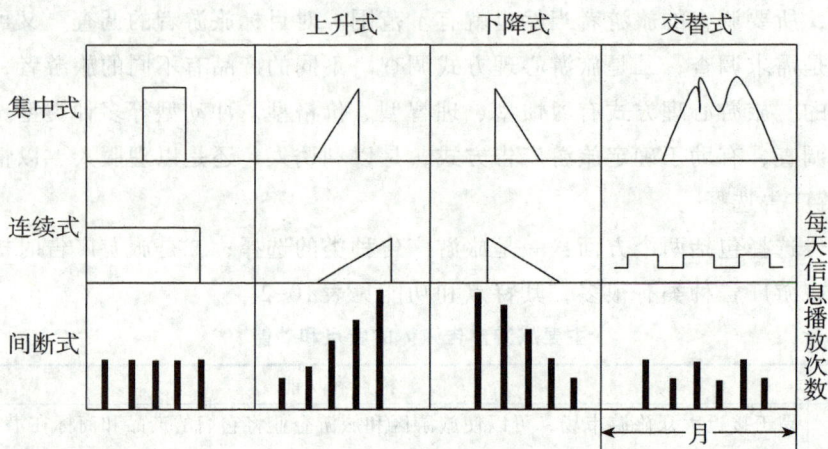

图10-1　旅游广告时机形式分类

5）旅游广告创意

（1）创意是灵魂之所在。

旅游广告策划中的创意，必须是整个旅游广告活动的中心，是旅游广告活动的灵魂，是它的卖点。旅游广告创意要取得成功，可以从新颖出奇、逆向思维、文化是永恒的源泉、寻找新的渠道、唯有真善方为美、感情是通向心灵的捷径、选择名人等方面入手。

（2）口号是点睛之笔。

旅游广告中的口号是多数影视、印刷、网络、户外特殊旅游广告在结尾处单独或与旅游经营机构名称、标志放在一起使用的重要标志性构成部分。一个旅游广告口号可以说是一个旅游广告的点睛之笔。从旅游广告口号在市场功能和语言特色方面来看，经验丰富的广告创作人员要在极为有限的时空中使用简短易记、节奏鲜明、便于上口、合乎韵律、顺应时尚的语句准确体现旅游企业的经营理念、企业文化、形象定位、产品卖点、促销方略。一个精品广告口号可使整个广告神韵飞扬，使旅游者能够"一见钟情，朝思暮想"。因此，研究、分析世界旅游促销中最为广泛使用的旅游广告口号的功能特色和语言风格，对于希望在海外市场开发方面有更大作为，在国内市场拓展方面继续保持强劲势头，有着极为重要的借鉴意义。

10.1.3　旅游广告媒介决策

媒介决策就是选择负载广告信息的广告媒介，寻找成本效益最佳的途径，寻找把广告内容有效地介绍给企业既定目标市场的方式。进行媒介选择应该基于两方面的考虑：一是市场的差异性决定必须针对所宣传产品的目标市场进行广告宣传，而不同媒介与不同消费者的密切程度不同，信息经这些媒介送达消费者的程度可能不同，这就要求选择与目标市场消费者密切程度最高的媒介，才能达到最佳效果。二是因为任何企业的广告开支都是有限的，因而必须注重成本效益问题。

媒介决策包含几方面的任务：决定触及面、触及频率及影响，选择媒介类型，选择具体的媒介工具以及决定传播时间。触及面是特定时间段内某一特定媒介一次最多能触及的消费者数目比例。触及频率指在一定时期内平均每人或每个家庭见到广告信息的次数。影响则指某一特定媒介的展露质量价值，它反映媒介与特定消费者的密切程度。

图10-2表明了媒介和旅游产品知名度的关系。知名度是指在特定媒介发布的某条信息所触及的人中，引起注意、产生兴趣并记忆信息的人数所占的比例。在达到同一知名度水平时，不同媒介、不同频率、不同触及面构成三个不同组合，加权展露数（WE）揭示了触及面、触及频率和影响之间的关系。它表示广告的最后效果，即对销售的影响。

$$WE=R×F×I$$

式中，R代表触及面；F代表触及频率；I代表影响。

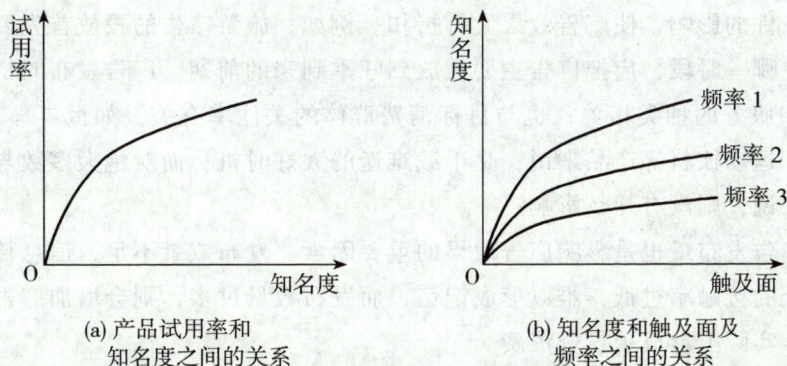

(a) 产品试用率和
知名度之间的关系

(b) 知名度和触及面及
频率之间的关系

图10-2 媒介与旅游产品知名度

实际上，一般首先要选择媒介的影响程度，然后再考虑触及频率，也就是展露次数的问题。广告界一般认为广告的展露次数至少要3次才会有效，但展露次数过多也存在浪费的问题。最佳展露次数随媒介的不同而不同，触及面随所选媒介的不同、触及频率的不同而不同。

10.1.4 旅游广告效果评估

1）旅游广告效果评估的意义

（1）帮助企业选择有效的传播媒介。

不同的受众群体接触媒介的情况是有一定差异的，尤其是在传播产业异常发达的今天，这种差异更加突出：一方面，媒介的种类、数量越来越多，人们的选择余地越来越大。仅以电视频道的增加为例，20世纪90年代以前，用户可以接收的电视频道仅为3～4个，而今天，任何一家有线电视网的用户，都可以收到至少20个电视频道的节目。另一方面，随着媒介种类的迅速增多和选择余地的极度扩展，受众群体越分越细，不同受众群体接触媒介的差异也越来越大，这就使得受众接触媒介的情况变得更加难以把握。因此，如果通过研究目标消费群体接触媒介的偏好和习惯，有针对性地选择有效的媒介和时间进行广告投放，就能大大提高广告的有效性。有效的媒介选择不仅能创造良好的广告效果，更重要的是，能创造良好的广告效益。

（2）提高广告作品的质量。

只有优秀的、有创意的广告作品才能在浩瀚的信息海洋中脱颖而出，才能吸引日渐挑剔的旅游者注意，才能给忙忙碌碌的受众留下一点记忆，才能最终促成旅游者购买行为。因而广告"说什么"和"怎么说"就成为能否吸引受众的注意力，增强受众的记忆力，激发受众的购买动机的决定性因素。通过研究旅游者对广告的记忆点和如何对广告进行理解，可以发现广告传播效果与广告设计的预期是否一致，进而提高广告作品质量，节约广告成本。

（3）选择合适的旅游广告发布时机、发布量和发布时段。

首先，发布时机选择是否得当，对广告效果有重大影响。时机选择得当，则可以充分利用有利时机造成的有利的媒介条件，增强广告的传播效果；而如果时机选择不当，则可能由于不利条件的影响，使广告效果大打折扣。例如，旅游广告的投放首先要分析旅游旺季主要集中在哪一时段，应把广告主要投放到旺季到来的前期。广告发布时机有利还是不利，与产品和服务的种类相关，也与目标消费群体的关注率有关。如世界杯足球赛期间，对运动服装、运动饮料等产品来说，是千载难逢的大好时机；而对绝大多数与运动无关的产品或服务来说，则没有什么影响。

其次，广告发布量也是影响广告效果的重要因素。发布数量不足，信息传播的范围有限，会使受众的接触率过低，难以形成记忆；而发布数量过多，则会增加广告预算，使边际效用下降，实际上形成了投资浪费。

最后，发布时段的选择对广告效果的发挥也很重要。从电视广告的发布时段来说，黄金时段的发布效果和深夜零点的发布效果之间有天壤之别。通过研究目标消费群体关注媒体的习惯，选择适当的发布时机、发布量和发布时段，可以让广告更加直接有效。

广告效果研究对于旅游企业开发成功的广告、有效运用广告费、提升产品/品牌形象、拉动销售等都具有重要的意义。

2）旅游广告效果的评估

一则旅游广告能否引起旅游者的注意，是否有助于提高广告品牌的知名度，是否有助于引起旅游者对广告品牌的好感，最终达到推销旅游产品的目的，是所有旅游业主在广告刊播前都十分关心的一个重要问题。在广告刊播后，或整个广告战役结束后，广告主们也都急切地想知道自己从广告中得到了什么，是否达到了预期的广告目标，为该广告战役所花的大笔投资是付之东流还是有所回报，而广告效果测评正是帮助广告主决定是否要刊播该广告或其评价广告投资是否值得的一个主要途径。一般来说，广告效果的测量需要聘请专门的调查研究公司或专业研究人员来进行。因此，对广告策划经理来说，需要了解、决定的不是用什么方法测量，而是测量什么，以及何时进行测量。

（1）旅游广告评估内容

在广告的沟通过程中，广告代言人、广告信息、广告媒体等对广告效果具有重要的影响，而这些因素或变量又是广告主可以控制、操纵的，因此，有必要对其中每一个变量进行检验，以便对其中的不利因素作出及时纠正。

第一，广告代言人。

广告代言人作为一种广告信息来源，对广告效果有着重大影响。广告代言人在旅游行业还不多见，但正是这一点给第一个迈出此步的景区（点）带来很大的机会，如果代言人选得合适，加以系统周密的策划，景区（点）旅游形象大使这一概念会在旅游业掀起一股热潮。广告代言人是否可信，对目标受众是否具有亲和力、吸引力、影响力，广告代言人的形象与广告产品形象是否一致等，都对广告效果有着直接影响，因而必须加以衡量。例如，一个旅游项目广告用了一个费用高昂的明星，但测试结果表明，该明星无助于引起受众对广告的更多关注，广告主便撤换了该明星。又如，某电影明星或球星可能最初是一个极好的代言人，但由于各种原因，他（她）对广告受众的吸引力、影响力逐渐降低，这时，如果仍使用该明星做代言人，就会降低广告效果。因此，还要随时检验广告代言人对广告效果的影响。

第二，广告信息。

广告信息的内容及信息的诉求方式是影响广告效果的重要因素，因而也是广告评估的一项主要内容。可以从旅游者的角度测量广告信息说了什么，说得是否清楚，广告信息中是否提供了广告受众最关心的内容。例如，一个新景区的广告有没有提供任何能吸引旅游者来此景区旅游的理由。广告刊播后或广告战役结束后测量的内容有：广告受众记住了多少景区信息，他们对广告信息的相信程度，是否记住了广告活动口号或广告品牌。

第三，广告媒体。

对广告媒体的测量主要包括以下几个方面的内容：①测量不同媒体或媒体工具的广告效果，以决定哪一个媒体最有效。②测量不同广告频次的广告效果，以确定最佳广告频次，减少广告浪费。③测量不同媒体时段对广告效果的影响。例如，是连续刊播广告效果好还是分散刊播广告效果好；对旅游纪念品是一年四季做广告好还是集中在春节等旅游旺季做广告好。随着媒体时间的购买费用不断增长，媒体时段的选择日益成为广告主重视的问题。

第四，总体效果。

最后，还要测量广告的总体效果以评价广告是否达到了预期的目标。可根据事先确定的广告目标，以旅游者的反应变量为指标测量广告战役的最终结果。根据这个结果，就可以决定如何进一步做广告，下一个广告战役的目标是什么，目标市场是否要改变等。

（2）旅游广告评估时间

上述评估内容有些需在广告正式刊播前测量，有些需在广告战役进行中或广告战役结束后测量。研究人员可根据测验目的决定测量时间。根据测量时间不同，广告效果测量可分为广告前测、广告中测及广告后测。从广告效果测量的目的看，广告前测、广告中测与广告后测的最大差别在于，前测、中测的作用在于诊断，以找出并及时消除广告中的沟通障碍；而广告后测的作用则是评价广告刊播后的效果，目的是了解广告实际产生的结果，以便为今后的广告活动提供一定的借鉴。

（3）旅游广告效果评估

在确定了广告评估的内容和时间后，要做好广告效果的评估，还必须注意以下方面：

第一，选择好测验样本（即受测者）。

首先，测验样本中的受测者必须是该广告产品的目标消费者。如果以非目标市场中的消费者为测验对象，测验结果对广告主是毫无价值的。例如，用成人受测者来评估儿童产品的广告，或以工薪阶层的消费者为受测者，测试高档服装广告的效果都是不合适的。其次，受测者必须达到一定的数量。如果参加测验的人数量太少，测验结果很难说明问题。

第二，制定恰当的测量指标。

一个广告是不是有效，在很大程度上取决于所使用的测量指标，而测量指标又取决于广告目标或测量目的，广告目标不同，所选定的评估标准也不同。如果广告的目标是让消费者知道这种新产品，那么，评估标准就是目标消费者对广告品牌的知晓度。如果广告的目标是提高目标消费者对广告品牌的好感，那么，评估标准就是消费者对这个广告品牌的态度。

第三，做好事前—事后测验。

所谓事前—事后测验，是一种测量程序，即在广告正式刊播前进行广告前测，了解目标消费者在开展广告战役之前对广告品牌的了解程度与所持的态度，在广告战役结束后，再进行广告后测，并将后测结果与前测结果相比较，两个结果之差便是整个广告战役的效果。如果没有事前测验，就无法确定广告后测的结果是早已存在的还是广告战役带来的，也无法确定广告战役的效果到底有多大，广告战役是否成功。事前—事后测验能较好地解决这一问题。例如，一个广告战役结束后的测验结果表明，目标市场中广告品牌的知晓度达到80%，如果没有广告前测，就无法确定这一广告战役是不是成功。如果事前测验表明，在广告战役前，广告品牌在目标市场中的知晓度是16%，则可认为这个广告战役是非常成功的。因此，如果计划进行广告后测，必须事前进行广告前测。

【实例10-1】 "红色直播间"汇聚"红色矩阵"实现融合式文明实践体系

北京市朝阳区酒仙桥街道开展"红色直播间"文明实践项目，以网络直播形式开展红色文化学习教育。该街道按照新时代文明实践工作机制，制定了《红色直播间工作制度》，严格把好直播活动"五道关口"，即选题关、内容关、流程关、嘉宾关、现场关，先后组织"红色传承走向复兴""我和祖国共成长""科普行动e起来""众志成城战疫情"等14场直播，在一直播、花椒直播等14大直播平台同步上线，累计在线观看近3 500万人次。

功能瞄准"四大定位"。围绕传播党的声音、建强文明实践阵地、搭建志愿者风采展示平台、壮大志愿者队伍，夯实红色根基，从"实体空间"走向"虚拟空间"，带动54家

"双报到"党组织、2 000名"双报到"党员汇入万名"小红帽"志愿服务行列，挖掘党员奉献日、幸福直通车等品牌，从线下的新时代文明实践一所十站，到线上的抖音平台、党员微信群，实现融合式文明实践体系，汇聚成"红色矩阵"。

直播实现"三个多元"。主题多元，深入浅出讲述理论政策；渠道多元，"同心e桥"公众号、"抖起的红色酒仙桥"抖音号等多平台同频直播；形式多元，访谈+互动、线上+线下、场内+场外，让直播接了地气、涨了人气。

集聚整合"八方资源"。充分挖掘社区、园区、企业、学校、部队、医院等资源，"红色孵化"效应明显，辖区非公企业党组织不断壮大，一批网红社工、网红护士、网红的哥成为"红色潮人"。第七期"我的中国心我的中国梦"主题直播，吸引近370万观众观看，社会效应不断提升。

（资料来源　北京市朝阳区文明办."红色直播间"汇聚"红色矩阵"实现融合式文明实践体系［J］.精神文明导刊，2021，20（5）：35-36）

【相关链接10-1】　　　　　　　精准扶贫　暖心助力

在全国上下吹响打赢脱贫攻坚战的号角，夺取脱贫攻坚的最后胜利的同时，各地各级宣传部门和媒体也积极投身其中，奋力助推脱贫攻坚迈好坚实的步伐。

首先，直播带货助农产品出山。湖南省委宣传部在组织媒体做好脱贫攻坚宣传报道的同时，积极调动优质媒体资源，开办公益电商平台，助力贫困地区农产品销售，探索一条"媒体造势、电商卖货、群众受益"的扶贫新模式，搭建湖南广播电视台"芒果扶贫云超市"、红网"湘农荟"两个电商平台，电视大屏直播、手机小屏卖货的扶贫新模式引发热议。通过新闻报道、公益广告、明星代言等多种方式加强宣传推介、提升平台影响。在云南，不少传统媒体也试水直播带货，实现了助农脱贫与探索发展新路的双赢。除了直接助农，云南各地宣传部门还积极推介消费扶贫的优秀经验，有力推广了"资金跟着贫困对象走、贫困对象跟着能人走、能人和贫困对象跟着产业项目走"的工作举措。

其次，营造全员参与消费扶贫。近年来，山西组织主流媒体在黄金时段、显著版面开设专栏，免费宣传推介贫困地区特色农产品，营造全社会参与消费扶贫的浓厚氛围。山西广播电视台部分节目针对省内绝大多数贫困市、贫困县，大力宣传贫困地区农特产品，对不同形式的农产品推介活动进行重点报道，让群众对贫困地区的产品有了更多、更深的了解。针对深度贫困县，《山西日报》开设"亮亮咱贫困县的名特产"专栏、开展晋品晋味助农益农直播，动态跟进机关、企业、学校、医院、部队和贫困地区对接、购买贫困地区农特产品的新闻，加强"万企帮万村"精准扶贫报道，引导全社会力量共同参与消费扶贫。

再次，开拓更大扶贫产业市场。四川的"四川扶贫"公益品牌标识自注册成功以来，公益品牌扶贫产品销售额、带动贫困群众人数显著增加，在疫情防控期间积极帮扶农户销售畜禽、蔬菜、水果等"四川扶贫"产品，获"第十一届中国国际商标品牌节公益品牌金奖"。贵州广播电视台围绕打好产业扶贫硬仗，坚持"强龙头、创品牌、带农户"的思路，把工作和资源向产业扶贫聚焦，大力加强扶贫产业市场开拓，协调优质、黄金资源刊播免费广告。多彩贵州网旗下的"云上贵州多彩宝"平台联合各地商务部门，创新"互联网+"精准扶贫方式，启动贫困县扶贫助农抖音直播活动。贵州日报当代融媒体集团在首屏首页重要位置开设专题，聚焦赫章半夏等项目，有效解决了因为疫情等因素造成的农产品滞销问题，更好地助力消费扶贫。

（资料来源　刘阳，何勇，周亚军，等. 精准扶贫 暖心助力［N］. 人民日报，2020-08-24）

10.2　旅游市场营销战略

10.2.1　旅游市场营销战略的含义

1）旅游市场营销与战略规划

旅游市场营销战略规划过程就是确定旅游企业目标、制订营销组合计划和新业务计划的过程。企业的每个业务部门都有责任向正在制定的战略规划提供有关业务前景的情报和建议，并制订具体的业务计划，以便在未来支持战略规划的实施。营销部门和战略规划部门的关系是：营销部门为战略规划部门提供信息和意见，以便其分析和评价，战略规划部门为营销部门确定任务；营销部门在这些任务的基础上制订自己的营销计划，并贯彻执行；战略规划部门评审结果。然后，这一过程周而复始（如图10-3所示）。

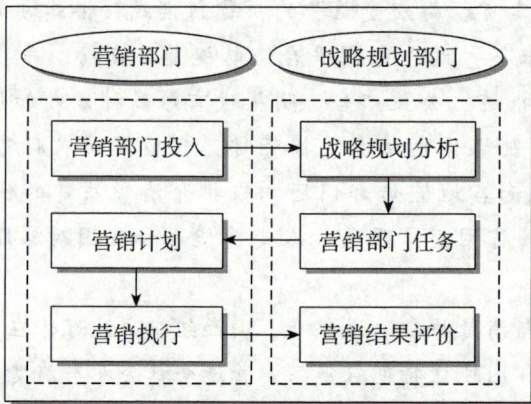

图10-3　旅游市场营销和战略规划之间的关系

2）旅游市场营销战略选择因素

由于旅游者主要是指在一定时间、地点和条件下具有购买力和旅游动机的消费群体，因此旅游者行为具有综合性、异地性、无形性、易波动性等特点。根据旅游者不同的消费行为和购买习惯，可以对旅游市场作进一步的划分，这就是市场细分。市场细分是旅游营销人员的一项常规工作，它的依据主要是地理因素、心理特征和旅游目的。根据不同细分市场的特点，旅游企业可以准确地给自己的旅游产品进行市场定位，并采取最佳的旅游市场营销组合和旅游市场营销战略来赢得市场，战胜旅游市场竞争者（见表10-3）。

表10-3 　　　　　　　　　　旅游市场营销战略选择因素

旅游市场营销战略	企业资源	市场同质性	产品同质性	产品生命周期	竞争者策略	竞争者数目
无差异	多	高	高	投入期	—	少
差异	多	低	低	成熟期	差异	多
集中	少	低	低	衰退期	—	多

3）旅游市场营销战略的意义

旅游市场营销管理是旅游企业的主要管理职能之一，作为其重要内容的旅游市场营销战略在整个企业战略中有着举足轻重的地位。旅游市场营销战略的关键作用是，明确在较长的一段时期内旅游企业的营销目标，并使旅游企业能动态适应变化的市场环境，这也是绝大多数旅游企业制定旅游市场营销战略的初衷。当然，旅游市场营销战略有多种模式，不同模式的特定目标取向也有所差别。

具体而言，旅游企业制定市场营销战略的主要意义如下：

（1）明确营销战略地位。

旅游市场营销战略的制定建立在旅游企业对现有市场营销战略地位进行准确判断的基础之上，其中，市场营销战略地位主要取决于旅游企业所处的业界地位、战略原则以及营销战略目标（见表10-4）。只有明确了所处的营销战略地位，旅游企业才能根据相关战略原则，制定出具有针对性、前瞻性和竞争性的旅游市场营销战略。

表10-4 　　　　　　　基于业界地位的旅游市场营销战略决策

业界地位	战略原则	营销战略目标
市场领导者	防御原则	维持高市场占有率
市场挑战者	进攻原则	扩大市场份额
市场追随者	侧翼原则	发挥局部优势
市场利基者	游击原则	占领足以生存的角落市场

（2）统一市场营销行动。

旅游企业必须对较长一段时间内的营销行动有一个总体安排，一方面，每个营销循环过程都应促进旅游市场营销战略目标的实现，另一方面，每次营销活动都应有明确的工作目标，这些子目标共同构成了组织的营销战略目标。营销管理者的任务就是既要从战略的高度，又要从战术（通常为半年到1年）的角度在预算、时间和市场环境允许的范围内同上、下级商讨和制订切实可行的行动方案。

（3）增强经营稳定性。

面临不断变化的市场环境，若旅游企业以决策者的意志为转移来开展营销活动，则注定会失败。营销战略能使企业经营活动稳步开展，进而有效解决营销活动的随意性问题。在营销战略规划的约束下，旅游企业可灵活采用各种营销策略，以逐步实现既定的战略目标。旅游企业在制定营销战略时应采用一种新的模式——自上而下地确立战略目标，自下而上地制订行动方案，这样便能有效协调长远战略和短期计划之间的关系，避免因盲目调整短期营销策略而产生的混乱。

（4）鼓舞员工士气。

旅游市场营销战略是旅游组织的长远发展目标，描绘出了旅游企业的未来轮廓，如同旅游企业各部门在旅游市场营销战略的约束下会主动寻求协调一样，一般员工在了解旅游企业的营销战略目标和发展方向后，会积极地、创造性地贯彻旅游企业决策层的意图，从而大大增强旅游企业的凝聚力。旅游企业在制订具体的营销活动方案时，应尽可能地让更多的员工参与进来，这样既可以增强员工的归属感，又能充分听取员工的意见和建议，体现员工的个人价值，从而确保在实施营销计划时广大员工愿意积极参与。此外，通过制定合理的奖惩制度，将旅游市场营销目标的完成情况与各种形式的奖励结合起来，可以更有效地激发旅游企业员工的工作积极性。

10.2.2　旅游市场营销战略开拓模式

旅游产品虽然受地域限制，但发展市场的空间是无限的。旅游景区（点）可以采取以下几种发展战略模式：

1）内涵型开拓模式

内涵型开拓模式是指旅游企业在旅游景区（点）内开展多种经营，全方位满足目标旅游者的需要，提升景区（点）服务档次和增加服务内容。旅游的六大要素——食、住、行、游、购、娱是游客的基本需要，随着旅游消费档次的提高，旅游者还增加了健身、教育等需要。这些都是主流需要，此外还有诸多个性化的需要。旅游产品是综合性的，所有服务项目组合在一起能发挥更大的乘数效应。服务的项目越多、越全面，就越能留住游客、越能刺激游客在景区（点）消费。景区（点）服务完善了，又会在很大程度上影响目标旅游者群体的口碑，吸引更多游客前来游玩。

2）外延型开拓模式

外延型开拓模式就是指旅游企业在旅游景区以外发展经营活动。外延型开拓模式是根据企业的经营战略来实施的，可采用以下几种形式：

（1）主业延伸发展模式。

这种发展模式也叫一体化发展模式，就是将旅游景区业务向有联系的行业发展。例如，向前延伸到旅行社、旅游交通行业开展业务，向后延伸到饭店业、旅游商品设计开发行业开展业务，横向则投资开辟新的景区。这种模式不管向哪个方向发展，都离不开景区原有的经营主业，都是以原先的主业为中心向外围逐步拓展的。这种市场发展模式需要景区投入资金，是一种投资发展模式。

（2）围城打援模式。

这是一种多角化发展模式，其意不在于主业的转移，而是要在跨行业的两个行业领域同时经营，利用相互的影响作用取得综合经济效益。最成功的例子是浙江宋城集团。宋城集团是中国最大的民营旅游开发投资集团之一，其投资方向以旅游休闲业为主，同时涉及房地产开发、高等教育、电子商务等领域。宋城集团 1995 年起步时，先在杭州动工兴建主题公园宋城，相继又在萧山等地投资开发了杭州乐园、美国城、山里人家等景区。集团在开发旅游景区的时候大量购置周围土地，开发房地产，围绕景区建成一批宾馆、温泉度假村、高尔夫俱乐部、网球俱乐部等度假休闲配套项目。

（3）管理输出模式。

这是一种经营效益好的、知名的旅游景区企业利用专业化管理技术，向同行业扩张的发展模式。这种模式一般不需要直接投资，是一种把无形资产效益化的发展模式，但有时也会以参股、抵押承租、保证金等形式部分投资，这要视具体情况而定。它的业务类型有开业管理、培训管理和跨年度管理三种。这种发展模式需要景区拥有一批高素质经营管理专业人才，并且母体景区经营效益良好。

3）点轴型开拓模式

旅游企业的现有产品和现有市场如果还有盈利潜力，可采用点轴型开拓模式，这一模式主要有三种形式：

（1）市场渗透。

市场渗透，指旅游企业以现有产品或服务在现有市场上采用种种措施，如加强广告宣传、促销等，提高市场占有率的战略。其主要途径有四种：①增设销售网点；②降低价格；③以提供优质服务等方式使旅游者多购买现有产品或接受现有服务；④通过提供各种优惠去争取竞争对手的旅游者。

（2）市场开发。

市场开发，即旅游企业以现有产品或服务去争取新的旅游者和开拓新的市场战略。其主要有三种途径：一是运用现有产品或服务去占领新的市场，扩大其目标市场；二是开发产品或服务的新用途；三是利用现有条件，通过扩大广告宣传等，努力开发新的客源市场。

（3）产品开发。

产品开发，即旅游企业以产品或服务更新换代来维持和提高市场占有率的战略。由于每一个产品都有自己的市场生命周期，特别是在科学技术高度发展的今天，产品市场寿命大大缩短，因此，企业要保持和提高市场占有率，就要不断开发新产品，增加旅游产品类型和数量，进行产品或服务的更新换代。

4）一体化型开拓模式

如果旅游企业对市场的吸引力和增长潜力大，或实行一体化后可提高效率，提高盈利能力和控制能力，则可采用一体化型开拓模式。其具体形式有以下三种：

（1）后向一体化。

这是指旅游企业通过收购、合并或联营向后控制旅游产品供应商，使供应和生产一体化，实现供产结合。

（2）前向一体化。

这是指旅游企业向前控制分销系统（如控制批发商、代理商或零售商），实现产销结合，如自建分销系统等。

（3）横向一体化。

这是指旅游企业兼并或控制生产同类产品或服务的企业。

旅游企业实行一体化型开拓模式的好处是，使其前后向经营过程，或者供销系统同与其有联系的部门建立控制关系。

5）多元型开拓模式

多元型也称多样化或多角化，是指旅游企业向本行业以外发展，扩大业务范围，实行跨行业经营。当企业所属行业缺乏有利的营销机会或其他行业的吸引力更大时，可实行多元型开拓模式。多元型开拓模式又细分为以下四种形式：

（1）同心多元型。

它是指旅游企业以现有产品或服务为中心向外扩展业务范围，利用企业现有技术和营销人员，发展与现有产品或服务近似的新产品或新服务，吸引潜在旅游者。

（2）横向多元型。

它是指在同一专业范围内进行多品种经营，或指旅游企业生产新用途的产品或开发新的服务项目以满足老旅游者的新需求。这种战略系利用企业的专业技术和传统市场发展新产品或开发新服务，因而投资少、风险小，容易成功，是一种可以广为采用的营销战略。

（3）纵向多元型。

纵向多元型，也称垂直多角化，是指旅游企业在原经营业务基础上，向前或向后发展经营的战略。这样就能实现产、供、销一体化，它对产品的开发和销售都有好处，少受其他渠道企业的控制。

（4）综合多元化。

它是指发展与企业现有产品、技术和市场无关的新产品，吸引潜在旅游者。例如，进入新的商业领域，经营房地产等。这种多元化战略可取得很大的竞争优势，因此，许多大企业都实行这一战略。

必须指出，无论哪一种多元化经营，都有其局限性。旅游企业在实施某种多元化战略前，应当认真分析外部的市场情况并正确评价企业内部的条件，权衡利弊后量力而行。

6）互动型开拓模式

旅游企业的生存和发展依赖于目标旅游市场。如何使目标旅游市场不断地得到拓展是旅游企业市场营销活动必须制定的战略之一。从产品-市场角度出发，互动型开拓模式大致可归纳为市场开发战略、多角化增长战略、市场渗透战略、产品开发战略等种类（见图10-4）。

	现有产品	新产品
新市场	市场开发战略	多角化增长战略
现有市场	市场渗透战略	产品开发战略

图10-4　旅游市场战略中"产品-市场"互动型开拓模式

10.2.3　旅游市场竞争战略模型

1）旅游市场竞争战略的评价方法

任何旅游企业都无法回避旅游市场竞争，旅游企业要想在市场上取得成功，必须学会竞争。旅游企业经营者只有在明确自己主要竞争对手，并充分认识自身企业营销实力与在旅游市场上的竞争地位的基础上，制定出切实可行、有效的竞争战略和策略，才能在激烈的市场竞争中取得有利地位，谋求生存和发展。

竞争对手目前的营销状况，同时暗示其可能采取的行为和预示它的发展趋势。在营销实践中，旅游企业可用市场竞争地位矩阵来评价相关竞争对手的竞争态势和确定本企业的竞争地位。旅游市场竞争地位矩阵是以旅游企业间的共同特征，即旅游产品的差异化优势（说明各相关企业的同类产品的质量差距）和成本优势（说明产品价格的最低限度和预示出可能的利润幅度）这两个指标作为评价旅游企业竞争地位的依据（见图10-5）。

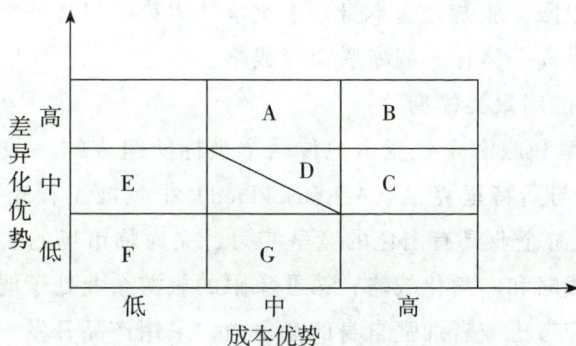

图10-5　旅游市场竞争地位矩阵

图10-5表明：第一，A、B、C区域中的旅游企业在成本和旅游产品差异化两方面都取得了领导地位，并将继续获得长期繁荣与增长。第二，D区域的旅游企业在成本和差异化两方面略超过平均优势，情况不很明朗，可认为能获取平均利润。第三，空白区域表明一方成效较大，另一方明显不好，可认为成本和差异化均处于平均水平以下，经营业绩不好。第四，E、F、G区域表明两种情况：一是在成本和差异化中的某一方面取得平均的结果，但另一方面的绩效明显不好；二是两方面的绩效都不佳。

2）旅游市场竞争战略模型选择

它是旅游企业结合自身优劣势和内外部资源，运用两方面的情况，回答企业适用于何种战略的问题。旅游市场竞争战略模型选择的过程是：首先，分析旅游企业自身的优劣势和内外部资源的情况，以这两个变量构建战略选择矩阵；其次，在考察旅游企业竞争地位的基础上，根据资源与内部条件相匹配的情况，确定旅游企业在矩阵中的位置（见图10-6）。

图10-6表明，第Ⅰ象限的旅游企业处于竞争的优势地位，且外部资源调配可以最大限度地发挥这种优势，宜选用横向一体化、同心多角化、合资经营、合作经营等战略；在第Ⅱ象限，旅游企业仍具有竞争优势，但需要内部资源的调配来强化这种优势，可选择市场渗透、市场开发、产品开发和服务创新等战略；第Ⅲ象限的旅游企业不具有竞争优势，

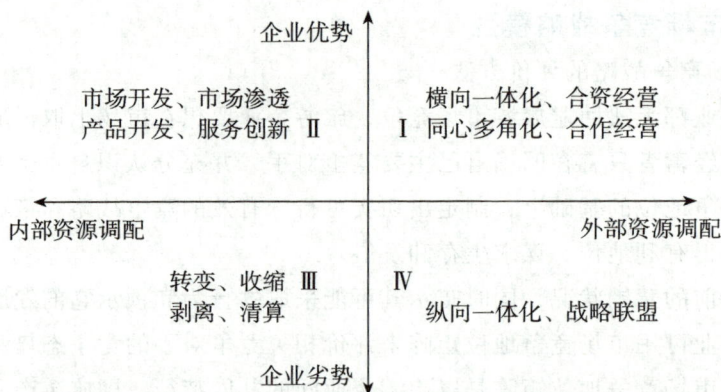

图10-6　旅游市场竞争战略选择矩阵

可通过内部资源的重新调配克服竞争的劣势，应考虑选择收缩性的战略，如剥离不良资产、清算等；在第Ⅳ象限，旅游企业本身处于竞争的劣势，但是外部资源的调配可以弥补这种劣势，可以选择纵向一体化、战略联盟等战略。

3）旅游市场竞争战略聚类模型

这是由市场增长率和旅游企业竞争地位两个坐标所组成的一种模型，是由小汤普森（A.A.Thompson，Jr.）与斯特里克兰（A.J.Strickland）根据波士顿矩阵修改而成的（见图10-7）。第Ⅰ象限的旅游企业具有出色的竞争实力，又面临市场的明显增长，适宜采用纵横向一体化、密集型战略和多角化战略；第Ⅱ象限的旅游企业处于弱势竞争地位，但市场前景光明，旅游企业应考虑或者加强自身的竞争力，采用产品开发、市场开发等战略，或者剥离不良产品、结业清算价值小的产品等；第Ⅲ象限的旅游企业不仅竞争地位较弱，而且市场又比较疲软，应采用稳定战略或者收缩战略；第Ⅳ象限的旅游企业具有很强的竞争地位，但市场相对疲软，此时应考虑采用把旅游企业充裕的资源投入发展前景光明的领域，宜选用集中性的多样化发展或者合资经营战略。

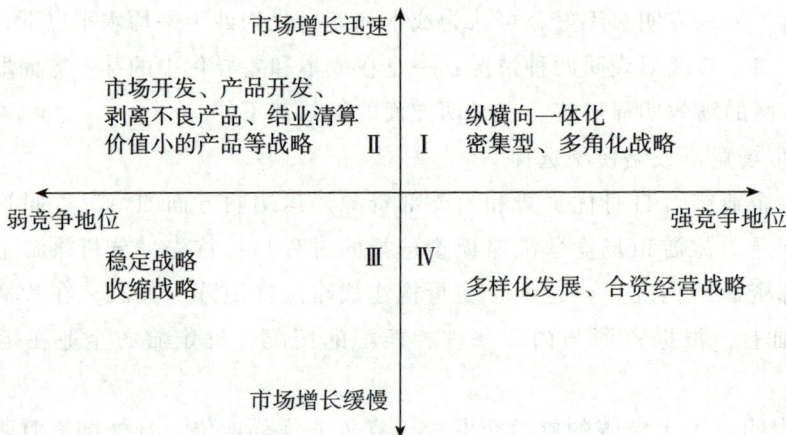

图10-7　旅游市场竞争战略聚类模型

4）旅游市场竞争优势战略

市场竞争优势是所有市场营销战略的核心，因为任何一个企业的实力都是有限的，它不可能占领全部市场。事实上，从某种意义上来说，旅游市场营销活动就是旅游企业充分利用一切资源，发挥竞争优势，实现营销目标的过程。制定竞争优势战略分为两个步骤：第一步，对行业竞争状况和直接竞争对手进行分析评估；第二步，选择有效的营销竞争战略。

（1）旅游企业SWOT分析。

虽然SWOT分析不同于详细的竞争对手评估，但其中的企业优势与劣势本身就是相对于竞争对手实力而言的，而且把企业内部的优劣势与外部的机会及威胁结合起来分析（见表10-5），对旅游企业制定营销决策更具指导意义。通过SWOT分析，旅游企业可以明确自身具备的优势，改进或回避存在的不足，并把握有利于自身生存与发展的机会，从而将优势转变为企业的竞争力。

表10-5   不同SWOT状态下的旅游市场营销竞争决策

SWOT评价	营销原则	营销战略方向	营销决策
优势+机会	开拓原则	产品认知	占领市场、领导同行、增强企业实力
优势+威胁	进攻原则	品牌塑造	集中优势、果断还击、提高市场份额
劣势+机会	争取原则	个性凸显	随行就市、速战速决、抓住市场机会
劣势+威胁	保守原则	有效回收	降低费用、急流勇退、占领角落市场

（2）营销竞争战略决策。

旅游市场营销竞争战略的选择应建立在旅游企业竞争地位判断的基础上（通过SWOT分析可以解决），处于不同竞争地位的旅游企业会选择不同的竞争策略，但无论旅游企业做出哪种竞争战略决策，都是为了突出自身的竞争优势。

总之，以上选择竞争战略的方法均为概念型模型，即从概念出发，通过对旅游企业内外部条件的分析来确定战略位置，提出相应的战略，可以说这些战略仅给决策者提供了一种思路，并不能实际选出确切的某一战略。战略选择是确定企业未来的战略，是非程序性决策，这种特点决定了选择竞争战略除了上面的分析外，还要考虑许多其他因素：

第一，决策者的价值观及风险态度。旅游企业决策者的价值观及对待风险的态度，对战略选择影响较大。风险偏好型的决策者，有较大的战略选择余地，倾向于选择风险较高、收益也较大的战略方案；风险规避型的决策者，战略选择的余地较小，倾向于选择较为稳妥的、收益适中或较小的战略方案。

第二，外部环境的压力。战略关系到旅游企业在更大外部环境中的行为，战略选择与特定的经营环境、主要利害关系群体（如政府、竞争者、受众、旅游者等）有一定的联系。若企业高度依赖某一利益群体，则其战略选择的依赖性就很大，而战略选择余地就变得较小。

第三，现行战略的继承性和企业文化的压力。企业经营和文化的继承性，使得过去的战略常常对现在的选择有相当大的影响，做出的选择常常接近于现行战略或者只是局部改变。这种做法一方面有利于战略的实施，另一方面限制了现行战略的革新。

第四，企业内部的人事和权力因素。在现实社会中，战略的选择更多是由权力来决定，而非由理性分析来决定的。当旅游企业的最高管理者倾向于选择某种战略时，其他决策者会同意这种选择，这种做法被称为联盟。在大型企业中，下属单位和个人常常因利益关系而结成联盟。由此可知，战略的选择往往是一个协调的过程，是企业各方面人事关系及权力平衡的过程。

第五，竞争对手的反应。选择战略时要考虑到竞争对手将会对不同的战略做出何种不同的反应。这是一个动态博弈的过程，对战略能否成功具有很大影响。

10.2.4　旅游市场竞争发展战略

市场竞争无时不在，虽然在不同的阶段，市场会有很大的变化，但在一段时期内，旅游企业的竞争发展战略可以相对稳定。

1）旅游市场防御型竞争战略

若旅游企业从市场调查和自身分析中得出结论，认为只能保持原有经营水平，或者仅能出现少量增长，则应该采取防御型的市场战略。防御型战略，根据旅游企业采取的策略及面临的形势不同，又可分为消极防御和积极防御两种。

（1）消极防御。

作为行业领导者的旅游企业，一般比较乐意保持目前的态势，而不愿进行扰乱秩序的活动。但正是由于这些旅游企业是行业龙头，所谓"树大招风"，其旅游产品、营销手段等都暴露在对手面前，因此，行业领导者比较容易受到攻击。一些进攻是竞争者大胆的试探，一些进攻虽然可能蓄谋已久，但进攻者可能会选择不恰当的时间和方式进行攻击，一旦市场巨头做出相应的反应，多数进攻会土崩瓦解、烟消云散。可见，采取消极防御战略，重要的是要有极强的实力，不动则已，一旦反击，就要有压倒性优势。

（2）积极防御。

如果一味采取消极防御战略，往往在反应还没有来得及做出之时就已落伍，即使是原先的领袖旅游企业也不能经受一而再、再而三的这类挑战。最好的防御乃是进攻，行业领头羊也需要不断推陈出新，主动完善和提高自我，这样才能在竞争中保持领先地位。对于大型旅游公司来说，由于拥有较强的技术力量、较完善的营销网络和市场调研组织，因此更应及时把握市场脉搏，开发新技术、新旅游产品，以具备更大的优势。

2）旅游市场进攻型竞争战略

进攻型战略可为旅游行业中处于中游的旅游企业所采用。它们具有一定的实力，但又不处于行业领导地位，并对自己所处的地位不满意。如果它们觉得在某一方面有独到的优势，可以考虑向行业巨头发起攻击。但是应该看到，采取进攻型战略是有一定风险的。就实力而言，毕竟以行业领导者为强；就市场而言，旅游者一般对领袖型旅游公司较为信赖，品牌忠诚度较高；就进攻的切入点而言，进攻型旅游企业往往过于乐观，而将切入点功用夸大了。进攻型旅游企业切不可一厢情愿地绘制蓝图，必须充分考虑到对方的反应和可能采取的对策，以及自己将受到的影响。在实施攻击战略时，攻击点不可过多。一般说来，小旅游企业对大旅游企业挑战不宜打价格战，因为在这方面，大旅游企业的优势恰恰是最大的。小旅游企业一般应找准市场需求尚未满足的一块加以开拓，对市场进行蚕食，逐渐壮大自己，充分发挥自己比较灵活的特点。

3）旅游市场跟进型竞争战略

选择跟进型战略，可以省掉许多费用。市场培育或是一些开拓性的工作由领先者完成后，跟进者可以不费气力地分得一杯羹；如果领先者决策有误，自己则可以按兵不动，有较大的回旋余地。采取跟进型战略并不一定能踏着开拓者的身躯登上最高点。能够在市场中拥有一席之地，并从跟进中获利，就算是采取了正确的战略。

市场竞争发展战略选择，首先要知己知彼，其次要分析市场，最后要机变灵活。既不可刚愎自用、莽撞行事，也不可优柔寡断、畏头缩尾。居安多思危，心常存不足，这是竞争者必须有的心态。

10.2.5　旅游市场竞争营销策略

旅游企业在市场竞争中可以采用的竞争战略很多，常见的有：以优取胜战略、以新取胜战略、以美取胜战略、以快取胜战略、以诚取胜战略、以廉取胜战略、以多取胜战略和以信息取胜战略等等。归结起来，在同一目标市场上竞争的旅游企业，其营销目标、资源和实力不同，决定了各自在市场上的竞争地位和市场定位各异。据此，旅游市场营销者又可分为四种类型：市场主导者、市场挑战者、市场跟随者和市场利基者。

1）旅游市场主导者营销策略

市场主导者是指在相关产品的市场上占有率最高的营销者。一般来说，在一定区域内，总有一家或几家大型旅游企业为市场主导者，它们在价格变动、新产品或新服务开发、分销渠道和促销力量等方面处于主导地位，为同行所公认。这种主导者的地位是在竞争中自然形成的，但不是固定不变的。市场主导者为了维持自己的优势，通常可采取三种措施：

（1）扩大市场需求量。

当某种旅游产品或某项旅游服务的市场需求量扩大时，受益最大的是处于主导地位的旅游企业。市场主导者扩大需求量的方法有：

其一，发掘潜在的旅游者。每种产品或服务都有吸引新的旅游者、增加旅游者数量的潜力。

其二，开辟产品的新用途。为产品开辟新用途，或为旅游服务拓展新领域。

其三，提高旅游者的出游率。

（2）保持市场占有率。

处于市场主导地位的企业，必须时刻防备竞争者的挑战，保卫自己的市场阵地。市场主导者可以选择运用以下防御策略：阵地防御、运动防御、收缩防御、侧翼防御、先发防御、反攻防御。

（3）提高市场占有率。

市场主导者设法提高市场占有率，也是增加收益和保持优势的一个重要途径，但需考虑三个因素：一是引起反垄断活动的可能性；二是为提高市场占有率所付出的成本；三是在夺取市场份额时所采用的营销组合策略是否正确。

2）旅游市场挑战者营销策略

在市场上居于次要地位的企业，如果要向市场上的主导者和其他竞争者挑战，首先必须确定自己的战略目标和竞争对象，其次还要选择适当的进攻策略。

（1）确定战略目标和竞争对手。

一般来说，市场挑战者要在下列三种情况中进行竞争对手的选择：

其一，市场主导者；

其二，与自己实力相当者；

其三，地方性小型旅游企业。

（2）选择进攻策略。

有五种策略可供选择：

一是正面进攻，进攻者必须在产品、服务、广告、价格等主要方面超过对手，否则不可采取这种进攻策略。

二是侧翼进攻，即或作地理性进攻，寻找对手力量薄弱的地区；或作细分性进攻，寻找主导企业尚未为之服务的细分市场。

三是围堵进攻，当进攻者拥有优于对手的资源时，可采用此法。

四是迂回进攻，具体办法有：开发与现有产品无关的新产品，实行产品多角化；以现有产品进入新的地区市场，实行市场多角化；发展新技术、新产品，取代现有产品。

五是游击进攻。

3）旅游市场跟随者营销策略

市场跟随者与挑战者不同，它不是向市场主导者发动进攻并图谋取而代之，而是跟随在主导者之后自觉地维持共处局面。

有三种可供选择的跟随策略：

第一，紧密跟随，即在各个细分市场和营销组合方面，尽可能仿效主导者。

第二，距离跟随，即在目标市场、产品创新、价格水平和分销渠道等方面都追随主导者，但又要与其保持一定差异。

第三，选择跟随，即在跟随的同时，发挥自己的独创性，但不进行直接的竞争。

4）旅游市场利基者营销策略

旅游业中的小企业，它们专心关注市场上被大型旅游企业忽略的某些小市场，在这些小市场上通过专业化经营来获取最大限度的收益。这种有利的市场位置在西方被称为"niche"，通常译作"利基"，即对一个组织来说最有利的位置。所谓市场利基者，就是指处于这种位置的企业，或拾遗补阙企业。

市场利基者的营销战略是：设法占据有利的市场夹缝，在市场、旅游者、产品或渠道等方面实行专业化营销。在选择有利市场位置时，多重位置比单一位置更能降低风险。因此，这类旅游企业通常可选择两个或两个以上的有利位置，以保证企业的生存和发展。

⇐【实例10-2】 线上线下合力助"燃"红色旅游更"青春"

⇐【相关链接10-2】 疫情防控常态化下 旅游营销需要制胜策略

10.3　旅游市场促销策略

10.3.1　旅游市场促销种类

促销一般是指采取短期措施鼓励购买或销售。如果说旅游广告为旅游者提供购买的原因，那么促销手段则是提供立即购买的原因。促销手段极多，总的说来，可以分为三类：一是旅游者促销手段，包括赠送样品、优惠券、特惠价、有奖销售等；二是商业促销手段，包括折扣、津贴、赠送等；三是行业促销手段，包括展览、陈列、销售竞赛等。

1）旅游者促销手段

旅游者促销手段很多，主要如表10-6所示。

表10-6　　　　　　　　　　　　旅游者促销手段及特点

促销手段	特　点
样品	很多旅游企业都采取赠送样品的办法来扩大销路。这种手段一般都是少量，或者送上门或者邮寄至旅游者手中，有的则是在某销售点集中发放，还有的是随同其他旅游产品附送。赠送样品是推广旅游新产品最有效也是最昂贵的途径之一
优惠券	优惠券即对旅游者购买某种旅游产品可得优惠的书面承诺。优惠券可以是独立发送的、邮寄的，也可以是随其他旅游产品附送的，或是直接附在旅游广告中。这种优惠券多用来促进某种成熟品牌的销售或推广一种新品牌的使用
特惠价	旅游企业常常采取特惠价的方式为旅游者提供优惠。这些特惠价直接印刷在广告包装上。使用特惠价的旅游产品，可以是单独包装的旅游产品，也可以是含几个小包价的大包价旅游产品，还可以是两个相关联的旅游产品组合。特惠价在刺激短期旅游消费方面十分有效，甚至比优惠券更能吸引旅游者
礼品	礼品一般是作为一种刺激手段赠送或以极低的价格出售给购买某种旅游产品的旅游者
旅游宣传品	旅游宣传品一般是作为礼物赠送给旅游者的，多为有用的日常用品，如钢笔、日历、钥匙扣、手表、购物袋、T恤、茶杯等，其上必印有旅游企业的名称甚至旅游广告词
有奖销售	有奖销售已经成为旅游企业促销手段中的新兴一族。尽管代价高昂，但由于促销效果显著，其发展势头仍然很猛。但旅游企业在使用这种促销手段时，一定要注意公正合理
常客优待	这是一种提供给经常使用某旅游企业的旅游产品或服务的旅游者的优惠，在旅游服务行业用得较多
旅游广告促销	这是在促销点的一种陈列旅游广告或说明旅游广告。旅游企业在设计这种旅游广告时应尽量使其简洁而富有吸引力，还可别出心裁地采用立体旅游广告或者是电子旅游广告

2）商业促销手段

商业促销手段是旅游企业用来激发旅行商的积极性从而增加销售的方法。商业促销可以说服中间商接受某一品牌，帮其做旅游广告，并向旅游者推荐这种旅游产品。旅游企业用在争取中间商方面的开销甚至比花在旅游者促销上的还要多。

旅游企业在商业促销方面的手段很多是与旅游者促销手段相似的，像提供样品、打特价、展示产品等。除此之外，还有一些特别的手段，其中之一便是折扣。旅游企业在某一段时间内将旅游产品出售给中间商时，直接从旅游产品价格中扣除一定比例的折扣。这一做法可以鼓励中间商更多地购买某种旅游新产品；中间商则可利用这笔折扣作为当期利润，或作为旅游广告费用，或者用来降低旅游产品价格以吸引更多的旅游者。

除了折扣，旅游企业还以津贴作为促销手段。这种津贴一般是对中间商给予旅游产品某种特殊待遇的一种回报，是为报答中间商给予旅游产品特别陈列。

另外，旅游企业还会对购买达到一定数额或格外"钟情"某一种旅游产品的中间商给予一定数量的免费旅游产品作为奖励。有的旅游企业甚至给予中间商资金或实物来帮助中间商更好地宣传推销旅游企业的旅游产品，包括赠送一些印有旅游企业名称或标志的旅游广告宣传品，如钢笔、铅笔、日历、记事本、烟灰缸等。

3）行业促销手段

旅游企业每年都要在向有关企事业单位或机构团体推销旅游产品上花费甚多。这种促销可以保持商业领先地位、刺激旅游消费、回报旅游者，还可以激励旅游销售人员。行业促销的手段中大部分与旅游者促销和商业促销的手段相同。在这里，只集中讲两个比较重要的行业促销手段——展销会和销售竞赛。

（1）展销会。

旅游企业或是有关商业组织机构举办展销会就是为了推销旅游企业旅游产品。通过参加比较有影响的展销会，旅游企业可以从中获得不少好处，如推介旅游新产品，运用种种现代化的媒体手段教育旅游者等。展销会确实能帮助旅游企业接触到其销售力量无法涉及的潜在旅游者。

（2）销售竞赛。

销售竞赛是为中间商或旅游销售人员所设计的，目的是鼓励其在一定时间里提高其销售业绩。在制订促销计划时，营销人员首先应该决定这种激励的规模。在旅游产品市场销售的现有情况下，根据以往的促销经验，来决定促销的规模水平。其次要确定的是参加的条件，这取决于激励对象的范围。再次要考虑具体采取何种促销手段或是几种手段的综合运用，以及如何实施这一促销计划。另外，促销时间的长短也是一个重要问题，太长会缺乏吸引力，太短又往往达不到预期效果。最后当然还得制订一个促销计划的财务方案，以确保资金支持。

10.3.2　旅游销售形式

旅游销售形式主要包括以下几种：

（1）组织展销团。

通过与不同市场的旅游批发商、零售商及媒体接触合作，巩固同业界的关系，介绍新的旅游产品，提高旅游企业知名度。在国内主要客源地开设旅游办事处，建立代理点，开辟从客源地直接招徕、组织客源的渠道，沟通旅游界的联系渠道，与有关旅游管理部门和协会建立紧密联系，互送客源。

（2）向公众推销。

通过街头巡回促销和场馆推销等形式在主要城市对旅游整体形象和主要旅游产品线路进行介绍，以最大可能地吸引游客。针对不同层次的游客、不同阶段、不同季节开辟新的旅游线路，推出一批有轰动效应的旅游专题项目。

（3）参加交易会。

参加国内重要的旅游交易盛会，以拓展联系和推销。与周边地区的旅游景点进行横向联合，共建文化旅游产品等。

（4）与媒体合作。

邀请主要市场的媒体代表（包括报纸、杂志、广播、电视和网络）到实地考察，对旅游产品进行报道，以进一步提高知名度。创建富有特色的导游解说系统，制作光盘进行宣传，并充分发挥新闻媒体的作用。

（5）提供多种宣传材料。

制作有吸引力的旅游手册和导游图，向各客源市场的旅游批发商、零售商及公众提供多种设计独到、制作精美的旅游宣传品。

（6）借助艺术传播。

邀请演艺界等著名的明星表演或进行其他宣传活动；策划组织有特色的节目到重要城市进行巡回表演；组织以地方文化为主题的书画展，在重要城市巡回展览提高影响力等。

10.3.3　旅游促销模式

公关促销是最重要的旅游促销形式，就是通过赢得社会好感，建立良好的"旅游社会形象"，对谣言、丑闻进行驳斥及对危机事件进行妥善处理，来与公众建立良好的关系，最终达到提高知名度、建立旅游者品牌偏好的目的。

公关促销的"绝技"在于，它能以比旅游广告低得多的成本获得很高的社会关注。旅游企业甚至能不花钱就得到媒体的大量宣传。如果旅游企业能制造出某种有价值的新闻，马上就会有媒体闻风而至，其产生的效果与花费数百万元做旅游广告的效果并无二致，而且这样的宣传往往更让旅游者觉得可信。利用公共关系进行促销，常常能收到奇效。

随着越来越多的旅游企业认识到公关的作用，公关活动方法也是层出不穷、数不胜数。在这里，仅对较为常见的几种公关促销模式加以总结概括，实际中的公关促销方法比这些要多得多，也奇妙得多。出奇制胜是公关促销的一大诀窍。

（1）旅游文化促销模式。

在人类社会漫长的历史过程中，逐渐形成许多种旅游文化，如旅游饮食文化、旅游宗教文化等；在继承和改造传统文化的同时，又有一些新的文化在涌现，如旅游电视文化、旅游娱乐文化、旅游体育文化、旅游自然文化等。文化促销只是利用了旅游者对某种文化产生的心理定势，加以运作，借以影响旅游者的旅游消费心理及行为。

（2）感情促销模式。

市场经济应当是"理智型经济"与"情感型经济"的有机结合，在经营中应注重情理。情感效应是旅游经济效益的重要获得途径。如一些旅游企业，利用母亲节、父亲节、中秋节、重阳节等节日大做文章，开发老人旅游线路，提醒做子女的为父母节日出游规划，以情动人，让旅游者从感情上自然地接受旅游产品。

（3）名人促销模式。

借助名人的声望与地位来宣传旅游企业及其旅游产品或服务，实践证明是一条提高旅游产品或服务销售量的捷径。名人也成了旅游企业公关的一个大金矿。

（4）好奇促销模式。

好奇是旅游者的天性，好奇心会驱使旅游者接受旅游产品信息，去认识旅游产品，接近旅游产品。

（5）新闻促销模式。

新闻媒介是公关促销最重要的手段，可以利用新闻媒介的广泛传播性、真实可信性，间接为自己的旅游企业或旅游产品做旅游广告而无需旅游广告费。旅游企业应挖掘、发现旅游行业的新闻事件，或主动制造新闻事件，请有关新闻媒体作新闻报道。要注意这类新闻必须有利于提高旅游产品的知名度和美誉度，塑造良好的形象。

（6）赞助促销模式。

公益慈善活动本来被认为是只赔不赚的赔本生意，然而随着旅游者对这些活动的关注与热情与日俱增，赞助公益慈善活动进行公关促销也成了旅游企业热衷的活动。旅游企业参加救助失学儿童、帮助伤残儿童、照顾孤寡老人等公益慈善活动，经由新闻媒体大力报道后，既为旅游企业赢得了社会赞誉，树立了旅游企业的良好形象，又为旅游产品得到旅游者广泛认同铺平了道路。

（7）体育促销模式。

许多国家都在利用体育运动来宣传推销自己的国家旅游形象。体育运动是不分国界、不分种族的世界性运动，大型体育活动更是成为城市和旅游企业宣传、塑造自己形象进而进行促销的重要途径。

（8）展览促销模式。

展览会是公关促销中经常采用的一种形式，它以其"短、平、快"和集中影响的宣传促销效果吸引了众多的旅游企业和广大旅游者。必须注意以创新的旅游产品、鲜明的展位和独特的展台设计来吸引观众。

（9）教育促销模式。

对许多旅游产品，尤其是旅游新产品，旅游者并不知道其使用价值和意义，这时就需要旅游企业从教育旅游者入手，以市场教育促销售。旅游企业要对潜在旅游者进行与旅游产品或旅游服务有关的知识教育和观念教育，要使其认识到这种旅游产品的意义，在观念上接受这种旅游产品，从而引发其旅游消费行为。

⇦【实例 10-3】 三峡库区打造红色研学游

⇦【相关链接 10-3】 "元宇宙"赋能文旅产业数字化转型

10.4 旅游市场营销组合策略

10.4.1 旅游市场营销组合策略的含义

市场营销组合策略是指企业的综合营销方案，即企业针对目标市场的需要对自己可控制的各种营销因素（产品质量、包装、服务、价格、渠道、广告等）进行优化组合和综合运用，使之协调配合，以满足目标市场的需要，实现企业的营销目标。

市场营销组合这一概念，是 1964 年由美国哈佛大学尼尔·鲍顿（N.H.Borden）教授首先提出来的，同年，美国密歇根州立大学市场学教授麦卡锡概括出易于记忆的"4P"，即产品、价格、渠道和促销，此后，"4P"理论一直受到学术界和企业界的普遍重视和广泛运用。它的决策思想，促进了市场营销实践，也为营销组合理论的发展提供了丰富的营养。

在理论方面，市场营销组合理论的产生为市场营销学注入强烈的管理导向，市场营销学从此有了明确任务，即着重于研究企业市场营销管理中的各项战略和决策。在方法方面，市场营销组合在企业市场营销战略与战术的结合上起着桥梁作用。麦卡锡的"4P"理论把企业可控制的营销组合因素概括为产品、价格、渠道和促销四个方面，因此，旅游市场营销组合策略可以分为以下四个方面：

（1）旅游市场营销组合的产品策略。

它指企业根据目标市场需要做出与产品开发有关的计划和决策，其主要内容为：为满足旅游者需要所设计的产品的功能、品质标准、产品特性、包装、品牌与商标、销售服务、质量保证以及产品生命周期中各阶段的策略等。

（2）旅游市场营销组合的定价策略。

产品定价必须考虑目标市场的竞争状况、国家的物价政策、旅游者的购买能力，同时也要考虑折扣价格、付款期限、信贷条件等。企业选择定价策略的基本原则是：价格既能为旅游者所接受，又能给企业带来尽可能多的盈利。

（3）旅游市场营销组合的分销策略。

企业应当考虑选择何种有效的途径，将产品从开发者转移到旅游者手中。需要考虑在什么地点、什么时候、由谁将产品销售给旅游者。为高效地分销，企业还要考虑：利用何种旅游批发商？建立什么样的销售网络？通过什么样的旅行商出售？企业如何保证适时供给旅游产品？

（4）旅游市场营销组合的促销策略。

它指企业为实现产品向旅游者转移，扩大销量，提高市场占有率所采取的各种促进销售活动，包括广告、人员推销、营业推广及公共关系等。

以上四方面策略配合，共同为企业在目标市场中的经营服务（见图10-8）。

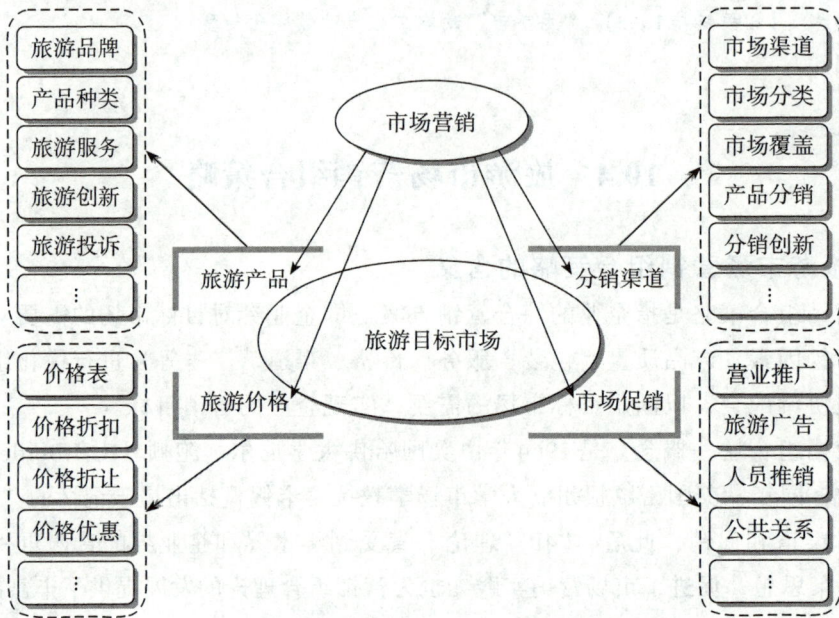

图10-8　旅游市场营销组合与旅游者目标市场关系

市场营销组合的全部要旨可表示为：1+1+1+1>4；4-1≤0。营销组合四大策略运用得好，所形成的整体营销能力大于四者分散的效力总和；而四大策略如果舍其一或运用不当，所形成的营销能力不是4-1=3，而是等于零，甚至是负值，即可能导致营销的失败。因此，企业营销效益优劣，主要取决于市场营销组合策略整体的优劣，而不是单一策略的优劣，此外，企业在市场上的竞争地位和经营特色，亦是通过营销组合的整体特点体现出来的。

在运用营销组合作为竞争手段时，旅游企业要特别注意两个方面：一是避免经常采用价格竞争手段；二是组合因素主辅相配，整体营销。如旅游企业在推出一种产品的同时，要根据其特点制定适当的价格，选择适当的销售渠道，采用有效的促销手段。这样，才能脱颖而出，取得好的效果。

10.4.2　旅游市场营销组合策略的特点

旅游市场营销组合策略的特点包括：

（1）旅游市场营销组合策略的可控性。

营销组合因素对旅游企业来说都是可控因素，就是说，企业根据目标市场的需要，可以决定自己的产品组合，制定产品价格，选择分销渠道和促销方法等。对这些营销手段的运用和搭配，企业有自主权。以价格因素为例，企业可以根据国家的价格政策要求来制定自己产品的价格，既可定较高价格，实行厚利销售；也可定较低价格，实行薄利多销等。但这种自主权是相对的，因为企业营销过程中还要受各种宏观环境因素的影响和制约，这些是企业不可控制的因素。因此，营销人员的任务就是适当安排营销组合，使之与不可控制的环境因素相适应。

（2）旅游市场营销组合策略的多层性。

营销组合是一个复合结构，每一个市场营销因素组合都是各种因素的组合，大组合中每个因素又包括许多次组合因素，次组合中每个因素还可分为更小的组合。因而，市场营销组合是一个多层次的复合体。企业在确定营销组合时，不但应求得"4P"之间的最佳搭配，而且要注意安排好每个"P"内部的搭配，使所有这些因素达到灵活运用和有效组合。

（3）旅游市场营销组合策略的动态性。

营销组合是一个动态组合，每一个组合因素都是不断变化的，是一个变数，同时又是相互影响的，每个因素都是另一因素的潜在替代者。在四个大的变数中，又各自包含着若干小的变数，每一个变数的变动，都会引起整个营销组合的变化，形成一个新的组合。

10.4.3　旅游市场营销组合策略的作用

旅游市场营销组合策略的作用包括：

（1）制定企业营销战略的基础。

旅游营销战略是旅游企业营销管理的核心，它是由营销目标和实现目标的营销手段所组成的，而营销手段就是营销因素组合。旅游企业只要根据自己的营销目标，设计和采用最佳的营销组合，就能制定出理想的营销战略。

（2）企业市场竞争的有力手段。

旅游企业在市场竞争中具有全面优势是不多见的，取胜之道在于分析本企业与对手所各具的优势和劣势，知己知彼，扬长避短，灵活运用市场营销因素组合策略，才能于市场竞争中获得胜利。

（3）协调内部力量的纽带。

旅游企业要通过市场营销活动实现预期的营销目标，就必须对市场营销因素进行优化组合，然而市场营销因素要实现合理的组合，需要企业内部各部门相互配合（见图10-9），统一行动。由此，市场营销组合本身便成为协调内部力量的纽带。

10.4.4　旅游市场营销组合策略的模型

旅游市场营销组合策略的概念可以用"6O"-"4P"-"2C"模型来概括（如图10-10所示）。这个模型形象地说明，所谓旅游市场营销组合策略就是指营销人员在成本和竞争（简称"2C"）的双重限制下扬长避短、发挥优势，制定的一套由产品、价格、渠道、促销等四个营销策略（简称"4P"）组成，能最大限度地满足旅游目标市

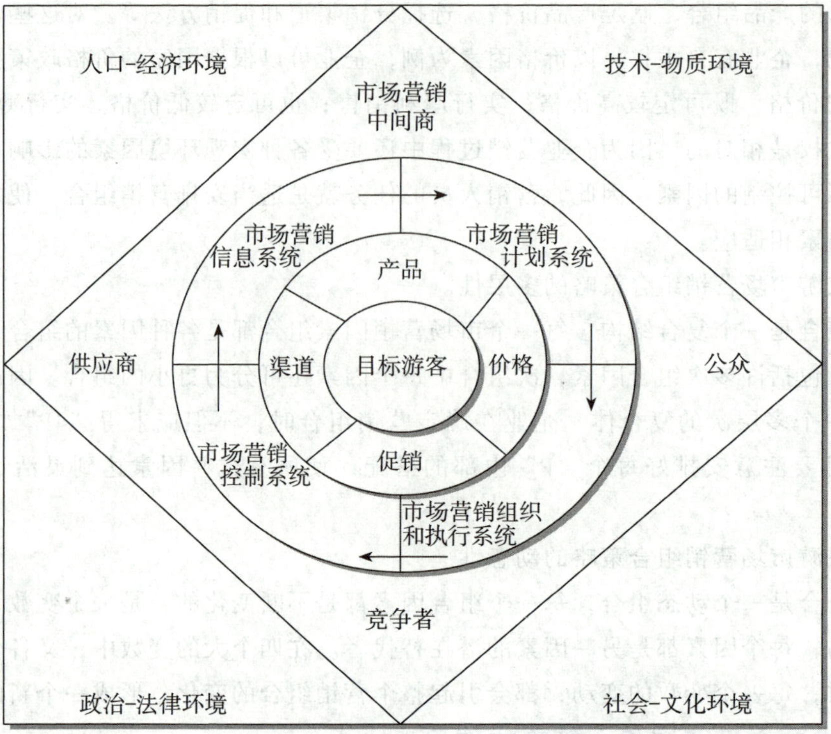

图10-9 影响旅游市场营销战略的因素

（资料来源 科特勒，等. 旅游市场营销［M］. 谢彦君，译. 北京：旅游教育出版社，2002）

场需求（简称“6O”）的高效组合。也可以说，市场营销策略组合实际上为解决与“6O”直接相关的“6W”。

（1）购买何物（what），购买对象（object）。

（2）购买动机（why），购买目的（objective）。

（3）购买者（who），购买组织（organization）。

（4）购买行为（how），购买方式（operation）。

（5）购买时间（when），购买时机（occasion）。

（6）购买地点（where），购买渠道（outlet）。

10.4.5 旅游市场营销组合策略的发展

随着市场营销研究的深入，市场营销组合理论得到了不断升华。旅游市场专家在借鉴和利用市场营销组合理论成果的基础上，结合旅游业自身的特点，进一步深入分析了旅游市场营销组合因素的构成。

1）麦卡锡分类法

麦卡锡分类法是最常见、运用最广泛的一种分类方法。美国的麦卡锡教授提出了各种营销因素，并将其归纳为四大类，即产品、价格、渠道和促销，简称“4P”。这四个方面对营销组合来讲，都是不可缺少的组成部分。企业一经确定营销组合，就必须同时做出这四个方面的决策。

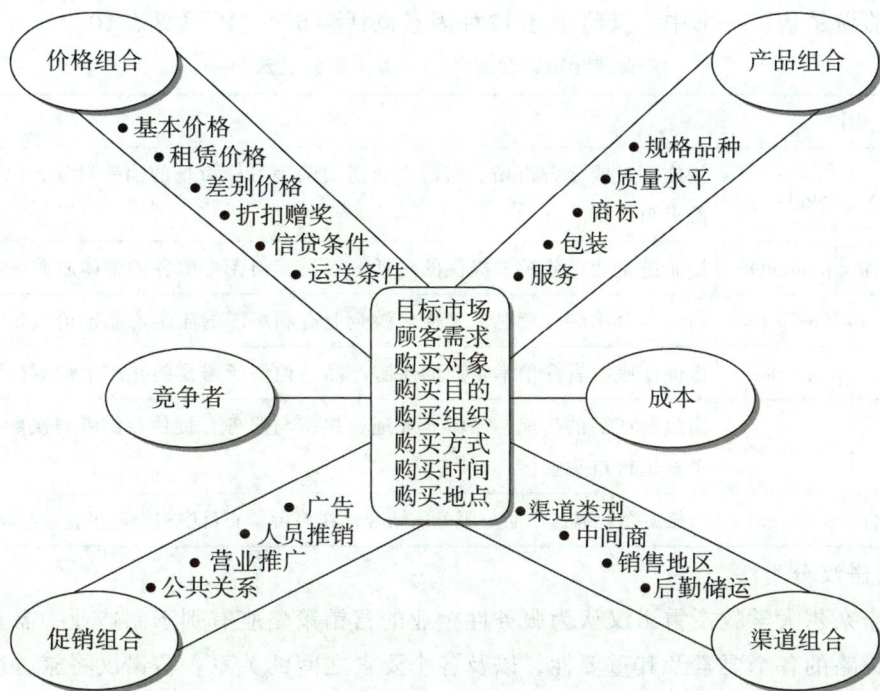

图10-10 "6O"-"4P"-"2C" 模型

2）科里尔和格雷厄姆分类法

美国营销学专家科里尔和格雷厄姆认为，市场营销组合因素应在麦卡锡提出的"4P"基础上加上一个"P"，即人（people）。服务人员也是旅游企业可控变动因素，他们对企业的目标起着举足轻重的作用。服务人员的言行、仪表和态度对旅游企业的产品和服务、顾客满意度、顾客对企业的看法及营销费用等都能产生重要的影响。因此，科里尔和格雷厄姆认为人是企业营销因素组合中的一个重要组成部分。

3）布莫斯和比特纳分类法

美国华盛顿大学的布莫斯和美国营销人员比特纳认为，为了适应服务营销工作的需要，除了要研究麦卡锡提出的"4P"外，营销因素组合还应包括以下三个方面的因素：

第一，参与者（participants），指所有参与服务传递过程，从而影响购买者的人，包括顾客和雇员。

第二，有形证据（physical evidence），指服务项目组成整体的环境，企业与顾客交往的环境，再加上便于服务的提供或服务信息传递的有形产品。

第三，服务流程（process of service assembly），指服务传递中的实际程序、使用的器械和服务工作的流程。

4）考夫曼分类法

美国著名旅游市场学专家考夫曼经过多年悉心研究，将饭店市场营销组合因素归纳为以下12种，即产品计划、定价、品牌、分销渠道、人员推销、广告、促销、组合（指能建立饭店形象的风格、设计、主题等）、陈列展示、服务、贮存、市场调查。1980年，考夫曼在《旅游销售》一书中，又将上述12种因素概括为6个"P"（见表10-7）。

表10-7　　　　　　　　　　　　旅游营销组合因素——考夫曼分类法

	因素	特点
考夫曼分类法	人（people）	指旅游者或旅游市场。旅游企业需要明确目标市场的消费对象，以及他们的需求与愿望
	产品（product）	指旅游企业向旅游者提供的包括有形设施与无形服务的整体旅游产品
	价格（price）	指既符合旅游者意愿，又使旅游企业有利可图的旅游产品定价
	促销（promotion）	指促使旅游者深信本企业的旅游产品是他们所需要的并产生购买行为的措施
	实施（performance）	指旅游产品的传递。旅游企业通过接待与服务，促使旅游者再次购买，并为企业进行口头宣传
	组合（package）	指旅游企业通过产品与服务的结合，在旅游者心目中树立起本企业独特的形象

5）雷诺汉分类法

美国康奈尔大学教授雷诺汉认为服务性企业的营销策略应有别于制造业，需要显示出服务营销策略的各个要素及其重要性，以及各个要素之间的关系。雷诺汉将旅游饭店的营销组合归纳为三个次组合，如表10-8所示。

表10-8　　　　　　　　　　　　旅游营销组合因素——雷诺汉分类法

	项目		特点	
雷诺汉分类法	产品与服务		在以往的营销组合中，旅游饭店往往侧重于有形产品即实体推销，对无形的服务则重视不够。但旅游者往往把产品与服务看成一个整体，因此不应将产品或服务孤立开来进行营销	使旅游企业产品与服务更有形的所有因素
	表象	建筑	建筑的外部情况和各服务中心在建筑中的布局状况的合理性	
		地理位置	旅游饭店所处地理位置、与繁华地区的距离状况	
		气氛	旅游饭店通过家具、灯光、音乐、装饰、面积、空间、色彩等布置来营造一种在旅游者心中加深印象的氛围与感觉	
		价格	旅游饭店采用心理定价、等级定价等方法来明确其产品与服务的价格	
		服务人员	旅游饭店服务人员仪表以及他们向旅游者提供服务的态度与质量，直接影响旅游者对服务质量的感受，被称为"活广告"	
	信息传递		旅游企业通过向旅游者提供无形服务质量方面的信息使这些无形服务有形化，以增进旅游者对本企业的产品与服务的了解和期望，并进而产生消费欲望的所有因素	

6）菲利普·科特勒分类法

近年来，由于新形势的发展，在市场竞争日益激烈的情况下，美国著名市场学家菲利普·科特勒于1984年提出了"大市场营销"理论，该理论对旅游市场营销的指导意义也很大。他认为作为企业的营销人员能够影响企业所处的营销环境，而不应单纯地适应环境。营销组合除麦卡锡提出的"4P"外应再加上"2P"，即权力（power）和公共关系（public relation），成为"6P"。也就是说，要运用政治力量和公共关系为企业的市场营销开辟道路。后来，菲利普·科特勒又提出针对国际市场营销的"11P"的策略，也就是"4P"加上另外"7P"，即调查（probing）、市场分割（partitioning）、优先（prioritizing）、定位（positioning）、权力（power）、公共关系（public relation）、人员（people）。菲利普·科特勒的市场营销策略组合理论认为，不仅需要了解和满足目标顾客需要，还应采取一切手段打入新的市场，激发消费者的新需求或改变消费者的消费习惯，创造目标顾客新需求；同时应影响外部环境因素，而不只是适应；另外，运用政治权力与公共关系等因素树立企业及产品的良好形象。

通过分析以上六种旅游市场营销组合的方式可以得出结论，麦卡锡提出的"4P"即产品、价格、渠道、促销四大因素是旅游市场营销的四大核心因素，任何形式的旅游市场营销组合都应考虑这四大因素，事实上它涵盖了市场学的核心内容。

10.4.6　促销策略与营销沟通的组合

1）促销策略与营销沟通

促销策略与沟通过程紧密相关。沟通是人们借助于一定的方式，交换或分享信息的过程。营销人员通过各种促销手段向目标市场传递有关企业和产品的信息，实际上也是在进行一种沟通工作。

促销组合的各个要素与旅游者的沟通可以是直接的，也可以是间接的；信息的流向可以是单向的，也可以是双向的；信息反馈的速度快慢和数量多少存在区别；促销活动的组合者（即沟通者）对信息的传播、信息的内容及灵活性的控制也存在差异。广告、公共关系和营业推广，一般都是非人格化的大众沟通方式，它们无法提供信息的直接反馈，在适应旅游者偏好和个人需求方面存在不足；而人员推销这种直接的人际沟通，则能实现信息的双向交流，能及时反馈旅游者的意见，并能根据实际情况及时进行调整。不同促销手段与沟通功能对照见表10-9。

表10-9　　　　　　　　　　　不同促销手段与沟通功能对照

项目＼促销手段与沟通功能	广　告	公共关系	营业推广	人员推销
识别信息发送者	能	否	能	能
控制信息内容	能	否	能	能
进行信息反馈	少	少	少	多
信息到达目标群体速度	迅速	迅速	迅速	缓慢
信息沟通方式	间接非人格化	间接非人格化	间接非人格化	直接，面对面
信息灵活性	向目标群体发布相同信息	不能直接控制信息	向目标群体发布相同信息	灵活，可随时调整

2）信息沟通与营销服务

旅游信息沟通是有形展示的另一种形式，它包括旅游营销服务有形化和旅游信息有形化两方面（如图10-11所示）。这些信息主要来自旅游企业本身、旅游者和媒体三方面，从旅游企业的对外传播、旅游者的口头传播到媒体的各种评论都传递了有关服务的线索。

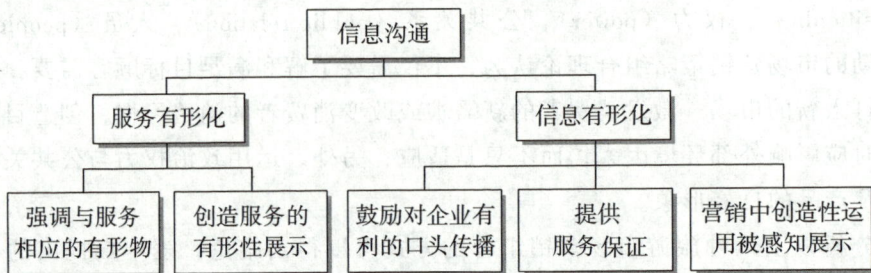

图10-11　信息沟通与服务展示

【实例10-4】　乡村振兴背景下跨界市场营销推广策略

【相关链接10-4】　旅游网络智慧营销4C策略

本章小结

广告是旅游市场营销必不可少的工具。首先要选择旅游广告媒体，其次要对广告进行精心策划。创意是旅游市场广告的灵魂，口号是广告的点睛之笔，成功的广告一般都具有口语化特点突出、简短易记、节奏鲜明等特点。广告效果评估是对广告投放后产生作用的监测，评估时需要确定测量的内容和时间。

对于旅游企业来说，市场营销战略具有明确营销战略地位、统一市场营销行动、增强经营稳定性、鼓舞员工士气的重要意义。旅游企业的营销战略应根据市场状况、企业实力、企业目标等因素来决定。在旅游市场开拓期，企业可以采取内涵型开拓模式、外延型开拓模式、点轴型开拓模式、一体型开拓模式、多元型开拓模式和互动型开拓模式；在旅游市场竞争期，企业可选择的战略有防御型战略、进攻型战略和跟进型战略。营销策略分为市场主导者营销策略、市场挑战者营销策略、市场跟随者营销策略、市场利基者营销策略。

旅游企业可以采取旅游者促销、商业促销和行业促销的手段来出售旅游产品和服务，具体形式有旅游文化促销、感情促销、名人促销、好奇促销等九种模式。

旅游市场营销各要素的组合决策也是旅游市场营销的主要内容之一。旅游市场营销组合策略由产品策略、定价策略、渠道策略和促销策略组成，具有可控性、多层性、动态性的特点，其在制定企业营销战略、企业参与市场竞争、协调企业内部力量等方面具有重要的作用。旅游市场营销组合因素是多种多样的，众多学者分别提出了自己的分类法，如麦卡锡分类法、科里尔和格雷厄姆分类法、菲利普·科特勒分类法等。

◎关键概念◎

旅游广告策略　营销战略　促销策略　组合策略

◎基本训练◎

□ 案例分析题

西安大唐不夜城步行街的文商旅融合营销模式

大唐不夜城步行街是在文旅融合大背景下，西安市在区域旅游品牌构建和目的地形象打造方面的创新尝试，是陕西省积极探索文化遗产、文旅演艺、文化精品、文化新经济与旅游深度融合发展的新路径，是全域文商旅融合发展的新样板。

近年来，大唐不夜城步行街不断整合自身优势资源，以盛唐文化为背景，以唐风元素为主线，以体验消费为特征，目前已成为集文化、节庆、购物、餐饮、娱乐、休闲、旅游、商务、科技、互联网+于一体的夜间文旅消费聚集区和全国"网红"打卡地，并在街区策划、文商旅深度融合、区域联动、主题活动等方面形成了综合性的营销模式。大唐不夜城的营销模式，能够为我国休闲街区开发推广、文化遗产创新传承、消费试点氛围营造提供借鉴。

突出文旅特色，国潮IP深入人心。

"西安年·最中国"活动立足年文化，根据大唐不夜城中国年整体活动特色，以盛唐文化为主线，在街区营造流光溢彩的全新盛唐夜景和喜庆祥和的新春气象；创新主体演出形式，活化街区雕塑故事，打造浸入式观演体验；推出贴近百姓生活、具有西安特色的美食文创；同时构建全方位、立体式的全媒体营销模式，积极整合各类媒体资源，联动央级、省市及各类媒体打造中国年媒体宣传矩阵，推出春季线上直播活动与新春年货节线上带货活动，内容涵盖传统年节文化、演出游艺、灯组氛围、盛唐里坊、文创美食等，使广大市民游客沉浸式体验浓浓年味。例如，以"不夜城不倒翁"为代表的系列文化IP仅2019年网络播放量就达到23亿次，成为带动人气和商气的全新IP。

营造融合氛围，文化活动推陈出新。

为进一步活跃市场，打造文旅品牌，拓展"旅游+"跨界融合发展，大唐不夜城步行街线下联动线上做出一系列努力。在线下方面，大唐不夜城步行街组织活动近千场，主要包括"盛世荣光"五一劳动节系列活动、"520爱·要大声说出来"主题文化活动、"萌动盛世"六一儿童节主题文化活动、"盛世繁荣"国庆节主题活动、第七届丝绸之路国际电影节嘉年华等文化活动，有力推动了街区旅游市场的快速发展。在线上线下相结合方面，大唐不夜城步行街开展了"出口转内销"、"淘宝造物节"、"曲江之夜"文旅消费券发放、"国潮国货品质生活消费月"等商业活动，不断拓展"旅游+"跨界融合发展，为商业赋能、为文化传播，持续激发大唐不夜城步行街市场活跃度。

聚力高质量发展，商业品质明显提升。

根据街区整体定位，大唐不夜城步行街坚持以文化消费为核心，紧扣夜经济高质量发展，科学规划布局，突出业态创新，统一街区商面运营，并联动周边老字号餐饮聚集区、大悦城、新乐汇、欧凯罗等商业综合体形成多业态、多形态的发展布局，为一系列的营销推广活动构建了扎实本底。同时，大唐不夜城深挖唐代美食文化，打造"唐食坊"美食体验区，推出以"团扇舞""长安冰酪""贵妃稠酒"为代表的"演艺+美食"互动表演新形式，活化了市场。引进适合年轻群体、夜间消费的新零售业态，比如 ARTEA、VR 馆、潮文创等潮流品牌以及青曲社、德懋恭、杨记隆府等特色品牌，整体商业业态蓬勃发展，势头良好，形成了一站式全方位的消费体系，已成为西安引领新消费的标志性区域。

充分挖掘文化，专属文创不断研发。

为充分挖掘唐代历史文化内涵，推广中华文化，大唐不夜城构建专属文创IP开发模式，特别注重创新具有陕西特色、轻便精美的文创纪念品及伴手礼，并以商品流通、文化创新为街区的宣传增添了动能。形式上以大唐不夜城自主品牌"大唐制造"开发与引进优质IP为主，通过与陕西历史博物馆、西安博物院等进行合作，打造"可以带走的西安文化"，形成"模块化分区+定制商品+景区商业联动"的模式，加强了景观和商业的联动，取得了良好的效果。根据街区IP自主开发不倒翁小姐姐系列手办、抱枕被以及主题冰激凌大雁塔、唐仕女等，进一步扩大了不夜城文创品牌，颇受年轻人的青睐。同时与CC卡美珠宝、青壹坊、九陌芳华等特色品牌进行联动，累计打造40类200余款产品，全面打响不夜城文创品牌。

提升沉浸式体验，演出活动精彩纷呈。

行为艺术表演方面，大唐不夜城推出了"石头人""画中人""悬浮李白""悬浮武士""提线木偶"等多个项目。继"不倒翁小姐姐"之后，又持续推出了"象棋对弈"、升级版的"奋斗在路上"等系列文化IP，通过历史与时尚、古典与现代有机结合的新渠道，让文化"鲜活起来"。唐文化主题展演方面，推出以《再回大雁塔》《再回长安》为代表的实景演出，《戏演壁画》《诗歌艺术》《花车斗彩》《贞观之治》4组唐文化主题展演等，通过对唐朝军事、丝路、诗歌、艺术四大文化的挖掘，带领游客体验盛世大唐经济文化的繁荣，形成一套大唐不夜城独有的文化演艺体系。

大唐不夜城步行街线上线下的联动始终未停，通过"品牌活动+沉浸式体验+演艺+品质消费+整合营销"的营销模式，将区域文化资源、美食、旅游商品等系列资源进行有机串联整合，精心营造互动式体验与消费场景，让步行街成为文化、节庆、购物、餐饮、娱乐、休闲、旅游、商务、科技和互联网+等多种功能叠加的集聚磁场，有力地促进了步行街的文旅消费。此外，通过多渠道的网络推广，大大提升了大唐不夜城的品牌形象，并且成功撬动和支撑了西安城市品牌形象的推广。

（资料来源　王若溪．陕西省西安市曲江新区管理委员会2020年国内旅游宣传推广典型案例——西安大唐不夜城步行街旅游宣传推广案例［N］．中国旅游报，2021-09-28）

问题：

结合本章相关理论，请您从旅游广告策略、营销战略、促销策略等方面原理，分析西安大唐不夜城步行街旅游营销中是如何灵活运用多种营销策略的？

□ 思考题

1.阐述制定旅游市场营销战略的意义。

2.举例说明常见的旅游市场促销策略。

3.试分别说明各种促销种类的优缺点。

4.怎样进行旅游市场组合？实施旅游市场组合策略意义何在？

5.旅游市场营销组合策略有何特点？

□ 课堂讨论题

1.如果某家旅游广告商同时为两个相互竞争的旅游客户做广告，您作为这家旅游广告商的总经理，认为这样做合适吗？这两个相互竞争的对手之间，何种程度的竞争属于激烈的市场竞争？

2.请您举例比较分析一家旅游企业的广告与其竞争对手的广告，您认为哪个广告更有效？广告中最能打动旅游消费者的是哪部分？广告中您最喜欢的是哪部分？您认为怎样改动这个广告，会更吸引旅游消费者？

3.如果您是一家知名旅游企业的总经理，请您举例说明该知名旅游企业是如何进行旅游营销推广的？其营销推广的目标是什么？您认为此实例中的做法可以实现其市场营销目标吗？您认为在此实例中，其营销推广的哪部分更有趣、也更生动？您认为其生动而有趣之处可以可持续发展下去吗？为什么能或者为什么不能？这个营销推广活动有哪些负面作用？一般的营销推广的不足之处是什么？

4.某知名连锁饭店将一部分广告经费用于公关活动，您认为这样做是否合理？为什么？

5.如果您是某知名旅游目的地政府旅游机构的高层官员，您将如何确定这一知名旅游目的地的促销重点？旅游市场促销对象如何确定？

6.请您以政府旅游机构的高层管理者的视角，介绍您所熟悉的某一知名旅游节事活动（如旅游节庆、音乐会、文体赛事、影视节等）的市场促销情况。请您评价该节事活动是否进行了有效促销。如果是，为什么？如果不是，如何改进？

7.请您举例说明某一国家、地区或城市的旅游业卓有有效的市场促销活动，并说明其成功的原因。其中，请您以当地政府旅游机构的高层行政管理者视角，特别说明当地采用的旅游媒体、目标群体，以及这些旅游市场促销活动，为当地旅游业发展所带来的好处。

第11章

旅游市场营销管理

学习目标

通过本章的学习，了解旅游市场营销管理过程，理解旅游市场营销计划、组织和人力资源管理，掌握旅游市场营销控制管理。

11.1　旅游市场营销管理过程

旅游企业的市场营销活动涉及许多复杂的、多变的因素，若营销人员仅凭经验，主观地进行营销活动，必然会出现漏洞或失误。这就要求营销人员依据科学的管理理论，熟练运用管理中的计划、组织、指挥、协调和控制职能，把市场营销中的主要活动纳入科学的管理轨道，从而使旅游企业获得良好的社会效益与经济效益。

为保证实现旅游企业的市场营销目标，旅游企业必须预见环境变化以调整旅营销活动，并对旅游市场营销活动在时间上、整体上进行管理，使每个营销人员都能依据程序充分发挥其作用。这样的管理过程可划分为以下五个步骤和过程：分析市场营销机会、研究和选择目标市场、制定营销战略、制订营销计划、实施和控制营销计划（如图11-1所示）。

分析市场营销机会 → 研究和选择目标市场 → 制定营销战略 → 制订营销计划 → 实施和控制营销计划

图11-1　旅游企业市场营销管理的过程

11.1.1　旅游营销机会的分析

旅游企业能否实现经营目标，能否准确抓住机会是营销管理的关键。常言道，机会总是光顾有准备者。因此，旅游企业应密切关注企业内外部环境中各种因素的发展变化，使自己随时处于应战状态。所谓旅游市场营销机会，就是与企业内部条件（资金、技术、开发、销售、管理等因素）相适应，能实现最佳营销组合策略和营销目标，享有竞争优势和获得局部或全局的差别利益，并能促成企业自身发展的环境机会。在旅游市场中，环境机会是大量存在的，只要旅游市场上存在着未被满足的需要，就会有无数的可利用的环境机会。旅游市场营销机会分析主要包括旅游市场环境分析、旅游消费行为分析、旅游市场竞争者分析。

11.1.2　旅游目标市场的选择

在现代旅游市场中，旅游企业应把满足游客的需求放在首位。只有充分满足游客的需求，旅游企业才能获利，实现双赢。长期坚持下去，旅游企业就能不断发展壮大。游客的需求是复杂的，旅游企业应根据自己的技术、资源和管理能力，选择当前和今后一段时期内对自己最为有利的一个或几个细分市场作为营销重点。这种企业最终确定要进入的市场，就是旅游市场营销中的目标市场。

研究、选择旅游目标市场的过程分为四个步骤，即测量和预测市场需求、进行市场细分、在市场细分的基础上选择目标市场、实施市场定位。值得注意的是，旅游企业不仅要慎重地选择自己特定的目标服务对象，更要慎重地选择自己的竞争者，尤其在市场增长趋缓、竞争加剧时，针对竞争者来规划和实施市场定位与针对游客来规划和实施市场定位有着同等重要的意义，不仅能使自己的产品在游客心目中占领一个明确的、与众不同的、有吸引力的位置，而且能扬长避短，在竞争中处于有利的位置。

11.1.3　旅游营销战略的制定

战略是事关长远的、全局的决策行为。旅游市场营销战略主要包括旅游市场营销因素组合、旅游市场营销资源配置和旅游市场营销总费用预算等方面的基本决策。

（1）旅游市场营销因素组合。

旅游市场营销因素组合是旅游企业用于追求目标市场预期销售水平的可控营销变量的组合。旅游市场营销因素组合中的产品、渠道、价格、促销等要素各具特色，有着不同的运用范围、效用和条件，营销战略就是要把这些因素组合成为最佳形式。一般情况下，营销因素的组合要保证营销活动的整体性和相互协调、相互配合，形成较强的销售合力。同时，围绕企业营销目标，面对复杂的环境，旅游企业市场营销因素还要灵活多变地加以组合。另外，还应根据市场环境的变化，对营销因素适时调整，发挥主动性，变不可控因素为可控因素，减少外界因素的干扰，主动适应市场环境的变化。

（2）旅游市场营销资源配置。

旅游企业营销战略必须建立在一定的企业资源基础之上，尤其要与市场营销的费用预算相适应，即企业必须进行资源分配的规划。一般来说，由于资源的有限性，在旅游市场营销中要充分、有效地利用资源。首先要确定营销费用总预算，其次要对营销组织各方面的预算做出决定，最后进行年度、季度的预算分配，保证科学性并具有可操作性。

（3）旅游市场营销总费用预算。

旅游产品得到游客购买，必须通过市场交易来完成。这一过程中的交易费用有很大部分要由旅游产品供应者来承担，即旅游企业的营销活动要有一定的费用作支撑，否则就难以达到预期的目标。旅游市场营销的总费用预算要充分考虑企业以往的做法、竞争者情况、企业要占领的新市场以及计划中拟采用的营销策略等各方面因素，在此基础上做出营销预算。在操作中，一般按旅游产品预计销售额的比例来进行计算、测定。

11.1.4　旅游营销计划的制订

计划是对未来工作的安排。旅游企业的营销计划既要体现营销战略的要求，又要确保行之有效。旅游营销部门制订的计划一般包括：旅游产品管理和发展计划；旅游价格的管理和定价计划；旅游销售渠道的管理和分销计划；旅游促销计划。旅游营销计划是营销管理过程中最重要的一项内容，常以计划书的形式提供给归口管理者。规范化的计划书要包括如下内容：内容概要、目前旅游营销状况、旅游营销机会和问题分析及结论、计划期旅游营销目标、计划期旅游营销战略、旅游营销战略的实施计划、费用预算和利润计划、旅游营销计划控制措施。

11.1.5　旅游营销计划的实施和控制

旅游市场营销管理过程的最后一个环节是实施和控制。影响旅游市场的因素复杂多变，因而在实施营销计划的过程中会出现很多意外情况，旅游企业必须不断做出调控，并对计划进行必要的修正，确保营销目标的实现，同时要不断积累经验，为以后的计划提供重要的参考资料。

【实例11-1】　　　　长征国家文化公园建设要处理好"三个统一"关系

建设国家文化公园是深入贯彻落实习近平总书记关于发掘好、利用好丰富文物和文化资源，让文物说话、让历史说话、让文化说话，推动中华优秀传统文化创造性转化创新性发展、传承革命文化、发展社会主义先进文化等一系列重要指示精神的重要举措。

长征精神是中华民族伟大复兴历史进程中的巍峨丰碑，要深刻认识长征国家文化公园建设的复杂性和艰巨性，创新治理理念，处理好"三个统一"关系，强化治理模式、发展能力和特色机制等方面的创新，加快推进长征国家文化公园建设。

一是建设过程中的原真性与时代性相统一。

国家文化公园是中华文化的重要标志，坚持文化的原真性展示是国家文化公园建设的基本原则。红军长征是充满理想和献身精神、用意志和勇气谱写的人类史诗，长征精神是中国共产党人红色基因和精神族谱的重要组成部分。

长征国家文化公园建设应尊重历史、崇敬文化，原真性地展示理想信念的力量、团结的力量和不惜付出一切牺牲的精神、一切从实际出发的精神、艰苦奋斗的精神。同时，要按照"全球视野、中国高度、时代眼光"的要求，创新展示形式、语言和内容，让世界了解中华民族自强不息的民族品格；让今天的人们读懂历史、感受力量、增进情感，使长征文化成为以爱国主义为核心的民族精神大课堂，成为鼓舞和激励中国人民不断攻坚克难、从胜利走向胜利的强大精神动力。

二是管理过程中的整体性与多样性相统一。

国家文化公园是推动新时代文化繁荣发展的重大工程，"主题性、整体性"是国家文化公园的基本特征。长征国家文化公园沿线地区及其相关项目都是"长征历史、长征文化和长征精神"不可分割的部分。同时，沿线地区经济、社会、文化、生态和各类既有项目的投资主体、建设历史与管理现实等存在客观差异。

长征国家文化公园管理要按照"中央统筹、省负总责、分级管理、分段负责"的要求，在形成机构健全、权责清晰的整体管理体制前提下，不断完善整体性与多样性相统一的跨区域统筹协调管理体制。

三是营运过程中的规范性与特色性相统一。

国家文化公园是主题明确、内涵清晰、影响突出和实行公园化管理营运的公共文化载体。国家文化公园营运必须坚持国家标准，体现区域特色，践行公园服务。一方面要制定统一的国家文化公园营运国家标准，分类指导和规范保护传承利用、文化教育、公共服务、旅游观光、休闲娱乐、科学研究等功能的基本服务。另一方面，要深刻理解长征精神内涵与形态的丰富性和多样性，因地制宜、因"文"施策，鼓励创新营运模式，体现功能特色、地域特色和项目活动特色，生动呈现长征历史、长征故事、长征文化和长征精神鲜明特色，充分体现社会主义核心价值理念。

长征国家文化公园中大部分地区既是革命老区、民族地区，也是巩固脱贫攻坚成果的重点区域。因此，长征国家文化公园建设既是全球首创大型文化工程的伟大实践，也是新时代国家发展战略的区域实践。推进长征国家文化公园建设，必须发扬"伟大实践、伟大创造"的长征精神，不断探索和完善弘扬传承优秀传统文化的中国方案和国家治理的中国经验。

一是强化超长区域协同治理模式创新。

长征国家文化公园涉及东中西部15个省、自治区、直辖市，沿线地区地理资源环境禀赋、经济社会发展水平、区域主体功能等存在一定差异。构建主题明确、内涵清晰、公园化管理的国家文化公园管理体系，实质上就是要创新超长区域协同治理模式。因此，必须紧密衔接巩固脱贫攻坚成果、乡村振兴、生态文明建设等国家战略，破除制约性瓶颈和深层次矛盾，在规划统筹、资源整合、设施共建、线路对接、运行合作等跨区域治理一体化机制方面加强创新，形成文物和文化资源保护传承利用协调推进的局面，以及权责明确、运营高效、监督规范的管理模式。

二是强化文化生态系统发展能力创新。

长征路线跨越我国地势的三大阶梯，沿线分布着江南丘陵、南岭山地、云贵高原、川西雪域、青藏高原等典型地貌。同时，沿线地区历史文脉、风土人情、建筑特色等文化资源类型丰富、数量众多。长征精神与祖国壮美景观和民族文化融为一体，构成一条贯通我国东南至西北地区的自然和文化遗产廊道。因此，应以"五位一体"总体布局为指导，强化发展能力创新，推动沿线地区经济、政治、文化、社会和生态文明全面发展。

三是强化具有地方特色的营运管理机制创新。

长征国家文化公园范围涵盖15省份72市州的381个县市区，规划建设管控保护区、主题展示区、文旅融合区、传统利用区四类主体功能区。此外，还涉及大量分布在乡村、城镇的传统利用项目。因此，长征国家文化公园的营运应充分考虑地域广泛性、文化多样性、资源差异性。应鼓励各基层单位在项目营运机制上大胆创新，在严格遵守国家文化公园整体形象标志使用规定和管理营运基本标准的前提下，不断探索体现地区特色、类型特色、项目特色的营运机制，充分彰显革命文化在新时代的强大感召力。

（资料来源　宁志中. 长征国家文化公园建设要处理好"三个统一"关系［N］. 中国旅游报，2021-11-04）

【相关链接11-1】元宇宙视角下的旅游"人、场、物"营销与管理和重构

近期，元宇宙成为热门话题。对于深受新冠肺炎疫情影响的旅游业而言，元宇宙究竟是下一个充满机遇的风口，还是名大于实的噱头？从元宇宙视角出发，了解未来的发展趋势，对旅游业高质量创新发展具有一定的启示意义。

一是人的重构：身份映射实现旅游主体身份异构化。

元宇宙从本质上来看，是一个独立于现实世界之外的虚拟平行世界。在元宇宙中，每个个体的身份是有别于现实世界的真实身份而独立存在的。通过身份映射，每个个体得以在元宇宙中体验与现实生活不一样的人生，实现身份异构化。元宇宙所传递出的"通过身份映射实现身份异构化"的理念，与当下旅游业发展中的一些现象相契合。旅游的意义不仅在于看到不一样的风景，更在于体验不一样的生活。从日复一日的生活中抽离出来，到陌生的环境中感受不一样的人生，这是旅游的意义所在。作为游客的个体所追求的也是身份异构化。从近年来大热的剧本杀可见一斑，这股热潮已经延伸到了旅游行业：江西上饶望仙谷景区的剧本杀体验项目《我就是药神》、成都青城山旅游区结合民宿场景打造的实景沉浸式探案馆"壹点探案"……"剧本杀+旅游"这一新组合已成为旅游行业的新风潮。其原因在于，剧本杀构建了一个游离于日常生活之外的游戏空间，人们在这一空间中获得全新的身份，通过角色扮演体验百味人生，将"人生如戏"诠释得淋漓尽致。在这个"游戏空间"中，身份的异构化让人们获得了全新的体验，在此基础上叠加社交属性，进而实现了基于身份的映射的互动。

二是场的重构：交互体验营造沉浸化旅游场景。

从本质上看，异地性是旅游最为突出的一个特征。"生活在别处"是旅游动机的真实写照。人们之所以选择旅游，是为了感受充满文化印记的风土人情，体验独具地缘特色的生活方式。"走马观花、打卡拍照"已无法充分满足大众需求，人们更加注重旅游体验，更希望融入当地居民的生活，呈现出游客"本地化"的特点。基于这一诉求，注重沉浸式体验的旅游产品已成为游客的上佳之选：中国首部实景360度全沉浸互动演出《南京喜事》，将六朝古都南京独特的文化底蕴融入其中，围绕"人生八喜"的故事线，让游客换上传统服装，在高度还原的南京古宅中身临其境地体验金陵故事。除了传统的舞美置景、氛围营造之外，虚拟现实（VR）、增强现实（AR）技术的应用在沉浸式体验打造中也发挥了积极作用。特别是对于以历史文化为主题的旅游景区及文化展馆，游客仅凭遗址遗迹难以完整了解其全部内涵，而通过VR、AR以及多媒体交互技术的生动再现，游客可以获得更为全面更为直观的感受与体验。中国大运河博物馆《运河上的舟楫》展览，通过复原古代"沙飞船"，生动展现了古代舟楫在运河穿行的历史画卷，回溯千年，营造"人在画中游"的沉浸式体验。沉浸式体验是元宇宙的基本特征之一，VR、AR、MR等作为构建元宇宙的技术基石，为构建虚拟世界提供了可能，也为旅游场景的拓展重构开创了新思路。

三是物的重构：价值共创助推旅游资源永续化。

某些旅游资源作为旅游吸引物，其不可再生性是核心价值所在。而不可再生性也就意味着其作为旅游吸引物的价值是有限的，一旦开发过度或遭到人为破坏，所造成的损失将无法挽回。值得庆幸的是，现代科技可以有效助力解决这一问题，比如，数字化让文化遗产重新焕发生机，敦煌莫高窟的"数字供养人"项目让千年敦煌壁画在互联网时代迎来"数字新生"。此外，疫情催生的"云旅游"、虚拟旅游也受到市场的关注。互联网时代的数字版权保护是虚拟旅游价值转化过程中不可避免的痛点。对于这一痛点，元宇宙依托NFT（非同质化凭证）解决了数字版权问题，去中心化的特性使得很多个体都能够参与到价值共创过程中，形成独一无二的数字资产，进而完成确权、流转、溯源等全流程。在这一领域，西安曲江大唐不夜城已进行了积极有益的尝试，其联手太一集团打造的元宇宙项目——"大唐·开元"，立足唐朝历史文化背景，探索旅游行业的元宇宙；在此基础上，其联合西安数字光年共同对外发售的"大唐开元·小雁塔"和"大唐开元·钟楼"数字藏品也为商业变现提供了可行路径参考。

诚然，"元宇宙"尚处于概念阶段，但元宇宙的视角，为旅游"人、场、物"的重构带来了积极有益的启迪。元宇宙被认为是后互联网时代的新纪元，也必将推动旅游业进入全新的时代。

（资料来源　王金伟，余得光. 元宇宙视角下的旅游"人、场、物"重构［N］. 中国旅游报，2021-11-30)

11.2　旅游市场营销计划

计划是对未来行动的预先安排。旅游市场营销计划在旅游企业经营活动中占有重要地位，没有计划，旅游企业的营销工作就会失去章法，最终严重影响企业实现各种目标。具体的旅游营销计划制订过程如图11-2所示。

11.2.1　旅游市场营销计划的制订

（1）确定任务。

制订营销计划的首要问题是确定企业任务，它决定了企业的发展方向。而企业任务应回答这些问题：企业是干什么的？企业应该干什么？企业的顾客是谁？顾客的预期价值是什么？企业试图为谁做什么？这些问题实际上是选择目标市场和确定企业产品服务方向。

（2）分析情况。

制订市场计划的第二步是分析情况，包括以下几方面情况的分析：第一，背景情况，即对企业现有条件的分析，如总收入、市场占有率、旅游人数、成本、利润等；第二，宏观环境，即企业必须面对的外部环境，其影响因素主要包括人口、经济、生态、技术、政治和文化等，这些因素对企业的影响是宏观的，也是强制性的，它们的变化可能带来新的机会或威胁；第三，常规预测，即在设想客观环境不发生很大变化的情况下预测市场规模和构成、成本因素和总收入；第四，竞争对手，即分析有哪些竞争对手，与它们在哪些方面竞争，它们有何优势与不足等；第五，企业的优势与不足，包括旅游企业的位置、有形设施、进入市场的渠道、形象、声誉、财务状况、经营活力与人力资源等；第六，机会与威胁，即在上述情况分析的基础上确定机会与威胁，把市场环境发生变化的因素变为对企业有实际利益的因素。

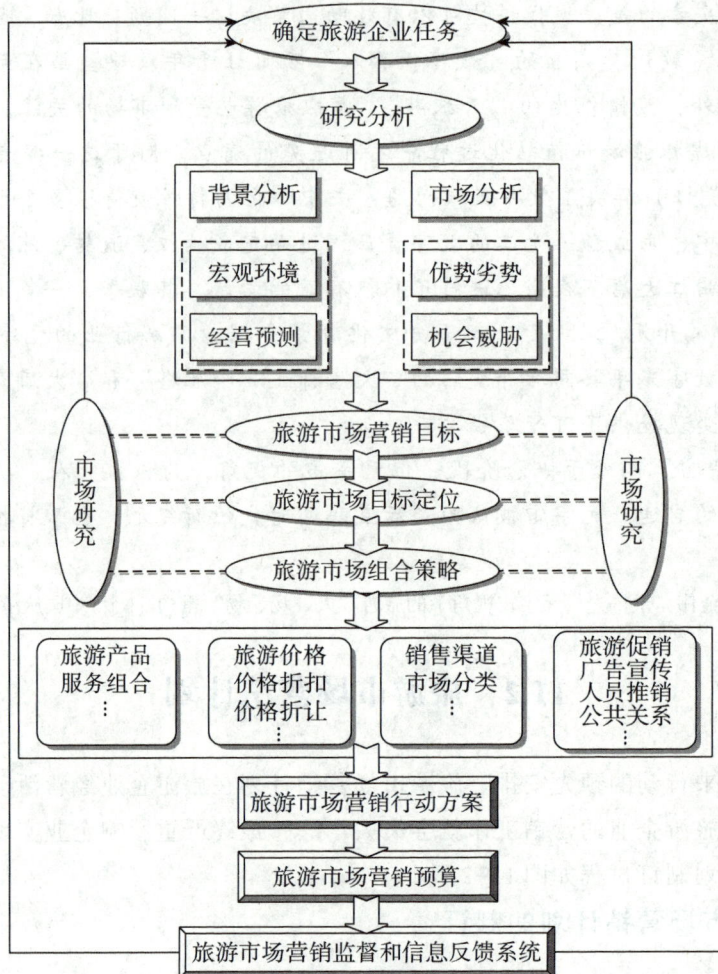

图11-2　旅游市场营销计划制订过程

（3）制定目标。

目标是活动的最终结果。旅游企业的市场营销目标是在分析市场营销现状并对未来的风险和机会进行预测的基础上制定的，是市场营销的核心，一般要确定以下两类目标：首先是财务目标，即旅游企业确定一个稳定的长期投资收益率，同时确定在本年度内所获得的利润目标等；其次是市场营销目标，旅游企业的财务目标必须转化为市场营销目标，因为只有通过一定的营销目标才能最终实现企业的财务目标。旅游企业常见的市场营销目标要通过销售量、销售收入、市场占有率、营销渠道覆盖范围、旅游者对旅游产品的理解程度等指标来体现。

（4）制定策略。

旅游企业希望通过市场营销策略来赢得竞争中的胜利。市场营销策略由三方面组成，即定位、确定目标市场、为市场营销组合的每个因素（产品、价格、渠道、促销）制定策略。定位是营销人员试图在旅游者心目中建立本企业产品或服务的某种形象。目标市场是企业通过比较后，在整体旅游市场上选定作为营销活动领域的某一或某些细分市场，即企业的主要服务对象。目标市场确定后，可以针对市场营销组合的每个因素制定策略。

（5）研究市场。

市场研究既是对内又是对外的。应该收集、分析和处理内部资料和外部资料。内部资料说明企业处于哪个阶段以及过去是怎样做的，体现企业的长处与不足，而外部资料则是提供机会和威胁的信息，表明企业未来的发展方向。对旅游者的研究特别重要，因为它揭示旅游者和潜在旅游者对企业的看法、他们的需要以及他们所追求的服务和产品。

（6）行动方案。

市场营销计划和战略确定后，还必须有详细的行动方案，即活动程序。其具体内容为：要做什么？怎么做？由谁去做？何时做？以何种方式做？成本为多少？

（7）预算成本。

市场环境在不断变化，营销计划也要不断地适应市场变化。新的计划、策略可能比原有计划、策略带来更多的利润，可是新计划需要经费开支，营销人员必须清楚这笔费用将获得多少利润。市场营销预算基本上是计划中的盈亏说明。在收入方面，它计划可实现的收入；在支出方面，它表明贯彻执行策略所需的支出。它确定了差额或计划中的盈利，一旦被批准，将成为执行策略和指导原则。

（8）反馈和控制系统。

反馈和控制系统主要是判断目标是否已经达到、一整套的策略是否成功，以便为制定未来的策略确定指导原则。反馈和控制系统包括：销售量和收入分析、市场份额分析、用于销售分析的市场营销费用以及对旅游者态度的探索。

11.2.2　旅游市场营销计划的实施

旅游企业营销计划的制订与实施是一个系统工程的两个部分，前者解决"做什么"和"为什么这样做"的问题，后者解决"怎样做"的问题。

市场营销计划的实施一般包括下列几个步骤：

（1）制订行动方案。

为了有效地实施营销计划，必须制订详细的行动方案。此方案必须明确营销计划和营销战略实施的关键性决策与任务，并将执行这些决策与任务的责任落实到个人或小组。此外，还应明确具体的行动计划执行时间表，在时间上有严格的规定。

（2）建立营销组织机构。

旅游市场营销组织机构是营销计划和营销战略贯彻实施的主要力量，建立和强化市场营销组织对推动营销活动的开展起决定性作用。另外，还应注意旅游组织中非正式组织的存在，努力使非正式组织与正式组织紧密配合，提高企业员工对营销计划和营销战略的共同认识与理解，促进和保证营销计划的顺利实施。

（3）建立科学管理制度。

为实施旅游市场营销计划和战略，必须设计相应的管理制度，做到奖勤罚懒，形成激励机制，尤其鼓励创造性地完成工作。同时要求员工把近期利益与长远利益结合起来，避免只顾眼前利益而做出有损企业整体形象的行为。

（4）开发旅游企业人力资源。

旅游市场营销计划最终是由旅游企业内部员工来实现的，因此人力资源开发至关重要。当今企业的竞争，更多的是人才的竞争，是智力的竞争，只有拥有高素质的人才队伍，才能提高整个企业的竞争实力。

（5）建立旅游企业文化和形象。

企业文化是指一个企业内部全体员工一致认同和遵循的价值标准和行为准则。旅游企业文化是旅游企业的精神之所在，企业的经营思想和领导风格对员工的工作态度和工作作风均起重要作用。通过创建企业文化，形成良好的企业形象，做到团结内部、取信于公众，则会给企业发展带来巨大的动力。

旅游市场营销计划实施系统内各要素是相互联系、相互影响的（如图11-3所示）。只有各要素协调一致、互相配合，才能有效地实施旅游市场营销计划和策略，实现销售业绩。

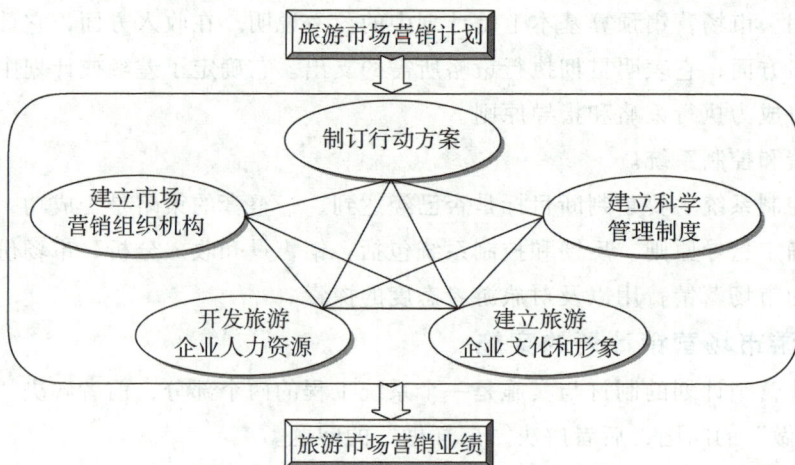

图11-3　旅游市场营销计划的实施

 ⇦【实例11-2】　井冈山：红色唱主角，绿色添魅力

 ⇦【相关链接11-2】　又见平遥文化产业园：旅游演艺点亮夜经济

11.3　旅游市场营销组织

任何旅游市场营销活动都不能离开有效的组织建设。科学地建立旅游市场营销组织，

是实现企业目标的重要一环。关于组织的含义，不同学者有不同解释。根据巴纳德对组织的定义，组织应包含三个要素：共同的目的、服务的意识和沟通。组织是有意识地协调两个和多个人活动和力量的系统。旅游市场营销组织就是为了实现旅游企业的目标而从整体上对旅游企业的全部市场营销活动进行平衡和协调的核心。为了保证旅游市场营销组织的正常运转，有必要研究旅游市场营销组织的有关内容。

11.3.1　旅游市场营销组织的特点及演变

旅游市场营销活动是通过一定的组织机构进行的，因此制订营销计划和策略必须以现有的市场营销组织为基础，因势利导，扬长避短，发挥自己的组织优势。旅游企业一般要根据自身的目标和环境背景，建立起相应的旅游市场营销组织。

1）旅游市场营销组织的特点

旅游市场营销组织是指旅游企业中负责管理和执行本企业市场营销工作的组织机构。按组织的分类标准，旅游市场营销组织应属于营利性的服务型组织。因此，以市场为导向、以追求经济效益为目的，必然成为旅游企业的经营思想，其营销组织具有系统性、适应性等特点。所谓系统性，是指旅游企业的各职能部门组成一个完整的系统，旅游市场营销部门起着指挥和协调的作用，使各职能部门以市场需求为导向来制订策略和计划，并从总体上满足市场需求，实现旅游企业的整体目标。所谓适应性，是指旅游企业的营销组织能根据外部环境的变化，迅速做出反应和决策，以增强旅游企业的适应能力和应变能力。

2）旅游市场营销组织的演变

现代旅游市场营销组织发展至今，已经历了四个阶段。

第一阶段，简单销售部门。在这一阶段，由于旅游企业以开发观念指导自己的经营活动，企业的目标计划、产品价格主要由开发和财务部门确定，销售部门的职能仅是销售开发出的产品，对产品种类、数量、规格等问题，几乎没有发言权。甚至在有的企业中，销售部门只是从属于企业供销部门的职能小组，不享有应有的独立地位。这一阶段销售部门的结构如图11-4所示。

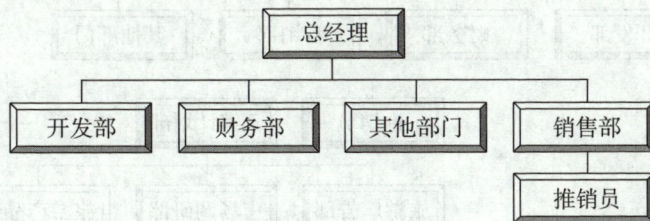

```
          总经理
    ┌──────┬──────┬──────┐
  开发部  财务部  其他部门  销售部
                          │
                        推销员
```

图11-4　简单销售部门结构

第二阶段，兼有附属业务的销售部门。随着市场竞争日益激烈以及市场营销观念的发展，旅游企业为实现营销目标需经常性地进行市场调查、广告宣传、为旅游者服务以及其他促销活动，因此在此阶段，销售负责人除仍然管理推销员外，还要针对逐渐变化的旅游市场和多种市场业务，设置销售部门名下的附属机构，如广告部、市场调研部等，进行日常管理（如图 11-5 所示）。

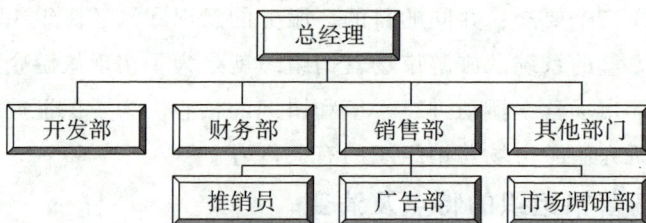

图11-5　兼有附属业务的销售部门结构

第三阶段，独立的旅游营销部门。随着旅游企业规模和经营范围的进一步扩大，除销售外，其他市场营销业务的作用显得越来越重要，市场营销部门独立存在的必要性日益体现出来，销售部和营销部成为平行的职能部门（如图 11-6 所示）。

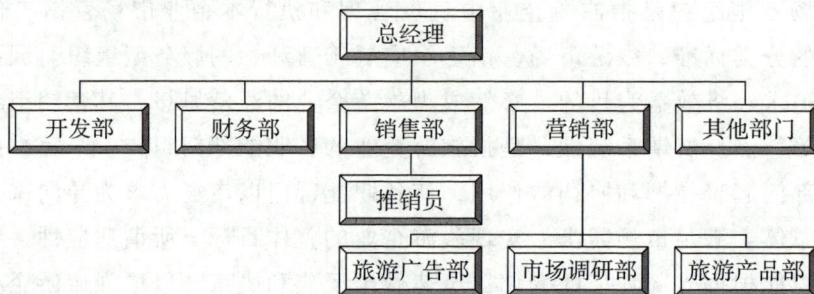

图11-6　独立的营销部门结构

第四阶段，现代市场营销部门。市场导向已经成为当前旅游企业的经营指导思想，旅游企业营销活动已成为一个系统，销售部门被取消，归属于营销部门，现代营销部门的结构形式已初步显露。这种营销组织更好地贯彻了"以旅游者为中心"的经营思想，除不断加强和改善旅游市场营销部门的组织机构外，还要创造一定条件，统管旅游企业的全面市场营销工作，以适应现代市场发展的需要（如图 11-7 所示）。

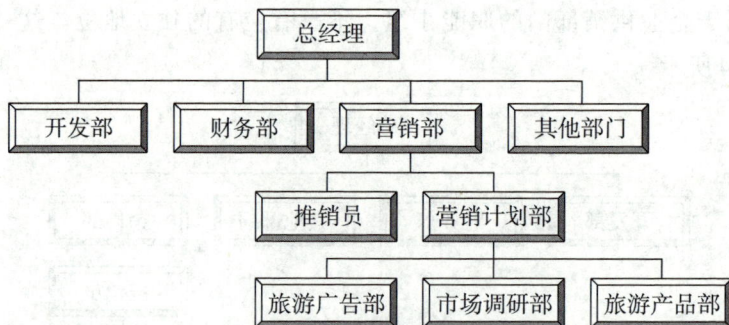

图11-7　现代市场营销部门结构

随着旅游市场的快速发展，各旅游企业发展极不平衡，旅游市场营销组织在企业内部的设置也不尽相同，各企业会根据自己的实际情况来安排营销组织形式。

11.3.2　现代旅游市场营销部门的组织形式

现代旅游市场营销组织形式是依据以旅游者为导向的经营思想而设计的。不论组织形式怎样，都必须包括旅游市场营销活动的四个基本方面：职能、地理区域、产品和顾客市场，据此将旅游市场营销组织形式分为以下五种：

1）职能型组织形式

旅游市场营销职能型组织是按不同的旅游市场营销活动功能建立的相应部门形式，这是最常见的旅游企业市场营销组织形式。它由市场营销经理统一领导，并协调各职能部门的工作。它的主要优点是各职能部门专业分工明确，能够发挥营销人员的专业才能，便于集中管理、统一指挥，有利于管理者指挥和控制营销活动。该形式的不足是各职能部门缺乏横向联系，难以做到整体上的配合；同时因营销人员职责明确、任务具体，并要对其业务成果负责，故不利于充分调动营销者的主动性和创造性，不利于经营创新。其组织形式如图11-8所示。

图11-8　职能型组织形式

2）地区型组织形式

旅游企业常按地理区域安排自己的市场营销组织形式。旅游企业的市场营销活动通常是跨地区的，因而旅游企业常按地理区域安排自己的市场营销组织，从较大区域依次到较小地区设置，依据一定的管理幅度确定营销人员数量，形成一个严密的销售网络。这种形式适合销售地域较广、营销人员任务复杂、营销人员对旅游企业的营销目标影响较大的情况。其组织形式如图11-9所示。

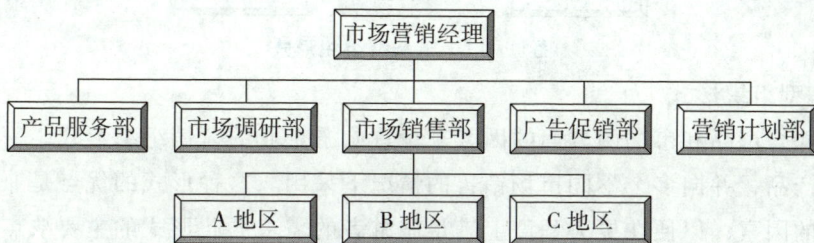

图11-9　地区型组织形式

3）产品管理型组织形式

这是根据旅游产品的类别来设置旅游企业的营销组织形式，一般在旅游企业的产品种类多、不同旅游产品之间差异大的情况下采用。其主要优点有：具有高度的灵活性；产品主管可协调负责旅游产品的营销组合策略，及时反映旅游产品在市场营销中可能出现的问题；所有旅游产品均有专人负责，便于全面并有针对性地促进旅游产品的销售。其缺点主要有：因旅游产品销售人员增加，会增加营销费用，在一定程度上提高了销售成本；各职能部门也会因部门利益而造成协调上的困难。其组织形式如图11-10所示。

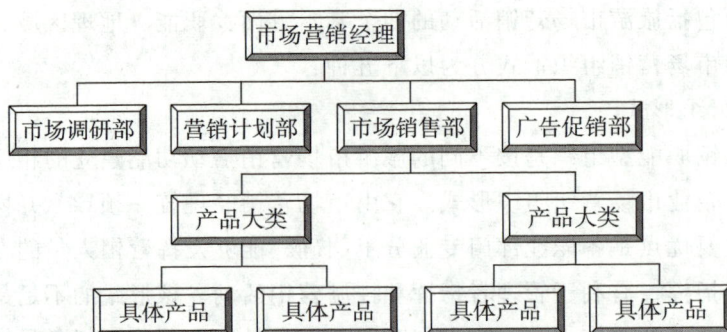
图11-10　产品管理型组织形式

4）市场型组织形式

这是根据旅游者的类别来设置旅游企业的营销组织形式。这种组织形式与产品管理型组织形式相似，由旅游企业市场营销经理统一指挥，协调各职能部门的活动，其中包括市场主管经理和市场营销人员，市场主管经理和市场营销人员一起制订长期营销计划和分析市场趋势及所需要的新产品。设置这类组织形式的旅游企业重点考虑按不同旅游者的不同需求来开展旅游营销活动，不是按地区销售职能和产品销售职能来开展旅游营销活动，所以更能体现以旅游者为中心的经营理念。其组织形式如图11-11所示。

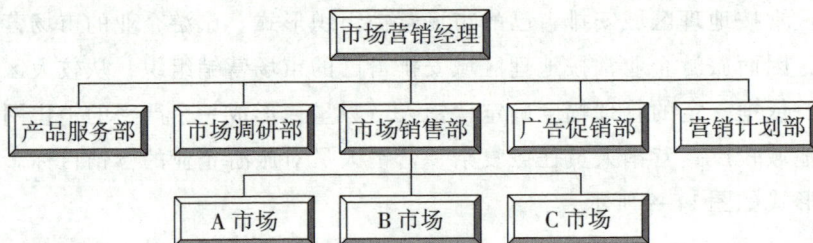
图11-11　市场型组织形式

5）矩阵型组织形式

这是按综合产品和市场两方面的因素来设置旅游企业的营销组织形式，一般在旅游企业经营多种产品，并向多个不同市场销售的情况下采用。这种形式的优点是兼顾了产品与市场两方面的因素，以便在更大程度上满足旅游者的需求。此形式的主要缺点是管理费用高，而且由于权利和责任界限较模糊，若协调不好，极有可能产生内部矛盾冲突。其组织形式如图11-12所示。

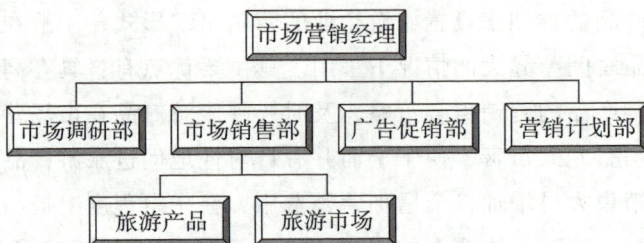
图11-12　矩阵型组织形式

旅游市场营销组织形式的设置需考虑多方面因素，如旅游企业决策的观念、企业的规模、旅游产品特点、旅游市场状况、适当的人选等。旅游企业应综合平衡各种因素来选择和设置相应的营销组织形式。

⇦【实例11-3】 "细意浓情"优服务 潜移默化倡文明

⇦【相关链接11-3】 中医药健康旅游如何管理才能吸引年轻人

11.4　旅游市场营销人力资源管理

旅游企业营销部门的职责范围是组织、分析、策划、控制、改善旅游企业的市场销售活动，同时对营销活动进行日常性管理，主要包括市场调研、制订营销计划、推销、行政管理、人事管理等职能。人力资源管理是旅游企业营销部门的重要工作内容。营销部的计划、策略是由企业内部营销人员来制订和执行的，所以，营销人员工作的态度、业绩，是否具有创新精神，将直接影响到旅游企业的近期和长期利益。

11.4.1　旅游销售目标定额的制定

旅游企业营销部经理首先必须根据市场预测和企业的营销预算来确定本部门的销售额，并具体分解到本部门每一个营销人员的工作中。销售目标定额包括销售总额、销售访问次数、营销人员的销售额等。每个营销人员除承包一定的销售额外，还有旅游企业市场开拓和旅游产品开发的任务，市场开拓、产品开发和销售有机地结合，能够有效地克服营销人员的经营短视行为。实施定额目标管理，能使营销人员明确工作目标和重点，有针对性地开展销售工作。许多旅游企业正在或已经使用定额目标管理法。

11.4.2　旅游企业营销部门人力资源管理的实施

旅游企业营销部负责人把更多的时间用于对营销人员的日常管理，其中包括新营销人员的招聘、选拔和培训，制定营销人员的报酬标准和付薪办法，确立和控制人员费用支出以及对部分员工的工作进行指导等。

1）员工招聘

挑选适合的旅游销售人员是营销活动获得成功的关键，这需要旅游企业制定相应的招聘制度。营销人员的招聘应由旅游企业人力资源部门和营销部经理一起负责。招聘工作通常分两个步骤来完成：第一步，营销部经理要根据自己工作的需要向人力资源部门提出招聘人员的数量和类型、招聘人员工作职责及应具备的条件。第二步，对应聘人员进行选择。选择营销人员的途径有阅读求职申请书、面谈和测验。求职申请书是选择应聘者的重要资料来源，它的格式应认真地制定，所受教育、经历、健康状况、职业目标等都是评价一个申请人是否适合做一个营销人员的重要条件。面谈的目的是使营销部经理和人力资源部门对应聘者有直接的了解。通用的测验内容包括候选人的兴趣、智力、态度和知识等。通过测验能使营销部经理和人力资源部门更好地了解应聘者的真实能力。另外，一个很好的招聘计划能使旅游企业及时地补充所需的营销人员，保证营销活动的正常进行。

2）适应岗位

新招聘员工到旅游企业的营销部工作，需要有一个适应过程。营销部经理和其他老员工应帮助新员工克服心理上的陌生感，使他们尽快融入集体中，同时尽可能详细地向新员工介绍营销工作的性质、任务和工作方法，使其迅速熟悉业务。

3）营销培训

旅游营销培训能提高营销人员的业务水平，改善其工作态度，保证旅游企业经营目标的实现。因此营销培训不仅适用于新员工，对老员工也是很有必要的。要想使营销培训达到预期的目的，必须抓好以下几个环节：

（1）明确培训应达到的目标。

通过营销培训主要使营销人员了解和熟悉营销部的业务运作程序，增加旅游产品和市场方面的知识，提高营销技巧，扩大营销利润和开拓新的旅游市场。

（2）安排恰当的培训内容。

可以举办有关营销技巧、旅游者心理趋势分析、旅游产品知识、旅游市场格局变化等方面的讲座。

（3）选择适宜的培训时间。

旅游企业可以采用集中式或分散式两种培训方法。集中式培训一般要求大部分营销人员参加，因此应选择在大部分营销人员的工作间隙或定期举办的营销例会上进行。目前许多旅游企业都实行营销例会制。分散式培训又称为在岗培训，主要是在旅游市场营销活动过程中进行的。由于分散式培训多由经验丰富的营销人员传授其营销经验，因此所需费用较少，但缺点是培训的效果往往不是很好。

（4）选择适当的培训方法。

营销培训的方法多种多样。讲授法适用于对新营销人员进行有关旅游企业的规章制度教育，介绍有关旅游企业的历史和业务运行程序，讲授旅游企业营销人员应具备的专业知识。示范法适用于营销技巧和旅游产品方面的训练。讨论法适用于比较各种营销方式的优缺点及在实践中的具体运用。角色扮演法是提高营销技巧的最佳手段之一。在岗培训适用于各种培训项目。

4）报酬和奖励

旅游企业营销人员所获得的报酬和奖励主要有物质形式和精神形式两种。物质形式报酬和奖励包括直接工资和非直接工资收入，如带薪假期、养老金、保险、红利、赠股、奖励旅游等。精神形式报酬和奖励主要是指向员工提供个人的升迁机会，关心员工的生活状况，改善员工的工作环境，使之感到企业大家庭的温暖，个人工作受领导和其他员工重视，并由此产生对旅游企业的归属感和忠诚感。

　　旅游企业必须建立科学的报酬和奖励机制，以吸引和留住优秀的营销人员。为此，首先要确定相应的报酬支付水平。这一水平必须体现出每个营销人员所受教育程度、所受到的训练和经历以及营销人员所在地的劳动力市场、旅游企业的整体工资水平。同时，报酬的高低还必须反映出营销人员的工作性质和职务高低。其次要制定科学的报酬支付方法。支付方法应考虑营销人员的工作性质，以及其他旅游企业营销人员的报酬支付方法。通常，旅游企业营销人员的报酬支付方法有以下三种：

　　（1）纯薪水型。

　　纯薪水型，即付给营销人员固定工资。对营销人员来说，这种形式没有风险，收入比较稳定，销售额与工资无关。但由于工资稳定，营销人员不会感到工作压力，因而很难调动他们的积极性。纯薪水型工资主要适用于新营销人员、市场调研员和开拓新市场的营销人员，因为他们的工作量不好衡量。

　　（2）纯佣金型。

　　旅游企业只付给营销人员销售佣金而不付给薪水。这种方式由于营销人员的报酬与他们的销售额紧密相关，因此能调动营销人员工作的积极性。同时由于旅游企业只考核其销售额，因而能使他们对自己的工作有更大的自主权，但缺点是难以控制营销人员，易使他们只注重短期利益、自身效益，而不关心其他营销人员的工作和旅游企业的长期利益，造成营销人员各自为战，不注意整体配合。另外，这种形式有时可能会有超负荷预订问题，造成对旅游者利益的损害。纯佣金型报酬方式一般适合于下列情况：需要对营销人员进行激励，很少有市场调查工作，旅游企业经营不佳，报酬与成本费用和销售收入必须挂钩，以及无法对营销人员实施控制等。

　　（3）混合型。

　　混合型，即将上述两种报酬支付方法相结合，既付给员工一定薪水，使之有职业安全感，又加以佣金刺激，以调动他们营销的积极性，这样可以克服上述两种方式存在的弊端。目前我国旅游企业大多采用这种报酬支付形式。当然，在实际工作中，薪水和佣金的大致比例以及佣金与销售额的比例，要根据各旅游企业的实际情况而定。此外，还不能忘记多采用精神激励的方法。随着社会的进步，营销人员不再满足于工资收入的提高，他们更多地需要别人尊重他们，认识到他们的价值。因此营销部经理应关心他们的生活，了解他们的需要，帮助他们实现自我价值。如日本的一些旅游企业给员工家属一定的工资，感谢他们对员工工作的支持，这样也使员工在其家人面前有一种成就感。

　　5）费用控制

　　旅游企业市场营销费用支出一般占旅游企业销售额的 5%～8%。除支付广告和其他促销活动费用外，旅游企业营销部门的日常业务支出也是重要的部分。营销部经理必须依照营销预算所确定的费用支出指标，在保证营销活动正常进行的前提下，尽可能控制费用的支出，以降低整个旅游企业的销售成本。控制营销费用的方法有两种：一是规定各种费用支出的限额，即将各项支出限定在一定的费用水平之内；二是确定几项主要费用占销售额的百分比，并规定其浮动范围，如果超出浮动范围，则应查明原因，并适当对其调整。

6）督导沟通

督导是营销部门管理人员指导下属日常工作的方法。它主要指管理人员向下属解释和宣传旅游企业的政策，协调营销人员和高级管理层的关系，确定工作标准，创造有利的工作环境，并尽可能地改善营销人员的工作条件。由于营销人员工作的独立性较强，因此旅游企业营销部经理必须根据人员和工作分散的特点制定相应的政策，并采取有效的措施对下属进行督导管理。例如，组织营销人员开展销售竞赛活动，从而使营销人员自我激励，自觉学习销售方面的新知识和新理论。

11.4.3　旅游营销人员业绩的评估

对营销人员的业绩进行评估有助于管理人员了解计划实施情况，以及营销人员的工作能力、态度和业绩。对营销人员业绩进行评估必须有具体的、科学的评估标准，以保证评估的全面性、正确性和公正性。评估营销人员业绩的标准有两条，即定性标准和定量标准。

（1）定性标准。

采用定性标准能够评估那些无法用数字反映的营销人员业绩。采用定性标准必须考察营销人员的产品知识和对旅游企业政策的了解情况，营销人员对自己工作时间的安排，营销人员的工作特征、工作态度以及与同事之间的关系等。

（2）定量标准。

营销人员的营销业绩可以依据其工作投入与产出的量化指标来评估。衡量工作投入的量化指标有每日销售访问次数、直接营销费用额或百分比、参加旅游企业展销会和营销培训项目的次数等。评估工作产出的量化指标包括销售额、个人销售额在总销售额或某销售地区销售额中所占比重、毛利、接受预订数量、联系的客户数以及新建立的客户数等。在进行定量评估时，要注意采用多种评估指标，尽量全面地、综合地评估。

⇦【实例11-4】　推进人才优先发展战略 开创人才工作新局面

⇦【相关链接11-4】　转型不转行 导游怎样在坚守中发展

11.5　旅游市场营销控制

计划提出了管理者追求的目标，组织提供了完成这些目标的结构、人员配备和责任，人力资源管理提供了领导和激励的环境，控制则提供了有关偏差的知识，以及确保与计划相符的纠偏措施。控制就是根据计划对现实目标的进展情况进行确定或衡量的过程，它与计划、组织和人力资源管理密切相关。旅游市场营销控制实质上是对市场和产品的再调研和再定位。这时的调研和定位以原定的旅游营销计划为基础，目的是检查原定的营销计划的合理性和进展情况。作为营销系统中的一个环节，旅游市场营销控制是营销成功的保证。通过旅游营销控制，旅游企业可以发现营销计划中存在的问题并据此提出改进现行旅游市场营销方案的措施。

11.5.1　旅游市场营销控制的类型

旅游市场营销控制是根据旅游市场营销目标和计划，考察和检查旅游营销目标和计划执行情况，以及根据所获信息分析在执行过程中发生偏差或差距的原因，有针对性地采取纠正行动。简单地讲，旅游市场营销控制由标准、对照、纠偏三要素组成。

在旅游企业营销活动中，建立营销控制制度是非常重要的。它有助于对旅游市场营销目标和计划实施过程中所产生的差距进行调整，有助于挖掘旅游企业自身的潜力，有助于激励营销人员更好地完成营销目标和计划，有助于避免旅游企业在营销活动中的失误所产生的重大损失。因此，作为旅游企业，应形成一套完整的营销控制系统，以保证旅游企业营销活动的有效进行。

旅游市场营销控制按不同标准可以划分为不同的类型。

第一，按旅游市场营销决策类型的不同，可以将旅游市场营销控制分为程序化营销控制和非程序化营销控制。程序化营销控制是将决策过程程序化，不必每次都做出新的决策。这种控制的关键点是程序的科学化和确立控制标准。在旅游企业实际管理过程中，一般是确立具体的"控制警戒点"（超出常规的界限）。例如，在对饭店存货控制中，存货超过规定的标准（警戒点）时，就应向上级报告，以便采取必要的措施。非程序化营销控制是对那些不带规律性而带有风险性、不确定性的重大问题、复杂问题所做出的控制。这种控制较复杂，一般要由营销部经理专门负责。这样有利于及时对决策目标、决策行为、决策结果进行跟踪检查，随时根据反馈的信息调整决策。

第二，按旅游市场营销控制方向的不同，可将其划分为策略控制和过程控制。策略控制是通过不同手段对旅游企业营销的环境、内部营销系统和各项营销活动进行定期、全面系统的考核。其目的在于发现旅游市场营销活动中所遇到的目标性、策略性问题，并提出相应改进措施，以保证营销目标的实现。过程控制是对营销活动过程各环节进行监督，发现营销目标不能正确贯彻落实时，及时采取必要的措施，以确保营销目标的实现。过程控制的核心是实行目标管理，将目标细分，分层落实。执行情况由上级定期审核，发现问题及时解决。

第三，按对旅游市场营销影响的不同，可将旅游市场营销控制划分为年度计划控制、获利能力控制、效率控制和营销策略控制（见表11-1）。年度计划控制是指在年度计划中分阶段确定计划目标，以此作为控制标准，对照检查执行结果。年度计划控制的工具主要有会计核算分析、统计分析、经营情况分析和市场形势分析等。获利能力控制是指旅游企业对其产品和服务在不同地区、不同市场，通过不同分销渠道销售的实际获利能力进行测算。获利能力控制可以帮助旅游企业的管理人员确定哪些旅游产品或市场应扩大，哪些应该缩减以至放弃。获利能力控制常采用营销盈利分析法，这种分析法可广泛用于管理营销队伍、广告、促销和分销等活动。效率控制主要考察营销队伍效率、广告效率、促销效率、分销效率等指标。在具体操作中，可以借助每一项目中的一些关键指标。如营销队伍效率可考核营销人员每日的访问客户次数，每次访问客户平均所需要的时间、成本和收益，营销成本占总成本的比重等指标。营销策略控制是指对旅游企业内外环境进行综合分析，对旅游企业营销组合做出评价，从而对旅游企业的生存能力和竞争能力做出推断。营销策略控制的基本依据是旅游企业市场营销组合的策略计划。

表11-1　　　　　　　　　　　　　　旅游市场营销控制的基本形式

控制类型	控制责任者	控制目的	控制方法
年度计划控制	中高级管理层	检查年度计划目标是否实现	销售分析、市场占有率分析、营销费用分析、顾客态度分析
获利能力控制	营销经理、财务经理	检查企业何处盈利或亏损	产品、区域、细分市场、销售渠道、盈利等分析
效率控制	营销经理、中高级管理层	考察营销队伍、广告、促销、分销等的效率	时间、成本、比率、收益等分析
营销策略控制	高层管理者、营销审计人员	检查企业是否把握好市场机会	营销有效性评价、营销审计等

11.5.2　旅游市场营销控制的步骤与工具

1）旅游市场营销控制的步骤

旅游市场营销控制是一个系统过程，它与旅游市场营销计划的实施相关。为了使旅游市场营销控制具有可操作性，其应包括如下步骤：

（1）建立标准。

旅游市场营销控制过程的第一步就是确定控制标准，即确定这一行动的预期目标是什么。如规定某项旅游新产品投放市场一年后市场占有率应达到多少。为了便于衡量实际结果，衡量标准应尽可能具体。

（2）衡量绩效。

衡量绩效就是将控制标准与实际结果进行比较。实际结果如与预期标准相符，甚至优于预期标准，则应总结经验，以便继续保持。实际结果若未能达到预期标准，则应找出问题的症结。

（3）对实际结果与预期标准发生的偏离进行诊断，即找出产生偏差的原因。

这是营销控制过程中的重要环节。产生偏差通常有两种情况：一是实际营销过程中的问题；二是营销计划决策的问题。前者容易发现，后者在认识和判断上较困难，而且两种偏差常常交织在一起。例如，某旅游饭店的营销人员完不成预定的销售标准，可能是因为"他工作不认真或不够灵活"，如果这样，管理者可采取某种激励手段，如提高报酬或者加强营销人员的培训等。但是，也可能是由于销售指标定得过高，如果这样，就应调低计划指标。然而在实践中，营销人员素质不高或销售目标不切实际等因素可能同时发生作用。另外，还可能有其他原因，如营销费用支出不足、旅游产品缺乏吸引力等。因此，营销部经理应加强对背景资料的了解和分析，搞清真实原因，抓住问题的实质，常用的观察法、实测法、询问法等营销调研方法，对解决此类问题是很有效的。

（4）采取改进行动。

在查明产生偏差的原因以后，应采取相应的改进行动。一般来说，可以根据诊断的不同情况分别采取下列三种措施：一是维持原来的标准。一般而言，若实际结果略微超过或基本达到原定标准，则不应对原定目标或衡量标准进行改动。二是纠正偏差。如原定客房出租率为75%，而实际客房出租率为60%，就必须采取相应的措施，例如增加营销费用、加大宣传力度或者培训营销人员等。三是改变原定的计划和标准。如果大多数营销人员的业绩都大大超过原定的销售目标，就意味着这个标准可能定得太低了。相反，如果只有一两个人能达到，而大多数营销人员无法完成，则说明这个销售标准可能定得太高了。当出现以上情况时，营销部经理就应根据实际情况对原定的标准做出适当的调整。当然，有时原定标准本身是合理的，只是由于环境发生了意想不到的变化，才使原来合理的标准变得不合理。

2）旅游市场营销控制的工具

在旅游市场营销控制中，常用的工具有六种：

（1）获利性分析。

旅游企业可用这种方法来衡量市场营销业务活动各方面的获利情况。它的具体做法是将每种分析对象的实际绩效与预计目标进行比较，对于获利能力强的项目，即实绩高于目标的项目，要继续实施；对于获利能力弱的项目，即实绩低于目标的项目，应进行绩效改进分析。

（2）预算。

预算是指在实施旅游市场营销活动之前，以货币指标反映的分配给旅游市场营销各项活动的费用。旅游企业预算主要包括收支预算、现金预算、资金支出预算、资产负债预算等。预算的编制应结合旅游企业的预算目标进行，使之能反映出控制项目要求和时间要求。

（3）20/80原则。

所谓20/80原则，是指一个旅游企业的产品组合中，销售量大、利润率高的产品所占的比重较小，而销售量小、利润率低的产品所占的比重较大，也就是说旅游企业80%的销售收入往往来自20%的产品或目标市场。这个原则是根据企业现代管理方法之一的ABC分析法提出来的，虽然不能适用于所有旅游企业，但也具有一定的普遍性。它可以帮助营销人员掌握关键的少数，从而抓住主要矛盾。

（4）效率测量，即确定各种资源使用的效果。

利用效率测量可以分析一定的资源与销售量的关系，据此做出最有效地利用资源的决策。常用的指标有投资收益率、劳动效率、利润率、费用率等。效率测量常借助财务报表来进行分析。

（5）百分比分析。

这也是一种常用的统计分析法，用以控制旅游市场营销活动的绩效完成程度，并以此分析一定时期的趋势。常用的指标包括各项支出占总支出的百分比、各项目销售额占总销售额的百分比、各项业务开展的进度百分比、市场占有率、资金利润率、费用利润率等。

（6）网络技术。

网络技术是一种综合控制方法，它可以有效地对项目所使用的人力、财力、物力和信息资源进行平衡，能控制项目的时间和成本，能够在出现偏差时找出原因和关键因素，并能从总体上进行调整以保证按质按量达到目标。运用网络技术时可将控制项目细分成不同的环节，并规定每个环节的计划时间、完成期限，明确规定具体负责人及其职责，画出网络图。通过网络图可直观地找出控制项目的关键线路和非关键线路，从而进行有效控制，保证关键线路的畅通。网络图是一个相当灵活和极有价值的控制方法，可以广泛运用于旅游市场营销业务活动之中。

⟵【实例11-5】　"云上纪念馆"，"红色"陇原更有故事

⟵【相关链接11-5】　直播带货将告别野蛮生长

本章小结

和其他市场的营销工作一样，旅游市场营销也是一个有计划、有组织的过程。本章论述了旅游市场营销管理过程，即：分析旅游市场营销机会；研究和选择旅游目标市场；制定旅游市场营销战略；制订营销计划；实施和控制营销计划。它们之间是互相联系的。其中，旅游市场营销计划、旅游市场营销组织、旅游市场营销人力资源管理、旅游市场营销控制是本章重点讲述的内容。

旅游市场营销计划包括计划的制订和实施。首先要明确任务，在详细的情况分析的基础上制定目标。营销计划的内容包括市场营销策略、市场研究、行动方案、预算、反馈和控制系统等。在营销计划实施过程中，要注重行动方案、营销组织机构、管理制度、企业人力资源、旅游企业文化和良好企业形象等方面的工作。

营销组织对企业制定和实施营销战略具有重要意义。旅游市场营销组织具有系统性和适应性的特点。营销组织经过了一个由简单到复杂的演变过程，现代旅游市场营销部门的组织形式有职能型、地区型、产品管理型、市场型和矩阵型五种模式。

营销人力资源管理是旅游营销部门的重要工作内容。旅游市场营销人力资源管理主要包括制定销售目标定额，对新员工的招聘、选择、培训，以及制定营销人员的业绩评估方法、薪酬标准等工作。

最后，本章还介绍了旅游市场营销控制的类型、基本步骤和工具。

🔘 关键概念

旅游市场营销计划　　旅游市场营销组织　　旅游市场营销控制

🔘 基本训练

□ 案例分析题

文旅融合视角下的长城文化阐释与展示的营销管理方式

阐释与展示是文化遗产保护和管理过程的重要组成部分。通过阐释与展示，提升公众对文化遗产历史、文化价值的认知，增进公众对文化遗产的理解，是现阶段文化遗产传承发展的关键议题之一。长城国家文化公园建设的主要任务是推动文化产业和旅游产业与教育、农业、科技、交通、体育等领域的跨界融合，促进文化和旅游公共服务设施完善、生态建设和服务业发展，提升区域综合发展能力。

如何在文旅融合的视角之下，理解并做好长城历史文化及其价值的阐释与展示，是长城国家文化公园建设的一个重要研究课题。我们有必要对长城的文化价值和长城文旅融合发展的关系，做一个简单的梳理。

长城作为大型的线性文化遗产具有重要价值，这种价值既需要保护和弘扬，也需要开发利用。长城文旅融合是长城保护利用的体现，选择什么样的方式发展长城文旅融合是目前需要认真考虑的问题。长城文旅融合发展，实际上也是解决如何保护长城、如何向公众展示和阐释长城文化等问题的方式之一。

长城的保护和利用，需要加深公众对长城历史文化价值的理解。长城国家文化公园建设，则要对长城文化遗产做出阐释与展示，要充分考虑公众应对长城有怎样的认识、公众接受的长城文化传播目标是什么，还要全面考虑如何将此目标融入旅游的业态之中，使其成为大众文化消费的旅游项目。

一、为什么要强调文旅融合的视角

文旅融合是长城保护和利用的重要形式，国家文化公园建设除强调文物和文化的属性之外，还特别强调了文化教育、公共服务、旅游观光、休闲娱乐、科学研究等功能属性。也就是说，上述功能都是国家文化公园建设特别强调的功能类型，也是长城国家文化公园文化和旅游发展的指导思想。

长城国家文化公园建设要推动长城区域文化和旅游在各领域、多方位、全链条深度融合，实现资源共享、优势互补、协同并进，就需要做好顶层设计。中央文件强调，国家文化公园建设要强化全球的视野、中国的高度、时代的眼光。既要着眼长远，又要立足当前；既尽力而为，又要量力而行。务必要符合基层的实际，得到群众认可，经得起时间的检验。这些落实在长城文旅融合发展方面，怎么做才能做好，需要结合国家文化公园建设的目标，去发现问题、解决问题。

二、怎么理解对长城文化的阐释与展示

长城文化的阐释是一切旨在提高公众长城文化意识、增进公众对长城文化遗产理解的活动。其中包括通过对长城历史文化的通俗的讲解，采取多种手段对长城遗址进行解说，帮助游人了解长城的历史文化。

通过文旅融合，展现古代军事防御体系的建筑遗产价值，呈现人与自然融合互动的文化景观价值，需要将长城的文物和文化资源转化成优质旅游产品。做到这些比较困难，因为文旅融合发展，不仅涉及文化和旅游线路与产品的整合，还需要统筹规划各类文化和旅游设施，包括接待服务设施、基础设施建设项目建设等。

长城文化的阐释与展示，要与长城旅游整体产品开发及文化和旅游产品品牌建设紧密结合起来，打造文化和旅游资源及产业要素高度融合的发展路径。对长城文化遗产的阐释效果如何，很大程度取决于我们的阐释与展示和观众之间的互动程度。我们做好长城文化的阐释，就是为了帮助游客更好地了解长城、欣赏长城。

三、景区的解说系统的阐释

景区的解说系统是游客景区体验的重要手段，也是让游客更好地认识、了解长城历史文化的方法之一。我们对长城历史文化相关信息的任何描述和解释，都应该跟观众的体验和个性产生关联。解说是以一种艺术形式，来实现解说的目的。我们的解说并不是在给公众讲课，要通过解说激发游客的情感。目前，国际上流行的一种讲解，叫居民解说，指的是祖祖辈辈生活在当地的居民，以遗产地主人的身份亲自给游人做解说，这种方法可在长城国家文化公园建设中普及。如此一来，沿线居民还可以在解说过程中增加收入。这种解说可上传至网络，游客走到这个地方，手机上自然会接到有关的推送。

总之，认识文旅融合视角下的长城文化阐释与展示很重要，现在国际上做得好的对文化遗产的阐释与展示，已经在尝试对游客群体做出细分。这种细分是对来参观的公众做更多的深入分析，然后针对不同的公众设计出展示和阐释的内容。不同文化需求的人、不同性格类型的人对同样的场景的感受是不一样的，而这一点，国内大多数博物馆都还没有顾及。

（资料来源　董耀会. 文旅融合视角下的长城文化阐释与展示的营销管理方式［EB/OL］（2021-04-06）［2022-08-30］. http://changcheng.ctnews.com.cn/2021-04/06/content_101338.html.作者有删改）

问题：

试从旅游营销管理的角度，分析长城文化在文旅融合背景下如何进行阐释与展示。

□ 思考题

1.旅游市场营销管理过程有哪些？

2.旅游市场营销计划包括哪些内容？

3.阐述旅游市场营销组织的演进。

4.怎样进行旅游市场营销人事管理？

5.旅游市场营销控制可以利用哪些工具？怎样对旅游市场营销活动进行控制？

6.比较几种旅游市场营销组织结构的优缺点。旅游企业应该怎样设置合理的市场营销组织？

□ **课堂讨论题**

1.旅游服务业通常都会设立销售目标，并组建各种各样的推销队伍，如果您是某知名旅游企业的人力资源总监，您认为其重要性有哪些？

2.许多人觉得自己并没有具备成为一名成功推销员的能力，您觉得一个成功的产品推销员需要具备怎样的能力？如果您是旅游培训部的主管，您认为旅游市场营销培训在帮助和提升人们的推销能力上有哪些作用？

3.优秀的市场营销总监会很熟悉自己和竞争对手的产品。如果您是某知名旅游企业的市场营销总监，该旅游企业希望您推销一种您认为比竞争对手差的旅游产品，您将会怎么做？

4.有人说旅游营销推介可以分为两部分工作，即推销员从事的工作以及旅游企业组织为推销员提供所需条件的工作。如果您是企业的市场营销总监，您认为旅游企业应该为推销员提供哪些条件以帮助提高其销售量？市场营销总监的工作与推销员的工作有何不同？

5.如果您作为旅游企业的市场营销总监，您认为旅游营销计划的目的是什么？旅游营销计划的目标应当量化吗？为什么？

6.您作为一家知名旅游企业的市场营销总监，您认为环境因素与年度旅游营销计划有什么关系？旅游营销计划应该如何描述细分市场与目标市场？为什么确定旅游市场的潜力非常重要？

7.请您以旅游企业市场营销总监的视角举例说明，在旅游营销计划中，旅游市场营销控制有何必要性？

第 12 章

旅游危机管理

通过本章的学习，理解旅游危机、旅游危机管理的概念，掌握旅游危机管理的原则、特征，学会分析旅游危机管理模式、路径，了解制定旅游危机各阶段的管理策略。

12.1 旅游危机概述

12.2 旅游危机管理

12.3 旅游危机管理策略

本章小结

旅游危机是指给旅游者的身心健康带来实际或潜在影响的突发性事件。事件超出了旅游者的容忍限度，破坏了旅游者的旅游体验。分类研究是对旅游危机事件进行有效管理的基础，可按照危机的产生原因、危机的影响程度、危机演化的速度、危机起源、危机的表现等因素进行分类。旅游危机具有突发性、关联性、危害性、双重性、扩散性、紧迫性等特征。

旅游危机管理的目的是保持或恢复正常的旅游秩序，保障旅游者的正常旅游活动和利益，促进旅游地的和谐健康发展。秩序、安全、稳定是旅游危机管理所追求的目标。旅游危机管理应该坚持预防性、公开性、公众性、诚实性、及时性等原则；旅游危机管理具有综合性、不确定性、应急性、预防性、可持续性、非竞争性等特征。本章在旅游危机管理路径结构和系统框架基础上，提出了旅游危机管理的"6R"管理模式。

在不同的旅游系统中，危机冲击的表现形式存在差异，对旅游者、旅游企业、旅游目的地都会产生冲击。

旅游危机管理有具体途径，也可以分为危机前管理、危机中的应对和危机后的恢复，在互联网时代还应注意旅游网络舆情管理。

关键概念

危机　旅游危机　旅游危机管理　旅游危机管理路径

基本训练

□ 案例分析题

□ 思考题

1.旅游危机管理的路径结构主要有哪些？

2.旅游危机管理的6R模式是什么？

3.旅游危机冲击的对象有哪些？

4.旅游危机前的管理策略主要有哪些？

5.旅游危机中的应对策略主要有哪些？

6.旅游危机后的恢复策略主要有哪些？

□ 课堂讨论题

1.请根据最近发生的旅游危机典型事件，分析该危机事件发生后，以政府或企业高层管理者视角，应该采用哪些旅游危机管理策略？

2.一家知名旅游景区的餐馆，在旅游旺季期间曝出了"宰客"事件。如果您是该知名景区的负责人，应该如何处理此次"宰客"事件？

3.如果您带领旅行团出游时，当地发生了安全危机事件，您作为该旅行团领队，应该如何化解此次旅游危机？

4.一家五星级酒店的顾客从网络媒体上得知该酒店提供了过期洗漱用品，您认为该五星级酒店的高级管理者，应如何预防此类旅游网络舆情危机？

5.某乡村民宿的消费者对住宿服务质量做出差评，致使该乡村民宿形象受损。请您从企业经营者角度，阐述该乡村民宿在危机前、危机中、危机后可以采用哪些管理措施。

6.请您以在线旅游企业CEO的视角，举例说明如何应对突发公共卫生事件造成的旅游危机。

第 13 章

智慧旅游数字化系统管理

通过本章的学习，掌握智慧旅游数字化系统管理的含义和内容，学习智慧旅游数字化系统管理的类型和特点，理解智慧旅游数字化系统的开发应用及组织架构，学会智慧旅游数字化系统管理的运行流程。

13.1　智慧旅游数字化系统管理概述

伴随着旅游业的日益发展，人们的旅游信息需求日渐旺盛，而信息社会中的旅游信息纷繁复杂，获取有用的旅游信息并对其进行有效的管理成为旅游活动开展实施的重要一环。重视旅游信息获取，合理计划、组织、控制和协调旅游信息相关的市场活动，实现旅游信息的开发、配置与利用是智慧旅游数字化系统管理的必然要求。旅游信息的获取与利用以及系统化开发与运作是旅游信息资源转化为管理活动的现实生产力并产生价值的前提和基础。智慧旅游数字化系统管理为旅游活动决策提供依据。

13.1.1　智慧旅游数字化系统管理的含义

人工智能、云计算、大数据、移动互联网等先进信息技术手段和通信设备的发展为旅游数字化创新应用迈向高级发展阶段提供了强有力的技术支持，实现了旅游业和信息技术的深度融合，将饭店、旅行社、旅游景区、旅游目的地与旅游者有机联系在一起，互联互通、信息共享。智慧旅游数字化系统管理发展到新的阶段促进了旅游新业态的产生，游客与旅游企业间的信息感知与智慧服务、大数据与云端设备并行，共同形成了协同运作的运营模式，商业链条上下游高效运作，商业、政务与旅游业务管理互相融通，成为旅游数字化应用与发展的源源不断的动力来源与坚实基础。

1）智慧旅游数字化系统管理的概念

（1）旅游数字化系统管理的概念

旅游数字化系统管理是指综合运用由计算机硬件、软件、网络通信设备组成的技术系统，以旅游数据为基础，对所需旅游信息进行收集、传递、存储、加工、维护和使用并提供相应的服务，用于支持高层人员决策、中层控制、基层运作的计算机系统的管理手段和决策载体，是旅游管理决策支持和旅游信息服务提供的人机系统的管理工具。对旅游数字化系统管理的概念可从以下几个方面来把握：

第一，旅游数字化系统管理的本质在于对旅游信息进行系统管理。旅游信息是伴随旅游活动的产生和发展而来的，是对旅游活动的变化特征、发展规律等活动状况的反映和描述，从内容上来看，包含旅游者、旅游目的地、旅游介体、旅游管理等各方面的信息。

第二，旅游数字化系统管理是以人机系统为载体实施和管理的。人机系统是智慧旅游数字化系统管理决策的手段，以人为主体，以电子计算机为信息处理手段，以现代通信设备为基本传输工具，测试组织的各种运行情况，并以此为依据提供旅游信息服务、进行旅游决策的系统。

第三，旅游数字化系统管理的流程包括对旅游信息的收集、传递、存储、加工、维护和使用管理。以数字化系统理论为基础，对旅游信息进行层级管理和运行控制，从而实现旅游信息的宏观调控与微观配置、静态利用与动态管理的统一。

（2）智慧旅游数字化系统管理的概念

智慧旅游数字化系统管理是指利用云计算、物联网、大数据、精准定位等新一代信息技术，通过互联网和移动互联网，借助便携式终端上网设备和人机综合控制系统，主动感知旅游资源、旅游经济、旅游活动、旅游者等方面的信息，及时安排和调整旅游计划，实现旅游服务、旅游管理、旅游营销、旅游体验的智能化管理效果，促使旅游企业由单一经营型向融合服务型转化。智慧旅游数字化系统管理现已成为游客市场需求与现代信息技术驱动旅游业创新发展的新动力和新趋势。

智慧旅游数字化系统管理以融合的通信和信息技术为基础，以游客互动体验为中心，以一体化的旅游业信息管理为保障，以激励旅游产业创新、引领旅游服务经济转型升级为特色，核心是以游客为本的高效旅游数字化服务管理，目标是使游客在旅游信息获取、旅游计划决策、旅游产品预订支付、旅游活动过程回顾与评价的整个过程中都能感受到智慧旅游的服务体验。

2）智慧旅游数字化系统管理的特点

智慧旅游数字化系统管理的特点如下：

第一，集成性。智慧旅游数字化系统管理是集各个组织子系统或各种类型的智慧旅游数字化系统的整合管理和运营，集成各项旅游资源、信息进行最优配置和高效利用。

第二，关联性。智慧旅游数字化系统管理使得旅游企业组织、技术运作等职能部门协调旅游信息的承接与流动，提供精准、敏捷的服务。

第三，层次性。智慧旅游数字化系统管理包含操作层、控制层和决策层，不同层次智慧旅游数字化系统的业务职权不同，不同类型的旅游企业组织的数字化系统层次略有差异。

第四，动态性。智慧旅游数字化系统管理是对旅游活动的整个过程的动态管理，其信息均处于动态变化中，多表现为旅行行程、游客容量、景点开放时间等旅游信息的动态应对与处理。

第五，目的性。智慧旅游数字化系统管理是根据不同的市场需求进行控制、调节和管理以实现组织的目标，包括有管理业务流程、控制旅游活动、预测未来趋势等目标。

3）智慧旅游数字化系统管理的功能

根据旅游组织经营活动的业务类型不同，数字化系统也拥有不同的管理功能，智慧旅游数字化系统管理的功能可包含以下几个方面：

（1）数据处理功能。

智慧旅游数字化系统管理的核心功能就是对旅游信息数据进行收集、输入、传输、存储、加工处理和输出。例如，酒店数字化系统管理将酒店运营的数据以报表的形式呈现并进行统计分析，以供中高层领导进行酒店决策和制订实施计划。

（2）计划和预测功能。

智慧旅游数字化系统管理的两大重要功能是计划和预测功能。计划功能是指合理安排各个旅游职能部门的计划并按照管理层的要求提供相应的计划报告；预测功能是指利用统计、模拟等方法根据过去的旅游数据预测未来的旅游业的发展状况。例如，智慧旅行社系统管理可根据前期的淡旺季游客流量来预测未来的淡季和旺季的游客出游流量和规模。

（3）业务控制功能。

智慧旅游数字化系统管理的桥梁纽带功能是业务控制功能。业务控制功能是指将旅游信息运营数据与计划执行情况进行对比分析，从中找出差异并分析原因，从而加以控制以实现最终目标。例如，旅游电子商务系统根据市场需求实时调整旅游产品价格和供给量，以实现旅游经营效益的最大化。

（4）辅助决策功能。

智慧旅游数字化系统管理的优化效率功能是辅助决策功能。辅助决策功能是指借助数学模型求得旅游信息管理问题的最优解，从而为旅游决策提供依据。例如，酒店数字化系统管理中的物品采购决策和客房销售价格决策都是借助数学模型达到资源的有效配置和信息的最优传递。

4）智慧旅游数字化系统管理的内容

目前，智慧旅游数字化系统管理的基本内容和组织架构多围绕管理、服务与营销等业务流程而展开，依据不同的市场需求，智慧旅游数字化系统管理建设的内容不同。例如，针对旅游目的地机构，智慧旅游数字化系统管理建设以管理和营销的流程整合为重点；针对旅游企业，智慧旅游数字化系统管理以服务和营销的流程整合为重点。因此，综合旅游业的发展载体，应从旅游服务的智慧、旅游管理的智慧、旅游营销的智慧三个方面进行智慧旅游数字化系统管理。

（1）旅游服务的智慧。

从旅游服务层面来看，旅游服务的智慧包括为旅游者提供信息服务的公共服务机构和信息服务企业提供的各种旅游信息服务，既涉及满足旅游基本要素的各种线下旅游服务，又涉及电子导游、导览、导购和导航等线上的旅游服务。例如，酒店使用智能机器人办理智慧入住、退房、送餐等服务，旅游景区的智慧导览、电子导游服务以及旅行社的实景旅游产品展示、旅游线路销售等智慧数字化功能。这些服务过程的智慧化一方面为游客的旅游过程提供便利，提升游客的满意度和舒适度，另一方面，引导游客旅游新消费，创新旅游新体验。

（2）旅游管理的智慧。

从旅游管理层面来看，旅游管理的智慧包含旅游目的地相关机构的市场调控管理和旅游企业经营的服务管理，具体而言，包括根据智慧旅游数字化系统追踪旅游者的信息需求及所在位置，提供旅游者群体信息统计分析、旅游目的地的旅游活动安全管控和宣传营销所需要的数据支持和舆情分析等管理内容。例如，智慧旅游数字化系统与交通运输、商务部门的电子政务合作形成管理信息共享，及时把握游客活动和企业经营信息以备实时调控管理。依托智慧旅游信息通信技术，全面感知游客需求变化，获取旅游企业经营状况相关信息，实现旅游业发展的科学决策和科学管理。

（3）旅游营销的智慧。

从旅游营销层面来看，通过定位技术、移动互联网技术将旅游目的地的文字、图片、视频等信息传送到旅游者的智能终端，实现对旅游目的地的动态宣传、营销与推广。例如，微博、微信、小红书、抖音等新媒体营销平台通过监控旅游舆情和游客需求，挖掘旅游热点和游客兴趣点以确定相应的营销主题，推动旅游行业的产品创新和营销创新。此外，智慧旅游营销数字化系统根据游客的旅游习惯和需求个性化推送旅游信息，实现旅游营销的智能化和差异化；利用新媒体传播体验特性，吸引游客主动参与旅游的传播与营销，通过积累游客数据和旅游产品消费数据，拓展营销渠道，创新营销平台，形成自媒体营销平台进行智慧营销。

图13-1是智慧旅游数字化系统管理的软件建设架构图。

13.1.2　智慧旅游数字化系统的结构

智慧旅游数字化系统的结构是指由智慧旅游数字化系统各个部分所组成的框架结构，由于对智慧旅游数字化系统观察的角度略有差异，因此形成了不同的结构方式，其中最主要的有概念结构、层次结构、功能结构、软件结构。

1）智慧旅游数字化系统的概念结构

智慧旅游数字化系统的概念结构是指旅游信息原始数据输入智慧旅游数字化系统，经智慧旅游数字化系统处理输出为供信息用户使用的旅游信息，其中，信息管理者负责监管和控制处理的整个过程，这样一个完整的信息处理的管理过程就组成了智慧旅游数字化系统的概念结构。

信息源是旅游信息原始数据输入的必要因素，是指各种类型的旅游信息原始数据。信息处理系统是进行旅游信息原始数据处理加工并形成信息的设备载体，信息用户是运用系统输出的旅游信息的决策者，信息管理者负责数字化系统的设计、运行、监管和协调工作。

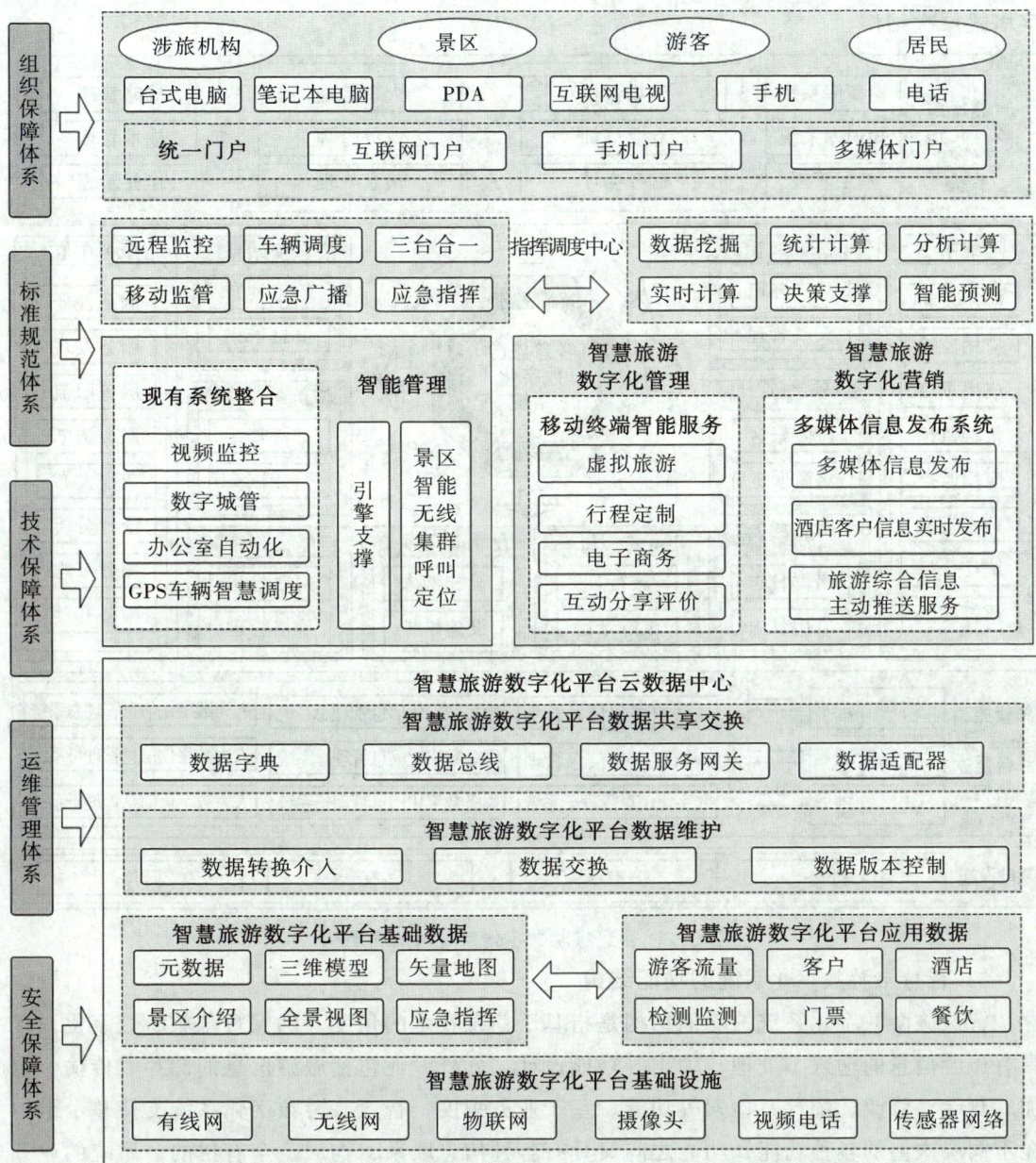

图13-1　智慧旅游数字化系统管理的软件建设架构图

2）智慧旅游数字化系统的层次结构

智慧旅游数字化系统的层次结构（如图13-2所示）是指根据智慧旅游数字化系统的管理决策的服务功能将其分为三个层次，分别为基层负责执行控制、中层负责管理控制、高层负责战略计划。

智慧旅游数字化系统的层次结构除了可按照纵向分解为基层、中层和高层三个层次之外，还可按照职能将每个层次划分为市场销售子系统、财务管理子系统、人事管理子系统、信息管理子系统和其他子系统等，整体形成纵横交错的智慧旅游数字化系统管理的金字塔式层次结构。

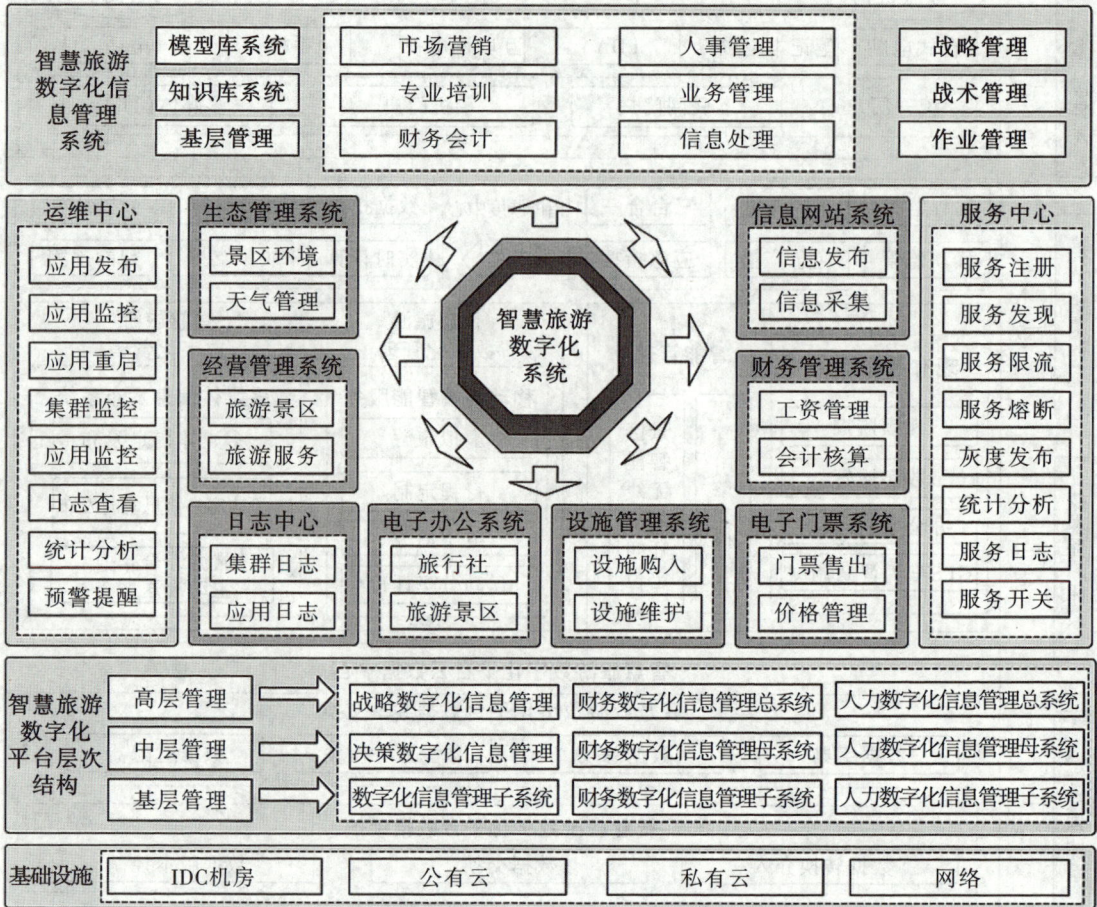

图13-2   智慧旅游数字化系统的层次结构

3）智慧旅游数字化系统的功能结构

智慧旅游数字化系统的功能结构是指基于信息技术的角度，确保智慧旅游数字化系统具有旅游信息的输入、处理、输出等功能设计，此外，还包括旅游信息的储存、传输、增加、删除、修改、统计、检索等功能。基于业务角度，智慧旅游数字化系统支持整个组织在不同层次上的各种功能，功能之间又具有各种信息联系，构成一个有机的、系统的业务功能结构。

4）智慧旅游数字化系统的软件结构

智慧旅游数字化系统的软件结构是指支持智慧旅游数字化系统管理的各种功能软件系统或是由软件模块所组成的系统结构。

13.1.3   智慧旅游数字化系统的开发

智慧旅游数字化系统的开发是一个复杂的过程，涉及面广，用时较长，需要经过反复调研、调试和试验，最终目标是适应用户的使用需求和满足信息技术的更新迭代要求。它是对现有智慧旅游数字化系统不断进行完善以提供决策更高效、技术更先进的旅游信息管理的系统设计与开发过程。

1）智慧旅游数字化系统的开发要素

智慧旅游数字化系统作为管理信息系统的重要分支，既是一个技术系统，也是一个管理信息系统，因此，对智慧旅游数字化系统的开发，类似管理信息系统的开发，通常包含人（技术人员）、信息技术（通信、硬件和软件）、数据信息（数据及存储介质）三大要素，具体如下：

（1）计算机硬件数字化系统。

其包括主机（应用服务器、网络服务器）、外存储器（硬盘、光盘）、网络设备、输入设备、输出设备等。

（2）计算机软件数字化系统。

其包括系统软件和应用软件两大部分，系统软件有计算机操作系统、计算机语言编译软件、数据库管理系统等；应用软件有通用应用软件（如字处理类软件等）和专用应用软件（旅游管理类软件等）两类。

（3）数据及存储介质。

数据是智慧旅游数字化系统的重要资源，存储介质一般存在于计算机硬件系统的外存储设备中。

（4）通信数字化系统。

通信数字化系统一般是指用于数字化系统数据传输的通信技术及系统，如信息发送、接收、转换、传输的设施及光纤、卫星设施、虚拟专用网等。

（5）技术人员数字化系统。

技术人员数字化系统包括智慧旅游数字化系统的管理人员和技术维护人员，以及为企业经营寻找、使用和创造信息的信息技术工程师和知识管理工程师等。

（6）规章制度数字化系统。

规章制度数字化系统包括智慧旅游数字化系统的人员权力、责任、工作规范和程序以及奖惩办法、应用和说明文件等，有关信息采集、存储、加工、传输的各种技术标准、工作规范以及设备的操作、维护规章文件。

2）智慧旅游数字化系统的开发步骤（如图13-3所示）

智慧旅游数字化系统开发一般包括如下步骤：

（1）智慧旅游数字化系统规划。确定智慧旅游数字化系统管理的系统目标、系统的初步结构以及采用的技术等，包括编制可行性分析报告。

·（2）智慧旅游数字化系统分析。确定智慧旅游数字化系统管理的系统逻辑与分析模型，核心是进行系统的需求分析与开发，制定验收标准。

（3）智慧旅游数字化系统设计。智慧旅游数字化系统管理的系统设计包括系统的总体结构设计、模块结构设计、数据库设计、输入/输出设计、代码设计和程序结构设计。

| 智慧旅游数字化
系统规划 | 智慧旅游数字化
系统分析 | 智慧旅游数字化
系统设计 | 智慧旅游数字化
系统实施与维护 |

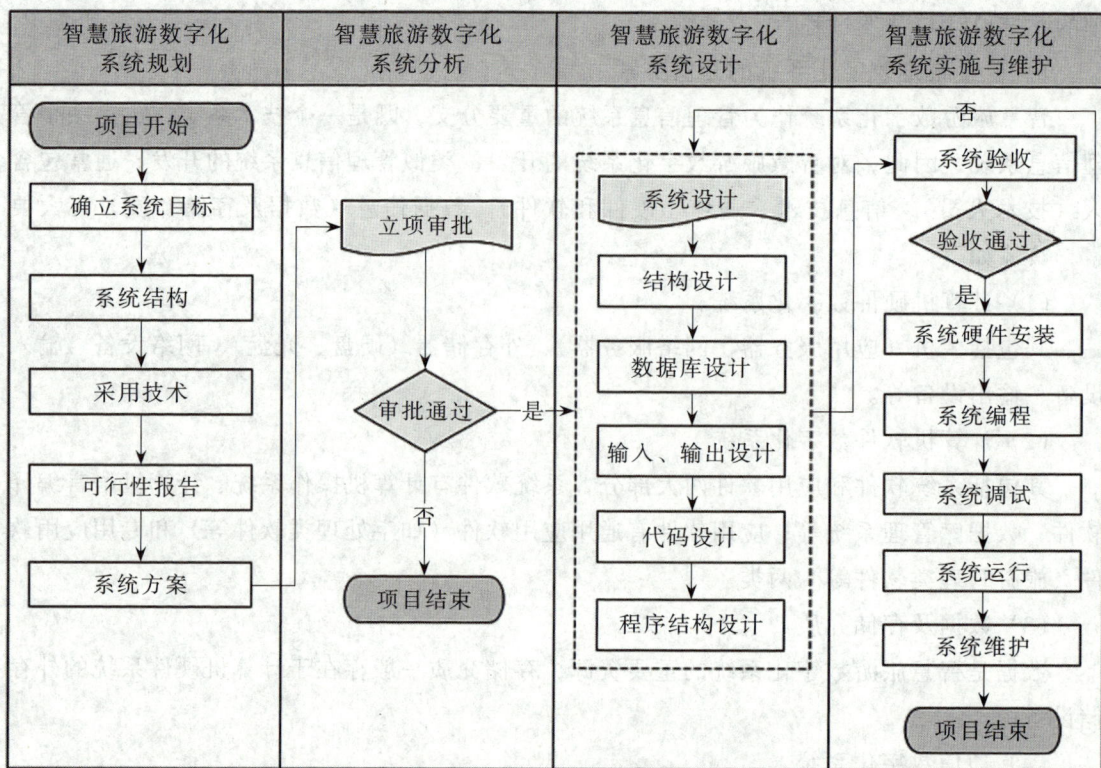

图13-3　智慧旅游数字化系统的开发步骤

（4）智慧旅游数字化系统实施与维护。智慧旅游数字化系统管理的系统实施包括系统的硬件安装、系统编程和调试以及系统试运行和维护等。智慧旅游数字化系统管理的系统维护包括系统的功能性维护、扩充性维护和日常性维护，目的是通过维护延长系统的生命周期。

13.1.4　智慧旅游数字化系统的类型及应用

1）智慧旅游数字化系统的类型

伴随着信息技术的发展变革和旅游业的蓬勃壮大，智慧旅游数字化系统的形式和功能日益呈现出选择多样化、需求个性化、操作便捷化、处理高效化以及管理精细化的态势，应用范围也多涉及国际航空、旅游饭店、旅行社、旅游景区、旅游目的地等各种类型的旅游服务企业的业务领域，技术应用也从传统的计算机应用技术转向人工智能与虚拟现实技术相结合的新型应用场景。

根据管理和服务的侧重点不同，可以将智慧旅游数字化系统管理的发展形式分为两类：一类是基于经营管理的智慧旅游数字化系统管理模式，另一类是基于旅游服务的智慧旅游数字化系统管理模式。

（1）基于经营管理的智慧旅游数字化系统管理模式。

这一类智慧旅游数字化系统管理模式多应用于企业内部的经营管理，针对企业内部的业务流程而设计，很少提供对外服务。例如，饭店管理数字化系统中的饭店前台系统、饭店后台系统以及旅行社管理数字化系统都属于这一类数字化系统。目前，我国已开发的典型的智慧旅游数字化系统应用于旅游产业的主要包括如下几种：

第一，智慧旅游饭店管理数字化系统。例如，杭州西软酒店管理数字化系统、北京华仪酒店管理数字化系统、北京中软酒店管理数字化系统等。

第二，智慧旅行社管理数字化系统软件。例如，金棕榈旅行社管理软件、广之旅软件、中青旅软件等。

第三，智慧旅游景区管理数字化系统。例如，电子门票售检票管理数字化系统、公园年卡管理数字化系统、景区办公自动化系统等。

第四，智慧旅游服务公司管理数字化系统。例如，经营销售系统、办公自动化系统、企业间协同办公系统等。

（2）基于旅游服务的智慧旅游数字化系统管理模式。

这一类智慧旅游数字化系统管理模式多以提供服务为主，如预订服务、营销服务等，然后结合服务开展分销和预订业务。例如，中央预订系统（Central Reservation System，简称CRS）、全球分销系统（Global Distribution System，简称GDS）以及基于互联网的旅游电子分销系统等。目前，基于旅游服务的智慧旅游数字化系统管理集中于网络中介系统，有如下形式：

第一，智慧旅游数字化网络中介电子分销系统。

第二，智慧旅游数字化网络中介电子采购系统。

第三，智慧旅游数字化网络中介计算机预订系统。

第四，智慧旅游数字化饭店集团预订系统。

第五，智慧旅游数字化综合旅游网站预订系统。

2）智慧旅游数字化系统管理的应用

智慧数字化系统管理应用于旅游领域衍生出智慧酒店、智慧景区、智慧旅行社等智慧旅游新业态，依托智慧城市的基础资源和信息技术支持来整合和延伸旅游产业链条，形成融合型的旅游服务产品以满足游客的智慧旅游需求。智慧旅游数字化系统管理的应用见表13-1。智慧旅游数字化系统管理体现在旅游活动的全流程中，改变着旅游者的旅游行为模式。例如，出游前，旅游者可以凭借智慧旅行社系统筛选符合需求的食宿、交通、预算、线路等旅游产品信息，如若满意，可以线上一站式订购；确定好出游目的地之后在出游活动过程中，通过智慧景区数字化系统进行电子导览，通过电子地图、智慧酒店数字化系统浏览、查询旅游目的地旅游基础配套设施自主安排旅行路线；出游后，旅游者可以利用智慧旅游数字化系统管理营销平台以实时定位、照片、视频、文本等形式发布游记，进而进行旅游者的游后信息反馈和旅游目的地旅游形象的评价。游客旅游行程中的智慧导游、智慧导览、电子导购及电子导航是智慧服务与旅游业融合发展的产物，共同组成智慧旅游数字化系统管理的新业态。

表13-1 **智慧旅游数字化系统管理的应用**

名称	应用系统
智慧酒店数字化系统管理	酒店在客人预订、用餐、入住、会议、休闲等服务环节以及内部流程管理上实现智慧化。在用餐环节应用客房点餐系统、餐厅 iPad 点餐等；在入住环节有便捷的通道，酒店客房管理系统让客人快速入住、快速结账；酒店会议系统非常完善，可满足无线传输、信息发布等互动需要。此外，酒店声学、灯光、节能等领域也应有智慧化措施
智慧景区数字化系统管理	景区有信息门户可供游客查询选择；景区内有信息屏和相关设备提供信息和智能服务，游客可体验使用；开展新媒体营销，游客能掌握景区最新信息，自行选择最佳出游方式和交通工具；游客只要提出想法，就可得到量身定制的旅游全过程的智慧服务，并可随时智能更新；整合的管控平台实现电子票务、电子监控
智慧旅行社数字化系统管理	旅行社通过积极寻求与携程旅行网、途牛网等知名 OTA 合作来开展旅游电子商务，扩大产品的销售；利用自身掌握的丰富的旅游目的地信息，为旅游者提供多样化、个性化的旅游产品；宾馆、餐厅、景点等可以实现统一采购，集中支付，以量的优势降低采购成本；从单纯为游客提供设计好的旅游线路到为游客量身定制他们需要的旅游线路，智慧提供个性化的自由行和定制旅游服务产品
智慧旅游目的地数字化系统管理	旅游目的地需要联合多方部门和机构实现智慧管理建设，如与市场监管部门电子政务的合作，与交通部门电子政务的合作等。智慧旅游目的地通过通信技术，及时准确地掌握游客的旅游活动信息和旅游企业的经营信息，与交通、市场监管、卫生、环保等部门形成信息共享和协作联动，结合旅游信息数据形成旅游数据积累和分析体系，全面感知和了解旅游需求变化、意见建议，获取旅游企业经营状况的相关信息，实现旅游目的地发展的科学决策和科学管理

【实例13-1】 思政+智慧红色旅游数字化 VR 教学

思政+智慧红色旅游数字化 VR 教学基于思想政治教育目标，利用多媒体技术、VR 技术，带领师生穿越历史，逼真再现红色经典、红色人物、红色旅游等党建、思政教育教学内容。结合游戏、虚拟交互及视频技术等，让学生深切感受中国共产党革命之艰辛、新中国成立后国家在高科技领域建树之丰伟，让学生在历史的时间、空间维度上有更加直观的感受，进一步坚定中国特色社会主义道路自信、理论自信、制度自信、文化自信。"思政+智慧红色旅游数字化 VR 教学实训室"通过创新发展、思想建设与科技手段的结合，实现思政教育和红色旅游教育的科技化，提升学生学习兴趣，让思政教育真正"活起来"。

第一，智慧 VR 数字化教学体验系统。

该系统由平台功能、用户后台及管理员后台三大功能组成；所含内容按照全国世界遗产景区、热门景区等内容进行编排，涵盖自然景观、人文景观等。用户可通过 VR 全景及 VR 视频分类、推荐、最新及最热等筛选条件进行大美中国和红色中国 VR 影像筛选，方便授权用户检索，并可以直接在PC端进行在线VR体验。同时，系统支持二维码快捷浏览，VR影像与二维码一一对应，扫描二维码即可进行景区VR体验，可实现影像的场景切换、暂停、快进、背景音乐播放及开关VR模式等主要功能。

第二，智慧红色旅游数字化互动体验资源包。

以时间为序，串联重要会议、战役、名人故居、遗址等，以VR形式展现红色旅游资源，为师生提供红色旅游VR实景资源，使其身临其境，获得更真实的体验，从而激发思政学习兴趣。智慧红色旅游数字化互动体验资源包的内容包括：

（1）大美中国系列：包含中国的世界自然遗产、世界文化遗产和世界自然文化混合遗产的全景体验内容。祖国的大好河山，人民现在的幸福生活都是革命先烈抛洒热血、历经艰辛换来的。通过对比，让学生体悟前辈们战胜困难、取得胜利的法宝。从原有的理性认识到借助VR技术产生感性体会，多方面提升修养，明白今天美好生活来之不易。

（2）红色中国系列：包含全国红色旅游经典景区，如天安门广场、圆明园遗址公园、宋庆龄故居、中国航空博物馆、大沽口炮台遗址博物馆、西柏坡红色旅游景区、白洋淀景区、世界反法西斯战争海拉尔纪念园、诺门罕战役遗址及陈列馆、"九·一八"历史博物馆、侵华日军南京大屠杀遇难同胞纪念馆、雨花台烈士陵园、周恩来纪念馆、新四军军部旧址、古田会议旧址及纪念馆、马尾船政旧址、井冈山红色旅游系列景区等。通过VR"穿越"时空走近革命先驱，亲身"参与"红色经典。

将先进的智慧旅游数字化VR技术引入旅游职业教育乃至各大院校的思政课程、党政建设、爱国主义教育等领域，协助用户进行沉浸式旅游体验，完成沉浸式教学、实训，一方面能够将抽象的概念、事件等直观呈现，激发学习兴趣，获得身临其境的体验，强化记忆，从而提高教学质量；另一方面，通过VR系统能够灵活运用智慧旅游数字化VR资源，有助于打破教学、实训的时空局限，使资源得以循环利用，降低成本。

（资料来源　佚名. 思政+红色旅游实训室［EB/OL］.［2022-08-30］. https：//www.z-window.com/Cms/Home/Article？id=89，2020-06-10，作者有改动）

【相关链接13-1】　基于天地图的智慧旅游数字化服务系统设计与实现

基于天地图的智慧旅游数字化服务系统，是地理信息系统（Geographic Information System，GIS）与旅游产业的一次深入融合，有利于直观展现智慧旅游数字化资源。此外，平台还可以全面地对旅游相关的"吃、住、行、游、购、娱"六要素进行查询统计，以图文一体化的方式展示和定位，为公众提供全方位的旅游咨询"一站式"服务。

第一，系统设计。

通过收集、整理和处理旅游专题数据，调用天地图服务，构建智慧旅游数字化大数据库，包括基础地理信息数据库、旅游景区数据库以及旅游相关数据库。基础地理信息数据库包括电子地图数据、影像数据、景区三维数据、交通数据以及地名地址数据等；旅游景区数据库包括现代人文景观数据、历史人文景观数据、自然景观数据以及著名风景名胜数据；旅游相关数据库包括旅游天气信息、餐饮和住宿信息、娱乐购物信息、出行交通信息以及其他智慧旅游数字化信息等。基础地理信息数据和旅游相关数据通过调用天地图提供的地图服务获得，旅游景区数据则要进行加工和处理。

第二，关键技术。

智慧旅游数字化数据内容丰富、类型多且差异性大，需根据《数据处理入库的技术方案》对数据进行整合和标准化处理，主要包括资料收集整理、数据格式转换和空间化、统一空间基准、数据标准化处理、数据建库以及数据入库等步骤。其一，基于天地图的智慧旅游数字化空间服务聚合。基于天地图的智慧旅游数字化空间服务聚合，是将现有的电子地图、智慧旅游数字化大数据以及多媒体数据等按照全新的方式进行逻辑组合，从而为公众提供基于空间位置的"一站式"旅游多元化服务的过程。其二，基于物联网的旅游景区实时监控和报警。利用了嵌入式、传感器和射频识别等技术，实现旅游景区实时监控和报警等实用功能，主要包括嵌入式主控系统、以太网接口、无线传感器、通用无线分组业务接口、通用串行总线摄像头以及桌面端和移动智能终端等。

第三，系统实现。

利用丰富的智慧旅游数字化数据，系统设计了五大功能模块：地图、智慧旅游数字化浏览和查询、实用工具、移动端 App 以及运维管理。其中，地图功能实现基础地理信息、旅游专题数据叠加显示，实时的天气、路况、环境以及雨情情况查看等功能，同时具备全图、平移、放大、缩小等地图常用功能。智慧旅游数字化浏览和查询包括景区分布情况展示、景区信息查询和周边设施查询。实用工具包括旅游景区三维实景展示、旅游景区实时监控以及卷帘对比三个实用性和功能性强大的工具。移动端 App 包括旅游景区定位、旅游景区预约以及出行路线规划等功能。运维管理包括服务注册、调用和运行检测、旅游专题信息更新维护和用户管理等功能。

（资料来源　孙衍建. 基于天地图的旅游信息服务系统设计与实现［J］. 北京测绘，2021，35（10）：1348-1352，作者有改动）

13.2　智慧旅游产业数字化系统管理

为保证数字化时代下旅游活动的顺利开展和有序实施，饭店、旅游景区、旅行社、旅游目的地等旅游业态的职能分支均进行了其业务相对应的智慧旅游数字化系统的设计、开发、运营与管理，以满足旅游者参与旅游活动以及旅游经营者数字化管理旅游事务的功能需求，因此，依据旅游业态的分类，以下从智慧旅游数字化饭店系统管理、智慧旅游数字化旅行社系统管理、智慧旅游数字化旅游景区系统管理、智慧旅游数字化旅游目的地系统管理进行详细阐述。

13.2.1　智慧旅游数字化饭店系统管理

智慧旅游数字化饭店系统管理是由饭店管理人员、计算机硬件、计算机软件、网络通信设备、现代办公设备组成的进行智慧旅游数字化饭店信息的收集、传递、存储、加工、维护和使用等的人机结合的综合控制的数字化系统管理结构和运行方式。

　　智慧旅游数字化饭店系统管理的主要内容包括经营管理数字化、办公流程数字化、商务流程数字化和客户管理数字化。根据旅游饭店的经营管理和提供的服务，将其分为智慧旅游数字化饭店前台系统管理、智慧旅游数字化饭店后台系统管理、智慧旅游数字化饭店数据分析系统管理、智慧旅游数字化饭店服务接口系统管理。以下分别进行介绍。

　　（1）智慧旅游数字化饭店前台系统管理

　　前台数字化系统管理是智慧旅游数字化饭店系统管理的主要组成部分，负责前台接待服务业务，涉及预订接待、财务审核管理、综合收银概论、总经理查询、客房中心管理、前台收银、商务中心管理、餐饮娱乐等系统的数字化管理功能模块，此外，有关客户关系在前台数字化系统管理中的应用多体现在宾客的消费偏好和服务信息，便于前台服务人员查询信息并提供更精准和个性化的服务。

　　（2）智慧旅游数字化饭店后台系统管理

　　智慧旅游数字化饭店后台系统管理是支持饭店前台服务数字化运营的各相关部门系统管理，负责后台保障业务，涉及财务管理、人力资源、库存管理、电子采购、工程设备、办公系统等数字化功能模块。一方面，依托财务管理主线功能，实现物品采购、人员招聘、安全监控等数字化管理；另一方面借助饭店办公数字化系统提高办公事务的处理效率，有效支持前台的数字化管理。

　　（3）智慧旅游数字化饭店数据分析系统管理

　　数据信息的分析和控制是智慧旅游数字化饭店系统管理的扩充范畴，负责数字化信息的分析和决策预测，涉及财务分析、绩效分析、餐饮成本分析、产品定价分析、客源趋势预测、安保管理以及饭店经营决策等数字化功能模块。旅游饭店企业根据其需求，向软件供应商定制软件系统，以提升旅游饭店企业本身的数字化竞争优势。

　　（4）智慧旅游数字化饭店服务接口系统管理

　　数据交换需求是公共服务类企业管理的数字化技术支持和保障架构，智慧旅游数字化饭店服务接口系统应提供其所需服务的数据交换和服务接口功能，涉及程控电话接口、智能门锁接口、电子分销、网络预订、互联网接口、远程查询接口以及语音信箱接口等功能模块，同时也包含智慧旅游饭店内部网站的数据接口，以及其他旅游门户网站的接口，这对消除信息孤岛、整合和保持数字化信息的可用性起着非常重要的作用。

　　智慧旅游数字化饭店系统管理的软件功能结构如图13-4所示。

13.2.2　智慧旅游数字化旅行社系统管理

　　智慧旅游数字化旅行社系统管理是借助计算机技术和通信技术对旅行社的经营业务进行综合管理和控制的人机结合的管理方式，其职能是对旅行社生产服务过程进行数字化管理，从而提升旅行社的工作效率和服务质量。智慧旅游数字化旅行社系统管理的内涵即通过计算机技术开展建立客户信息库、完善客户档案等业务管理，据此进行有针对性市场营

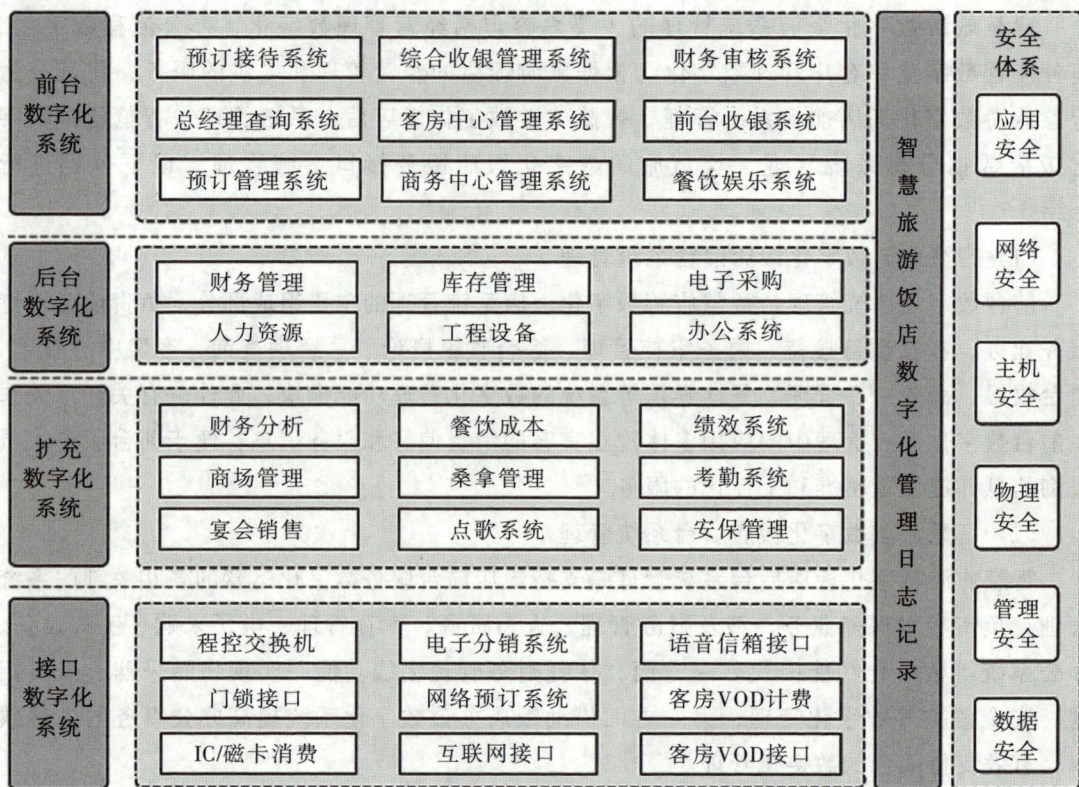

图13-4　智慧旅游数字化饭店系统管理的软件功能结构图

销，此外，还可以进行财务分析和客户信用审核，依据强大的查询功能辅助管理者决策，使其决策过程更加科学、有效。

数字化系统管理是智慧旅行社进行数字化管理的主要方式，其中信息获取是第一位的，数字化管理就是为了自动化处理信息并提升服务。依据智慧旅游数字化旅行社管理的内容进行分类，可将其分为经营业务为主的智慧旅游数字化旅行社系统管理、为商务服务为主的智慧旅游数字化旅行社电子商务系统管理和为客户服务为主的智慧旅游数字化旅行社会员系统管理。

1）智慧旅游数字化旅行社系统管理

智慧旅游数字化旅行社系统管理是利用通信技术对旅行社的各种数字化经营信息进行收集、处理、使用与控制的人机系统，目的是提升旅行社经营管理的效益和效率。智慧旅游数字化旅行社系统的主要功能有采购、线路计划、组团、接团、计调、核算、财务以及综合管理，各个功能模块均以子系统的形式分布在智慧旅行社管理各职能部门中，实现对旅行社经营业务操作的数字化管理。

2）智慧旅游数字化旅行社电子商务系统管理

智慧旅游数字化旅行社电子商务系统管理是将传统的旅行社专业市场延伸到电子商务领域，在电子商务平台进行旅行社信息发布、交易、会员管理以及其他商务类运营的管理项目。一方面，智慧旅游数字化旅行社电子商务系统管理带动中小旅行社企业数字化，集聚信息资源，提高信息利用价值；另一方面，智慧旅游数字化旅行社电子商务系统管理可以提供多种服务运用于旅游商务交流和交易过程中，旅行社可以在电子商务平台上发布信息、宣传促销、销售旅游线路和单向旅游产品、同业合作、收集客户信息、获取旅游者反馈等。

（1）基于旅游服务供应商的智慧旅游数字化旅行社系统网站

智慧旅游数字化服务供应商的旅行社系统网站占据智慧旅游数字化旅行社电子商务系统网站总数的10%以上，网站主要服务于宾馆、酒店等旅游企业，提供酒店设施介绍、各种票务、住房、餐饮、会务的网上预订服务、办理入住等。

（2）基于旅游服务中间商的智慧旅游数字化旅行社系统网站

智慧旅游数字化服务中间商的旅行社系统网站占据智慧旅游数字化旅行社电子商务系统网站总数的1/4以上，主要从事代理销售，从中赚取折扣或佣金。这类旅游网站一部分由提供国内国际旅游服务的传统旅行社建成，另一部分为提供旅游线路介绍、网上预订等服务的由网络公司、预订中心等建立的网站。

（3）复合性智慧旅游数字化旅行社系统网站

复合性智慧旅游数字化旅行社系统网站占据智慧旅游数字化旅行社电子商务系统网站总数的1/5左右，主要提供旅游路线查询及预订、出国考察预订以及生活信息服务等，以良好的个性服务和强大的交互功能占据网上旅游市场份额，为旅游者提供大量丰富的、专业性旅游信息资源和旅游预订中介服务。

（4）基于全球分销预订的智慧旅游数字化旅行社系统网站

基于全球分销预订的智慧旅游数字化旅行社系统网站占据智慧旅游数字化旅行社电子商务系统网站总数的比重不足10%，主要开展机票预订等业务，如航空信息中心下属的以机票预订为主要服务内容的旅游网站等。

（5）地方性智慧旅游数字化旅行社系统网站

地方性智慧旅游数字化旅行社系统网站占据智慧旅游数字化旅行社电子商务系统网站总数的比重最大，近1/2。地方性智慧旅游数字化旅行社系统网站在建设过程中，须加强信息内容的建设、加快信息更新的周期、适应新经济的发展。

3）智慧旅游数字化旅行社会员系统管理

智慧旅游数字化旅行社会员系统管理是以旅行社的会员业务为主的数字化系统管理模式，侧重于客户的信息和消费记录管理等内容。其中，会员基本信息、消费信息和偏好信息侧重于管理会员的基本情况、联系方式、旅游活动消费记录及消费偏好与习惯；会员预订信息主要管理会员的预订单，会员统计分析重点关注会员消费统计和客户分级，代码维护管理是对旅行社会员管理数字化系统中的数据代码进行补充维护和日常维护。目前，智慧旅游数字化旅行社会员系统管理已经逐渐向客户关系管理数字化系统延伸，承担营销、销售、统计分析、需求挖掘等客户智慧旅游数字化商务服务功能。

智慧旅游数字化旅行社系统管理的软件功能结构如图13-5所示。

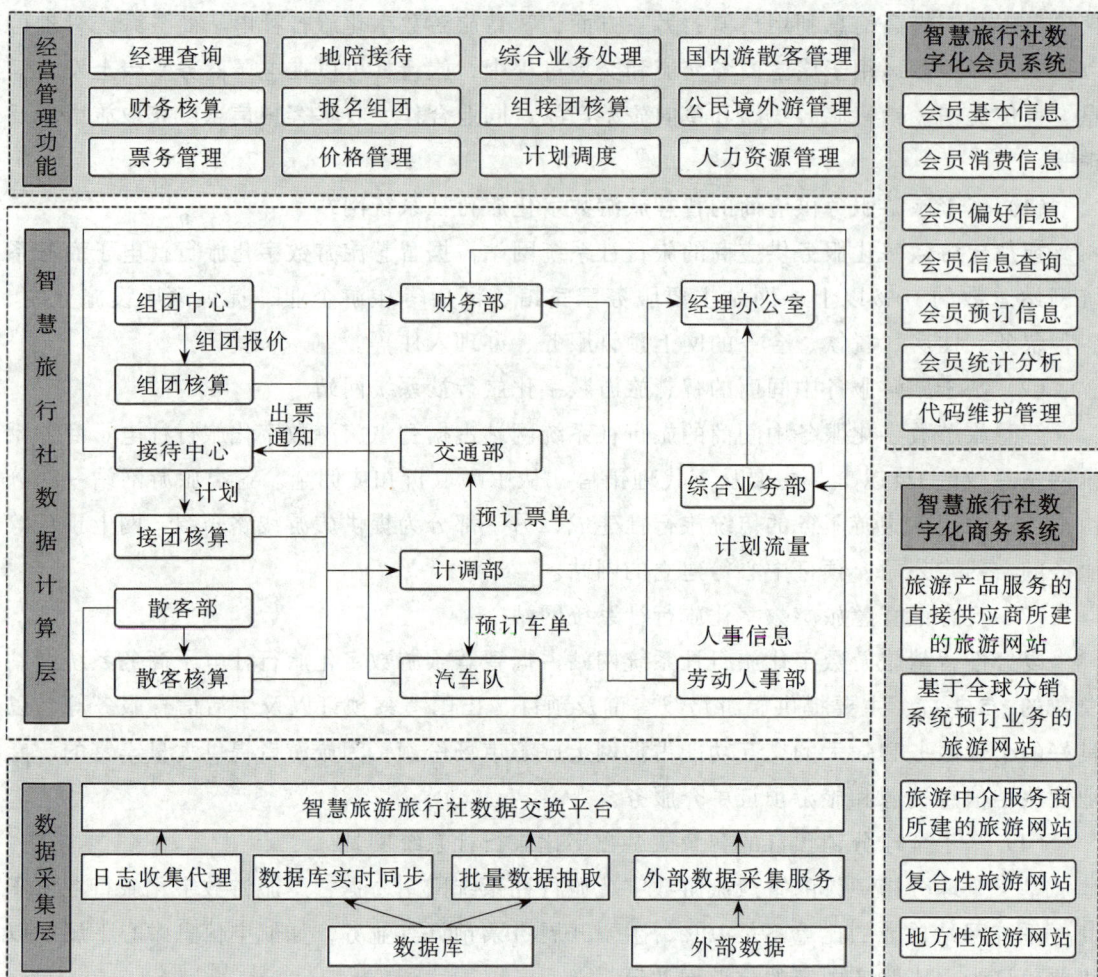

图13-5　智慧旅游数字化旅行社系统管理的软件功能结构图

13.2.3　智慧旅游数字化旅游景区系统管理

智慧旅游数字化旅游景区系统管理是指为提供旅游地的信息资讯服务、经营管理决策服务而对旅游设施、旅游资源、旅游者、旅游环境、旅游经营等进行综合控制的人机结合的管理模式和组织架构，目的是辅助经营管理、信息服务、旅游景区的设施与设备管理、旅游景区的内部管理等。一方面，智慧旅游数字化旅游景区系统管理对旅游景区开发后的经营效益进行数字化核算和管理，另一方面，智慧旅游数字化旅游景区系统管理确保景区旅游开发后对环境不产生生态破坏，以保证持续性地开展旅游活动，借助信息技术进行旅游环境质量管理的系统支持和数字化管理。

旅游景区作为旅游目的地的主要接待企业，其接待的服务质量、文化和环境氛围直接影响游客的重游率，旅游景区的经营离不开智慧旅游景区系统管理的支持。智慧旅游数字化旅游景区系统管理依托高效、稳定、安全的计算机网络系统，使得旅游消费者通过系统获取完善的旅游信息服务，景区管理者和相关职能部门实时、完整地采集游客信息数据以科学调控，实现网络互联，信息共享，合理分配利用资源，有序处理旅游景区事务。因此，根据旅游景区业务的不同可将智慧旅游数字化旅游景区系统管理分为三种类型：智慧旅游数字化旅游景区系统核心业务管理、智慧旅游数字化旅游景区环境系统管理、智慧旅游数字化旅游景区游客行为分析系统管理。

1）智慧旅游数字化旅游景区系统核心业务管理

智慧旅游数字化旅游景区系统管理的核心业务职能是辅助旅游景区的经营与管理工作，如门票、查询、运行维护管理等。智慧旅游数字化旅游景区系统核心业务管理分为两类：一类是基于地理信息系统的智慧旅游数字化旅游景区系统核心业务管理，另一类是基于办公自动化的智慧旅游数字化旅游景区系统管理。地理信息系统类旅游景区数字化系统核心业务管理，适用于高山和海滨型旅游景区，它们可利用地理信息系统向游客提供电子地图服务，实现电子门票、电子检票、安全监控、电子营销和电子销售等经营管理的数字化。办公自动化类旅游景区数字化系统核心业务管理，适用于人文景观和休闲度假型旅游景区，借助办公自动化网络系统实现门票销售、分时预约、接待导览等经营管理的自动化。

2）智慧旅游数字化旅游景区环境系统管理

智慧旅游数字化旅游景区环境系统管理是借助信息技术、通过建立环境智慧旅游数字化系统管理来处理环境信息和旅游活动信息。其应用主要体现在两方面：一方面是环境容量控制数字化，另一方面是环境治理技术数字化。环境容量控制数字化是通过电子门票售卖控制的方式将游客容量限制在环境容量以内从而确定景区的环境容量，但是这种操作方式忽略了游客的动态变化和行为。故采用信息技术辅助环境治理成为当前旅游景区使用最多的旅游环境管理方式，对于景区内已经发生环境污染或者可能产生环境污染的设施，智慧旅游数字化旅游景区环境治理系统能进行提示性处理。智慧旅游数字化旅游景区环境系统管理以实现维持生态环境的发展为目标，为智慧旅游景区生态环境治理数字化提供管理决策。

3）智慧旅游数字化旅游景区游客行为系统管理

智慧旅游数字化旅游景区游客行为系统管理是指利用计算机技术对与环境质量相关的游客停留时间、游览路线等行为模式要素进行数字化模拟和跟踪分析，实现对旅游景区游步道、景点、道路节点等景区环境设施的电子可视化表达与地图显示，以引导游客空间行为的管理方式。借助全球定位系统及地理信息系统等智慧旅游数字化信息技术，对游客行为进行引导，通过游客在游览过程中的实时跟踪与定位，实现游客实时分布可视化，不仅方便引导游客分布，而且可以指导景区规划，实现景区布局规划合理化，防止游客环境容量超载，避免旅游景区的生态退化，有利于强化旅游景区生态环境的保护与可持续发展数字化管理。

智慧旅游数字化旅游景区系统管理的软件功能结构如图13-6所示。

13.2.4 智慧旅游数字化旅游目的地系统管理

智慧旅游数字化旅游目的地系统管理是通过数字化通信技术和网络构建人机综合控制的

智慧旅游数字化景区应用端

| C/S客户端 | B/S客户端 | 移动端 |

第三方系统

Web Service接口/SDK/RESTful API

智慧旅游数字化景区管控平台业务应用

| 视频监控管理系统 | 报警信息管理系统 | 视频会议系统 | 旅游诚信管理系统 |
| 客流统计分析系统 | GIS电子地图系统 | 旅游行业监管系统 | 综合管控平台系统 |

智慧旅游数字化景区平台服务

中心管理	认证授权	Web服务
转码服务	存储服务	流媒体服务
报警管理	电视墙服务	互联管理

智慧旅游数字化景区硬件支持

视频设备	监控设备	报警设备
广播设备	视频会议	LED大屏
网络设备	存储设备	计算机

智慧旅游数字化景区信息服务平台

| 景区经营管理系统 | 景区饭店接待系统 |
| 景区餐馆收银系统 | 景区票务管理系统 |

智慧旅游数字化景区环境管理系统

| 生态环境监测 | 旅游活动监测 |
| 环境治理系统 | 环境容量控制 |

| J2EE | Windows/Linux/MYSQL/ORACLE/安全加密 | .NET Framework |

智慧旅游数字化景区数据中心

数据处理分布式存储和计算

数据共享

| 视频数据库 | 统计分析数据库 | 报警信息数据库 | GIS地图信息数据库 |
| 用户管理数据库 | 旅游行业监管数据库 | 旅游诚信档案库 | 公共信息管理数据库 |

数据挖掘

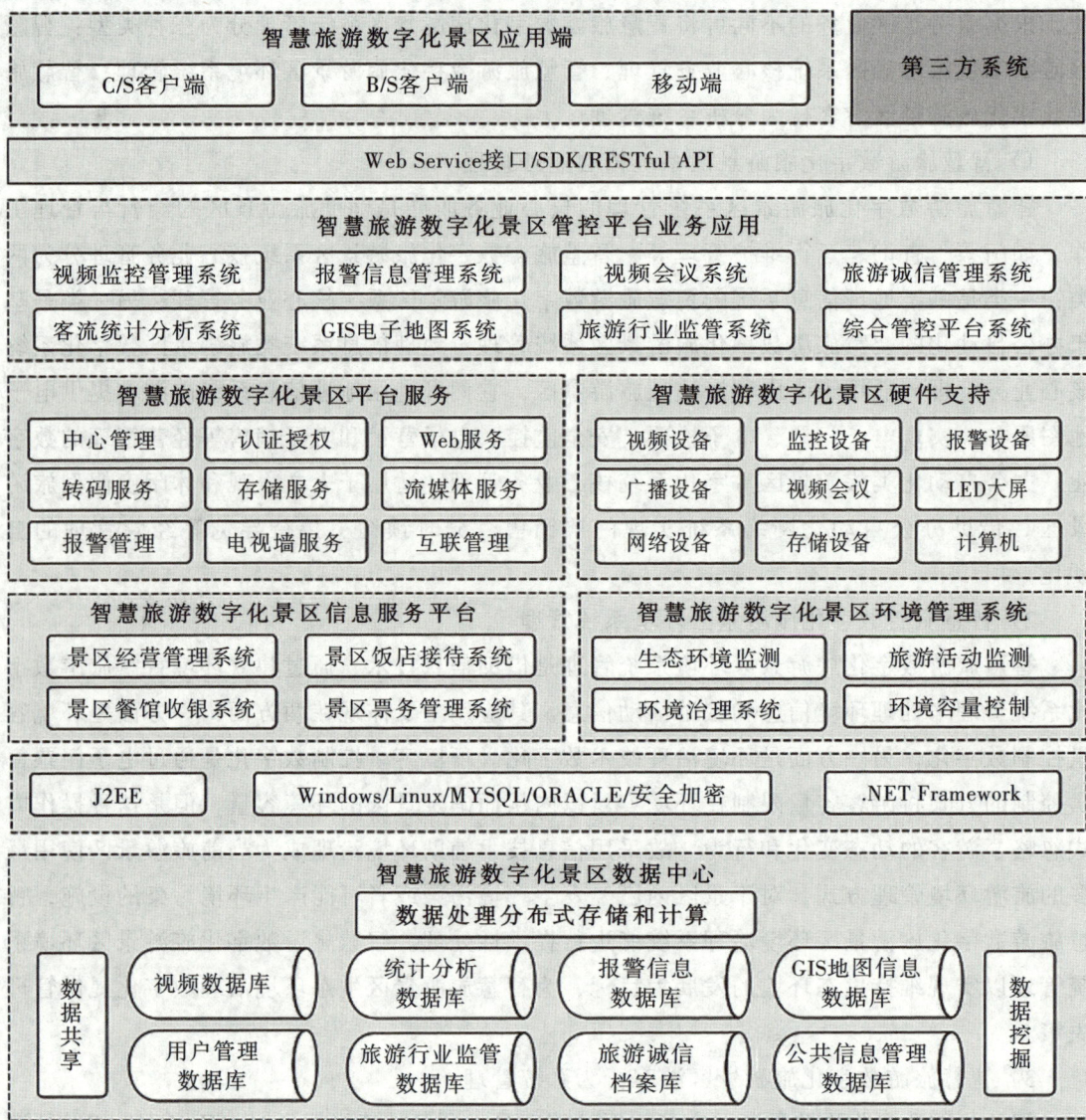

图13-6　智慧旅游数字化旅游景区系统管理的软件功能结构图

管理系统实现对旅游地信息的收集、加工、传递和应用，利用网站实现对游客的信息服务和销售服务，利用数字化系统和通信技术实现对旅游活动和旅游市场的有序管理，有助于旅游企业业务处理与协作的精准化、高效化。根据所采用的数字化技术应用基础的不同，将智慧旅游数字化旅游目的地系统分为两种类型：一种是基于Web技术的智慧旅游数字化旅游目的地系统，主要提供对客服务和目的地机构的市场营销管理；另一种是基于互联网技术的智慧旅游数字化旅游目的地系统，多用于旅游目的地企业之间的业务协作，如饭店和景区、旅行社和景区、旅行社和饭店等彼此间业务的电子化处理。

依据旅游目的地的类型不同，智慧旅游数字化旅游目的地系统管理也存在不同的应用类型。目前，按照应用的广泛程度将智慧旅游数字化旅游目的地系统管理分为基于营销的智慧旅游数字化旅游目的地系统管理、基于办公自动化的智慧旅游数字化旅游目的地系统管理、基于地理信息系统的智慧旅游数字化旅游目的地系统管理、基于虚拟现实技术的智慧旅游数字化旅游目的地系统管理，以下是这四种类型的智慧旅游数字化旅游目的地系统管理的基本情况。

1）基于营销的智慧旅游数字化旅游目的地系统管理

智慧旅游数字化旅游目的地营销系统管理是旅游目的地机构通过互联网开展网络营销的完整解决方案。作为一个开放式的体系结构，该系统以互联网为基础平台，结合数据库技术、多媒体技术和网络营销技术进行旅游宣传促销和旅游服务的综合应用与平台管理。其服务对象包括文化和旅游部门、旅游企业、媒体以及旅游消费者，目的是整合营销渠道实现目的地旅游信息的发布、营销的自动化并开展电子商务等。智慧旅游数字化旅游目的地营销系统管理的首要功能是市场营销与推广，其次是旅游目的地行业之间的信息交流、互动以及面向公众的信息服务功能，最后是行业管理功能。利用智慧旅游数字化旅游目的地营销系统管理实现目的地旅游市场的规范化管理以提升旅游目的地区域的服务质量和旅游目的地的良好形象。

2）基于办公自动化的智慧旅游数字化旅游目的地系统管理

智慧旅游数字化旅游目的地办公自动化系统是将办公自动化（Office Automation，OA）系统与旅游目的地官方门户网站进行功能集成而构建的智慧旅游数字化旅游目的地系统，目的是实现对目的地旅游业的行业管理、服务管理和市场监督。智慧旅游数字化旅游目的地办公自动化系统管理就是利用先进的计算机网络技术和数字化技术，处理和控制旅游目的地日常的办公事务，实现文件管理的电子化和数字化，以提高旅游目的地事务管理的处理效率。智慧旅游数字化旅游目的地办公自动化系统的核心功能是办公室事务管理，此外围绕目的地的旅游行业和市场管理需求，系统还含有企业和网站信息服务、网络营销管理、咨询服务管理、投诉管理、人事培训管理、统计报表管理等管理与服务整合的职能，最终实现旅游目的地办公事务的精细化管理与高效率服务的协调统一。

3）基于地理信息系统的智慧旅游数字化旅游目的地系统管理

智慧旅游数字化旅游目的地地理信息系统管理是借助地理信息系统（Geographic Information System，GIS）技术对旅游目的地空间地理数据进行收集、处理、分析以及显示的系统管理方式。由地理科学、计算机技术、遥感技术以及信息科学技术整合而成的地理信息数字化系统的主要功能是进行智慧旅游目的地的数字化空间数据分析处理以及空间信息管理，此外，将其应用于资源管理、区域规划、土地检测等领域，可以辅助进行旅游目的地规划、旅游市场布局、旅游客源分析、旅游景区景点及商业设施布局等动态决策管理。目前，借助地理信息系统可实现智慧旅游目的地数字化信息数据采集与更新、查询与检索、时空分析与可视化等功能，为有效管理智慧旅游目的地提供数字化技术支持。

4）基于虚拟现实技术的智慧旅游数字化旅游目的地系统管理

智慧旅游数字化旅游目的地虚拟现实技术系统管理是智慧旅游数字化旅游目的地系统规划设计领域中使用最广泛的一种新兴管理方式，它通过使用集视觉、听觉和触觉于一体的全方位综合性的虚拟现实（Virtual Reality，VR）技术手段，借助人机对话工具，提供给旅游者沉浸式、交互式、构想式以及自主性的虚拟旅游环境体验，通过先进的技术装备设置将旅游者投射到虚拟旅游环境中，从而满足旅游者个性化与数字化旅游体验服务的需求。伴随着虚拟现实技术的不断完善，将其应用于智慧旅游数字化旅游目的地系统管理领域主要体现在智慧旅游目的地数字化全景电子地图、智慧旅游目的地数字化文化遗产和历史文物的保护、智慧旅游目的地的数字化宣传和营销以及智慧旅游目的地的数字化规划设计等方面。

图13-7是智慧旅游数字化旅游目的地营销系统管理的软件功能结构图。

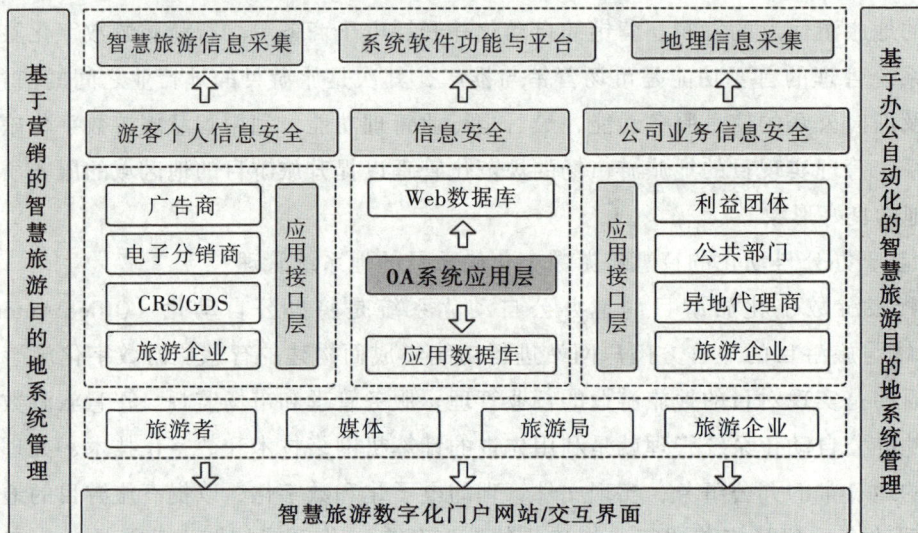

图13-7　智慧旅游数字化旅游目的地营销系统管理的软件功能结构图

⇦【实例13-2】红色景区智慧旅游数字化票务系统解决方案

⇦【相关链接13-2】"吸睛"背后的智慧旅游布局

13.3　智慧旅游市场数字化系统管理

13.3.1　智慧旅游数字化市场营销系统管理

1）智慧旅游数字化市场营销系统管理的含义

智慧旅游数字化市场营销系统管理是指一个由旅游企业人员、旅游企业软硬件、程序等构成的相互作用的综合体，它使旅游企业能够及时不断地收集、分类、分析、评价、整理和分配企业内部和外部信息，供企业作数字化营销决策使用。智慧旅游数字化市场营销系统与有形产品营销系统的主要营销步骤相同，但由于旅游产品的无形性，在营销过程中又与其他服务性产品相同，因而在某些环节中有其独特性。

　　任何一个旅游企业市场营销策略的制定，都必须以旅游企业所处的外界环境为基础，以旅游企业的微观经营活动为内容，二者结合才能制订出切实可行的行动计划，才能达到企业目标。智慧旅游数字化市场营销系统管理，从头到尾是一套合乎选择的、完整的市场营销战略决策过程（如图13-8所示）。这个过程不是直线进行，而是一个连续不断、周而复始的环形结构，系统中每一步骤的研究、决策或执行都受到无形的信息环的作用，不断调整、充实旅游企业的营销战略。

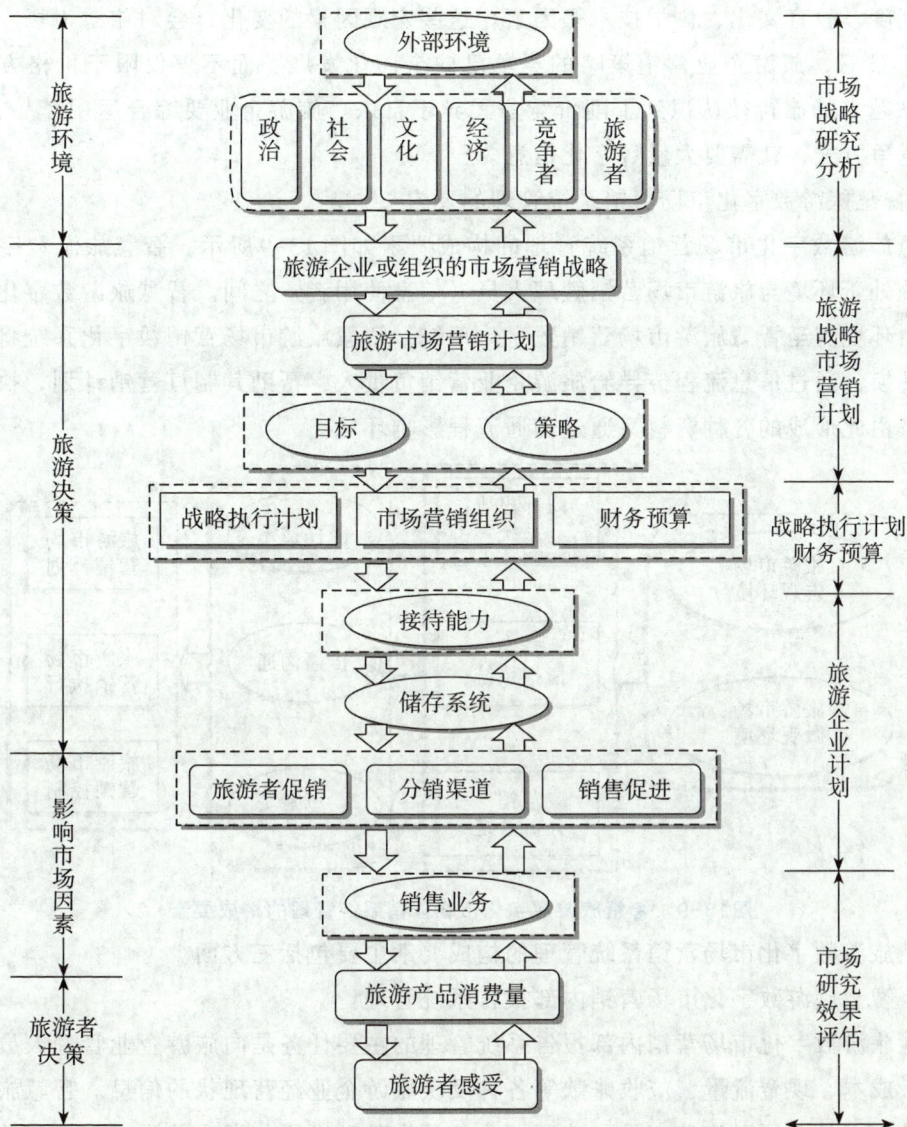

图13-8　智慧旅游数字化市场营销系统管理

2）智慧旅游数字化市场营销系统管理的意义

智慧旅游数字化市场营销系统管理采用科学的方法，有目的、有系统地收集各种智慧旅游数字化市场营销活动管理的信息。随着旅游业的不断发展，智慧旅游数字化市场营销系统管理对旅游企业的决策活动显示出日益重要的意义。第一，随着旅游市场的进一步发展，旅游企业的经营观念应以旅游者为中心。旅游企业营销活动的成败，与旅游者的需求和行为紧密相连。旅游市场越发达，旅游者需求和欲望越复杂多样。旅游企业必须经常收集旅游者需求的各种信息，不断调整旅游营销策略，才能在激烈的市场竞争中生存和发展。第二，我国的旅游企业已实现了由接待型向产业型的转变，并建立了现代企业制度。旅游企业不仅要了解国内外旅游市场环境，还要了解宏观环境的变化，如人口、经济、政治法律制度、教育文化、科学技术等因素。这些宏观因素的变化，会对旅游市场产生极大的影响。第三，旅游企业营销策略的竞争已向全面化发展，而不仅仅限于价格方面。例如，越来越多的旅行社认识到了削价竞争无异于自杀。旅游企业要综合运用产品、广告、促销等竞争方式，就需要大量数字化信息。

3）智慧旅游数字化市场营销系统管理的要素

智慧旅游数字化市场营销系统管理的构成要素如图13-9所示，智慧旅游数字化市场营销系统处于环境与旅游市场营销管理人员（信息使用者）之间。智慧旅游数字化市场营销资料由环境流至智慧旅游市场营销数字化系统，智慧旅游市场营销数字化系统将这些资料加以转换，通过信息流程传导给旅游企业营销负责人，帮助其制订营销计划，执行并控制计划，由此形成的各种资料又通过沟通流程影响环境。

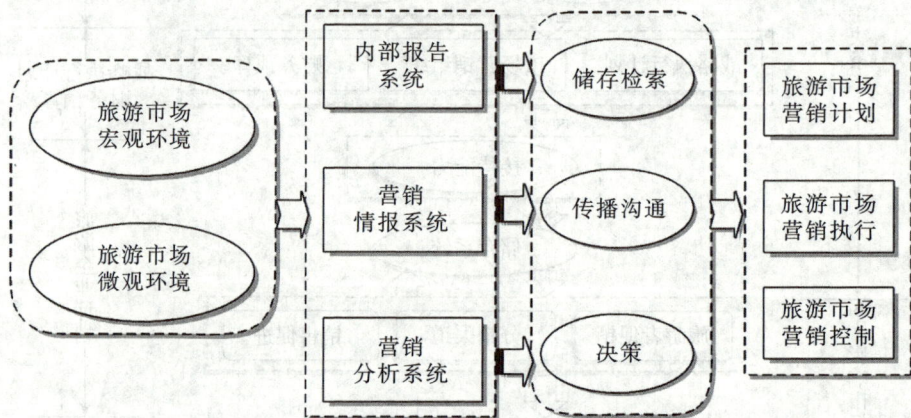

图13-9　智慧旅游数字化市场营销系统管理的构成要素

智慧旅游数字化市场营销系统管理的构成要素主要包括三方面。

（1）智慧旅游数字化市场营销内部报告系统管理。

智慧旅游数字化市场营销内部报告系统管理的主要任务是向旅游企业管理人员提供有关销售、成本、现金流量、应收账款等各种反映旅游企业经营现状的信息。智慧旅游数字化市场营销人员必须以旅游产品、地区、业务员为基础进行分类，并深入分析有关目前与过去销售及成本的信息。

（2）智慧旅游数字化市场营销情报系统管理。

借助智慧旅游数字化市场营销情报系统管理，旅游企业可以将环境最新发展的信息传递给有关管理人员，以保证他们能不断地收集到宏观环境及同行旅游企业的数字化商业信息。

（3）智慧旅游数字化市场营销分析系统管理。

智慧旅游数字化市场营销分析系统管理是根据研究目标，从改善经营或取得最佳经济效益出发，建立各种统计程序和模式，如描述性模式、图表模式、数学模式等，以便从智慧旅游数字化信息中发掘出更精确的调查结果，预测和解决营销问题。

13.3.2　智慧旅游数字化市场营销决策支持系统管理

为了满足旅游者的多样化和数字化需求，越来越多的旅游企业增加了智慧旅游数字化市场营销决策支持系统管理以更好地进行决策。智慧旅游数字化市场营销决策支持系统管理的建立能为科学地分析旅游者、正确提出旅游营销战略提供依据和手段。智慧旅游数字化市场营销决策支持系统管理的定义是：由软件与硬件支持下的数据、系统、工具和技术等组成的协调的集合，组织可以利用它收集和解释业务与环境方面的信息，并用于智慧旅游数字化市场营销管理活动。

智慧旅游数字化市场营销决策支持系统管理的理念如图13-10所示。市场营销部门先将问题输入智慧旅游数字化市场营销决策支持系统管理相应的模型中，此模型调用统计分析过的数据，接着可以使用某个程序来优化行动方案，然后实施这个行动，这个行动和其他因素一起影响了环境，进而又产生了新的智慧旅游数据。

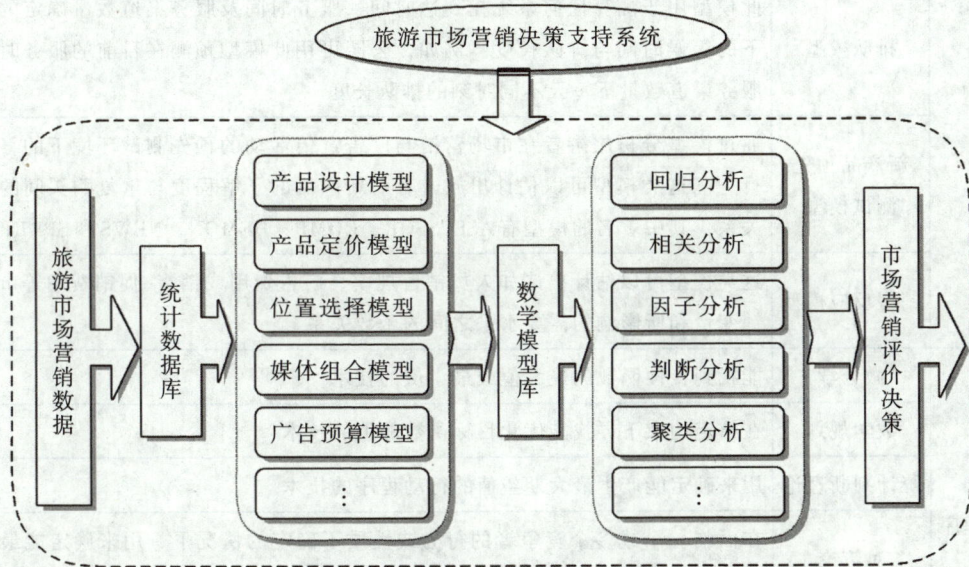

图13-10　现代智慧旅游数字化市场营销决策支持系统管理

现代智慧旅游数字化市场营销决策支持系统管理的定量工具见表13-2。

表13-2　　　　　　　现代智慧旅游数字化市场营销决策支持系统管理的定量工具

定量工具	工具名称	描　述
统计工具	多元线性回归	用来估计因变量随自变量变化的描述方程的统计技术。例如，企业可以估计广告费用、人员推销规模和价格对旅游产品销售的影响情况
	判别分析	将对象进行分类的统计技术。例如，一家大型旅行社确定区别成功与不成功分社的变量
	因子分析	用来确定一组相关变量的若干构成量纲。例如，一家电视节目网站可以将一组电视广告节目划分成几种基本的节目类型
	聚类分析	按确定数目将对象分成互不重叠的但具有相对同质性的组的统计技术。例如，调查员可以把各种各样的旅游者分成几组近似的旅游者
	连接分析	分析消费者对不同产品的分级的喜好，以确定消费者所选择的产品每种属性的功效及每种属性的相对重要性的统计技术。例如，旅行社可以统计不同旅游服务组合所带来的总功效
	多维尺度	将对象表示成属性的多维空间中的点，使点与点间的距离体现不同对象的差异程度的一套技术。例如，旅行社期望了解自己的品牌相对于竞争品牌的定位
模型	马尔可夫模型	此模型用于测算从现行状态进入其他新的状态的概率。例如，一品牌旅行社可以确定其品牌在各阶段间的转换率和维持率，如果概率是稳定的，就可以确定出品牌的最终份额
	排队模型	此模型用于测算任何系统在到达时间、服务时间及服务渠道数量确定的情况下的等候时间与排队长度。例如，公园可用此模型预测在目前的服务时间与服务渠道数量下每天不同时刻的排队长度
	新产品预先测试模型	通过模型分析旅游者在市场营销与广告宣传活动的预先测试环境下的喜好与行为。这类模型可以估计出旅游者对新产品的了解程度与重复购买间的函数关系，其中著名的模型有ASSESSOR、COMP、DEMON、NEWS和SPRINTER
	销售反应模型	这类模型可以估计出诸如人员销售规模、广告费用或销售-促销费用等市场营销变量和所影响的需要水平之间的函数关系
优化程序	微分学	能找到良性函数的最大值或最小值的技术
	数学规划	在给定约束下寻找能优化目标函数的值的技术
	统计判断理论	用来确定能产生最大期望值的行动程序的技术
	对策论	在面临一个或多个竞争者的行为或性质不确定的情况下，用来确定能最大限度地减小决策者的损失最大的行动程序的技术
	启发性方法	用一组能缩短时间或减少工作量的控制规则在一个复杂的系统中寻求一个合乎逻辑的较好的解决方案的技术

（资料来源　科特勒等．旅游市场营销［M］．谢彦君，译．北京：旅游教育出版社，2002）

13.3.3　智慧旅游数字化经济与智慧旅游数字化市场营销系统管理

1）智慧旅游数字化市场营销信息的密集性

智慧旅游数字化经济时代也可称为消费者时代，因为智慧旅游数字化经济时代是消费者权益和消费能力达到了前所未有水平的时代。智慧旅游数字化经济对智慧旅游数字化市场营销系统管理的影响如下：

（1）智慧旅游数字化经济给旅游者需求带来的影响

从旅游活动的实现方式来看，旅游者在旅行之前需要了解旅游目的地的智慧旅游数字化信息，到了目的地后也要继续了解有关数字化信息。数字化信息既会影响到旅游者了解和选择目的地的决策，还会影响到旅游者对旅游体验的满意程度。因为旅游产品具有相对不可移动的特点，所以通常需要对旅游客源市场预先进行智慧旅游数字化市场营销，要为游客提供景点交通、住宿、购物、娱乐等方面的价格、质量、位置、便利程度等智慧旅游数字化信息。尤其是随着人们生活水平的日趋提高和旅游经历的增多，旅游者开始由过去的求量型旅游方式转向求质型旅游方式，旅游者对智慧旅游数字化信息提出了更高的要求。

（2）智慧旅游数字化经济给旅游市场带来的影响

智慧旅游数字化经济带来新的旅游与闲暇销售渠道，表现在大量可运用的机会改变了行销的方式，也大大缩短了旅游者与服务提供者之间的距离。信息高速公路及互联网的普及，使得智慧旅游数字化信息广泛传播以及智慧旅游产品网上数字化销售成为可能，从而形成旅游服务活动的全球化，同时计算机网络对软件的共享功能，可以使一些闲暇娱乐产品在网上直接完成销售到消费全部过程。强大的新式多媒体乃至超媒体资料库提供了各式各样的智慧旅游数字化个性旅游设计。电子网络创造了新的国际关系，同时也刺激了国际旅游者的需求。

（3）智慧旅游数字化经济给营销方式带来的影响

智慧旅游数字化市场营销方式及促销投入对国际旅游市场产生很大的影响。世界旅游组织最近的一项报告显示，近些年国际旅游市场营销方式发生了巨大变化，对国际旅游市场开发已产生很大的影响。这些变化主要表现为：

① 世界各国已不再仅仅依赖广告和促销资料，而是大量使用以智慧旅游数字化市场为导向的数字化信息。各国政府把目标瞄向了最终的旅游消费者，而不仅仅是旅游中间商或者业界。分析宏观经济对旅游业的影响、分析整体旅游市场趋势的传统研究已不够了，需要的是更多专门化的智慧旅游数字化研究和分析。

② 在20世纪80年代，旅游市场以供方为主导，而现在以需方为主导。20世纪90年代以后的旅游市场更加细化。发达国家的许多旅游者可以接触到技术先进的数字化系统，他们可以迅速地获得信息，并在做出决定前比较旅游产品的特征和价格。过去旅游者经常要提前6个月预订，而现在要等到最后1分钟。他们有更多的智慧旅游数字化旅游目的地可供选择。

③ 在智慧旅游数字化促销和市场开发时，越来越多的政府旅游机构同私营旅游企业合作。过去几年里，政府从事旅游宣传促销的合理性不断受到人们的质疑，一些国家的政

府认为应让市场发挥主要作用，企业应私有化，应降低政府在智慧旅游数字化宣传促销中的作用，并给予私营部门更多的职权。但经济合作与发展组织认为，政府仍应积极参与智慧旅游数字化宣传促销活动，其活动包括对私营部门提供支持，在国外进行智慧旅游数字化促销活动时，推出一些不同的甚至是互相竞争的产品，帮助提高国家的国际竞争力，提升国家形象。

④ 政府旅游机构的大多数人员以前主要在国内，目前需要有更多的人驻扎在国外。这些人必须经过良好的培训，能够很好地同旅游者、新闻记者和旅行代理商打交道，而不是像过去那样只起社会性作用。各国政府旅游机构同地方性旅游管理部门之间需要更多的协调，因为越来越多的智慧旅游数字化旅游机构自己推广自己，而不是依靠全国性的智慧旅游数字化促销活动。

2）智慧旅游数字化经济对智慧旅游数字化市场营销系统管理的影响

（1）全球旅游信息系统（Global Tourism Information System，STIS）。

智慧旅游数字化系统包含各种与智慧旅游数字化有关的丰富信息，从内容上看，包含智慧旅游景点数字化的分布、旅游景点内部详细情况、交通线路、航班车次等信息，从形式上看，包含电子地图、电子图片、电子表格、视频等，这些信息可以激发人们的旅游兴趣；STIS还集成了多种分析软件，具有多种分析功能。因此，STIS具有极佳的导游功能。比如，游客可以通过STIS找到他感兴趣的旅游景点，并可以在系统中预览这些景点，STIS还可以告诉游客最佳的旅游路线，帮助制订旅游计划。

（2）全球旅游定位系统（Global Tourism Position System）。

全球旅游定位系统，是指主要由空中卫星和地面控制中心组成的一个确定智慧旅游数字化空间位置的系统。全球旅游定位系统为实时、高精度空间定位提供了一种全新的智慧旅游数字化手段。利用全球旅游定位系统接收设备，可为旅游（包括科学考察、探险等）者简单、快速地提供定位数据，确保游客不迷失方向。如果全球旅游定位系统和STIS结合在一起，安装在交通工具或便携式电脑上，则具有更强的导航和导游功能。游客还可以在必要的时候，通过全球旅游定位系统确定自己的位置，然后通过无线电发射装置报告位置，为救援工作提供定位信息。

（3）全球旅游预订系统（Global Tourism Ordering System）。

从发达国家的经验可以看出，对数字化技术和计算机预订系统的需求来自供需双方，也来自20世纪以来全球智慧旅游数字化市场的发展。在旅游需求方面，市场客源的快速增长促进了对高效的计算机信息及预订系统的应用。计算机信息及预订系统满足了旅游者对智慧旅游数字化信息管理的需要，既容易使用，提高了透明度，又容易对诸多选择进行对比，如旅游目的地、度假内容、旅行方式、住宿设施、休闲安排、实际价格等。它们不仅提供迅速确认智慧旅游数字化预订的处理方法，还给旅游者提供了很大程度的灵活性，使得客户在最后十分钟的预订成为可能。旅游者的满意度越来越依赖于准确的旅游大数据对旅游者需求的及时反馈。有经验的旅游者越来越多地得益于信息技术的发展，计算机信息及预订系统不仅提高了消费者个人效率，更重要的是刺激了卖方推出更多的智慧旅游数字化产品以满足旅游者需求。

（4）全球旅游目的地系统（Global Tourist Destination Information System）。

随着旅游业的快速发展，更大范围和更大规模的、跨行业、跨地区的智慧旅游数字化旅游目的地系统——全球旅游目的地系统的建立，已成为智慧旅游业发展的又一趋势。智慧旅游数字化旅游目的地系统大多由一个国家或地区的政府旅游部门来组织创建和实施。这种系统实质上是一种非常庞大的电子数据库，主要包括旅游产品数据库、游客数据库、市场信息数据库和计算机预订中心四个部分。这种智慧旅游数字化旅游目的地系统的建立和应用大大地提高了一个国家或地区的市场竞争力。通过特殊的计算机网络，游客和客户可以在智慧旅游数字化旅游目的地系统直接查询和了解一个国家或地区的旅游资源和设施情况，甚至可以直接预订当地的饭店客房、汽车并安排好有关的旅游活动项目。由于智慧旅游数字化旅游目的地系统收费低廉或免费，因此不仅方便了游客，最重要的是为中小旅游企业提供了与大企业竞争的条件。

（5）全球旅游互联网（Global Tourism Internet）。

Internet这种"信息高速公路"拥有一系列高容量的通信渠道，它综合运用了各种媒体、远距离通信和信息技术，加强了旅游者和供给者之间的相互联系和相互作用。它使得数字化技术成为诱发智慧旅游需求与供给、协调智慧旅游数字化系统管理的一个重要因素。由于Internet具有互联的结构，可以通过相似结构的信息的配合，与不同类型的智慧旅游数字化产品和服务进行组合，提供更完善的服务。

13.3.4　智慧旅游数字化系统网络管理

旅游数字化建设的不断深入，现代信息技术和新型管理方法的深入融合，催生了各种新的基于网络信息技术的管理手段，智慧旅游数字化电子商务系统、智慧旅游数字化网络营销系统、智慧旅游数字化电子政务系统等智慧旅游行业网络数字化管理应用创新各具功能优势，在旅游业营销中各自发挥着重要作用并得到了很好的应用、宣传和推广。因此，以下将对智慧旅游数字化电子商务系统管理、智慧旅游数字化网络营销系统管理、智慧旅游数字化电子政务系统管理进行详细介绍。

1）智慧旅游数字化电子商务系统管理

智慧旅游数字化电子商务系统管理是指通过先进的网络信息技术手段实现旅游商务活动各环节的电子化和数字化的管理模式，它包括通过网络发布、交流旅游基本信息和旅游商务信息，以电子手段进行旅游宣传促销，开展旅游售前售后服务，旅游产品实现旅游产品销售及旅游企业内部流程的电子化和管理数字化等。智慧旅游数字化电子商务系统管理能够改进旅游企业之间、旅游企业与上游供应商之间、旅游企业与旅游者之间的交流与交易。

智慧旅游数字化电子商务系统管理分为四种管理模式，分别是B2B模式下的智慧旅游数字化电子商务系统管理、B2C模式下的智慧旅游数字化电子商务系统管理、C2B模式下的智慧旅游数字化电子商务系统管理、C2C模式下的智慧旅游数字化电子商务系统管理。

（1）B2B模式下的智慧旅游数字化电子商务系统管理。

B2B模式下的智慧旅游数字化电子商务系统管理主要包括旅游电子信息发布、网上谈判、旅游商品交易等，根据业务领域的不同，主要表现为旅行社等旅游企业之间的产品代理、旅行社组团、旅行社批量订购旅游饭店客房和景区门票、客源社与地接社之间的委托支付协议等。借助B2B智慧旅游数字化电子商务系统，旅游企业之间的信息共享和业务对接运作效率大为提高。

（2）B2C模式下的智慧旅游数字化电子商务系统管理。

B2C模式下的智慧旅游数字化电子商务系统管理主要包括旅游电子商务网站订房、订票、远程搜索旅游信息、预订旅游产品等电子旅游零售的商务服务内容。这种模式最显著的特点是旅游者足不出户就能获取旅游网站提供的各项服务，旅游者在旅游网站中选择所需的旅游产品和服务类型，确认订单信息并支付之后即可获取相关消费内容，旅游生产和消费环节同时减少了物流的运输，促进了在线旅游网站的蓬勃发展。

（3）C2B模式下的智慧旅游数字化电子商务系统管理。

C2B模式下的智慧旅游数字化电子商务系统管理是由旅游者提出需求，旅游企业之间相互竞争来满足旅游者的各项旅游需求，主要通过专业旅游网站等网络中间商运作整个流程。C2B智慧旅游数字化电子商务系统管理最普遍的应用是网络团购，旅游者借助网络信息平台发布旅游需求，吸引有相同兴趣爱好的旅游者加入其中共同与旅游供应商和中间商议价，满足旅游者的个性化旅游需求，为旅游企业带来了规模收益。

（4）C2C模式下的智慧旅游数字化电子商务系统管理。

C2C模式下的智慧旅游数字化电子商务系统管理主要涉及消费者与消费者之间的旅游电子商品出售、转让等交易，这些旅游电子商品包括旅行社的旅游产品折扣券、旅行社组团和拼团服务等类型。这种模式的智慧旅游数字化电子商务系统管理借助网络信息平台满足旅游者自助游的需求，在增强系统服务能力的同时，给旅游者的网络消费带来更大的自主性和自由性。

2）智慧旅游数字化网络营销系统管理

智慧旅游数字化网络营销系统管理是指旅游企业以电子信息技术为基础，以计算机网络为媒介和手段，对各种营销活动进行人机综合控制的系统的管理运行方式，是目标营销、直接营销、分散营销、顾客导向营销、双向互动营销、远程或全程营销、虚拟营销、无纸化交易、顾客式营销的综合。智慧旅游数字化网络营销系统管理通过互联网为旅游者提供多种数字化服务，成为继广告、电视、报纸等传统媒体之外的新型网络营销方式。此外，旅游产品定制营销也成为旅游网络营销的重要组成部分，催生了定制化旅游等旅游新业态。

智慧旅游数字化旅游目的地营销系统管理是智慧旅游网络营销数字化系统管理应用最广泛的方式，由向游客提供简单的旅游目的地相关基础设施信息转变为具有主动营销、旅游预订、同业交易、市场反馈等复杂功能的互动系统，依托顾客数据库与关系营销发展旅游商业合作伙伴关系，与其他旅游企业和政府机构深度融合，为旅游者提供各种便捷服务。

智慧旅游目的地营销系统管理的载体有智慧旅游数字化旅游目的地营销组织、智慧旅游数字化旅游企业、旅游者、智慧旅游数字化旅游媒体等：

（1）智慧旅游数字化旅游目的地营销组织。

智慧旅游数字化旅游目的地营销组织依托完善的旅游信息数据库，开发旅游目的地信息资源，为旅游者提供高质量的旅游信息服务。

（2）智慧旅游数字化旅游企业。

智慧旅游数字化旅游企业提供产品信息、企业信息和促销信息，此外，还利用智慧旅游数字化旅游目的地营销系统开展旅游 B2B（Business to Business）、B2C（Business to Customer）业务。

（3）旅游者。

旅游者利用智慧旅游数字化旅游目的地营销系统全面了解目的地数字化信息，如旅游目的地活动和动态，旅游者可进行预订、支付、问询、投诉等，并可分享旅游感受。

（4）智慧旅游数字化旅游媒体。

智慧旅游数字化旅游媒体借助智慧旅游数字化旅游目的地营销系统发掘旅游新闻素材，宣传和推广旅游目的地形象。

3）智慧旅游数字化电子政务系统管理

智慧旅游数字化电子政务系统管理是指各级旅游管理部门通过构建旅游管理网络和业务数据库，建立内部信息上传下达的渠道和功能完善的业务管理平台，实现各项旅游管理业务处理流程数字化的人机综合控制的系统管理模式。其目的是在网络上实现政府组织结构和工作流程的优化重组，实现有效的行政、服务和内部管理等功能，提升旅游管理的行政执行力和服务敏捷度。

智慧旅游数字化电子政务系统管理的内容广泛，从政府对象的角度可以将其划分为：旅游管理部门间的智慧旅游数字化电子政务系统管理、旅游管理部门对旅游企业的智慧旅游数字化电子政务系统管理、旅游管理部门对旅游公众的智慧旅游数字化电子政务系统管理三种类型。

（1）旅游管理部门间的智慧旅游数字化电子政务系统管理。

旅游管理部门间的智慧旅游数字化电子政务系统管理包括机关政务管理系统、政府上网管理系统、政务信息共享平台三大方面，支持中央到省市县多级旅游管理部门的办公业务数字化和网络化，实现了政府部门之间的信息共享和实时通信，向公众发布旅游政务信息以提高政府的透明度，树立政府良好形象。

（2）旅游管理部门对旅游企业的智慧旅游数字化电子政务系统管理。

旅游管理部门对旅游企业的智慧旅游数字化电子政务系统管理主要涉及旅游统计系统、旅行社年检管理系统、假日旅游预报系统、导游管理系统、旅游投诉处理系统、旅游财务指标管理系统、旅游项目投资管理系统、景区景点管理系统等智慧旅游数字化系统管理业务领域，主要负责旅行社、酒店、导游、旅游者等旅游业务的处理、统计与报告分析工作。

（3）旅游管理部门对旅游公众的智慧旅游数字化电子政务系统管理。

旅游管理部门对旅游公众的智慧旅游数字化电子政务系统管理是指借助官方网站实现旅游管理部门对社会公众的政务管理，和游消费者与旅游企业之间商务平台的运作。其最核心的运作载体就是"三网一库"智慧旅游数字化电子政务系统，由传统的内部办公网、管理业务网、公共商务网逐渐演变为旅游政务网、旅游资讯网、办公数字化网络及旅游综合数据库。

图13-11是智慧旅游数字化系统网络管理结构图。

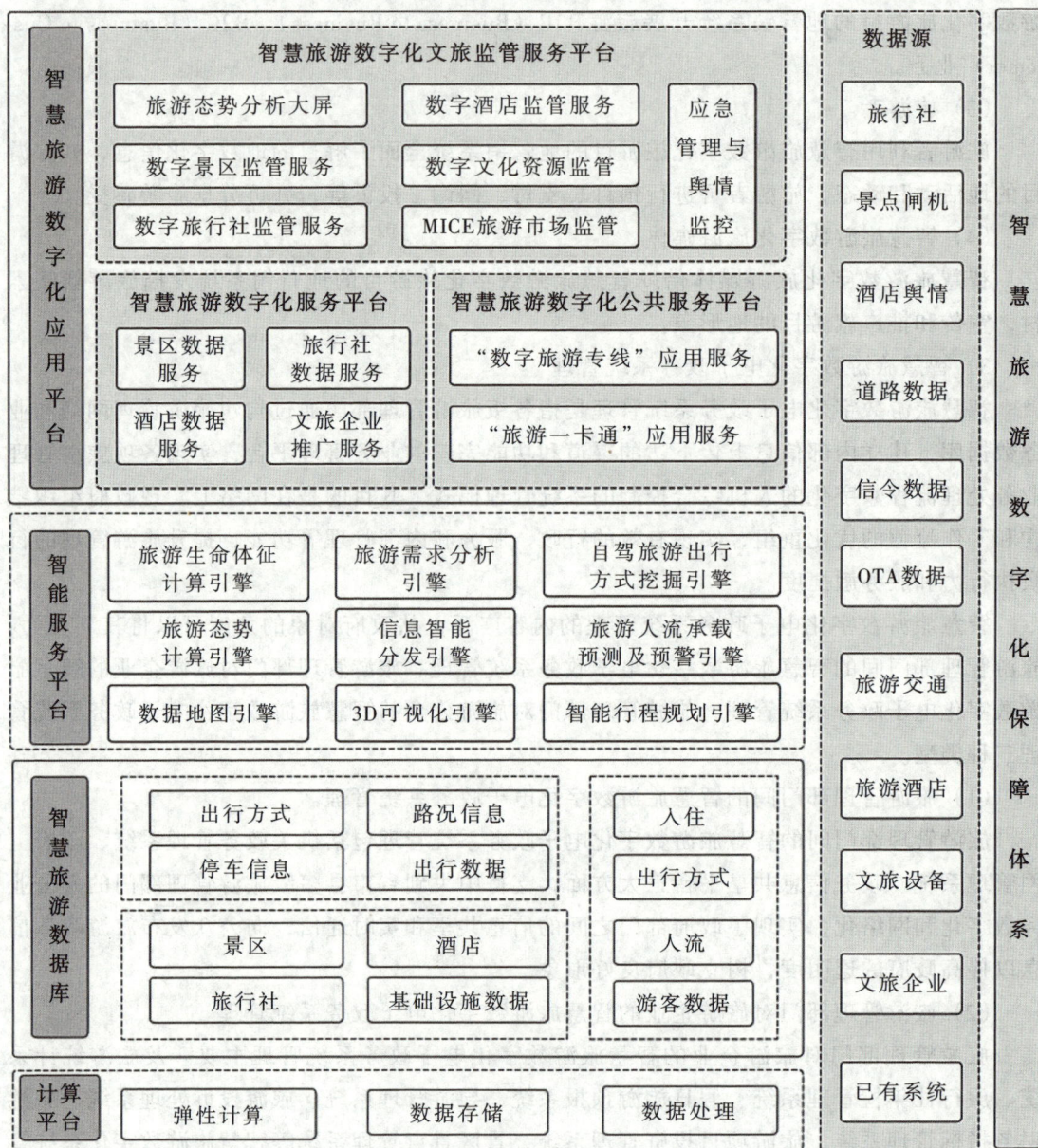

图13-11 智慧旅游数字化系统网络管理结构图

13.3.5　智慧旅游数字化系统大数据管理

1）智慧旅游数字化系统大数据管理的概念

智慧旅游数字化系统大数据管理是指对图片、视频、音频以及设备数据等非结构化数据进行采集、传输、处理与应用从而获得数据分析和预测结果，以便为企业经用决策提供更积极的信息资讯的智慧旅游数字化系统管理运行方式。例如，在线旅行社运用大数据分析处理工具追踪旅游企业的旅游产品转化渠道和转化率以及旅游消费者的消费偏好信息并形成分析报告，以预测未来的旅游客源市场需求趋势和旅游产品热度等，从而有针对性地制定满足旅游消费者需求的差异化营销和销售方式。

2）智慧旅游数字化系统大数据管理的应用

智慧旅游数字化系统大数据管理具有数据体量巨大、数据类型繁多、商业价值高、处理速度快的特征。大数据信息处理技术应用在旅游领域表现在智慧旅游数字化服务、智慧旅游数字化管理、智慧旅游数字化营销等方面。

（1）智慧旅游数字化服务的大数据应用管理。

利用大数据处理技术对智慧旅游行业进行数据库分析运算，依据食、住、行、游、购、娱六要素建立数据分析模型，对行业数据进行推演分析以指导旅游业服务体系建设，提升旅游服务满意度。例如，携程国际机票预订系统依据海量数据和复杂算法自主研发电子预订系统，消费者通过网络平台预订景区门票、租车、酒店等，到达旅游目的地后根据位置、价格、点评、星级等大数据算法技术选择代售酒店并获取个性化推荐服务，模糊预订与友好服务为旅游者的数字化旅游服务提供切实的保障。

（2）智慧旅游数字化管理的大数据应用管理。

针对旅游企业的客户管理，通过对客户信息和数据进行分析和挖掘，根据顾客特征和偏好精准推荐具有吸引力的智慧旅游产品数字化服务，更好地对旅游景区进行客流疏导和调控。此外，在旅游产业运行监测方面，整合公安、交通运输、国土资源、环保、城乡建设、商务、航空、邮政、电信、气象以及旅游相关的数据，与百度等网络搜索引擎和智慧旅游数字化运营商合作，建立智慧旅游数字化信息大数据库，推动智慧旅游的数字化大数据管理，实现旅游业的智慧化与数字化发展。

（3）智慧旅游数字化营销的大数据应用管理。

大数据时代下智慧旅游数字化营销由传统的广告宣传和促销活动转变为离线商务模式，也就是线上营销、线上购买带动线下经营和线下消费。这种智慧旅游数字化营销模式通过打折、信息推送、服务预订等方式将线下商店团购信息推送给互联网客户，进一步将其转变为线下消费的潜在客户，实现线上购买预订线下消费的无缝衔接。如一些省市的旅游信息中心与百度合作，基于百度大数据准确预测旅游客源市场热度以及旅游消费偏好，借助大数据分析技术和监控系统，挖掘客户信息，充分发挥社交媒体的互动传播功能，提供满足消费者需求的营销渠道和旅游产品类型，实现智慧旅游数字化精准营销。

图 13-12 是智慧旅游数字化系统大数据管理的网络结构图。

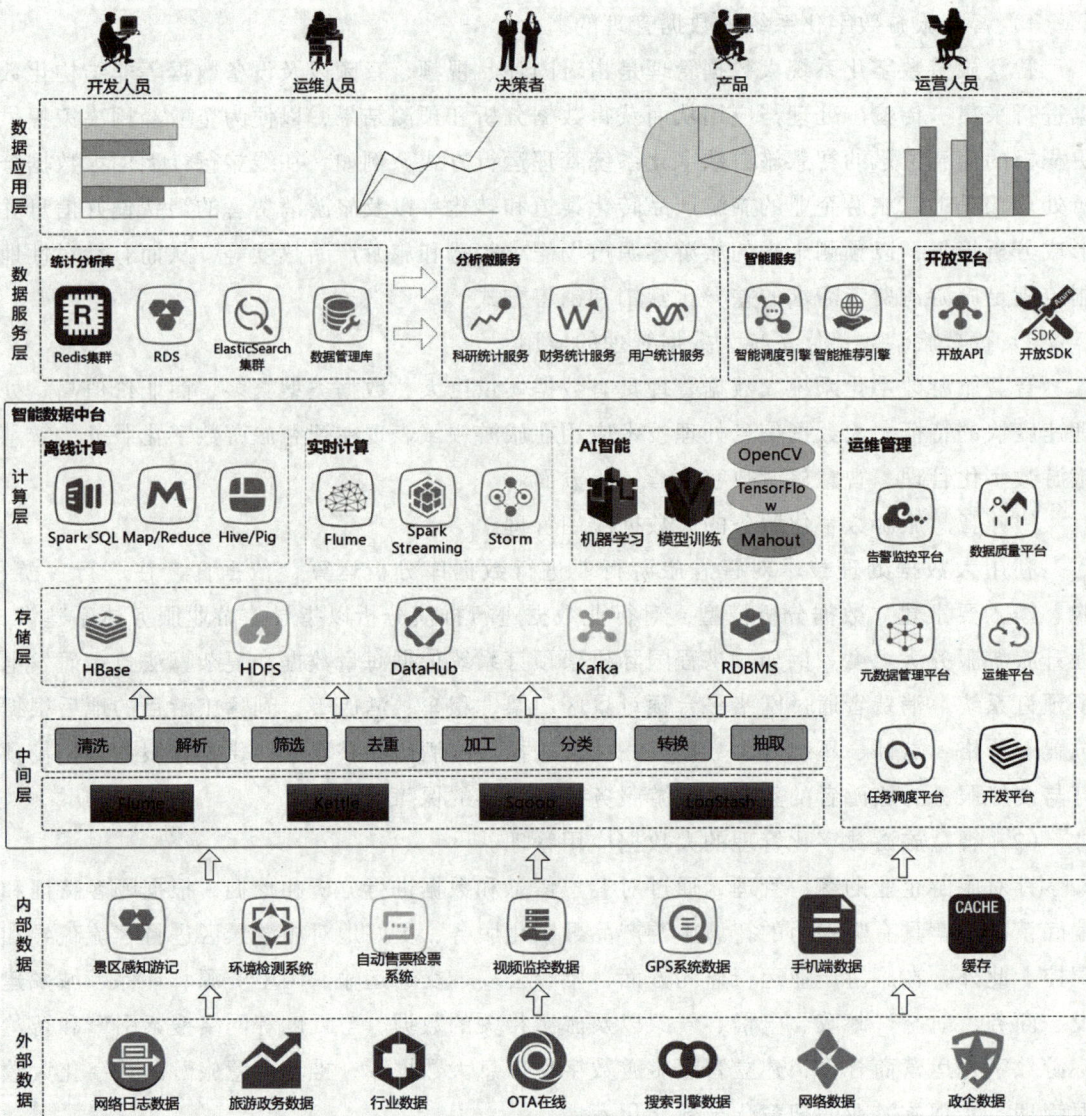

图13-12　智慧旅游数字化系统大数据管理的网络结构图

【实例13-3】 智慧红色文旅数字化平台上线 发布"潇湘红"APP

【相关链接13-3】 数字化智慧文旅发展与愿景

←【实例13-4】 科技赋能红色智慧旅游数字化 "红色" 版全域通发布

←【相关链接13-4】 "区块链+智慧旅游" 数字化应用机遇与挑战

本章小结

　　本章从智慧旅游数字化系统管理的概念、业态、趋势与展望等三方面，介绍了智慧旅游数字化系统管理的含义；分析了智慧旅游数字化系统的结构和类型，指出了旅游产业数字化系统管理构成及其功能分支，阐述了智慧旅游数字化系统管理的未来趋势与展望。

　　智慧旅游数字化系统管理是以人机系统载体对旅游信息进行系统管理的模式，其功能在于数据处理功能、计划预测功能、业务控制功能、辅助决策功能。智慧旅游数字化系统管理的结构，包括概念结构、层次结构、功能结构、软件结构等。智慧旅游数字化系统管理的类型包括企业经营管理为主的智慧旅游数字化系统管理和服务商务为主的智慧旅游数字化系统管理两类。

　　根据旅游业食、住、行、游、购、娱六大构成要素，将旅游产业数字化系统管理分为智慧旅游饭店系统管理、智慧旅行社系统管理、智慧旅游景区系统管理及智慧旅游目的地系统管理四类，分别承担食、住、行、游、购、娱等综合性的旅游业态功能，对旅游者、旅游经营者、旅游行业的信息管理产生系统影响。

　　智慧旅游数字化市场营销系统有其一定的含义、作用、意义和要素，智慧旅游数字化市场营销信息决策支持系统在旅游市场营销中非常重要，旅游市场营销信息的密集性和知识经济对智慧旅游数字化市场营销系统管理产生影响。

　　智慧旅游数字化系统管理的未来趋势是与信息技术深度融合，主要体现在智慧旅游、旅游电子商务、旅游电子政务、旅游网络营销和旅游数字化大数据系统管理等方面。

关键概念

智慧旅游数字化系统　　智慧旅游数字化系统管理

基本训练

□ 案例分析题

冬奥会暗藏黑科技

　　从2022年北京冬奥会开幕式开始，我们就看到人工智能（AI）、5G、AR、裸眼3D和云计算等多种科技成果带给观众的震撼体验。如北京冬奥村的智能床、防疫机器人、餐饮机器人等，以及很多人看不到的数字孪生、云转播等技术。

第一，AI动捕兼顾裁判和教练，智能方舱数字化护航。

首先，AI、高速摄像机等辅助裁判快速公正判断。北京冬奥会上通过"猎豹"摄像机、越野滑雪辅助裁判系统、智能摄像机来进行智能捕捉，实时跟踪运动员的位置，将运动员的精彩运动瞬间分切成一帧一帧的画面辅助判断。其次，该系统运用AI无干扰三维动作捕捉、超宽带精准定位测试、北斗导航、高速运动自动跟拍机器人、无人机摄影等多项技术，对运动员的助滑、起跳、飞行和落地的姿态进行系统分析，精确测算起跳高度等指标，为教练和运动员调整训练方案提供科学数据支撑。再次，智能移动方舱30秒生成诊断报告。智能移动方舱内置基于医疗大数据和AI的智能化诊疗平台和基于5G网络和语音智能提示技术的专家远程审核网络平台，CT影像从导入到生成报告只需30秒，显著提高现场救治水平。5G救护车实现"上车即入院"，提高急救效率。智能体温贴增加考勤出入和定位功能，提高疫情防控效率。最后，辅助驾驶提升出行安全，AR来给运动员导航。AR导航通过手机App和摄像头识别周围环境锁定位置，跟随显示的AR虚拟箭头就可顺利找到运动员想去的冬奥村地点。

第二，5G+VR，观众获得智慧观赛数字化新体验。

首先，各家AI虚拟主播齐上阵。专职天气AI虚拟主播"冯小殊"依托数字孪生虚拟人技术，持续播报"冬奥公众观赛气象指数"，为公众健康、安全观赛提供气象信息服务。其次，360度自由选择观看视角。使用冰雪项目交互式多维观赛体验等技术，观众可以通过手机、电视、VR设备等自由选择观看比赛的视角，百度智能云的3D+AI技术——"时空定格"技术通过对运动员进行量化分析，并把高速连续动作定格到3D空间，帮观众一秒看清谷爱凌夺冠瞬间的逆天动作，拥有更沉浸式的观赛体验。最后，首次全4K云转播，转播效率明显提高。北京冬奥会实现核心信息系统100%云上运行，云转播技术降低转播的成本，提高转播制作团队的制作效率，让很多赛事播报更迅速，花样也更多了，从而带给观众更多样的体验。

第三，智能床、机器人大厨智慧数字化，运动员生活尽显"黑科技"。

首先，智能家居让运动员居住更舒适。智能床用遥控器调节角度、床头高度，App设置闹钟，为运动员提供更舒适的睡眠体验。智能门锁、房间内装智能控制器、智能温度调节系统、智能红外感应、可视对讲系统、智能窗帘、智慧照明系统等均为运动员提供了智慧生活管理。其次，便携翻译器让语言沟通无障碍，还有无障碍出行提醒。冬奥统一公共服务App"冬奥通"、冬奥便携式翻译设备、智能问答设备、信息发布系统等，为各国参赛人员提供语音转换和翻译服务。机器人是大厨，大餐还能"从天而降"。在北京冬奥会主媒体中心智慧餐厅里，自助点单，机器人烹饪，送餐机器人空中的云轨传送系统将饭菜送到点餐人所在的位置。再次，防控疫情，机器人成"排头兵"，包括承担智能防疫工作的智能安全服务机器人，帮各代表团注册、安检的代表团接待中心的接待机器人，提醒场馆内人员佩戴好口罩并提供手部消毒服务的巡检机器人，专职消毒的机器人，承担大件物品运送工作的智能物流机器人等。最后，VR体验航天潜水，3D模拟滑雪。载人航天模拟和载人深海探索模拟VR体验获得上天入海的感受，3D模拟滑雪机，让玩家仿佛真的在雪地中，实现沉浸式观赛和参赛。

第四，冬奥智慧数字化新基建：从数字孪生场馆到能源大脑。

首先，数字孪生助力冬奥场馆运行。北京冬奥会各场馆的智慧化升级主要是建设数字孪生的奥运场馆等场馆智能化改造以及核心信息系统全面"上云"。智慧集成和数字孪生平台，可以高效地进行公共安防、设备监控、能源优化等操作。北京冬奥会核心系统包括冬奥会最核心的赛事成绩、赛事转播、信息发布、运动员抵达、医疗、食宿、交通等的信息系统全面"上云"。其次，"能源大脑"保障电力供应和使用。北京冬奥会电力运行保障指挥平台通过运用数字孪生、知识图谱、智能语音等技术，可实时、全景式监控场馆内电力情况。智能建筑操作系统基于5G和AI等技术，可实现整个冬奥村的实时态势全面感知。5G、MR等保障冬奥通信顺畅。通过冬奥通信综合监控系统、综合故障调度系统和网络数字运营平台三套系统，相关人员可以对三大赛区全部奥运场馆及设施的通信信息网络进行统一监控、调度、响应和服务。MR数字化场馆监控技术，让技术专家可以远程指导现场工程师完成故障排查和设备维修。再次，精准预报，智慧气象来帮忙。精准气象预报系统通过数值天气预报、AI、大数据等技术，实现了超精细"复杂山地+超大城市"一体化冬奥气象综合监测，精准预报程度可以达到"分钟级、百米级"。最后，智慧安防保障人员安全。虚拟的"智慧围栏"通过赛场监控和智能移动哨兵车，对环境复杂、区域广袤的雪场进行监测和智能研判，保证冬奥赛场和参赛人员的安全。岩土构筑物灾害早期识别及自动预警系统可以实现秒级应急响应、险情提前预警。

北京冬奥会上展示出的这些AI、VR、AR、云计算等智能科技，其实是中国智能科技迅速发展的一个缩影，也展现出了中国智能产业的蓬勃生机。

（资料来源　杨畅. 谷爱凌的头盔、时空定格术，冬奥会竟暗藏这么多黑科技［EB/OL］［2022-09-30］.
https://baijiahao.baidu.com/s? id=1724283933624082911&wfr=spider&for=pc，作者有改动）

问题：

2022年北京冬奥会的数字化系统管理运用体现在哪些方面？这些系统在运行过程中分别起到了什么作用？根据本章的相关理论与实践，你认为应如何更好地看待旅游数字化进程？

□ 思考题

1.简述智慧旅游数字化系统管理的概念和功能。

2.掌握智慧旅游数字化系统管理的主要业态分支与软件架构。

3.结合信息技术创新发展的技术基础，分析智慧旅游数字化系统管理的实践应用领域和管理内涵。

□ 课堂讨论题

1.请您以政府文旅大数据中心主管的视角，说明智慧旅游数字化系统管理与信息系统管理有什么不同，旅游数字化系统如何助力目的地智慧旅游发展。

2.如果您是一家知名OTA的技术总监，您认为该企业智慧旅游数字化系统管理的设计优势有哪些?

3.假设您是一家高档旅游饭店的副总经理,主管餐饮、住宿与会议等业务,您认为该旅游饭店的数字化系统设计应从哪些方面着手,以提升数字化饭店服务质量和经营效率?

4.如果您是政府文旅机构的高层管理者,您认为在大数据时代,政府在智慧旅游数字化管理中如何有效管理和调控?

5.您作为一家全国连锁型经济酒店的市场营销总监,您认为该酒店的智慧旅游营销数字化系统管理可以为旅游者提供哪些便利?

6.请您以数字敦煌为例,分析该智慧旅游景区在数字化管理与产品创新中,如何创建智慧旅游数字化系统,以更符合游客体验。

综合案例

红色文化与旅游融合发展的实现路径

党的十八大以来，习近平总书记高度重视红色资源利用、红色文化传承工作，强调"要用心用情用力保护好、管理好、运用好红色资源"。党的二十大报告再次强调要"弘扬以伟大建党精神为源头的中国共产党人精神谱系""用好红色资源""弘扬革命文化"。推动红色文化与旅游融合发展，是深入贯彻落实党中央关于发扬红色精神、赓续红色血脉指示精神的重要内容，也是落实新发展理念、促进旅游业高质量发展的重要举措。

一、红色文化与旅游融合发展的科学内涵

高质量发展是全面建设社会主义现代化国家的首要任务，它不仅仅指经济领域的高质量发展，还包括党和国家事业发展的其他各个领域的高质量发展。旅游业高质量发展的一个重要任务就是实现红色文化与旅游融合发展，即通过红色文化与旅游紧密交融、合成一体，实现"1+1>2"的融合效应，使红色文化成为旅游的灵魂、使红色故事成为旅游的内容，进行红色资源旅游化开发，使旅游产业链全面升级并有效延伸，更好地满足人民日益增长的美好生活需要。

贯彻新发展理念是我国经济社会发展的根本原则，是实现旅游业高质量发展的必然要求。红色文化与旅游融合发展要落实新发展理念，将创新、协调、绿色、开放、共享的具体内涵融入融合发展过程。以创新发展为驱动力，通过人才、技术助力红色文化与旅游深度融合；以协调发展解决不平衡问题，通过职能、资源协调夯实红色文化与旅游融合基础；以绿色发展为主题，通过生态环境优化厚植红色文化与旅游融合发展底色；以开放发展解决内外联动问题，基于全球化视野培育红色文化与旅游融合特色品牌；以共享发展为目标，使老少边穷地区的人民共享旅游产业增长成果。

二、红色文化与旅游融合发展的制约因素

近年来，红色文化与旅游融合发展迅猛，基本形成了以585个"全国爱国主义教育示范基地"和300个"全国红色旅游经典景区"为点，以"建党百年红色旅游百条精品线路"为线，以12个"重点红色旅游区"为面的具有中国特色的红色旅游体系，较好地发挥了红色文化与旅游融合发展的教育功能、社会价值和经济效益。然而，现阶段，依然存在制约红色文化与旅游融合发展的诸多因素。

第一，融合发展管理缺位，融合机制不畅。

红色文化与旅游分属宣传、文旅、文物、党史文献、发改、教育、科技、财政、自然资源、住建、交通等部门管理，不同部门的思维理念、工作内容存在差异，且部门间沟通协调难度大，缺乏统一的协调、规划、开发、宣传和管理，不利于融合合力的形成。

第二，融合发展基础薄弱，融合范围不广。

一方面，资源整合力度小。大多数地区对红色资源进行独立开发，未能充分实现红色资源之间、红色资源与其他旅游资源的整合，造成景区规模小、空间分散，旅游成本增加，降低了游客出行意愿。另一方面，与日常生活融合不够。长期以来，红色文化的表达往往以宏大叙事为主，教条化、形式化严重，与日常生活存在"融合鸿沟"，易使人们产生距离感。

第三，融合发展动力缺乏，融合程度不深。

一方面，技术手段缺失。很多红色景区只是简单地将红色资源与旅游功能拼凑在一起，没有真正实现红色文化与旅游的融合发展。例如"一个遗址、一排像、一张桌子、一张床"的景区依然存在，旅游吸引力低。另一方面，人才支撑不足。红色文化与旅游发展方式存在差异：前者强调知识与教化性，后者强调体验与趣味性，这不仅需要旅游管理专业能力，也需要掌握红色文化知识。然而，目前红色旅游人才的缺乏，成为制约两者融合的重要因素。

第四，融合发展需求阻抑，融合效应不显。

多数红色景区配套服务不够齐全，餐饮、住宿、购物、娱乐等产业链延伸不够，供给端受限，导致游客驻留时间短，一日游占比高、人均消费低，降低了融合效应。此外，仍有部分红色景区交通不够通达，且景区步道、标识、停车场、厕所、游客接待中心及水电、通信等基础设施落后，不能满足日益增加的游客需求，阻滞了融合效应的实现。

三、红色文化与旅游融合发展的实现路径

以新发展理念为指引，通过"职能融合+资源融合+功能融合+技术融合+人才融合+市场融合"，一体化推进红色文化与旅游融合发展，形成红色文化有效传承、区域经济协调发展、人民美好生活需要基本实现的发展新局面。

第一，职能融合。

实现职能融合是红色文化与旅游融合发展的重要保障，也是贯彻协调发展理念的重要体现。首先，要科学编制规划，将红色资源置于区域乃至全国大局中通盘考虑，并将红色文化与旅游开发工作纳入地方经济社会发展、城乡规划、土地利用、基础设施建设、生态环境保护等专项规划和政策文件中，形成一套科学合理的规划体系。其次，要完善工作协调机制，以市场理念、产业思维为基础，推动建立统一、高效的协调机制，实现各部门工作理念、工作思路、工作方式、工作内容的协调，形成强大合力。

第二，资源融合。

资源的有效融合是红色文化与旅游融合发展的坚实根基，也是协调发展理念的内在要求。一方面，要促进红色资源跨区域联合开发。革命事件的历史连贯性和地域跨越性，决定了跨区域联合开发的可行性。要充分整合不同区域分散的红色资源，以开放发展理念为引领，合理规划旅游线路，培育和塑造红色旅游特色品牌。另一方面，要以全域旅游理念为指导，将红色资源与当地丰富的旅游资源同步规划、同步开发、同步推介。例如，云南省英雄老山圣地景区通过"红绿""红古""红土""红边"组合，推出了红色生态游、红色历史文物游、红色民族文化游、红色边境游等产品，有效拓展了红色文化与旅游融合边界。

第三，功能融合。

功能融合是指将红色文化与具有特定功能的专项旅游融合，将红色文化融入人们日常生活，是融合范围的有效扩充。例如，可推出红色+家庭亲子游，弘扬红色家风，营造温馨和睦的家庭氛围；推出红色+团建游，弘扬集体主义精神，培育团结友善的工作氛围；推出红色+体育游、红色+冰雪游、红色+康体养生游等，弘扬红色体育精神，引导人们养成积极健康的生活方式；推出红色+节庆游，增强红色文化仪式感，丰富人民群众精神生活。

第四，技术融合。

技术融合是指促进前沿技术的融合应用，也是创新发展理念的内在体现。大数据、云计算、物联网、区块链、元宇宙及5G、VR、AR等信息技术为红色文化与旅游融合发展提供了动力支撑。例如，在数字技术的加持下，韶山、井冈山、长治等地分别推出了大型红色实景演出《中国出了个毛泽东》《井冈山》《太行山上》，通过沉浸式体验场景的营造，有效提升了游客体验，并促进了红色文化的弘扬；又如，基于互联网的普及、数字技术的推动，"云上红博""数字红色博物馆"等云展览、云体验项目开始涌现，使红色文化与旅游融合模式更加灵活；再如，数字技术让红色文创"活起来"，2022年8月，中共一大纪念馆首次发布的"树德里"系列数字文创产品，一经上线，便销售火爆，使红色文化以一种新潮的方式走进年轻群体。

第五，人才融合。

人才融合是红色文化与旅游融合发展的重要力量。人才融合工作不是一蹴而就的，而是需要多方面的努力。例如，以课程建设促进人才培养，与有关高校合作，设计涵盖政治、历史、红色文化、旅游、计算机等领域的课程体系，加快培育一批兼具历史知识、红色文化及旅游知识、互联网技术的融合型人才；以培训促进人才结构优化，可通过"金牌讲解班"培育一支优秀的讲解员队伍，通过高级旅游人才研修班储备一批高层次人才；以大赛促进能力提升，可通过开展红色旅游五好讲解员和红色故事讲解员大赛，全面提升讲解员综合素质。

第六，市场融合。

市场融合是指红色文化与旅游的需求融合，是融合发展的市场结果。两者客群的高重叠性为市场融合奠定了基础。相关数据显示，全国每年出行人群中，每4人中就有至少1人选择红色景点，由此可见，红色文化与旅游融合存在巨大的潜在需求。然而，现有公共服务设施水平阻抑了潜在需求的实现。因此，需要通过供给侧优化来提升对需求端的适配性。一方面，要持续完善基础设施，增强旅游服务能力。另一方面，要以绿色发展理念为引领，处理好开发与保护的关系，维护良好生态环境，提升旅游吸引力。此外，积极营造良好营商环境，引导社会资本参与，以共享发展理念为引领，持续完善食、住、行、游、购、娱等齐全的服务配套设施，打造主客共享的旅游目的地。

（资料来源　朱虹，宋丹丹. 红色文化与旅游融合发展的实现路径［J］. 旅游学刊，2023，38（1）：10-11）

讨论题：

红色文化与旅游融合发展的实现路径有哪些？这些实现路径有可能被哪些宏观与微观的环境所影响？面对近些年发展迅速的数字技术，为加速推进红色文化与旅游融合发展，旅游目的地应该采取怎样的营销策略？您认为红色旅游目的地如何才能实现深度文化产品创新？

主要参考文献

［1］孔邦杰．旅游安全管理［M］．上海：上海人民出版社，2019．

［2］李锋．目的地旅游危机管理：机制、评估与控制［M］．北京：中国经济出版社，2010．

［3］梁俊山．旅游网络舆情危机与政府治理创新［M］．北京：中国书籍出版社，2018．

［4］刘春玲．旅游产业危机管理与预警机制研究［M］．北京：中国旅游出版社，2007．

［5］刘德艳．旅游危机管理［M］．上海：上海人民出版社，2010．

［6］张跃西．旅游危机管理［M］．北京：中国旅游出版社，2017．

［7］程云，殷杰．中国旅游安全事件分布与引致因素［J］．经济地理，2020，40（11）：215-224．

［8］李锋．目的地旅游危机后恢复管理系统模型构建研究［J］．防灾科技学院学报，2010，12（1）：97-103．

［9］吕宛青，贺景．旅游危机事件网络舆情系统的主体构成与应对机制［J］．重庆社会科学，2018，15（12）：105-115．

［10］宫小全，裴劲松，武贯兰．旅游管理信息系统［M］．北京：清华大学出版社，2014．

［11］齐琳，刘蔚，曹培培．旅游企业信息化管理［M］．北京：清华大学出版社，2016．

［12］吴联仁，李瑾颉．酒店管理信息系统：理论、实践与前沿［M］．2版．北京：旅游教育出版社，2018．

［13］莫里森A.旅游服务营销［M］．朱虹，等译．北京：电子工业出版社，2004．

［14］莫里森A.旅游服务业市场营销［M］．李天元，主译．4版．北京：中国人民大学出版社，2012．

［15］科兰AT，安德森E，斯特恩LW，等．营销渠道［M］．蒋青云，等译．7版．北京：中国人民大学出版社，2008．

［16］霍金斯DI，马瑟斯博DL.消费者行为学［M］．符国群，吴振阳，等译．11版．北京：机械工业出版社，2011．

［17］凯特奥拉FR，吉利MC，格雷厄姆JL.国际市场营销学［M］．赵银德，沈辉，张华，译．15版．北京：机械工业出版社，2013．

［18］科特勒P，阿姆斯特朗G，洪瑞云，等．市场营销原理［M］．李季，赵占波，

译．3版·亚洲版．北京：机械工业出版社，2013.

［19］科特勒P，凯勒K L.营销管理［M］．王永贵，于洪彦，陈荣，等译．14版·全球版．北京：中国人民大学出版社，2012.

［20］科特勒P，等．旅游市场营销［M］.，谢彦君，译．北京：旅游教育出版社，2008.

［21］苟自钧．旅游市场营销学［M］．郑州：郑州大学出版社，2002.

［22］谷慧敏．旅游市场营销［M］．北京：旅游教育出版社，2002.

［23］郭英之．旅游市场研究理论与案例［M］．北京：科学出版社，2008.

［24］保罗H.旅游市场营销学［M］．于连亭，译．天津：南开大学出版社，1990.

［25］迈克丹尼尔K，兰姆C W，海尔J F.营销学精要［M］．王慧敏，王慧明，译．5版．北京：电子工业出版社，2007.

［26］洛夫洛克C，沃茨J.服务营销［M］．韦福祥，译．7版·全球版．北京：机械工业出版社，2014.

［27］李青，陈丕积，秦彩虹．营销绩效评估实操［M］．广州：广东经济出版社，2002.

［28］刘德光．旅游市场营销学［M］．北京：旅游教育出版社，2002.

［29］刘伟平，陈秋华．旅游市场营销学［M］．北京：中国旅游出版社，2005.

［30］凯林R A，哈特利S W，鲁迪里尔斯W.市场营销［M］．董伊人，史有春，何健，译．插图修订第9版·普及版．北京：世界图书出版公司，2012.

［31］马耀峰，李天顺，等．中国入境旅游研究［M］．北京：科学出版社，1999.

［32］马勇，刘名俭．旅游市场营销管理［M］．2版．大连：东北财经大学出版社，2002.

［33］所罗门M，卢泰宏，杨晓燕．消费者行为学［M］．郝佳，胡晓红，张红明，译．10版．北京：中国人民大学出版社，2014.

［34］密德尔敦V.旅游营销学［M］．向萍，等译．北京：中国旅游出版社，2001.

［35］帕洛格S C.旅游市场营销实论［M］．李天元，李曼，译．天津：南开大学出版社，2007.

［36］孙明燮．市场营销机会识别与评估［M］．北京：经济管理出版社，2001.

［37］陶卓民，胡静．旅游市场学［M］．北京：高等教育出版社，2001.

［38］王晨光．旅游营销管理［M］．北京：经济科学出版社，2004.

［39］维拉斯F，贝克勒L.旅游业市场营销［M］．付磊，等译．北京：中国三峡出版社，2002.

［40］魏敏．旅游市场营销［M］．长沙：中南大学出版社，2005.

［41］吴金林，黄继元．旅游市场营销［M］．重庆：重庆大学出版社，2003.

［42］熊元斌．旅游营销策划理论与实务［M］．武汉：武汉大学出版社，2005.

［43］徐德宽，王平．现代旅游市场营销学［M］．青岛：青岛出版社，2001.

［44］严伟．旅游饭店市场营销［M］．上海：上海交通大学出版社，2003．

［45］于由．旅游市场营销学［M］．杭州：浙江大学出版社，2005．

［46］俞锋．旅游市场营销学［M］．北京：中国商业出版社，2002．

［47］俞慧君．旅游市场营销［M］．天津：南开大学出版社，2005．

［48］张文建．旅游服务营销［M］．上海：立信会计出版社，2003．

［48］赵西萍．旅游市场营销［M］．天津：南开大学出版社，2000．

［49］赵越，解小娟．旅游营销［M］．北京：中国劳动保障出版社，2002．

［50］钟海生，郭英之．中国旅游市场需求与开发［M］．广州：广东旅游出版社，2001．

［51］邹益，杨丹．旅游市场营销学［M］．福州：福建人民出版社，2001．

［52］KOTLER P，KELLER K L.Marketing management［M］．14th revised ed.New York：Pearson Education Limited，2011．

［53］KOTLER P，BOWEN J T，MARK J C.Marketing for hospitality and tourism［M］．New York：Pearson Custom Publishing，2012．

［54］COOPER C，SHEPHERD R.Tourism：principles and practice［M］．New York：Pearson Education Limited，2008．

［55］SWARBROOKE J，HORNER S.Consumer behavior in tourism［M］．New York：Routledge Press，2006．

"旅游市场营销"一流课程教学设计表
（一节课）

附录二

以学为中心的课程设计三栏表